高等学校"十二五"规划教材——轨道交通信息控制与技术

车站信号控制系统

主编 杨 扬
主审 郭 进

西南交通大学出版社
·成都·

内容简介

本书系统介绍了铁路车站信号系统的工作原理。全书共六章。第一章为车站信号控制系统概述，对车站信号控制系统中涉及的车站站场、进路及其控制过程、联锁表等重要概念和原理进行介绍，为学习后续章节作铺垫。第二章至第五章为继电集中联锁控制系统，对继电集中联锁系统组成、选择组电路和执行组电路结构和原理进行介绍。第六章为计算机联锁系统，对通用计算机联锁系统结构、原理、软件、可靠性和故障-安全性进行了介绍，并对国内广泛应用的几种计算机联锁系统进行了简要说明。

本书可作为铁路高校交通信号与控制专业本科教材，也可供从事铁路信号工作的技术人员学习参考。

图书在版编目（CIP）数据

车站信号控制系统 / 杨扬主编. —成都：西南交通大学出版社，2012.5（2025.7 重印）
高等学校"十二五"规划教材. 轨道交通信息控制与技术
ISBN 978-7-5643-1717-1

Ⅰ. ①车… Ⅱ. ①杨… Ⅲ. ①铁路信号 – 控制系统 – 高等学校 – 教材 Ⅳ. ①U284.3

中国版本图书馆 CIP 数据核字（2012）第 053816 号

高等学校"十二五"规划教材——轨道交通信息控制与技术

车站信号控制系统

主编 杨 扬

*

责任编辑　张华敏
特邀编辑　罗在伟
封面设计　何东琳设计工作室

西南交通大学出版社出版发行

四川省成都市二环路北一段 111 号西南交通大学创新大厦 21 楼
邮政编码：610031　　发行部电话：028-87600564
http://www.xnjdcbs.com

成都蜀通印务有限责任公司印刷

*

成品尺寸：185 mm × 260 mm　　印张：17.625　　插页：1
字数：440 千字
2012 年 5 月第 1 版　　2025 年 7 月第 10 次印刷
ISBN 978-7-5643-1717-1
定价：49.00 元

图书如有印装质量问题　本社负责退换
版权所有　盗版必究　举报电话：028-87600562

前　言

铁路车站信号控制系统，也称为车站联锁系统，是实现对车站内信号机、道岔、轨道电路实时逻辑控制的、具有较高故障-安全性要求的系统设备，用来保证车站内行车作业安全，并提高运输效率。目前，我国铁路使用的车站信号控制系统，主要是继电集中联锁系统和计算机联锁系统。继电集中联锁系统通过继电器电路来实现对车站内信号机、道岔、轨道电路的联锁逻辑控制，而在计算机联锁系统则通过计算机软硬件来完成控制功能。

全书共六章。第一章为车站信号控制系统概述，对车站信号控制系统中涉及的车站站场、进路及其控制过程、联锁表等重要概念和原理进行介绍，为学习后续章节作铺垫。第二章至第五章为继电集中联锁控制系统，对继电集中联锁系统组成、选择组电路和执行组电路结构和原理进行介绍。第六章为计算机联锁系统，对通用计算机联锁系统结构、原理、软件、可靠性和故障-安全性进行了介绍，并对国内广泛应用的几种计算机联锁系统进行了简要说明。为加强学生对基本概念、基本原理的理解和掌握，提升学生分析和解决应用问题的能力，书中各章后面都配置了大量思考题，实际使用时可灵活取舍。

本教材是编者在西南交通大学车站信号自动控制课程教学讲义基础上，结合国内同类教材、著作和相关资料，按 70 学时教学要求，编写而成。学习本书内容，要求读者具有继电器、信号机、转辙机、轨道电路等铁路信号基础设备方面的前期基础知识。

本教材由西南交通大学杨扬主编。参加编写的有：刘利芳，编写第二章；陈林秀，编写第三章；杨扬编写其余章节。本教材由郭进教授主审，审阅中提出了许多宝贵意见和建议，深表谢意。在教材编写、整理和出版过程中，得到同行、西南交大出版社和研究生的大力支持，在此一并表示感谢。

因编者水平有限，资料搜集不全，内容难免有不妥和错误之处，希望读者予以指正。

编　者

2012 年 2 月

目　录

第一章　车站信号控制系统概述 ……………………………………………………… 1
第一节　概　述 ……………………………………………………………………… 1
第二节　车站信号设备平面布置图 ………………………………………………… 3
第三节　进　路 ……………………………………………………………………… 9
第四节　联锁表 ……………………………………………………………………… 14
第五节　进路控制过程 ……………………………………………………………… 21
思考题 ………………………………………………………………………………… 28

第二章　继电联锁系统概述 ……………………………………………………………… 35
第一节　电气集中联锁系统组成 …………………………………………………… 35
第二节　控制台 ……………………………………………………………………… 37
第三节　继电器组合及组合架 ……………………………………………………… 45
第四节　电气集中联锁系统原理 …………………………………………………… 51
思考题 ………………………………………………………………………………… 52

第三章　选择组电路 ……………………………………………………………………… 55
第一节　选择组电路概述 …………………………………………………………… 55
第二节　进路选出前的记录电路 …………………………………………………… 59
第三节　选岔电路和选信号点电路 ………………………………………………… 71
第四节　列车开始、辅助开始和终端继电器电路 ………………………………… 80
第五节　选择组表示灯电路 ………………………………………………………… 85
第六节　选择组电路动作时序 ……………………………………………………… 88
思考题 ………………………………………………………………………………… 94

第四章　执行组电路——进路锁闭与开放信号 ……………………………………… 97
第一节　进路锁闭与开放信号电路概述 …………………………………………… 97
第二节　道岔控制电路 ……………………………………………………………… 101
第三节　开始继电器电路 …………………………………………………………… 116
第四节　进路锁闭和取消继电器电路 ……………………………………………… 122
第五节　信号检查继电器电路 ……………………………………………………… 124
第六节　区段检查和股道检查继电器电路 ………………………………………… 130
第七节　接近预告和照查继电器电路 ……………………………………………… 133
第八节　信号继电器电路 …………………………………………………………… 137
第九节　信号辅助继电器电路 ……………………………………………………… 145

第十节　信号点灯电路 ··· 149
　　第十一节　进路锁闭与开放信号电路动作时序 ···················· 156
　　思考题 ··· 161

第五章　执行组电路——进路解锁与引导接车 ························ 165
　　第一节　进路解锁用的继电器及故障解锁电路 ···················· 165
　　第二节　正常解锁电路 ··· 174
　　第三节　取消进路和人工解锁 ··· 182
　　第四节　调车中途返回解锁 ··· 188
　　第五节　引导信号电路 ··· 192
　　第六节　执行组表示灯电路 ··· 196
　　第七节　进路解锁电路动作时序 ··· 201
　　思考题 ··· 206

第六章　计算机联锁系统 ··· 211
　　第一节　计算机联锁系统概述 ··· 211
　　第二节　计算机联锁系统结构和功能 ·································· 215
　　第三节　计算机联锁系统软件 ··· 226
　　第四节　计算机联锁系统可靠性和故障-安全性 ···················· 231
　　第五节　计算机联锁系统举例 ··· 237
　　思考题 ··· 262

专用名词汉英对照 ··· 264

模拟试题 ··· 273

参考文献 ··· 276

第一章 车站信号控制系统概述

第一节 概 述

一、铁路信号

自有铁路以来，人们就约定以物体的外表特征，如形状、位置、颜色、灯光以及状态的显示数目等作为向乘务人员和行车有关人员传达运行条件和命令的信号。在铁路发展初期，信号的显示意义就与行车安全密切联系在一起：只有当安全条件确已满足，或者说在危及行车安全的风险因素不存在的条件下，才给出允许列车或车列前进的信号；反之则给出停车信号。关于安全条件的检查，最初是靠运营管理措施来保证的，但随着铁路运输的发展和科学技术的进步，保证行车安全的措施便逐步从管理措施向技术措施过渡，直到发展成今天的自动控制系统。由于保证行车安全的技术大部分是和信号相联系的，所以我们把通过技术手段保证行车安全的系统称做铁路信号系统，或简称铁路信号。

铁路信号的主要功能是保证行车安全，但随着铁路信号技术的发展和应用，铁路信号已成为提高运输效率、实现运输管理自动化和信息化以及改善铁路员工劳动条件的重要技术手段。

铁路信号系统按其应用场所，大致可以分为车站信号控制系统、区间信号控制系统、编组站自动化系统、铁路行车指挥系统以及列车运行控制系统等。本书以车站信号控制系统为讲述内容，着重讨论车站信号自动控制系统的具体功能、构成原理及实现的方法。

二、车站信号控制系统

车站信号控制系统的主要功能是保证行车安全，具体而言，是指通过技术手段来使车站内信号机、道岔、轨道电路等基本信号设备按照规定的要求工作，以保证列车或调车车列在站内运输作业的安全。

（一）主要技术

车站信号控制系统涉及的技术主要有：

1. 故障-安全技术

我们知道，任何技术设备不管它多么可靠，总有发生故障的可能，铁路信号系统也不例外。对铁路信号系统来说，其主要功能是保证站内行车安全，所以必须考虑在其发生故障后，故障的后果不应危及行车安全。例如，信号机及其控制系统发生故障时，它应自动地给出限速或停车的显示；道岔的控制系统发生故障时，道岔不应错误地转换而必须锁在原来的位置上。总的来说，故障的后果必须导致行车安全，这已经成为不可动摇的原则，在铁路信号领域里称这一原则为故障-安全原则，用于实现故障-安全的一些技术措施为故障-安全技术。凡是涉及行车安全的器械、部件和系统都必须具有故障-安全性能。

顺便指出，在技术迅速发展的今天，一些新技术不能尽快地应用到铁路信号领域里，其中原因之一，就是受到了故障-安全原则的限制。

2. 联锁技术

前面已经指出，车站信号控制系统的主要功能是实现对车站内信号机、道岔、轨道电路等基本信号设备进行实时控制。但为了保证行车安全，车站内信号、道岔、轨道电路等基本信号设备必须遵循一定的条件，按照一定的程序来严格执行，我们称这些条件和程序为联锁，而实现联锁的技术称为联锁技术。由于车站信号控制系统的主要功能是实现联锁功能，所以有时也称车站信号控制系统为车站联锁系统。

应当明确，根据安全要求制定出详细的安全规程和周密的措施，由行车有关人员严格执行这些安全规程和措施来保证行车安全是必要的，然而人难免有操作和判断失误的时候，因此仅靠行车有关人员的遵章守纪来保证行车安全是不完全可靠的。从这个意义上讲，联锁技术是防止失误，且在失误的情况下仍能保证行车安全的技术，是故障-安全技术的具体体现。

3. 可信性技术

故障-安全技术和联锁技术虽然能保证在信号设备故障情况下系统的安全运行，但提高信号设备和系统的可靠性以降低故障出现的频率，依然是非常必要的，对车站信号控制系统中的一些关键控制设备更是如此。在设备使用过程中对设备进行必要的维护，当设备出现故障后，以最短的时间对设备进行修复来保证设备快速投入正常运行，也是非常必要的，因而也就要求信号设备可维护性要好。对一些信号设备，如以计算机软件来执行控制功能的信号设备，即使在硬件设备不出现故障的情况下，也可能会出现不能正确执行功能的情况（如软件中存在错误），因而通过一些技术手段来保证系统正确执行其功能，以保证系统的可用性也是非常重要的。

可靠性、可用性、可维护性和安全性都属于可信性技术范畴，都是车站信号控制系统设计、研制和使用过程中必须考虑的问题。

4. 计算机技术

20世纪80年代以来，计算机技术在世界范围内飞速发展，基于计算机硬件和软件的车站信号控制系统——计算机联锁系统因具有自动化程度高、经济效益好、便于与铁路信号其他控制和信息系统实现互联共享等优点，使其在车站信号系统和整个铁路信号控制领域中都得到了广泛应用。

（二）车站联锁系统基本结构

以上扼要地叙述了车站信号控制系统的基本技术内容，这些技术的有机组合就构成了系统的整体，车站信号控制系统基本结构如图 1-1 所示。图中没有直观地反映出故障-安全技术、可信性技术和计算机技术，并非意味着它们不存在，而是因为它们隐含在系统的各个环节之中。

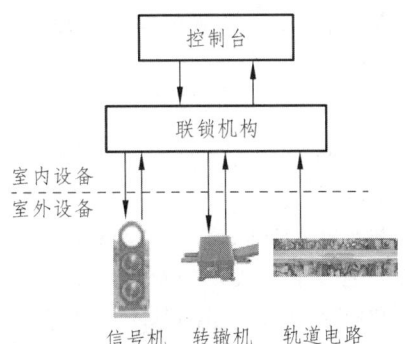

图 1-1　车站信号控制系统框图

构成车站信号系统的具体器械的集合称做车站信号设备，也称做车站联锁设备。我国铁路上使用着多种联锁设备，这些设备之间在器械结构、操纵方式、动力来源以及联锁的完善程度等方面存在着很大差别。本书主要阐述联锁功能比较完善和自动化程度较高的联锁系统的构成和工作原理，对目前还在使用的 6502 型电气集中联锁系统作较详细的剖析，以便读者能够通过对 6502 继电器电路的学习来掌握好车站联锁技术的基本原理。在此基础上，本书还将对目前正在大力发展和使用的计算机联锁系统作些必要的介绍。

第二节　车站信号设备平面布置图

一、车站信号平面布置图

车站信号设备平面布置图是根据站场线路图绘制的，它是设计车站联锁系统的基础，是进行车站信号工程设计与施工的重要依据。车站信号平面布置图上一般应有以下主要内容：

（1）联锁区范围内的线路及非联锁区中与联锁区有密切联系的线路布置及编号，正线应以粗线标出。

（2）正线和到发线的接车方向，区间线路及机车走行线的运行方向。车站线路应以箭头表示其接车方向，双线双向运行时，实心箭头指示正方向，空心箭头指示反方向。

（3）联锁区范围内所有道岔的定位状态。

（4）信号机、信号表示器、轨道电路区段（含股道和无岔区段）等有关设备及其编号、名称和符号。

（5）信号机的灯光配列。

（6）轨道区段的划分，对不与信号机并置和不是渡线上的绝缘节，应标出其坐标，侵限绝缘节应用圆圈标出。

（7）与信号机位置有关的以及侵入限界绝缘节处的警冲标坐标。

（8）信号楼（或车站值班员室）的设置位置，并标出其中心公里标（距该线路起点的公里标），联锁道岔的信号机距离信号楼（或车站值班员室）中心的距离。

（9）进站信号机外方制动距离内接车方向平均换算坡度超过0.6%的线路下坡道示意图。

（10）站台的位置、宽度及线路间距，信号楼外墙至线路中心的距离。

（11）桥梁、涵洞的坐标和宽度。

（12）机务段闸楼的坐标。

图1-2（见书末插页）是一个典型的车站信号设备平面布置图。图中站场是一个双线双向自动闭塞区段的车站，并有单线区段（东郊方面）在下行咽喉与车站接轨。Ⅰ股道和Ⅱ股道分别为双线区段上行和下行的正线，Ⅲ股道为单线区段的正线，其余股道为站线。根据运输作业的需要，每股道均可办理上、下行接车和发车。下面以图1-2车站信号设备平面布置图为例，分别介绍信号机、转辙机和轨道电路的基本设备情况。

二、信号机

（一）功　能

信号机是指引列车或调车车列在车站内运行的主要信号设备，机车上的司机根据信号机的不同显示来决定列车或调车车列是否可以前行、前行的速度级别。信号机的显示与信号机的类型有着密切关系，不同类型信号机，其信号显示差异很大。

（二）类型和方向

根据车站内信号机的性质，可以将信号机分为列车信号机和调车信号机。

由于列车信号机与列车的进、出车站作业密切相关，所以列车信号机又可以进一步分为进站信号机、出站信号机和进路信号机。

在每个车站的接车口处均设置有进站信号机。例如，在图1-2中，车站的下行咽喉有3个接车口，双线区段北京方面的正向接车口设置有进站信号机X，反向接车口设置有进站信号机X_F，单线区段东郊方面的接车口设置有进站信号机X_D。车站的上行咽喉有两个接车口，正向接车口设置有进站信号机S，反向接车口设置有进站信号机S_F。正向进站信号机采用高柱信号机，设置在列车运行方向线路左侧；反向进站信号机一般采用矮柱信号机，设置在列车运行方向线路右侧。

凡是具有发车作业的股道均应在股道发车口处设置一架出站信号机。例如，在图1-2中，站场每个股道均能分别向北京方面、东郊方面和天津方面发车，向北京方面和东郊方面发车分别设置有出站信号机$S_Ⅰ$、$S_Ⅱ$、$S_Ⅲ$、S_4和S_5，向天津方面发车分别设置有$X_Ⅰ$、$X_Ⅱ$、$X_Ⅲ$、X_4和X_5。有2个或2个以上发车方向时，出站信号机应配置进路表示器，用于区分发车方向。例如，在图1-2中，向北京方面和东郊方面发车的上行出站信号机用进路表示器的3个白灯区分3个发车方向，出站信号机开放时，对应方向的白灯亮灯。向天津方向的下行出站信号机用进路表示器的1个白灯区分2个发车方向，正向发车时出站信号机开放，白灯不亮灯；反向发车时出站信号机开放，同时白灯亮灯。

调车信号机根据车站内调车作业的需要来进行设置。按照设置位置的不同，调车信号机可以分为单置调车信号机、并置调车信号机、差置调车信号机、尽头式调车信号机、出站兼调车信号机和进站内方带调车信号机。

尽头式调车信号机指设置在牵出线、专用线、编组线、机务线等咽喉区入口处的信号机，其特点是信号机内方为道岔区段，外方为无岔区段，且同一坐标位置只有一架信号机。例如，图1-2中的D_2、D_{18}均为尽头式调车信号机。

咽喉区调车信号机，其相邻内方或外方为道岔区段。其中，单置调车信号机同一坐标处仅布置一架信号机，且其相邻内方和外方均为道岔区段，如D_{11}、D_{13}、D_8、D_{16}等。并置调车信号机同一坐标处布置两架背向的调车信号机，如D_7、D_9、D_{10}和D_{12}。差置调车信号机是设置在咽喉区中间不在同一坐标处的两架背向调车信号机，这两架调车信号机之间有一个无岔区段，而信号机内方则为道岔区段，如D_5、D_{15}、D_4和D_{14}。

出站兼调车信号机设置在股道头部，并且是与出站信号机设置在同一坐标处的调车信号机，如$X_1 \sim X_5$、$S_1 \sim S_5$等。

进站内方带调车信号机指设置在进站信号机内方的调车信号机。此调车信号机与进站信号机不在同一坐标处，其间有一不小于50 m的无岔区段，如D_1、D_3和D_6等。

每架信号机都有一个防护方向，即接车方向或发车方向。例如，在图1-2中，进站信号机X_D、X和X_F均为接车方向列车信号机，其中，X_F为反向接车信号机；出站信号机S_1、S_{II}、S_{III}、S_4和S_5为发车方向列车信号机；调车信号机D_1、D_3、D_9、D_{11}、D_{13}和D_{15}为接车方向调车信号机；调车信号机D_5和D_7为发车方向调车信号机。

（三）状态及其表示

信号机的状态有3种，即关闭状态、开放状态和灭灯状态。

1. 关闭状态

关闭状态指信号机点亮禁止灯光时所处的状态。信号机的禁止灯光指禁止该信号机外方列车或调车车列进入信号机内方区段的灯光。调车信号机的禁止灯光为一个蓝灯（A），调车信号机处于关闭状态，意味着该调车信号机点亮一个蓝灯。列车信号机和出站兼调车信号机的禁止灯光为一个红灯（H），列车信号机处于关闭状态，意味着该列车信号机点亮一个红灯。关闭状态是信号机的默认工作状态。

2. 开放状态

开放状态指信号机点亮允许灯光时所处的状态。信号机的允许灯光指允许该信号机外方的列车或调车车列进入信号机内方区段的灯光。调车信号机的允许灯光为一个白灯（B）。列车信号机允许灯光的显示颜色和显示数目与列车信号机的类型、是进出站内正线还是站线等因素有关，所以其允许灯光有多种。例如，下行进站信号机X，正线往I股道接车时，要求其显示的允许灯光为一个黄灯（U）；侧线往Ⅰ股道以外的其他股道接车时，要求其显示的允许灯光为两个黄灯（UU）；如果是经Ⅰ股道正线通过本车站，则要求显示的允许灯光为一个绿灯（L）或绿黄灯（LU）。对列车信号机而言，不管其处于何种状态，能同时显示的灯位最多不超过两个；对调车信号机，能同时显示的灯位只有一个——蓝灯或者白灯。

3. 灭灯状态

灭灯状态指信号机所有灯位均处于不点灯时的状态。车站联锁系统的室外信号机主要采用透镜式色灯信号机，当色灯信号机正在点灯的灯泡，其内部灯丝断丝时，该信号机将处于灭灯状态。例如，调车信号机点亮允许灯光——白灯时，如果该白灯的灯丝断丝，则该调车信号机也将处于灭灯状态。列车信号机和出站兼调车信号机平时处于关闭状态，点红灯，当红灯的灯丝断丝时，该列车信号机将处于灭灯状态。信号机处于灭灯状态时，为了安全起见，一般不允许其前方的列车或调车车列前进。

信号机的状态可以用安全型继电器来反映。以灯丝继电器 DJ 来监督信号机中当前正在点灯的一个灯位是否出现丝断丝。根据故障-安全原则，以灯丝继电器 DJ 处于吸起状态反映灯丝完好，以灯丝继电器 DJ 处于落下状态反映灯丝断丝。以信号继电器 XJ 来反映一架信号机是处于开放状态还是关闭状态，在灯丝完好的情况下，以信号继电器 XJ 处于吸起状态反映对应的信号机开放，以信号继电器 XJ 落下状态反映对应的信号机关闭。

对调车信号机而言，由于只有两种显示——白灯和蓝灯，所以可以用一个信号继电器——调车信号继电器 DXJ——来反映其所对应的一架调车信号机开放还是关闭状态。在调车信号机灯丝完好，灯丝继电器 DJ 处于吸起状态时，以调车信号继电器 DXJ 处于吸起状态反映允许灯光——白灯点灯，以调车信号继电器 DXJ 处于落下状态来反映禁止灯光——蓝灯点灯。

对列车信号机而言，由于其允许灯光有多种显示，所以除了列车信号继电器 LXJ 外，还需外增加一些信号辅助继电器，通过列车信号继电器 LXJ 和信号辅助继电器的不同状态组合来反映列车信号的不同允许灯光显示。由于列车信号机同时进行显示的灯位数目不超过两个，所以对列车信号机设置两个丝继电器，即灯丝继电器 DJ 和二灯丝继电器 2DJ，用这两个灯丝继电器来监督当前正在点灯的两个灯位是否断丝。

（四）防护作用及防护范围

前面介绍过，信号机用于指引列车或调车车列在站内运行。信号关闭时，该信号机外方的列车或调车车列不能进入信号机内方；只有信号机开放时，该信号机外方的列车或调车车列才能进入信号机内方。例如，在图 1-2 中，假定ⅡAG上停留有机车，当 D_1 关闭——点亮蓝灯时，机车不能越过 D_1 信号机而进入其内方的轨道电路区段 1DG；当只有 D_1 开放——点亮白灯时，机车才能越过 D_1 信号机进入其后方的 1DG。由此可以看出，站场中的信号机实际上是用于防护其后面轨道电路区段的，那么一架信号机究竟防护其后面几个轨道电路区段呢？这就涉及信号机的防护范围。

信号机的防护范围是从本信号机开始到车列运行路径上的本咽喉区下一个同向、同性质（此处同性质指列车信号机和调车信号机）的信号机为止。例如，图 1-2 中，对于调车信号机

D_1，如果机车向Ⅱ股道直线路径运行时，由于其内方的同向调车信号机为 D_{15}，所以 D_1 只防护其后方 1DG 和 1/19WG 两个轨道电路区段，即 D_1 点亮白灯后机车可以从ⅡAG 进入到 1/19WG，能否进入到 19-27DG 则取决于 D_{15} 是否开放允许灯光。同理，如果机车从ⅡAG 向Ⅱ股道方向运行，则 D_1 防护 1DG 和 3DG。对进站信号机 X_D，如果列车向 5 股道方向运行，则 X_D 防护 7DG、11-13DG、21DG 和 5G，能否进入 X_5 内方的 22DG，取决于 X_5 是否开放允许灯光。理解信号机的防护范围将对后面进路概念的理解非常重要。

三、道岔和转辙机

（一）功　能

道岔用于确定列车或调车车列在站内的运行路径。就像电路中的开关有两个位置一样，每组道岔也有两个位置——定位和反位。道岔经常放置的位置叫定位，根据需要临时改变的位置叫反位。当道岔开向不同的位置时，列车或调车车列在站内的运行路径就完全不一样了。

（二）类　型

根据道岔作用的不同，可以将道岔分为单动道岔、双动道岔和交叉渡线道岔。

单动道岔指扳动一根道岔握柄或按压一个道岔按钮，仅能使一组道岔转换。例如，图 1-2 中的 21、22 和 27 均为单动道岔。如果能使两组道岔同时转换，则称该道岔为双动道岔。例如，图 1-2 中的 1/3、5/7、17/19、23/25 等均为双动道岔。对双动道岔的基本要求是：定位时都必须转换到定位，反位时又都必须转换到反位。由相互交叉的两组双动道岔就构成了交叉渡线道岔。例如，图 1-2 中的双动道岔 9/11 和 13/15 构成交叉渡线道岔。

（三）状态及状态表示

每组道岔有两个位置，即定位和反位，道岔的定位和反位称为道岔的正常工作状态。除了正常工作状态外，道岔还有非正常工作状态，即四开状态。道岔四开状态是指道岔既不在定位也不在反位的中间位置。例如，道岔由定位向反位转换时，在转换过程中道岔即处于四开状态。

道岔的工作状态可以用安全型继电器——定位表示继电器 DBJ 和反位表示继电器 FBJ——来表示。当一组道岔所属的定位表示继电器 DBJ 处于吸起状态且其反位表示继电器 FBJ 处于落下状态时，反映该道岔处于定位；当定位表示继电器 DBJ 处于落下状态而反位表示继电器 FBJ 处于吸起状态时，反映该道岔处于反位；当定位表示继电器 DBJ 和反位表示继电器 FBJ 均处于落下状态时，道岔处于四开状态。

（四）道岔转换

道岔由定位向反位或由反位到定位的动作过程，称为道岔转换。道岔转换通过转辙机的动作来完成。道岔不是任何时候都能转换的。例如，当机车车辆停留在道岔上或者车列正在道岔上运行时，道岔就不能转换，否则非常危险。在实际应用中，为了确定道岔是否能转换，通常要对每组道岔设置两个逻辑状态，即解锁状态和锁闭状态。只有道岔处于解锁状态时才能转换，如果道岔处于锁闭状态，则禁止道岔转换。一组道岔是否锁闭，可以通过安全型继电器——道岔锁闭继电器 SJ——来反映。遵循"故障-安全"原则，以道岔锁闭继电器 SJ 吸起状态对应道岔已经解锁，此时该道岔可以转换；以道岔锁闭继电器 SJ 落下状态对应道岔锁闭，这时则禁止道岔转换。

对道岔转换在时间上有一定的限制，当道岔转换超过正常转换时间（一般以不超过 13 s 计）还没有转换到规定位置时，则视为道岔转换出现故障，应在控制台上给出语音报警，以便及时进行维修。

（五）转辙机

道岔的转换是通过转辙机的动作来完成的，因而对每组道岔都应设置转辙机。一组道岔设置的转辙机数目通常与道岔的型号和转辙机的类型有关。

在图 1-2 所示的站场中，侧线道岔为普通单开型道岔，一般选用 ZD6 型直流转辙机，一组单动道岔设一台转辙机，一组双动道岔设两台转辙机。正线道岔为提速道岔，提速道岔分固定辙叉和可动心轨两种类型。例如，图 1-2 中道岔 3 为可动心轨型，道岔 9 为固定辙叉型。图中正线道岔均为 12# 道岔，采用钩型外锁闭装置，尖轨必须有两个牵引点，可动心轨也应有两个牵引点。这样，一组 12# 固定辙叉的单动提速道岔有两个牵引点，而可动心轨的单动提速道岔应有四个牵引点；双动提速道岔可视为两组单动道岔来确定牵引点。提速道岔主要采用 S700K 型交流电动转辙机或 ZYJ7 型电液转辙机。当采用 S700K 型交流电动转辙机时，每个牵引点需设置一台转辙机。因而，一组 12# 固定辙叉的单动提速道岔应设置两台转辙机，一组 12# 可动心轨的单动提速道岔应设置四台转辙机。当采用 ZYJ7 型电液转辙机时，因为 ZYJ7 型（主机）带有锁闭转换器 SH6 型（副机），一套主机和一套副机可牵引两点，所以一组 12# 固定辙叉的单动提速道岔应设置一台转辙机，一组 12# 可动心轨的单动提速道岔应设置两台转辙机。ZYJ7 型不带副机时，所设转辙机数量和 S700K 型一样。例如，对双动道岔 5/7，其道岔 5 为正线道岔，需采用可动心轨提速道岔，应选用四台 S700K 型转辙机（或两台 ZYJ7 型主机带 SH6 型副机），道岔 7 为非正线道岔，可选普通固定辙岔的单开道岔，选用一台 ZD6 型电动转辙机。

四、轨道电路区段

（一）功　能

车站操作人员进行站内列车或调车作业时，必须要知道列车和调车车列在站内的具体位置。车站内设置轨道电路区段，其目的就是反映列车和调车车列在站内的具体位置。此外，轨道电路还有一些其他作用，例如，实现断轨检查等。

（二）类　型

依据轨道电路区段在站场中的作用不同，可以将轨道电路区段分为道岔区段、无岔区段、股道、牵出线和尽头线等类型。内部含有道岔的轨道电路区段为道岔区段，站场内的道岔区段一般用于站内转线作业。例如，图 1-2 中的 1DG、3DG、5DG、9-15DG 等均为道岔区段。在站场的咽喉区，内部不含有道岔的轨道电路区段为无岔区段，无岔区段一般用于暂时存放调车车列。例如，图 1-2 中的 1/19WG 和 ⅠAG 均属于无岔区段。在站场的咽喉边缘，内部不含有道岔的轨道电路区段有三种：第一种用于与其他站场之间的转线作业，这种不含道岔的轨道电路区段称为牵出线，例如，图 1-2 中的 $D_{18}G$ 属于牵出线；第二种是暂时存放列车或调车车列的股道，例如，图 1-2 中的ⅠG～5G 均为股道；第三种是在咽喉边缘不含道岔且不存在与其他站场之间的转线作业，而仅用于临时存放车辆或起防护作用的轨道电路区段为尽头线。

（三）状态及其表示

轨道电路用于确定车列在站场中具体位置，即某段轨道电路区域是处于空闲状态，还是处于有车占用状态。此外，轨道电路还可能由于电路断线等原因出现故障而处于故障状态。

一段轨道电路的状态可以用安全型轨道继电器 DGJ 来反映。遵循故障-安全原则，以轨道继电器 DGJ 吸起反映该段轨道电路区段空闲，以 DGJ 落下反映列车或调车车列占用该段轨道电路或者该段轨道电路故障占用。

总之，就整个铁路线路而言，车站是列车交会的地点。为了保证列车或调车车列能够在站内各条路径上灵活运行，需要设置道岔和对应的转辙机；为了保证多列列车和调车车列在站内安全运行，必须知道各列列车或调车车列在站内的具体位置，因而需要设置轨道电路。当列车或调车车列在站内某一条路径上运行之前，必须将该条路径是否能够安全运行的信息反馈给司机，因而需要设置相应的信号机。需要说明的是，随着信息技术的高速发展，各种用于保证列车站内安全运行的新型技术设备逐渐应用于车站。例如，对一些轨道电路故障情况频繁出现的车站，可能会采用计轴设备代替轨道电路来实现对列车或调车车列的定位；在一些高速铁路车站，列车进入站内所经由的站内路径是否安全的信息可通过无线方式提前发送到列车上，此时，站内进出站信号机仅仅作为无线网络故障情况下实现站内行车的备用设备来使用。无论车站内采用何种技术设备，保证站内列车或调车车列运行路径的安全，并将该路径是否安全的信息发送到列车上，才是最重要的。

第三节 进 路

一、进路概念

进路是指列车或调车车列在车站内运行时所经由的路径。首先，只有列车或调车车列在站内运行时经由的路径才能称为进路，而列车在两站之间的区间上运行时所经由的路径不能称为进路。因此，当我们提及列车或调车车列所在进路时，就意味着列车或调车车列在站内运行。其次，由于列车或调车车列在站内运行时必须在进路上运行，因而要保证列车或调车列在站内安全运行,就必须保障列车或调车车列所要行驶的进路的安全性,即只有进路处于安全状态时,列车或调车车列才能进入该进路,如果该进路处于不安全状态则列车或调车车列就不能进入该进路。所谓进路安全,是指进路内的信号机、道岔和轨道电路处于安全状态,例如,进路内的道岔必须已经锁闭而不能进行转换,进路内轨道电路区段上面不能有车占用。最后,一条进路是否安全,必须给出明确的指示信号,以便列车或调车机车的司机能确定是否能进入该进路。为此,在每条进路的始端都要设置一架信号机来对该进路进行防护。当进路处于安全状态时,防护该进路的始端信号机开放,信号机外方的列车或调车车列可以进入进路。当进路处于不安全状态时,防护该进路的始端信号机关闭,信号机外方的列车或调车车列不能进入进路。

例如,在图1-2所示的站场中,信号机D_3至D_9之间是一条进路,由进路始端信号机D_3来防护,当该进路处于安全状态时,信号机D_3信号开放,停留在ⅠAG上的机车就可以根据信号机D_3开放的允许灯光进入该进路。当机车进入3DG之后就必须停下来,不能进入到9-15DG,因为9-15DG由信号机D_9来防护,在信号机D_9没有开放时将阻止机车进入。同样,信号机D_9至D_{13}之间也是一条进路,由始端信号机D_9进行防护;信号机D_{13}至Ⅰ股道之间也是一条进路,由信号机D_{13}进行防护。信号机D_3至Ⅰ股道之间的进路有三条,只有这三条进路的始端防护信号机D_3、D_9和D_{13}都开放后,停留在ⅠAG上的机车才能经过这三条进路进入Ⅰ股道。

通过上面的分析可以知道,每条进路始端都有一架信号机防护,只有该信号机开放时,其外方的列车或调车车列才能进入进路。此外,一条进路的终端处往往是另一条进路的始点。例如,D_3至D_9的调车进路终端处又是调车进路D_9至D_{13}的起点位置。此外,还有一些特殊的地方。例如,D_7至X之间也存在一条进路,该进路的终端处虽然没有同方向的调车信号机进行防护,但由于进站信号机X外面就是区间,而机车在以调车信号机为始端的进路上运行时一般不能出站,所以当信号机D_7开放,9-15DG上的机车进入进路后,最远只能进入到ⅠAG而不能越过ⅠAG进入区间。同理,D_5至ⅡAG、D_7至ⅡAG之间也分别是一条进路,进路始端信号开放后,机车在进路上运行时也不能越过ⅡAG。

以上分析都是以调车信号机为始端的进路,所以车列在进路上运行时不能越过车站进入区间。要将站外区间上列车接到站内或将车站内列车发往区间,就必须建立以列车信号机为始端的进路。例如,要想将X外方区间上由北京方面过来的列车通过正线接入到Ⅰ股道上,就必须建立X至Ⅰ股道的正线接车进路,待X开放黄灯后,列车就可以根据X的允许灯光进站了。注意,该进路内方调车信号机D_3、D_7、D_9和D_{13}不能开放允许灯光,因为它们都属于调车信号机,而进路始端信号机X为列车信号机,二者属于不同性质的信号机,不同性质的信号机在一条进路上不能同时开放。再如,要将Ⅱ股道上的列车发往ⅡAG外的区间,只需建立以出站兼调车信号机$S_Ⅱ$为始端的正线发车进路,在$S_Ⅱ$开放信号后,停留在Ⅱ股道上的列车就可以根据$S_Ⅱ$的允许灯光出站进入区间了。同样,该进路内方所有调车信号机D_1、D_5和D_{15}都不能开放允许灯光。

通过上面的分析可以看出,当进路内方包含多架信号机时,哪些信号机能开放,与进路始端信号机的类型有关,进路始端信号机的类型决定了进路类型。

二、进路类型和状态

(一) 列车进路和调车进路

按照站内作业的性质，可以将进路分为列车进路和调车进路。

对列车进路而言，其作业都要进出车站。例如，进出车站的旅客列车和货物列车，其在站内运行的进路为列车进路。列车进路由列车信号机来防护。列车进路依据其在站内的作业性质不同，又可进一步分为接车进路、发车进路、通过进路和转场进路。

接车进路指列车进入车站内的股道时所经过的路径。接车进路都由进站信号机进行防护。例如，在图1-2中，X_D至5G的列车进路和S至5G的列车进路都是接车进路，分别由进站信号机X_D和S来防护。

发车进路指列车离开车站、向区间发车时所经过的路径。发车进路由出站信号机来防护。例如，在图1-2中，X_1至S之间的列车进路、S_{II}至X之间的列车进路都是将列车发往区间，因而都是发车进路，分别由X_1和S_{II}来防护。

列车经由某些车站时，可能不在车站停留，直接穿越车站进入区间，此时，该列车在站内所经过的路径称为通过进路。通过进路一般为正线通过，即车站的列车通过进路应由经道岔直向的接车进路及其延续的经道岔直向的发车进路组成。例如，在图1-2中，S至X_F为上行通过进路，它由S至II股道的上行正线接车进路和S_{II}至X_F的上行正线发车进路构成；X至S_F为下行通过进路，由X至I股道的下行正线接车进路和X_1至S的下行正线发车进路构成。

调车进路的主要作用是进行站内调车作业。例如，对进入车站的旅客列车更换机车时，必须将正在使用的机车牵出到站内其他线路上，之后，将准备使用的机车牵引到旅客列车所在位置并与旅客列车组合在一起。其中，将正在使用的机车的牵出和将准备使用的机车牵引到旅客列车所在位置，都是在站内作业，其所行驶的进路都是调车进路，即调车进路作业一般只能在站内运行而不出车站。调车进路由调车信号机来防护。

调车进路的分类方式很多，依据其作用不同可以分为牵出进路和折返进路。例如，在图1-2中，若要将I股道上机车调到II股道上，可以先建立S_1至D_7的调车进路，当进路始端信号机S_1开放白灯后，将机车牵出到D_{13}外方，然后建立D_{13}至II股道的调车进路，待信号机D_{13}开放后，将机车折返到II股道上。其中，S_1至D_7的调车进路为牵出进路，而D_{13}至II股道的进路为折返进路。再如，要将9-15DG上机车调入1/19WG，可以先建立D_{13}至IIAG的调车牵出进路，待机车牵出到D_1外方后，再建立D_1至1/19WG的调车折返进路，将机车折返到1/19WG。

(二) 基本进路和变通进路

依据进路的重要性，可将进路分为基本进路和变通进路。在图1-2中，经进站信号机X下行往5G的接车进路有两条：一条是经由道岔5/7反位到5G的接车进路，另一条是经由5/7定位到5G的接车进路。如果我们将经由5/7反位到5G的进路规定为基本进路，则经由5/7定位到5G的进路就为变通进路。再如，S_{III}至X_D之间的调车进路有两条：一条是经由道岔

23/25 定位和 13/15 定位到 7DG 的调车进路，另一条是经由 23/25 反位和 13/15 反位到 7DG 的调车进路。如果将经由 23/25 定位和 13/15 定位到 7DG 的进路规定为调车基本进路，则经由 23/25 反位和 13/15 反位到 7DG 的进路就为调车变通进路。

在对基本进路和变通进路进行规定时，一般将对车站作业影响小的进路规定为基本进路，其他进路则为变通进路。所以，在下行往 5G 接车的进路中，将道岔 5/7 在反位的进路规定为基本进路比较合适。

（三）短进路和长进路

调车进路，依据进路的长短，可以分为短进路和长进路。短进路指该条进路仅由一架信号机进行防护，不能再进行分解。长进路也叫复合调车进路，由两条或多条相连接的基本调车进路构成。例如，在图 1-2 中，D_{11} 至 4G 是一条长调车进路，该长调车进路由 D_{11} 至 D_{13} 和 D_{13} 至 4G 两条调车基本进路构成。再如，D_1 至ⅠG 的长调车进路，由 D_1 至 D_9、D_9 至 D_{13} 和 D_{13} 至ⅠG 三条调车基本进路构成。

（四）平行进路和八字形进路

在图 1-2 中，X 至 5G 接车进路有两条：一条是经由道岔 5/7 反位、9/11 定位的进路，另一条是经由 5/7 定位和 9/11 反位的进路。如果将经由道岔 5/7 反位、9/11 定位的进路规定为基本进路，则经由 5/7 定位和 9/11 反位的进路为变通进路。由于这两条进路平行（5/7 反位和 9/11 反位平行），这种变通进路称为平行变通进路。再如，D_3 至 D_{11} 的调车进路与 D_1 至 D_9 的调车进路也是平行进路。

在图 1-2 中，X 至Ⅰ股道的接车进路有两条：一条是经由道岔 5/7 定位和 13/15 定位的进路，另一条是经由 5/7 反位和 13/15 反位的进路。如果将经道岔 5/7 定位和 13/15 定位的进路规定为基本进路，则经道岔 5/7 反位和 13/15 反位的进路为变通进路，这种变通进路，由于其中的道岔 5/7 和 13/15 看起来像个"八"字，所以称为八字形变通进路。

（五）进路状态

依据进路是否建立，可以将进路状态分成锁闭状态和解锁状态。建立了进路，即指利用该路径排列了进路，此时进路处于锁闭状态。没有建立进路，即指没有利用该路径排列进路，此时进路将处于解锁状态。

进路处于锁闭状态时，进路内的所有道岔都被锁闭在规定位置上且不能转换位置，之后，防护该进路的始端信号机开放，随后列车或调车车列才能在该进路内运行。进路锁闭，且防护该进路的始端信号开放后，该进路处于安全状态。

当列车或调车车列运行并通过锁闭的进路后，该进路将被解锁而处于解锁状态。解锁状态下，进路内道岔随时有转换位置的可能，处于不安全状态，列车在其上运行将处于不安全状态，因而不允许列车或调车车列在没有锁闭的进路内运行。

三、敌对进路

敌对进路指相互敌对、从安全角度考虑不能够同时建立的进路。根据敌对进路所在咽喉区的不同，可以分为本咽喉敌对进路和迎面咽喉敌对进路。下列进路规定为敌对进路：

（1）同一咽喉区对向重叠的列车进路构成敌对。例如，在图 1-2 中，东郊方面向 5G 的接车进路和 S_5 到东郊方面或北京方面的发车进路，均存在部分区段或全部区段完全相同的重叠情况，因而构成对向重叠，属于本咽喉敌对进路，不能同时建立。

（2）同一咽喉区对向重叠或顺向重叠的列车进路与调车进路构成敌对。例如，图 1-2 中，东郊方面向 5G 的接车进路和以 S_5 或 D_{11} 为始端的调车进路均存在部分区段或全部区段重叠的情况，构成对向重叠或顺向重叠，属于本咽喉敌对进路，不能同时建立。

（3）同一咽喉区对向重叠的调车进路构成敌对。例如，在图 1-2 中，S_{II} 到 1/19WG 的调车进路和 D_{15} 到 S_{II} 的调车进路对向重叠，构成敌对进路，不能同时建立。此外，需要注意的是，向同一无岔区段的对向调车进路也构成敌对，不能同时建立。例如，S_{II} 到 1/19WG 的调车进路和 D_1 到 1/19WG 的调车进路，二者是向无岔区段 1/19WG 的迎面调车进路，构成本咽喉敌对进路，不能同时建立。

（4）同一到发线上对向的列车进路与列车进路构成迎面敌对。例如，在图 1-2 中，北京方面或东郊方面向 5G 的所有接车进路，和天津方面向 5G 的所有接车进路构成迎面敌对进路，不能同时建立。

（5）同一到发线上对向的列车进路与调车进路构成迎面敌对。例如，图 1-2 中，北京方面或东郊方面向 5G 的所有接车进路，和天津方面向 5G 的所有调车进路构成迎面敌对进路，不能同时建立。

（6）一些特殊的车站，列车进站处接车线路为超过 0.6% 的下坡道，列车进站时存在进入股道时停不住车、越过股道闯入迎面咽喉区的可能，因而，需在接车股道末端设置线路隔开设备，以防止列车越过股道与迎面咽喉正在运行的车列发生冲突。因而规定：列车进站信号机外方列车制动距离内接车方向为超过 0.6% 的下坡道，而在该下坡道方向的接车线末端未设置有线路隔开设备时，该下坡道方向的接车进路与对方咽喉的接车进路、非同一到发线上顺向的发车进路以及对方咽喉的调车进路，构成迎面敌对进路。列车进站处接车线路如果为超过 0.6% 的下坡道，在车站信号平面布置图将有明确标示。

（7）防护进路的信号机设在超限绝缘节处，禁止同时开通的进路构成敌对进路。超限绝缘是指钢轨绝缘的设置位置距离警冲标不足 3.5 m 的绝缘。如图 1-3 所示，D_5 处有一个超限绝缘，在 5DG 上停留有车辆时，D_3 到 D_7 的进路将不允许建立，所以 D_1 至 D_5 的调车进路和 D_3 至 D_7 的调车进路构成敌对进路。同样，3DG 上有车占用时，D_1 到 D_{11} 的进路也不允许建立，因而，D_1 至 D_9 的调车进路和 D_5 至 D_7 的调车进路也构成敌对进路。

总之，两条进路有区段重叠部分的都构成敌对进路，不允许同时建立。

归结之，进路是列车或调车车列在站内运行时所经由的路径，由于站内作业包括需要进出车站的列车作业和需要进行机动的调车作业，因而进路相应地分为列车进路和调车进路两类。为保证基本进路无法建

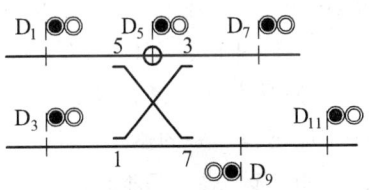

图 1-3 超限绝缘处敌对进路实例图

立时仍然能安全运行到站内指定地点，一些进路除了基本进路外还设置有相应的变通进路。为了保证多列列车或调车车列能够在进路上运行且不发送冲突，必须保证列车或调车车列所在进路和其敌对进路不能同时建立。不同的车站站场内由于信号设备布置及信号设备数量的不同，使得对应的列车进路和调车进路的数量不同。同时，不同进路始端信号的显示颜色和敌对进路也不同，其中，站场内信号设备布置及信号设备数量可通过车站信号平面布置图来表达，其他的不同则通过该站场信号平面布置图所对应的联锁表来反映。

第四节　联　锁　表

联锁表是说明车站信号设备联锁关系的图表。联锁表中表示出了进路、道岔、信号机之间的基本联锁内容，同时，联锁表又是联锁设备开通试验时作为检查车站联锁设备之间联锁关系的主要依据。车站信号平面布置图是编制联锁表的依据，表1-1是按图1-2编制的联锁表（下行咽喉）。联锁表的内容如下：

1. 方向栏

填写进路性质及运行方向。进路性质包括通过进路、接车进路、发车进路、转场进路、调车进路和延续进路。其中，延续进路只有在一些特殊站场中才会涉及。例如，在进站信号机处所在线路为超过0.6%下坡道的情况下，为了防止列车进站时在股道部位刹不住车，在接车股道部位都要设置线路隔开设备。如果没有设置线路隔开设备，则在接车进路股道外方要设置相应的延续进路，接车时，将接车进路和相应的延续进路均进行锁闭，以确保列车进站时即使刹不住车，也不会冒进到没有锁闭的进路上。

2. 进路号码栏

按全站列车进路和调车进路顺序编号。通过进路由正线接、发车进路组成，不另编号，仅将接发车进路号码以分数形式填写。在图1-2中，由北京方面至Ⅰ股道接车进路的号码为28，从Ⅰ股道向天津方面发车进路的号码顺序编为81，则从北京方面经Ⅰ股道向天津正向发车进路号码为28/81。

3. 进路栏

逐条列出联锁范围内的全部列车基本进路和调车基本进路。当列车进路的同一个始端和同一个终端间存在两条或两条以上的进路方式时，除列出基本进路外，还应列出一条主要变通进路作为第二种进路方式。例如，在图1-2中，由北京方面向Ⅲ股道接车可以有三条进路：经5/7、1/3、9/11、13/15、17/19道岔定位，23/25道岔反位的一条；经5/7反位，9/11、13/15、21、23/25定位的一条；经9/11反位，5/7、1/3、13/15、21、23/25定位的一条。这三条平行进路中应选择一条为基本进路，其余两条分别为第一变通进路和第二变通进路。在进路方式栏内，用"1"表示基本进路，用"2"表示变通进路，而对调车则只填基本进路。

表 1-1 联锁表

方向	进路	进路方式	排列进路按下按钮	确定运行方向道岔	信号机名称	信号机显示	表示器	道岔	敌对信号	轨道区段	迎面进路 列车	迎面进路 调车	其他联锁	进路号码
东郊方面 接车	至5股道		X_DLA、S_5LA		X_D	U、U	B-C	5/7、9/11、13/15、(21)	D_{11}、S_5	7DG、11-13DG、21DG、<23/25>25DG、5G	5G	5G		1
	至Ⅲ股道		X_DLA、$S_{Ⅲ}$LA		X_D	U	B-C	5/7、9/11、13/15、21、23/25	D_{11}、$S_{Ⅲ}$	7DG、11-13DG、21DG、<23/25>25DG、ⅢG	ⅢG	ⅢG		2
	至Ⅰ股道		X_DLA、$S_{Ⅰ}$LA		X_D	U、U	B-C	5/7、[9/11]、13/15、(17/19)、17/19、23/25	D_{11}、$S_{Ⅰ}$	7DG、11-13DG、17-23DG、ⅠG	ⅠG	ⅠG		3
	至Ⅱ股道		X_DLA、$S_{Ⅱ}$LA		X_D	U、U	B-C	5/7、[9/11]、(13/15)、(17/19)、{23/25}、27	D_{11}、$S_{Ⅱ}$	7DG、11-13DG、17-23DG、19-27DG、ⅡG	ⅡG	ⅡG		4
	至4股道		X_DLA、S_4LA		X_D	U、U	B-C	5/7、[9/11]、(13/15)、(17/19)、{23/25}、(27)	D_{11}、S_4	7DG、11-13DG、17-23DG、19-27DG、4G	4G	4G		5
发车	由5股道		S_5LA、X_DLA		S_5	L	B-C	(21)、13/15、(9/11)、5/7	D_{11}、S_5D	21DG、<23/25>25DG、11-13DG、7DG			BS	6
	由Ⅲ股道		$S_{Ⅲ}$LA、X_DLA		$S_{Ⅲ}$	L	B-C	(23/25)、21、13/15、(9/11)、5/7	D_{11}、X_D、$S_{Ⅲ}$D	25DG、21DG、11-13DG、7DG			BS	7
	由Ⅰ股道		$S_{Ⅰ}$LA、X_DLA		$S_{Ⅰ}$	L	B-C	27、(17/19)、(23/25)、(13/15)、{9/11}、5/7	D_{13}、D_{11}、X_D、$S_{Ⅰ}$D	17-13DG、19-27DG、11-13DG、9-15DG、7DG			BS	8
	由Ⅱ股道		$S_{Ⅱ}$LA、X_DLA		$S_{Ⅱ}$	L	B-C	(27)、(17/19)、{23/25}、(13/15)、[9/11]、5/7	D_{13}、X_D、$S_{Ⅱ}$D	19-27DG、17-23DG、9-15DG、11-13DG、7DG			BS	9
	由4股道		S_4LA、X_DLA		S_4	L	B-C	(27)、(17/19)、{23/25}、(13/15)、[9/11]、5/7	D_{13}、X_D、S_4D	19-27DG、17-23DG、9-15DG、11-13DG、7DG			BS	10
北京方面 正方向发车	由5股道		S_5LA、X_FLA		S_5	L 或 LU 或 U	B-A	(21)、[13/15]、(9/11)、(1/3)	D_9、D_7、D_1、X_F、S_5D	21DG、<23/25>25DG、11-13DG、9-15DG、3DG、1DG、<5/7>5DG、ⅡAG			BS	11
	由Ⅲ股道	1	$S_{Ⅲ}$LA、X_FLA	(23/25)	$S_{Ⅲ}$	L 或 LU 或 U	B-A	(23/25)、21、17/19、13/15、(9/11)、(1/3)	D_{13}、D_7、D_1、X_F、$S_{Ⅲ}$D	23DG、<21>21DG、17-23DG、9-15DG、3DG、1DG、<5/7>5DG、ⅡAG			BS	12
	由Ⅲ股道	2	$S_{Ⅲ}$LA、BA、X_FLA	23/25	$S_{Ⅲ}$	L 或 LU 或 U	B-A	23/25、21、[13/15]、(9/11)、(1/3)	D_9、D_7、D_1、X_F、$S_{Ⅲ}$D	25DG、21DG、11-13DG、9-15DG、3DG、1DG、<5/7>5DG、ⅡAG			BS	13

列车进路

续表 1-1

方向		进路	进路方式	排列进路按下按钮	确定运行方向道岔	信号机名称	信号机显示	表示器	道岔	敌对信号	轨道区段	迎面进路 列车	迎面进路 调车	其他联锁	进路号码
北京方面 列车进路	正方向发车	由Ⅰ股道		S₁LA、X_FLA		S₁	L 或 LU 或 U	B-A	23/25、17/19、13/15、9/11、(1/3)	D₁₃、D₉、D₇、D₁、X_F、S₁D	17-23DG、9-15DG、3DG、1DG、<5/7>5DG、ⅠAG			BS	14
		由Ⅱ股道		S_ⅡLA、X_FLA		S_Ⅱ	L 或 LU 或 U	B-A	27、17/19、1/3	D₁₅、D₅、D₁、X_F、S_ⅡD	19-27DG、1/19WG、1DG、ⅡAG			BS	15
		由4股道		S₄LA、X_FLA		S₄	L 或 LU 或 U	B-A	(27)、17/19、1/3	D₁₅、D₅、D₁、X_F、S₄D	19-27DG、1/19WG、1DG、ⅡAG			BS	16
	反方向发车	由5股道	1	S₅LA、XLA	(5/7)	S₅	L	B-B	(21)、9/11、13/15、(5/7)	D₁₁、D₃、S₅D	21DG、<1/3>3DG、7DG、5DG、ⅠAG			BS	17
		由5股道	2	S₅LA、D₉A、XLA	5/7	S₅	L	B-B	(21)、[13/15]、(9/11)、1/3、5/7	D₉、D₇、D₃、S₅D	21DG、<23/25>25DG、11-13DG、9-15DG、3DG、5DG、ⅠAG			BS	18
		由Ⅲ股道	1	S_ⅢLA、XLA	(23/25)	S_Ⅲ	L	B-B	(23/25)、17/19、13/15、9/11、1/3、5/7	D₉、D₇、D₃、X、S_ⅢD	25DG、<21>21DG、17-23DG、9-15DG、3DG、5DG、ⅠAG			BS	19
		由Ⅲ股道	2	S_ⅢLA、BA、XLA	23/25	S_Ⅲ	L	B-B	23/25、21、[13/15]、(9/11)、1/3、5/7	D₉、D₇、D₃、X、S_ⅢD	25DG、9-15DG、11-13DG、3DG、5DG、ⅠAG			BS	20
		由Ⅰ股道		S₁LA、XLA		S₁	L	B-B	23/25、17/19、13/15、9/11、1/3、5/7	D₁₃、D₇、D₃、X、S₁D	17-23DG、9-15DG、3DG、5DG、ⅠAG			BS	21
		由Ⅱ股道		S_ⅡLA、XLA		S_Ⅱ	L	B-B	27、(17/19)、13/15、9/11、1/3、5/7	D₁₃、D₇、D₃、X、S_ⅡD	19-27DG、17-23DG、9-15DG、3DG、5DG、ⅠAG			BS	22
		由4股道		S₄LA、XLA		S₄	L	B-B	(27)、(17/19)、13/15、9/11、1/3、5/7	D₁₃、D₇、D₃、X、S₄D	19-27DG、17-23DG、9-15DG、3DG、5DG、ⅠAG			BS	23
	正方向接车	至5股道		XLA、S₅LA	(5/7)	X	U、U		(5/7)、9/11、13/15、(21)	D₃、D₁₁、S₅	ⅠAG、5DG、<1/3>3DG、7DG、<23/25>25DG、21DG、5G	5G	5G		24
		至5股道	2	XLA、D₇A、D₉A、XLA	5/7	X	U、U		5/7、1/3、(9/11)、[13/15]、(21)	D₃、D₇、D₉、S₅	ⅠAG、5DG、3DG、9-15DG、11-13DG、21DG、<23/25>25DG、5G	5G	5G		25
		至Ⅲ股道	1	XLA、S_ⅢLA	(23/25)	X	U、U		5/7、1/3、9/11、13/15、17/19、(23/25)	D₃、D₇、D₉、D₇、D₁₃、S_Ⅲ	ⅠAG、5DG、3DG、9-15DG、17-23DG、25DG、<21>21DG、ⅢG	ⅢG	ⅢG		26

续表 1-1

方向	进路	进路方式	排列进路按下按钮	确定运行方向道岔	信号机名称	信号机显示	表示器	道岔	敌对信号	轨道区段	迎面进路 列车	迎面进路 调车	其他联锁	进路号码
北京方面 正方向接车	至Ⅲ股道	2	XLA、D₁₁A、SⅢLA	(5/7)	X	U、U		(5/7)、13/15、9/11、17/19、21、23/25	D₃、D₁₁、SⅢ	ⅠAG、5DG、<1/3>3DG、7DG、11-13DG、21DG、25DG、ⅢG	ⅢG	ⅢG		27
	至Ⅰ股道		XLA、S₁LA		X	U		5/7、1/3、9/11、13/15、17/19、23/25	D₃、D₇、D₉、D₁₃、S₁	ⅠAG、5DG、3DG、9-15DG、17-23DG、ⅠG	ⅠG	ⅠG		28
	至Ⅱ股道		XLA、SⅡLA		X	U、U		5/7、1/3、9/11、13/15、(17/19)、{23/25}、27	D₃、D₇、D₉、D₁₃、SⅡ	ⅠAG、5DG、3DG、9-15DG、17-23DG、19-27DG、ⅡG	ⅡG	ⅡG		29
	至4股道		XLA、S₄LA		X	U、U		5/7、1/3、9/11、13/15、(17/19)、{23/25}、(27)	D₃、D₇、D₉、D₁₃、S₄	ⅠAG、5DG、3DG、9-15DG、17-23DG、19-27DG、4G	4G	4G		30
北京方面 反方向接车	至5股道		X_FLA、S₅LA		X_F	U、U		(1/3)、(9/11)、[13/15]、(21)	D₁、D₇、D₉、D₁₃、S₅	ⅡAG、1DG、3DG、<5/7>5DG、9-15DG、11-13DG、21DG、<23/25>25DG、5G	5G	5G		31
	至Ⅲ股道	1	X_FLA、BA、SⅢLA	(23/25)	X_F	U、U		(1/3)、9/11、13/15、17/19、(23/25)	D₁、D₇、D₉、D₁₃、SⅢ	ⅡAG、1DG、3DG、<5/7>5DG、9-15DG、11-13DG、<21>21DG、25DG、ⅢG	ⅢG	ⅢG		32
	至Ⅲ股道	2	X_FLA、SⅢLA	23/25	X_F	U、U		(1/3)、9/11、13/15、17/19、23/25	D₁、D₇、D₉、D₁₃、SⅢ	ⅡAG、1DG、3DG、<5/7>5DG、9-15DG、11-13DG、21DG、25DG、ⅢG	ⅢG	ⅢG		33
	至Ⅰ股道		X_FLA、S₁LA		X_F	U、U		(1/3)、9/11、13/15、17/19、27	D₁、D₅、D₉、D₁₃、S₁	ⅡAG、1DG、3DG、<5/7>5DG、9-15DG、17-23DG、ⅠG	ⅠG	ⅠG		34
	至Ⅱ股道		X_FLA、SⅡLA		X_F	U		1/3、17/19、27	D₁、D₅、D₉、D₁₃、SⅡ	ⅡAG、1DG、1/19WG、19-27DG、ⅡG	ⅡG	ⅡG		35
	至4股道		X_FLA、S₄LA		X_F	U、U		1/3、17/19、(27)	D₁、D₅、D₉、D₁₃、S₄	ⅡAG、1DG、1/19WG、19-27DG、4G	5G	5G		36
通过	经Ⅰ股道向天津方面		XTA、S_FLA		X/X_F	L或LU/L或LU或U	/B-B	5/7、1/3、9/11、13/15、17/19、23/25、16、6/8、10/12、2/4	D₃、D₇、D₉、D₁₃、S₁、X₁D、D₁₂、D₁₀、D₈、S_F	ⅠAG、5DG、3DG、9-15DG、17-23DG、ⅠG、16-18DG、8-10DG、4DG	ⅠG	ⅠG	BS 28/81	

续表 1-1

方向	进路	进路方式	排列进路按下按钮	确定运行方向道岔	信号机名称	信号机显示	表示器	道岔	敌对信号	轨道区段	迎面进路 列车	迎面进路 调车	其他联锁	进路号码
通过		经Ⅱ股道向天津方面	$X_F TA$、SLA		$X_F/X_Ⅱ$	L/L	/B-A	1/3, 17/19, 27, 14, 10/12, 6/8	D_1、D_5、D_{15}、$X_ⅡD$、D_6、S	ⅡAG, 1DG, 1/19WG, 19-27DG, ⅡG, 14DG, 6-12DG, ⅡBG		ⅡG	BS	35/85
调车进路	D_1	至D_9	D_1A、D_9A		D_1	B		(1/3)	D_7、<(1/3)>$S_ⅡL$、$S_ⅠL$、$S_ⅡL$、S_4	1DG, 3DG, <5/7>5DG				37
		至D_{15}	D_1A、D_5A		D_1	B		1/3	D_5、<19>$S_Ⅱ$、$S_Ⅱ$、S_4	1DG				38
	D_3	至D_9	D_3A、D_7A		D_3	B		5/7, 1/3	X	5DG, 3DG				39
		至D_{11}	D_3A、D_1A		D_5	B		(5/7)	X、<(5/7)>S_5D、$S_ⅢD$、$S_ⅠD$、S_4D	5DG, 7DG, <1/3>3DG				40
	D_5	向D_1	D_5A、D_7A		D_7	B		1/3	D_1<19>$S_ⅡL$、$S_ⅠL$、$S_ⅡL$、X_F	1DG				41
	D_7	向D_3	D_7A、D_3A		D_7	B		1/3, 5/7	D_7、<19>$S_ⅡL$、$S_ⅡL$、$S_ⅠL$、X_F	3DG, 5DG				42
	D_9	向D_3	D_9A、S_5DA		D_9	B		(9/11), [13/15], (21)	D_3、X	9-11DG, 11-13DG, 21DG, <23/25>25DG	5G			43
		至5股道	D_9A、$D_{13}A$		D_{11}	B		9/11, 13/15	D_7、<9>X、$S_Ⅲ$、$S_Ⅰ$、S_4	9-15DG	5G			44
	D_{11}	至5股道	$D_{11}A$、S_5DA		D_{11}	B		9/11, 13/15, 21, 23/25	S_5、X	11-13DG, 21DG, <23/25>25DG				45
		至Ⅲ股道	$D_{11}A$、$D_{13}A$		D_{11}	B		[9/11], (13/15)	X_D、<(13/15)>$S_Ⅲ$、$S_Ⅰ$、S_4	11-13DG, 21DG, 25DG		ⅢG		46
	D_{13}	至Ⅲ股道	$D_{13}A$、$S_ⅢDA$		D_{13}	B		17/19, (23/25)	$S_Ⅲ$、<17>X_D、X	17-23DG, 25DG, <21>21DG		ⅢG		47
		至Ⅰ股道	$D_{13}A$、$S_ⅠDA$		D_{13}	B		17/19, 23/25	$S_Ⅰ$、<17>X_D、X	17-23DG		ⅠG		48
														49
														50

续表 1-1

方向	进路	进路方式	排列进路按下按钮	确定运行方向道岔	信号机名称	信号机显示	表示器	道岔	敌对信号	轨道区段	迎面进路 列车	迎面进路 调车	其他联锁	进路号码
由 D_{13}	至Ⅱ股道		$D_{13}A$、$S_{II}DA$		D_{13}	B		(17/19)、{23/25}、27	S_{II}、<17>、X_D、X	17-23DG、19-27DG	ⅡG			51
	至4股道		$D_{19}A$、S_4DA		D_{13}	B		17/19、{23/25}、(27)	S_4、<17>、X_D、X	17-23DG、19-27DG	4G			52
由 D_{15}	至Ⅱ股道		$D_{15}A$、$S_{II}DA$		D_{15}	B		17/19、27	S_{II}	19-27DG	ⅡG			53
	至4股道		$D_{15}A$、S_4DA		D_{15}	B		17/19、(27)	S_4	19-27DG	4G			54
调车进路 由 S_5D	至 X_D		S_5DA、S_DDZA		S_5	B		(21)、13/15、9/11、5/7	21DG、X_D、D_{11}、S_5L	21DG、<23/25>25DG、11-13DG、7DG				55
	向 D_3		S_5DA、D_3A		S_5	B		(21)、17/19、13/15、(5/7)	X、D_3、D_{11}、S_5L	21DG、<23/25>25DG、11-13DG、7DG、5DG、<1/3>3DG				56
	至 D_7		S_5DA、D_7A		S_5	B		(21)、17/19、(13/15)、(9/11)	D_7、S_5L	21DG、<23/25>25DG、11-13DG、9-15DG				57
由 $S_{III}D$	至 X_D		$S_{III}DA$、S_DDZA		S_{III}	B		23/25、21、13/15、9/11、5/7	X_D、D_{11}、$S_{III}L$、X	25DG、21DG、11-13DG、7DG				58
	至 D_7		$S_{III}DA$、D_7A		S_{III}	B		(23/25)、17/19、13/15、9/11	D_9、D_{13}、$S_{III}L$、<1/3>X_F	25DG、<21>21DG、17-23DG、9-15DG				59
由 S_1D	至 X_D		S_1DA、D_7A		S_1	B		23/25、17/19、(13/15)、[9/11]、57	X_D、D_{11}、D_{13}、S_1L、<5>X	17-23DG、9-15DG				60
	至 D_7		S_1DA、D_7A		S_1	B		23/25、17/19、9/11	D_9、D_{13}、<5>X、<1/3>X_F	9-15DG	-			61
由 $S_{II}D$	至 X_D		$S_{II}DA$、S_DDZA		S_{II}	B		27、(17/19)、{23/25}、(13/15)、[9/11]、5/7	X_D、D_9、D_{13}、$S_{II}L$、$S_{II}L$	19-27DG、17-23DG、9-15DG、11-13DG、7DG				62
	至 D_7		$S_{II}DA$、D_7A		S_{II}	B		27、(17/19)、{23/25}、13/15、9/11	D_9、D_{13}、$S_{II}L$、<5>X	19-27DG、17-23DG、9-15DG				63
由 S_4D	至 D_5		S_4DA、$D_{15}A$		S_4	B		27、17/19	D_{15}、$S_{II}L$、<1/3>X_F	19-27DG				64
	至 X_D		S_4DA、D_9A		S_4	B		(27)、(17/19)、{23/25}、(13/15)、5/7	X_D、D_9、D_{13}、S_4L、<5>X	19-27DG、17-23DG、11-13DG、7DG				65
	至 D_7		S_4DA、D_9A		S_4	B		(27)、(17/19)、{23/25}、13/15、9/11	D_9、D_{13}、S_4L、<5>X	19-27DG、17-23DG、9-15DG				66
	至 D_5		S_4DA、$D_{15}A$		S_4	B		(27)、17/19	<1/3>D_1、<1/3>X_F	19-27DG				67

4. 排列进路按下按钮栏

顺序填写排列进路时应按下的进路按钮名称，以及排列变通进路应按下的变通按钮或是起变通按钮作用的调车按钮名称。为方便进路的排列，在进路的始端和终端均设置相应的进路按钮。进路按钮分为列车进路按钮 LA 和调车进路按钮 DA，排列列车进路时按下列车进路始端和终端处的列车按钮 LA，排列调车进路时按下调车进路始端和终端处的调车按钮 DA。排列基本进路时只需按下进路始端按钮和进路终端按钮；排列变通进路时，需按下进路始端按钮、变通按钮和终端按钮。进路的性质（列车或调车进路）可以由按下的进路始端按钮的类型来确定。需要说明的是，在 11-13DG 和 21DG 之间的绝缘节处需专门设置一个变通按钮 BA，以便能办理经道岔 23/25 定位的列车变通进路（例如，$S_{Ⅲ}$ 至北京方面的列车变通进路）和调车变通进路（例如，$S_{Ⅲ}$ 至 D_7 的调车变通进路）。

5. 确定运行方向道岔栏

当进路始端和终端之间存在两种以上运行方式时，应填写能区别基本进路和主要变通进路中起关键作用的对向道岔位置。例如，由Ⅲ股道往北京方面反向发车的进路有经道岔 23/25 定位和反位的两条，其中，经道岔 23/25 反位的为基本进路，经 23/25 定位的为变通进路，由于关键道岔是 23/25，所以在联锁表上确定运行方向道岔栏内要填写上道岔 23/25 及其道岔位置。

6. 道岔栏

顺序填写所排进路内全部道岔以及有关防护道岔和带动道岔的编号和位置。道岔号码外加小括号"( )"表示进路要求该道岔处于反位位置，不加括号则表示要求该道岔处于定位位置。

为了满足平行作业的需要，排列进路时还应把不包括在进路内的道岔带动到规定位置，这些不包括在进路内的道岔称为带动道岔。例如，在图 1-2 中，由北京方面向 4G 接车时要求 17/19 道岔反位。由于道岔 17/19 与 23/25 同在一个道岔区段内，列车进站时并不经过 23/25 号道岔，如果 23/25 在反位，则当 17-23DG 锁闭时，就把道岔 23/25 也锁在了反位，显然会影响东郊方面和Ⅲ股道之间列车进路的办理。为了不影响此平行进路的建立，则要求排列经由 17/19 反位的进路时把 23/25 带到定位。在联锁表中用大括号"{ }"表示带动道岔。

另外，根据有关规定，在通过交叉渡线中的一组双动道岔反位排列进路时，应将本交叉渡线上的另一组双动道岔防护在定位并锁闭。例如，在图 1-2 中，排列 5 股道向北京方面的发车进路时，经由交叉渡线中道岔 9/11 反位，要求将 13/15 防护在定位并锁闭。在联锁表中用中括号"[13/15]"表示。

7. 敌对信号栏

站内联锁设备中，敌对进路必须互相照查，不得同时开通。凡属于敌对的两条进路，不能同时开放进路始端信号。为此，应把有敌对关系的信号机名称填写在"敌对信号"栏中。

凡属于敌对进路的信号，不能同时开放。为此应把本咽喉内有构成敌对关系的信号机名称填写在"敌对信号"栏中。填写时，还应注意区分无条件敌对和有条件敌列。只要某条进路一旦建立，某架信号机便不允许开放，这就是无条件敌对。例如，只要 D_1 至 D_{15} 的调车进路一旦建立，D_5 就不允许开放。所谓有条件敌对，是指只有当有关道岔处于一定位置时才构成敌对关系，否则便不构成敌对关系。例如，当建立了 D_1 至 D_{15} 的调车进路时，是否允许 S_{II} 或 S_4 信号机开放（不论出发或调车），取决于 17/19 号道岔的位置：17/19 号道岔处在定位就不允许开放，在反位就允许开放。在这种情况下，17/19 号道岔定位就是条件，在联锁表中用"<17/19>S_{II}、S_4"表示（< >是条件锁闭的符号，17/19 则是条件的具体内容）。

对出站兼调车信号机，若出站信号与调车信号均与所排进路敌对，只写 S_4、S_{II} 等信号机代号；若只是出站信号与所排进路敌对，则应写成 S_4L、$S_{II}L$；若只是调车信号与所排进路敌对，则填写成 S_4D、$S_{II}D$ 等。

由车站两端向同一到发线办理列车和调车或列车和列车进路，构成"迎面敌对"关系时，应分别按列车或调车填写在"迎面进路"栏中，不必再填"敌对信号"栏。例如，北京方面向Ⅰ股道接车，与上行至Ⅰ股道列车进路和调车进路均为敌对，应在"列车"栏和"调车"栏内都填上"ⅠG"。设置"迎面进路"栏的目的是为了简化联锁表，因为若将迎面进路也填在"敌对信号"栏中，有时就会出现必须填写多架信号机的情况。

8. 轨道区段栏

填写排列进路时应检查的轨道区段名称。从表 1-1 中可以看出，所有往无岔区段和股道的调车进路都不包括无岔区段和股道。例如，D_1 至 D_{15} 的调车进路在区段栏中不包括 1/19WG，D_{15} 至 4G 的调车进路在区段栏中不包括 4G。这意味着，建立 D_1 至 D_{15} 的调车进路时不检查 1/19WG 的占用情况，建立 D_{15} 至 4G 的调车进路时不检查 4G 的占用情况，即不管 1/19WG 和 4G 上是否停留有调车车列，都不影响 D_1 至 D_{15} 和 D_{15} 至 4G 进路的建立。对所有向股道的接车进路，区段栏内包括对应的股道。例如，X_D 至Ⅲ股道的接车进路包括ⅢG，这意味着建立 X_D 至Ⅲ股道的接车进路时需检查Ⅲ股道的占用情况，如果Ⅲ股道上有车列占用则该接车进路将无法建立。

此外，还需注意的是超限绝缘处的检查方法。例如，北京方面向 5 股道接车经由 5/7 道岔反位，虽然不经过道岔区段 3DG，但当 1/3 道岔在定位时，如 3DG 占用，则会与接车进路发生侧面冲突，因此在联锁表中应填写"<1/3>3DG"。"<1/3>3DG"表示的联锁条件是道岔 1/3 在定位时要求 3DG 空闲。

9. 其他联锁栏

主要填写一些特殊的联锁关系。例如，单线半自动闭塞区段只有在办理完闭塞手续、取得发车权后才能开放出站信号，因而在其发车进路的"其他联锁"栏内要填写"BS"字样。

第五节　进路控制过程

前面介绍过，要想保证列车或调车车列在站内安全运行，就必须保证列车或调车所经由的进路的安全，即必须检查进路内区段无车占用，将进路内处于解锁状态的道岔进行锁闭，使防护进路的始端信号机开放，然后列车或调车车列才能进入进路。当列车或调车车列通过进路后,又必须将进路始端信号机关闭,并将该进路内的道岔解除锁闭,以便于排列其他进路。这种将进路由解锁状态转换为锁闭状态,又将其由锁闭状态转换为解锁状态的控制过程,叫做进路控制过程。

进路控制过程可以分为进路建立和进路解锁两个过程。进路建立过程指从按压进路始、终端按钮开始到防护该进路的始端信号机开放这一阶段。进路解锁过程指从列车或调车车列驶入进路始端信号机内方至出清进路内全部道岔区段并解除锁闭为止的这一阶段。

一、进路建立过程

进路建立过程可分解成以下五个阶段:

(1) 操作阶段。在操作阶段,操作人员通过按压进路始、终端按钮来选排进路,通过按下的始端和终端按钮来确定进路的范围、方向和性质。其中,进路方向指接车方向或发车方向,与进路始端信号机方向一致。进路性质指该进路是列车进路还是调车进路,与进路始端信号机类型有关。

(2) 选路(岔)阶段。根据操作阶段所确定的进路范围,自动选出与该进路有关的道岔的位置,并确定它们符合进路开通位置。

(3) 道岔转换阶段。将选路阶段选出的所有道岔转到进路所要求的位置。

(4) 进路锁闭阶段。进路内道岔转换完毕,并确认道岔位置与进路所要求的道岔位置一致后,将进路上的道岔和敌对进路(包括迎面敌对进路)予以锁闭,以确保行车安全。

(5) 开放信号阶段。进路锁闭后,进路始端信号开放,给出允许灯光。此时列车或调车车列就可以驶入该进路了。

例如,在图 1-2 中,对 D_{11} 至 5G 的调车进路,在该进路内信号机、道岔、轨道电路等信号设备未参与其他进路,进路上各区段均未占用(不包括 5G),迎面咽喉往 5 股道的敌对进路未建立时,值班员通过按压 $D_{11}A$ 和 S_5DA 来选排该调车进路。当进路始端按钮 $D_{11}A$ 和终端按钮 S_5DA 按下后,转入选路阶段。选路阶段根据按下的始、终端按钮选出参与进路的信号机和道岔位置,例如,选出信号机 S_{11}、S_5 和道岔 9/11 定位、13/15 定位、21 反位。道岔转换阶段对不在进路规定位置的道岔进行转换,例如,如果道岔 21 当前在定位,则将其向反位转换。检查进路上所有道岔转换到进路所规定位置时,对该进路进行锁闭,同时,由于迎面咽喉所有向 5G 的列车进路与 D_{11} 至 5G 的调车进路构成迎面敌对进路,所以需封锁迎面咽喉所有向 5G 的列车进路。进路锁闭后,进路始端信号机 D_{11} 开放白灯。至此,该进路建立过程结束,随后停留在 7DG 上的机车可根据 D_{11} 的允许灯光进入进路。随着调车车列进入进路,该进路将进入解锁阶段。

二、进路解锁过程

为了更好地理解进路解锁过程,先介绍接近区段的概念。

接近区段,一般指进路始端信号机外方轨道电路区段。在我国,接近区段的长度规定如下:

(1) 进站信号机的接近区段,必须大于 800 m。如果进站信号与邻站之间采用非自动闭塞方式运行,则接近区段由预告信号机外方 100 m 的地方起至进站信号机止;若在非自动闭塞提速区段,则为接近信号机内方和外方各一个轨道电路区段;若在自动闭塞区段则为进站信号机外方的第一个闭塞分区;若在自动闭塞提速区段,则为进站信号机外方的第一个和第二个闭塞分区。对自动闭塞高速区段,正线列车进路的接近区段的长度应满足列车最高速度运行时对制动距离的要求。

(2)出站信号机的接近区段为股道的轨道电路区段。但正线出站信号机在办理通过列车时,要由同方向的进站信号机起,至该出站信号机止;在提速区段,要延长到进站信号机外方的第一个闭塞分区。

(3)调车信号机的接近区段为其外方的轨道电路区段,最短不得小于 25 m。例如,在图 1-2 中,对 D_{11} 至 5G 的调车进路而言,接近区段为 7DG;对 S_5 至 D_7 的调车进路而言,接近区段为 5G。需要说明的是,如果调车信号机外方区段无轨道电路,则当调车信号开放后,视为信号机外方接近区段占用。

进路解锁过程指将已被锁闭的道岔和进路予以解锁。进路解锁过程可分为两种情况:

(一)列车或车列未驶入进路阶段

在操作人员办理好进路,进路始端信号开放后,操作人员可能会变更作业计划。例如,在图 1-2 中,操作人员原本想将停留在 D_{13} 外方的机车调入ⅠG,由于按错了进路终端按钮,结果建立了开往ⅡG 的长调车进路,于是就想改排 D_{13} 至ⅡG 的进路为 D_{13} 至ⅠG 的进路。但是,改排进路必须知道机车的运行情况。如果机车已经在 D_{13} 至ⅡG 的进路上运行,此时就无法改排,但如果机车没有进入 D_{13} 至ⅡG 的进路,那么就存在改排进路的可能。要改排进路,就必须先将原有进路(D_{13} 至ⅡG)取消,然后建立新的进路(D_{13} 至ⅠG)。

取消一条短进路,在列车或调车车列未驶入进路时,依据列车或调车车列是否占用进路的接近区段,有两种取消方式,即取消进路和人工延时解锁。

1. 取消进路

当列车或调车车列未进入接近区段且未进入进路时,可以采用取消进路方式使进路解锁。取消进路的处理过程为:

(1)操作员办理取消进路手续。

(2)办理完取消进路手续后,在检查接近区段空闲且列车或调车车列没有进入进路后,自动关闭进路始端信号。

(3)在确认信号关闭后进路自动解锁。

例如,对 D_{13} 至ⅡG 的调车进路,在 D_{13} 开放且接近区段 9-15DG 上无车占用时,就可以通过办理取消进路手续,将 D_{13} 至ⅡG 的进路取消。办理取消进路手续后,检查接近区段 9-15DG 上确实无车占用时,自动关闭 D_{13}(该点禁止灯光为蓝灯),之后进路自动解锁。如果 9-15DG 有车占用或故障占用,这时就不能用取消进路方式来解锁该进路,而只能用人工延时解锁方式来解锁。

2. 人工延时解锁

如果列车或调车车列已经进入接近区段但未进入进路,这时要将进路取消,必须采用人工延时解锁方式来将进路解锁。人工延时解锁也常常简称为人工解锁。人工解锁进路的处理过程为：

（1）操作员办理人工解锁手续。

（2）办理完人工解锁手续后，在确认接近区段占用且列车或调车车列没有进入进路后，自动关闭进路始端信号。

（3）延时。从进路始端信号关闭时开始，对接车进路和正线发车进路延时 3 min，对侧线发车进路和调车进路延时 30 s。在延时过程中连续检查列车或调车车列是否冒进入进路。对高速区间上的车站，由于列车进站时的速度高，列车制动距离长，制动时间比普速列车制动时间长，因而其人工解锁时的延时时间会加长。

（4）延时结束后，若检查列车或调车车列没有冒进入进路，则该进路自动解锁。如果列车或调车车列已经冒进入进路，则不能对该进路解锁。

例如，对 D_{13} 至 $ⅡG$ 的调车进路，若 D_{13} 开放且机车已经进入接近区段 9-15DG 但没有进入进路，则只能通过办理人工解锁手续来将该进路取消了。值班员办理人工解锁手续后，首先使 D_{13} 关闭信号，然后开始延时 30 s，在 30 s 延时时间内如果车列没有冒进入进路，则延时结束后该进路自动解锁。如果在延时时间内调车车列已经压入了进路，则该进路将无法自动解锁。之所以在信号关闭后要先延时然后再决定是否能够解锁进路，主要是因为无法确定在 D_{13} 信号关闭后，在 9-15DG 上运行的机车能否停住车，如果不延时就解锁，那么车列一旦冒进入 D_{13} 内方，就会在已经解锁的进路上运行，车列运行安全将难以得到保证。

（二）列车或车列驶入进路阶段

列车或调车车列驶入进路后，随着列车或调车车列的前行，车后方已经通过的各个区段将逐步解锁。根据进路内设备是否能自动解锁，有两种解锁方式，即正常解锁和区段故障解锁。

1. 正常解锁

正常解锁指在进路建立好，进路始端信号开放后，进路内各个信号设备工作正常的情况下，随着列车或调车车列的前行，列车或调车车列后方的区段将自动解锁。正常解锁有一次解锁和分段解锁两种形式。

一次解锁指列车或调车车列完全通过整条进路后，该进路一次性解锁。分段解锁指正常解锁时，随着列车或调车车列的前行，每完整出清进路内一个区段，该区段延时 3~4 s 后自动解锁。和一次解锁比较，分段解锁更能提高车站作业效率，因而目前大多数车站采用分段解锁方式。无论是一次解锁还是分段解锁，都由联锁控制系统自动完成解锁，无须人工介入。

例如，图 1-2 中 D_{11} 至 $ⅢG$ 的调车进路，进路建立好且 D_{11} 开放后，调车车列由 7DG 前行进入进路。当车列完全进入 11-13DG 时，D_{11} 信号关闭。车列前行并完全出清 11-13DG 后，11-13DG 延时 3~4 s 后自动解锁。车列继续前行并完全出清 21DG 后，延时 3~4 s 后 21DG 自动解锁。车列完全出清 25DG 后，延时 3~4 s 后 25DG 也自动解锁。这样，随着车列的前行，整条进路内各个区段全部依次解锁。

分段解锁时，车列完全离开进路内各轨道电路区段之后，都需要延时 3~4 s，然后才能解锁。需要进行 3~4 s 延时，是考虑到车列中尾车或轻车的跳动可能会导致区段内轨道电路出现"假出清"的情况（轨道继电器 DGJ 瞬时吸起，随后又落下）。为了保证"假出清"时不至于使该轨道电路区段提前错误解锁，在车列出清后需经延时后才能解锁，以保证行车安全。

在分段解锁进路内的某区段，必须检查列车或调车车列已经进入进路内该区段且从该区段完整出清。一般采用"三点检查法"来检查车的压入和出清。所谓"三点检查"，就是用相邻的两个轨道区段作为解锁的检查条件。一个区段解锁时，不仅要检查列车占用过并且已完整出清本区段，还要检查列车占用过并且已出清前一区段，而且已经进入下一区段。例如，对图 1-2 中 D_{11} 至 ⅢG 的调车进路，该进路内有 11-13DG、21DG、25DG 这三个连续的道岔区段。对 11-13DG 来说，需证明列车顺序地占用过 11-13DG 的前一区段 7DG、本区段 11-13DG 和下一区段 21DG，其前一区段 7DG 已经出清并解锁，然后当列车完整出清本区段 11-13DG 后延时 3~4 s，11-13DG 才解锁。对 21DG 来说，需证明车曾顺序地占用过 11-13DG、21DG、25DG 三个区段，其前一区段 11-13DG 已经出清并解锁，然后当车完整出清 21DG 后延时 3~4 s，21DG 解锁。

2. 区段故障解锁

进路建立好、进路始端信号开放后，在车通过进路时进路内部分信号设备出现故障的情况下，进路内一些轨道电路区段将不能自动解锁，这时必须通过人工办理区段故障解锁来使进路内没有解锁的轨道电路区段解锁。区段故障解锁对未解锁的故障区段进行解锁，一次只能解锁一个故障区段，如果有多个故障区段，则对每个故障区段均需办理区段故障解锁。

区段故障解锁的处理过程为：

（1）值班员办理区段故障解锁手续。

（2）检查区段故障解锁的条件是否满足。区段故障解锁的条件较复杂，但必须满足：所办理的故障区段必须空闲（轨道继电器 DGJ 吸起）、所办理的区段不能是进路上列车或调车车列运行前方的区段。

（3）区段故障解锁条件满足后，对所办理的区段进行解锁。

例如，对 D_{11} 至 ⅢG 的进路，车列前行并完全进入 11-13DG 时 D_{11} 信号关闭。完整出清 11-13DG 时 11-13DG 延时 3~4 s 后自动解锁。车列继续前行到 21DG 上运行，此时，如果 21DG 轨道电路出现故障占用，其轨道继电器 DGJ 在车列通过后仍然处于落下状态。这时即使车列完整通过了 21DG，21DG 也将无法自动解锁。因为 21DGJ 处于落下状态时联锁控制系统无法区分 21DG 上是有车占用还是故障占用，这种情况下对 21DG 直接解锁是不安全的。对这种无法正常解锁的区段就必须要采用区段故障解锁方式来解锁。当然，必须等车站维修人员修复好 21DG 的轨道电路，待其 DGJ 吸起后，对其进行区段故障解锁时，解锁功能才能生效。21DGJ 处于落下状态时，即使对该区段办理了区段故障解锁手续，该区段也无法实现解锁功能。

除在上述情况下需采用区段故障解锁来解锁故障区段外，区段故障解锁还用于更多情况下故障区段的解锁。区段故障解锁主要用于下列情况：

（1）在办理进路时，因联锁系统故障使有些道岔区段未锁闭，信号不能开放，需要将已经锁闭的区段进行故障解锁。

（2）在正常解锁、取消进路、人工解锁、调车中途返回解锁或引导进路解锁时，由于轨道电路故障造成某些道岔区段未解锁，对于未解锁区段需进行故障解锁。

（3）在轨道电源停电后恢复供电、维修等引起个别区段的锁闭，应对已经锁闭的区段实行故障解锁。

3. 调车中途折返解锁

除了上面的几种解锁方式以外，对调车进路还存在调车中途返回解锁的情况。

例如，在图 1-2 中，要将 I G 上的车列调到 III G 上，由于调车车列较长，先建立 S_1 至 I AG 的长牵出进路，待车列完全牵出到 D_{13} 信号机外方，17-23DG 解锁后，再建立 D_{13} 至 III G 的调车折返进路，待 D_{13} 信号开放后，车列根据 D_{13} 的允许灯光进入 III G。对上述 S_1 至 I AG 的调车牵出进路，车列前进到 D_{13} 前方时，17-23DG 按照正常解锁方式自动解锁。对 D_{13} 前方的各个轨道电路区段，由于这些轨道电路区段上的车列是以折返方式反向退出进路的，与车列正常通过进路的行车顺序不一致，无法利用正常解锁方式来解锁，只能在车列通过信号机 D_{13} 往 III G 折返的过程中，通过调车中途折返解锁方式来自动解锁。调车中途折返解锁由联锁系统自动完成，无需人工介入。

三、引导接车

前面介绍的各种进路解锁方式，都是针对已经建立好、信号开放之后的进路。进路要建立成功，实现从选排进路、转换道岔、锁闭进路到开放信号这一系列控制过程，前提条件是进路内方信号机、转辙机和轨道电路等信号设备在进路建立过程中都工作正常——不出现故障。进路建立过程中，一旦进路内方信号设备出现故障，则进路无法建立成功，进路始端信号也无法开放。例如，对 X 至 I G 的正线接车进路，当进路内方的 5DG 故障占用或道岔 1/3 失去表示表示信息（即道岔定位表示继电器 DBJ 和反位表示继电器 FBJ 均落下）时，进路将无法建立成功。此外，进路建立好之后，如果进路内方信号设备出现故障，则进路始端信号会由开放改变为关闭。例如，X 至 I G 的正线接车进路建立好，X 开放信号后，如果进路内方的 5DG 故障占用或道岔 1/3 失去表示信息，则 X 关闭，此时 X 外方要进站的列车将无法进站。

如果站内信号设备故障导致接车进路无法正常建立，或由于站内信号设备故障导致已经建立好的接车进路始端信号关闭，无法正常接车时，为了不影响行车，可以采用引导接车方式来将列车引导进站。根据站内信号设备故障情况的不同，引导接车有两种方式：一种是以引导进路方式接车，另一种是以引导总锁闭方式接车。

（一）引导进路

当接车进路内方出现进站信号机故障（如允许灯光断丝）而无法显示允许灯光，或者接车进路上轨道电路出现故障占用，无法用正常手续建立接车进路时，可通过办理引导进路手续来引导接车。

引导进路的处理过程为：

（1）值班员单独操纵进路内方道岔到进路规定的位置，然后办理引导进路手续，使进站信号机开放允许灯光——红白灯（HB）。如果是已经建立的接车进路由于进路内轨道电路故障或信号机故障而导致信号关闭，由于此时道岔都在进路规定的位置上，可直接办理引导进路手续，使进站信号机开放。

（2）列车压入进路时，进站信号机关闭信号。

（3）值班员确认列车完整进入股道后，办理引导进路解锁手续，使引导进路一次解锁。

例如，图 1-2 中 7DG 故障占用，此时若东郊方面有列车要进入站内 5 股道，但因 X_D 至 5 股道的接车进路采用正常建立接车进路的方法无法建立，必须采用引导进路方式接车进站。在引导进路建立好、X_D 开放红白灯（HB）后，列车根据该允许灯光进入站内 5 股道。值班员在确认列车完整进入 5G 后，通过办理引导进路解锁手续使引导进路解锁。

（二）引导总锁闭

当接车进路上出现道岔故障而失去位置信息，例如，道岔实际在定位（或反位），由于电路故障，反映道岔位置的定位表示继电器 DBJ 和反位表示继电器 FBJ 都落下，此时，无法以正常方式办理接车进路，也不能以引导进路方式接车，只能以引导总锁闭方式来引导接车。

引导总锁闭的处理过程为：

（1）值班员单独操纵进路内方道岔到进路规定的位置，然后拔出本咽喉的引导总锁闭按钮 YZSA，将本咽喉全部道岔锁闭，最后使进站信号机开放允许灯光——红白灯（HB）。

（2）列车压入进路时，进站信号机关闭信号。

（3）值班员确认列车完整进入股道后，使 YZSA 复原，解除对本咽喉全部道岔的锁闭。

例如，图 1-2 中进站信号机 X_D 内方的双动道岔 5/7 的 DBJ 和 FBJ 由于故障而均处于落下状态，此时，若东郊方面有列车要进入站内 5 股道，但由于道岔 5/7 的 DBJ 和 FBJ 均处于落下状态，X_D 到 5G 的接车进路采用正常建立接车进路方法和引导进路方法都无法建立成功，只能以引导总锁闭方式接车。以引导总锁闭方式接车时，在人工确认接车进路上故障道岔位置确实在该接车线路所规定的位置上、接车线路上无车占用的情况下，值班员单独操纵接车线路上各个道岔到该接车线路所规定的位置，随后办理引导总锁闭手续，将整个咽喉区的道岔全部锁闭，然后开放进站信号机 X_D。待 X_D 点亮红白灯（HB）后，列车根据该允许灯光进入 5 股道。值班员在确认列车完整进入 5 股道后，办理引导总解锁手续，取消对本咽喉所有道岔的锁闭，以便能够进行站内其他作业。

需进一步说明的是，对已经建立好、信号开放后的进路，包括列车进路和调车进路，如果进路内方信号机、道岔、轨道电路等信号设备因瞬时故障而关闭时，即使故障很快恢复，进路始端信号也不能自动开放，否则会出现不符合技规的乱显示，影响司机作出正确的判断而危及行车安全，此时，室内值班员可以通过人工办理重复开放信号手续来使进路始端信号重新开放。重复开放信号手续对列车进路和调车进路均适用，是针对进路内方信号设备出现瞬时故障而采取的不影响行车效率的办理办法。引导进路和引导总锁闭只适用于接车进路，是针对接车进路内方信号设备出现永久故障而采取的不影响行车效率的办理办法。当然，对高速铁路而言，当发车进路上信号设备出现故障时，为了不影响行车效率，也可以通过引导进路方式来发车。

以上对进路建立过程、各种情况下的进路解锁方式及其处理过程、信号设备故障情况下的引导接车方式及其处理过程等分别进行了介绍。为了便于记忆，我们将上述过程简化成如图 1-4 所示的形式。在图 1-4 中，进路建立过程和各种解锁方式在具体执行时，均需要进行严格的联锁逻辑条件检查，以保证进路过程的安全，这些将在后面几章进行详细介绍。

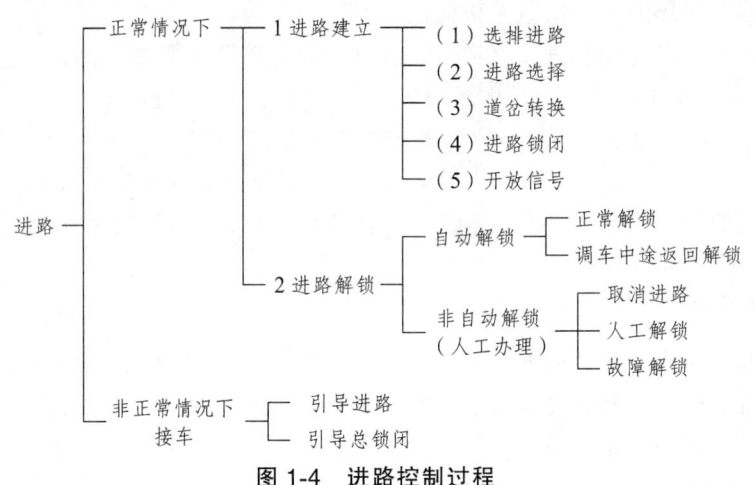

图 1-4　进路控制过程

思 考 题

1. **名词解释。**

（1）故障-安全性　　（2）联锁　　　　（3）道岔四开状态　　（4）进路
（5）分段解锁　　　　（6）三点检查　　（7）故障解锁　　　　（8）变通进路

2. **填空。**

（1）信号机的作用是_____。调车信号机平时点_____色的禁止灯光，此时，调车信号继电器 DXJ 和灯丝继电器 DJ 分别处于_____、_____状态；调车进路建立好之后，调车信号机点亮_____色的允许灯光，此时，调车信号继电器 DXJ 和灯丝继电器 DJ 分别处于_____、_____状态。列车信号机平时点_____色的禁止灯光，此时，灯丝继电器 DJ 处于_____状态，列车信号继电器 LXJ 处于_____状态。出站兼调车信号机平时点_____色的禁止灯光。

（2）道岔的作用是_____。道岔的位置可以用道岔定位表示继电器 DBJ 和反位表示继电器 FBJ 的状态来反映：当道岔表示继电器 DBJ 和 FBJ 分别处于_____状态和_____状态时，反映道岔处于定位；当道岔表示继电器 DBJ 和 FBJ 分别处于_____状态和_____状态时反映道岔处于反位；当道岔表示继电器 DBJ 和 FBJ 分别处于_____状态和_____状态时反映道岔处于四开状态。当道岔锁闭继电器 SJ 处于_____状态时，反映该道岔已经锁闭，道岔不能进行转换；当道岔锁闭继电器 SJ 处于_____状态时，反映该道岔处于解锁状态，能够进行转换。当道岔转换超过_____s 时，视为道岔转换出现故障，应该进行报警。

（3）轨道电路的作用是_____。轨道电路的状态可以用继电器_____来反映，当其吸起时反映_____，而其落下时反映_____。

（4）接车进路由_____信号机防护，发车进路由_____信号机防护，调车进路由_____信号机防护，正线通过进路由_____信号机防护。

（5）进路处于_____状态时，进路始端信号机才能开放允许灯光，之后车列才能进入进路。进路处于_____状态时，进路始端信号机只能开放禁止灯光，车列不能进入进路。

（6）办理好正线接车进路后，进路始端进站信号机应该点亮_____色的允许灯光；办理好侧线接车进路后，进路始端进站信号机应该点亮_____色的允许灯光；办理好正线通过进路后，进路始端进站信号机应该点亮_____色的允许灯光；以引导进路方式接车时，进路始端进站信号机应该点亮_____色的允许灯光；以引导总锁闭方式接车时，进路始端进站信号机应该点亮_____色的允许灯光。

（7）在进路始端信号开放后，要解锁一条进路时，在_____情况下可采用取消进路方式来使进路解锁，在_____情况下以正常解锁来解锁进路，在_____情况下只能通过区段故障解锁来使进路内没有解锁的故障区段解锁。上述几种解锁方式中，需要人工介入的解锁方式有_____，无需人工介入的解锁方式有_____。

（8）对正常建立好的进路，在_____情况下以人工解锁方式来解锁进路。值班员办理好人工解锁手续后，首先进行_____，之后开始延时（对_____进路延时3 min，对_____进路延时30 s），延时结束后如果_____则该进路将自动解锁。人工解锁进路时需要进行延时的原因是_____。

（9）分段解锁时，车列完全离开轨道电路区段后，要延时_____s之后才能解锁，需要进行延时的原因是_____。分段解锁时，一般采用_____法来判断车列是否离开待解锁的区段。

3. 判断题。判断下列各题正确还是错误，正确的打√，错误的打×。

（1）区段故障占用的情况下，即使办理了区段故障解锁，该区段也不会解锁。（　　）

（2）道岔区段上有车占用的情况下，该区段上道岔将无法转换。（　　）

（3）对调车进路办理人工解锁时，先延时30 s，随后进路始端信号关闭，进路解锁。（　　）

（4）一旦办理了引导总锁闭手续，则无法再建立本咽喉的其他进路了。（　　）

（5）即使股道上有车占用，也可以往该股道上调车。（　　）

（6）调车信号机的接近区段为该信号机外方的轨道电路区段。（　　）

（7）调车中途折返进路的解锁需要人工介入。（　　）

（8）以引导进路方式接车进站，该引导进路随着列车的进站而分段解锁。（　　）

（9）进路锁闭且开放信号后，由于故障使得进路始端信号关闭，此时，不允许进路外方的车列进入该进路。（　　）

（10）正常解锁、取消进路、人工解锁、调车中途返回解锁和引导进路解锁，均需在进路始端信号关闭之后，进路才能解锁。（　　）

4. 简答题。

（1）简要说明进路建立过程。

（2）正常解锁、取消进路和人工解锁，各自解锁过程有何区别？

（3）什么情况下办理人工解锁？办理人工解锁时，何种情况下延时 3 min，何种情况下延时 30 s，何种情况下无需延时？

（4）列车进站时，进路上出现什么故障情况时以引导进路方式接车，出现什么故障时只能采用引导总锁闭方式接车？两种情况下，进路始端进站信号机分别点亮什么颜色的灯光？

（5）哪几种情况下的进路构成敌对进路？哪几种情况下的进路构成迎面敌对进路？

（6）与进路有关的带动道岔和防护道岔各有何特点？

（7）接近区段是如何规定的？

5. 根据图 1-5 所示的信号平面布置图解答。

说明：在图 1-5 中，X 和 S 与邻站之间都采用单线双向半自动闭塞制式。

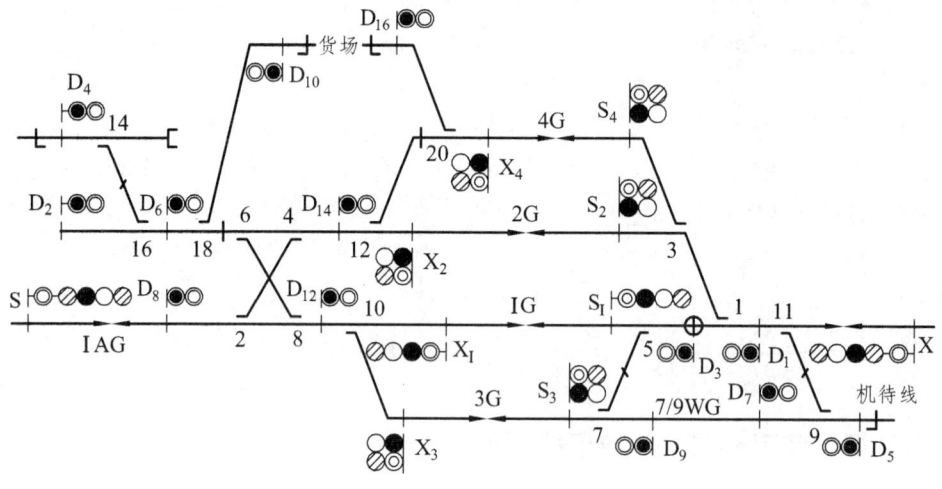

图 1-5　实例站场图 1

（1）在图 1-5 所示的站场中，单置信号机有_____，差置信号机有_____，尽头信号机有_____，进站信号机有_____，出站兼调车信号机有_____，高柱信号机有_____；正线股道有_____，无岔区段有_____，牵出线有_____；单动道岔有_____，双动道岔有_____，交叉渡线道岔有_____。

（2）从 D_5 到 IG 的长调车进路由_____条调车基本进路构成，各条进路的始端信号机为_____。该长进路建立好之后，应该点亮允许灯光的信号机有_____，各条基本进路始端信号机应该点亮_____色允许灯光。

（3）D_4 到 $3G$ 的长调车进路由_____条调车基本进路构成。S 至 $4G$ 之间有_____条列车基本进路。X_3 至 D_2 之间有_____条调车基本进路。S_3 经 5/7 定位到 D_5 之间有_____条调车基本进路。S_3 经 5/7 反位到 D_5 之间有_____条调车基本进路。X_4 到 D_8 之间有_____条调车基本进路，X_2 到 S 之间有_____条列车基本进路。

（4）D_6 到 D_{10} 的调车进路与 D_8 至 D_{14} 的进路构成_____进路，S_3 经 5/7 反位到 D_5 的进路为_____型进路。

（5）对 D_{12} 到 ⅠG 的调车进路，当 2-8DG 空闲且车列没有进入 10DG 时，要将该条进路取消，可以办理_____操作；当 2-8DG 故障且车列没有进入 10DG 时，要将该条进路取消，只能办理_____手续。在信号机_____关闭信号之后，需要延时_____s，延时结束后在车列没有进入 10DG 时，该进路才能解锁。

（6）建立好 X 到 3G 的侧线接车进路后，信号 X 点亮_____色灯光。随着列车进入进路，进路将分段解锁，进路内各区段分段解锁的顺序依次为_____。

（7）对 X 到 3G 的侧线接车进路，在 11DG 故障占用且人工确认 11DG 无车占用的情况下，可以办理_____操作来将 X 外方的列车接到站内；在 9/11 号道岔失去位置信息时，若必须将 X 外方的列车接到站内，在人工确认 9/11 在定位的情况下，可以通过办理_____操作来接车进站。如果 X 的 DJ 断丝落下时，则可以通过办理_____操作来接车进站。

（8）D_2 至 D_6 的调车进路（其中，D_2 外方没有轨道电路）建立好且信号开放后，由于一些原因要将该进路取消，为安全起见，应该办理_____操作来取消该进路。

（9）建立好 S 至 2G 的接车进路后，信号机 S 将点亮_____色灯光，随后列车进入进路。当列车压入 4DG 时，若 4DG 轨道电路故障，在列车完全离开 4DG 后其 DGJ 无法励磁，则 4DG 和 12DG 均无法正常解锁，只能通过办理_____操作来解锁此两个区段。

（10）试编写下行咽喉的联锁表。

（11）判断正误。正确的打√，错误的打×。

① S_3 至 D_7 的进路和 D_5 至 D_9 的进路构成敌对进路。 （　　）
② D_{14} 至 4G 的进路和 D_1 至 4G 的进路构成敌对进路。 （　　）
③ X 至 ⅠG 的进路和 D_{12} 至 ⅠG 的进路构成敌对进路。 （　　）
④ D_8 至 2G 的进路和 S 至 ⅠG 的进路构成敌对进路。 （　　）
⑤ S 至 2G 的进路和 X 至 2G 的进路构成敌对进路。 （　　）
⑥ D_6 至 D_{10} 的进路和 X_4 至 D_{16} 的进路构成敌对进路。 （　　）
⑦ X_2 至 D_8 的进路和 S 至 2G 的进路构成敌对进路。 （　　）
⑧ 5DG 故障占用时，D_1 至 4G 的进路无法建立。 （　　）
⑨ 5DG 故障占用时，D_3 至 ⅠG 的进路无法建立。 （　　）

6. 根据图 1-6 所示的信号平面布置图，判断下列各题正确还是错误，正确的打√，错误的打×。

说明：在图 1-6 中，X 和 X_F 与邻站之间采用双线双向四显示自动闭塞制式，ⅠG、ⅡG、3G 和 4G 均可以向两个咽喉接发车。

（1）S_3 到 D_9 的调车进路内只包含了 3 个道岔区段。 （　　）
（2）D_9 到 D_5 之间是一条进路，同样，D_5 到 D_9 之间也是一条进路。 （　　）
（3）当 9DG 的 DGJ 处于落下状态时，D_1 到 D_{11} 的进路肯定无法建立。 （　　）
（4）当道岔 35/37 定位且 SJ 处于落下状态时，D_{13} 到 S_4 的进路肯定无法建立。 （　　）
（5）当 3-5DG 故障而使其 DGJ 落下时，要将 X 外方列车接到站内，必须等该故障修复好，DGJ 吸起之后才能接车进站。 （　　）
（6）X 到 ⅠG 的正线接车进路只有 1 条。 （　　）
（7）X 经道岔 5/7 和 15/17 定位到 ⅠG 的接车进路建立好后，该进路上只有信号机 X 能点亮允许灯光，调车信号机 D_5、D_7、D_{27} 是不能点亮允许灯光的。 （　　）

（8）在ⅠAG上停留有车辆时，人工解锁 D_5 至 D_7 的进路，该进路在办理好人工解锁后开始延时 30 s，延时结束后如果车列没有进入 3-5DG，则 D_5 信号关闭，进路解锁。（　　）

（9）要将ⅡG上的机车调到ⅠG上，可以先建立 $S_Ⅱ$ 到 D_{27} 的牵出进路，待车列牵出后，再建立 D_{27} 到ⅠG 的折返进路。（　　）

（10）不管 D_9 信号是否开放，都不影响 D_7 经 15/17 定位到ⅠG 调车进路的建立。（　　）

（11）D_{11} 信号机的接近区段为 9DG。（　　）

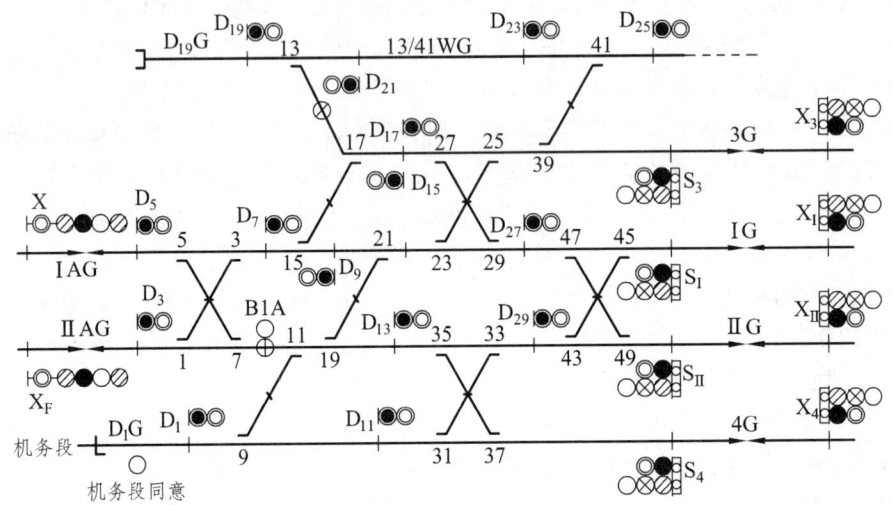

图 1-6　实例站场图 2

7. 根据图 1-7 所示的信号平面布置图解答。

说明：在图 1-7 中，A 方面和 B 方面均采用双线双向四显示自动闭塞方式运行，C 方面采用单线双向半自动闭塞方式运行；各个股道对 A 方面、B 方面和 C 方面均能进行接车作业。

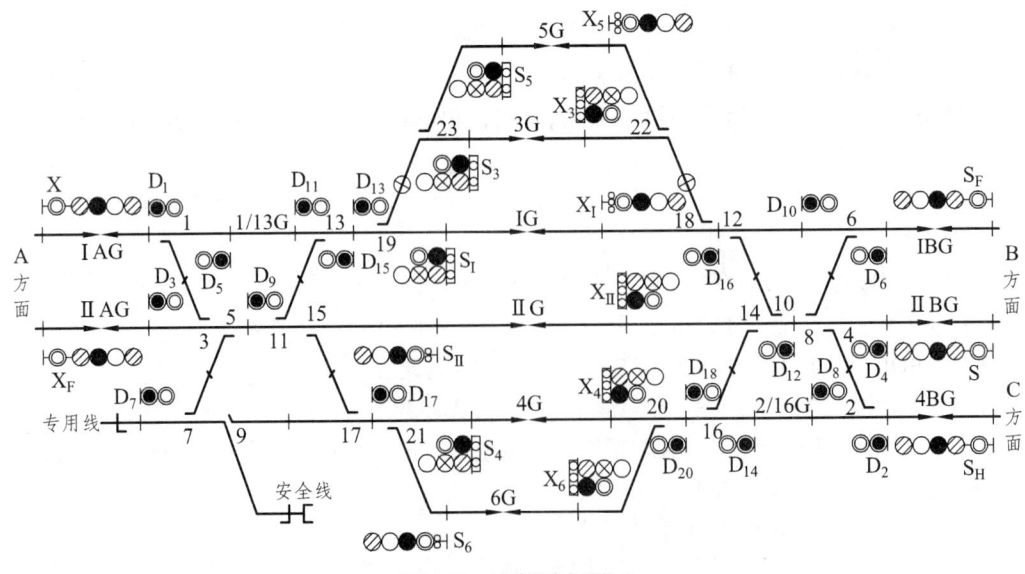

图 1-7　实例站场图 3

（1）在图 1-7 所示的站场中，单置信号机有_____，并置信号机有_____，差置信号机有_____，尽头信号机有_____，进站信号机有_____，出站兼调车信号机有_____，高柱信号机有_____；正线股道有_____，无岔区段有_____，牵出线有_____；单动道岔有_____。

（2）从 D_1 到 6G 的长调车进路由_____条基本进路构成，各条进路的始端信号机为_____。该长进路没有建立时，各条基本进路始端信号机应该点亮_____色灯光；建立好之后，各条基本进路始端信号机应该点亮_____色灯光。

（3）D_7 到 D_{17} 的调车进路内包括的道岔有_____，轨道电路区段有_____。X 到 ⅡG 的接车进路内包括的道岔有_____，轨道电路区段有_____，该进路建立好之后，应该点允许灯光的信号机有_____。

（4）D_1 经道岔 1/3 反位到 3G 的长调车进路包括_____条基本进路。S_1 至 X_F 的发车进路包括_____条基本进路。S_3 经 11/13 定位到 D_1 之间有_____条基本进路。X_4 到 D_6 之间有_____条基本进路。D_2 经 2/4 反位到 6G 之间有_____条基本进路。D_6 到 6G 之间有_____条基本进路，S_1 到 D_7 之间有_____条基本进路。

（5）对 S_1 到 X_F 的列车进路，在ⅠG 占用且车列没有进入进路时，要将该条进路取消，可以办理_____手续，在信号机_____关闭信号之后，需要延时_____s，延时结束后车列没有进入该进路时，该进路才能开始解锁。

（6）建立好 X 到ⅠG 的正线接车进路后，信号 X 点亮_____色灯光，随着列车进入进路，进路将分段解锁，进路内各区段分段解锁的顺序是_____。

（7）对 X 到ⅠG 的正线接车进路，在 1DG 故障占用的情况下，要将进站信号机 X 外方的列车接到站内，可以办理_____操作来接车进站，此时 X 应该点亮_____色灯光。在 1/3 号道岔的 DBJ 和 FBJ 均处于落下状态时，在人工确认 1/3 定位的情况下，可以通过办理_____操作来将 X 外方的列车接到站内。如果 X 的允许信号无法开放，则可以通过办理_____操作，使 X 点亮_____色灯光来接车进站。

（8）对 D_7 至 D_{17} 的调车进路，7-9DG 的 DGJ 处于落下状态时，该进路_____（能或不能）建立成功。

（9）要将ⅠG 上的长调车车列调到ⅢG 上，可以先建立好 S_1 至 D_1 的_____进路，待调车车列完全牵出到 D_{13} 前方后，再建立好 D_{13} 至ⅢG 的_____进路，调车车列根据该进路进入ⅢG。

（10）要将 D_4 外方的ⅡBG 上的机车调到 2/16G 上，可以先建立好_____至 4G 的长牵出进路，待车列完全牵出到 D_{18} 前方后，再建立好_____至_____的折返进路，调车车列根据该进路进入 2/16G。

（11）判断正误。

① ⅠG 上有车占用时，D_{13} 至 3G 的进路无法建立。（　　）

② 22DGJ 处于落下状态时，D_{16} 至ⅠG 的进路无法建立。（　　）

③ D_9 至 D_{13} 的调车进路建立好之后，依然可以建立 S_3 到 D_{15} 的调车进路。（　　）

④ D_7 到安全线之间也存在一条进路。（　　）

⑤ D_9 到ⅡG 的进路和 D_{12} 到ⅡG 的进路构成敌对进路。（　　）

⑥ D_9 到ⅡG 的进路和 S 到ⅡG 的进路构成敌对进路。（　　）

⑦ X 到 ⅠG 的正线接车进路和 S 到 ⅠG 的接车进路构成敌对进路。（   ）
⑧ 即使 D_{16} 信号处于开放状态，也能建立 D_6 至 D_{16} 的进路。（   ）
⑨ 可以通过按压 XLA 和和 S_FLA 来建立正线通过进路。（   ）
⑩ 建立 D_7 至 D_9 进路时必须将道岔 1/3 带动到定位，同理，建立 D_{12} 到 D_{16} 进路时也必须将道岔 14/16 带动到定位。（   ）

第二章 继电联锁系统概述

第一节 电气集中联锁系统组成

一、6502 电气集中联锁系统组成

6502 电气集中联锁系统是通过电磁继电器及其电路来实现车站联锁逻辑控制功能的控制系统，由于实现联锁的元件是电磁继电器，故又称为继电集中联锁。6502 电气集中联锁系统由室内设备和室外设备两部分构成，室内设备主要有控制台、电源屏、区段故障解锁按钮盘、继电器组合及组合架。其中，控制台和区段故障解锁按钮盘设置在信号楼车站值班员室内，供值班员操纵和监督用；而继电器组合及组合架、电源屏和分线盘设置在机械室内，实现联锁逻辑控制以及与室外设备的接口等功能。室外设备主要是信号机、转辙机和轨道电路，属于车站联锁系统所控制的对象。图 2-1 所示为电气集中联锁设备的组成框图，图中点画线为室内设备和室外设备的连接电缆。下面分别叙述各组成部分的功能。

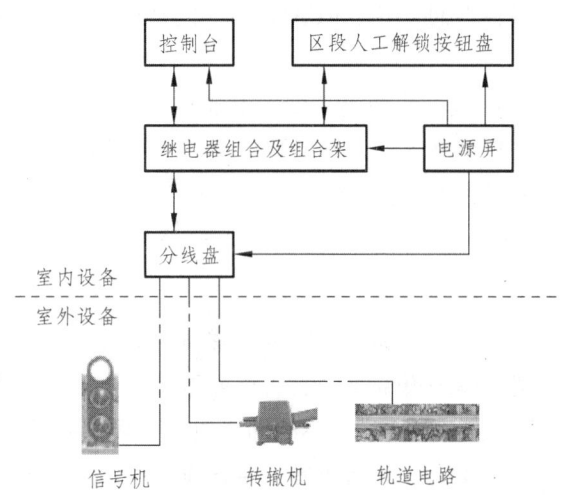

图 2-1 电气集中联锁设备组成框图

二、室内设备概况

（一）控制台

控制台设置在信号楼车站值班员室内。控制台的盘面按照各个车站站场的实际情况

来布置，盘面上的模拟站场线路、接发车进路方向、信号机和道岔位置均与站场实际位置相对应。6502 电气集中控制台都是由各种标准块拼成的，简称为单元控制台。控制台上设置有各种用途的按钮和表示灯，是车站值班员集中控制和监督全站的道岔、进路和信号机，指挥列车运行和调车作业的控制设备，同时也可供信号维修人员分析、判断系统故障范围用。

（二）区段人工解锁按钮盘

在安装有控制台的室内墙上，离开控制台一定距离装设有区段人工解锁按钮盘。在区段人工解锁按钮盘的盘面上，对每个道岔区段和设置区段组合的无岔区段均设置有一个带铅封的按钮，一般称之为事故按钮。

当区段因故障不能按照进路方式解锁时，可用它实现区段的故障解锁。用取消进路方法不能关闭信号时，也可用它实现紧急关闭信号。无论是办理区段故障解锁还是紧急关闭信号，都需要双人办理，一人按压总人解按钮 ZRA，另一人破铅封拔出区段事故按钮 SGA。

（三）继电器组合及组合架

继电器组合及组合架也设置在信号楼继电器室内。在电气集中车站需要大量继电器，把具有相同控制对象的继电器按照定型电路环节组合在一起，叫做继电器组合，简称组合。6502 电气集中定型组合是根据车站信号平面布置图上的道岔、信号机和道岔区段设计的。不同类型的信号设备对应的定型组合不同，共有 12 种类型的定型组合，每个组合包括的继电器数量最多不超过 10 个。

6502 电气集中采用通用的电气集中组合架，用于安放各种继电器组合。组合架分 11 层，1~10 层安装继电器组合，每层安装一个继电器组合。为了集中对轨道电路的有关参数进行测试，在组合架上还设有轨道电路测试盘。

（四）电源屏

电源屏为系统提供各种类型的电源。电气集中联锁系统是一个实时控制系统，它的电源必须稳定可靠。我国电气集中联锁设备对电源的要求是：

（1）必须保证不间断供电。为了可靠和不间断供电，原则上由两路工业电网分别作为主、副总电源。主、副电源必须能自动或手动切换，在转换过程中的断电时间不得超过 0.15 s，以保证处于吸起状态的继电器不致因瞬间断电而失磁落下。

（2）工业电网电压（380/220 V）在 +15%~-20% 波动时，自动调压装置会使其稳定在 ±3% 的精度范围内。

（3）要有短路和过载（过电压、过电流）保护措施。

电气集中电源的系统框图如图 2-2 所示。

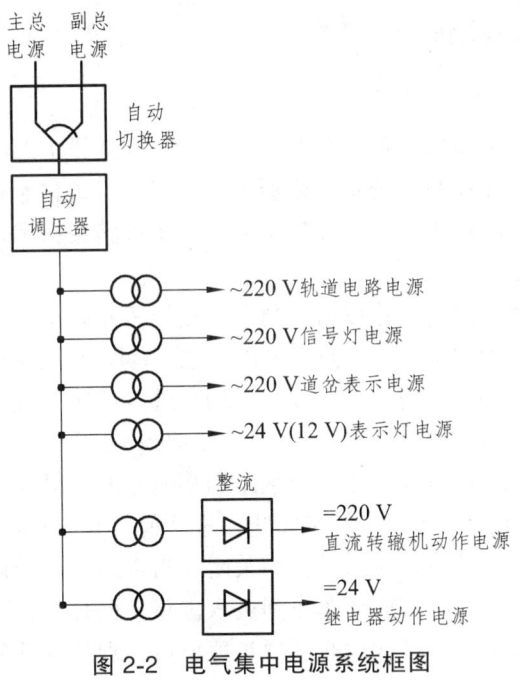

图 2-2 电气集中电源系统框图

（五）分线盘

在室内电缆引出处还设有分线盘。电气集中的室内与室外联系导线都必须经过分线盘端子，它位于室内外电缆汇接处。

此外，在车站继电器室内还设有区间闭塞设备、车站电码化设备、计算机监测系统和 TDCS 分机等设备，在 CTC 区段设有车站自律机（此时不设 TDCS 分机），在 200 km/h 提速区段还设有车站列控中心。

第二节 控 制 台

一、控制台盘面布局

我国铁路目前生产的电气集中控制台主要有两种类型：一类是西安信号工厂生产的 TD5 型控制台，另一类是沈阳信号工厂生产的 TD4 型控制台。这两类控制台都是用各种定型的标准单元块拼装成的，称为单元式控制台。之所以采用单元控制台，是因为标准单元块的生产不受具体站场的限制，有利于工厂预制生产；此外，在站场变更时，只需在原来的控制台上增减相应的单元块即可。

图 2-3（见书末插页）所示为单元控制台盘面图，图中的站场模拟线路、信号机、道岔定位位置、轨道电路区段划分，是依据车站信号设备平面布置图，选用标准单元块拼装而成的。在控制台盘面上设有各种用途的按钮和表示灯。

（一）各种用途的按钮

1. 进路按钮

控制台上设置有各种类型的按钮，其中，第一种是和选排进路有关的按钮。由于每条进路都有始端和终端，所以在控制台的站场模型中，在相当于进路始端和终端的地方均设置有二位自复式按钮，叫做进路按钮。进路按钮又分为列车进路按钮和调车进路按钮，分别用于办理列车进路和调车进路。

为了防止在办理进路时按错进路按钮，列车进路按钮和调车进路按钮在控制台盘面上采用不同颜色和位置加以区别。列车进路按钮采用绿色，装设在线路上。例如，进站信号机 X_D 所在线路上的 X_DLA 即为 X_D 的列车进路按钮。调车进路按钮一般采用白色按钮，装设在线路旁。例如，调车信号机 D_1 所在线路旁的圆形按钮即为 D_1 的调车进路按钮 D_1A。

进路按钮除了用于选排进路外，还用于进路始端信号的重复开放。重复开放信号，指进路建立好且信号开放后，在列车或调车车列未进入进路前，由于进路内信号设备出现故障（例如，轨道电路故障占用）使进路始端信号自动关闭，当进路中信号设备故障排除后，必须使进路始端信号重新开放，以便列车或调车车列进入进路。但是车站联锁系统规定信号不能自动开放，即进路中信号设备故障排除后必须通过值班员办理重复开放信号操作之后才能使进路始端信号开放。

办理重复开放信号时，只需要按压进路始端按钮即可。例如，在图 2-3 中，当 D_1 至 D_{15} 的调车进路建立好、D_1 信号开放允许灯光且调车车列没有进入进路时，1DG 轨道电路出现故障占用，其轨道继电器 DGJ 落下，则 D_1 信号关闭。当 1DG 故障恢复，其 DGJ 励磁吸起后，只需按压 D_1A 进行重复开放信号，即可使 D_1 信号重新开放。需要说明的是，如果 1DG 故障占用未恢复，其 DGJ 一直处于落下状态，此时即使办理了重复开放信号手续，D_1 也不会重新开放。

为了对进路按钮按下的动作进行记录，对每个进路按钮均设置有相应的按钮继电器 AJ。AJ 平时处于落下状态，按钮按下时，与该按钮对应的 AJ 将励磁吸起。

2. 道岔单独操纵按钮

当办理引导进路、清扫和试验道岔以及检修转辙机等作业时，需要对道岔进行单独操纵。为了能够对站场中每组道岔进行单独操纵，在控制台上每个咽喉区均设置有二位自复式的总定位按钮 ZDA 和总反位按钮 ZFA，且对每组单动道岔或双动道岔都独立设置一个三位式的单独操纵道岔按钮 CA。此外，在道岔按钮 CA 上方有绿、黄两个道岔位置表示灯，用来反映道岔的实际位置：道岔在定位时绿色表示灯 L 点亮，道岔在反位时黄色表示灯 U 点亮。

要将某组道岔单独操纵到定位，需要按下总定位按钮 ZDA 和该道岔按钮 CA，当道岔转换到定位时，其上方的道岔表示灯点绿灯。若想将某组道岔单独操纵到反位，需要按下总反位按钮 ZFA 和该道岔按钮 CA，当道岔转换到反位时，其上方的道岔表示灯点黄灯。例如，在图 2-3 控制台上，要将道岔 1/3 单独操纵到反位，值班员需同时按下总反位按钮 ZFA 和 1/3 道岔按钮 CA，在道岔 1/3 的 SJ 处于吸起状态（道岔未锁闭）、1DG 和 3DG 的 DGJ 均处于吸起状态时，该道岔将进行转换，转换到反位后 1/3 的道岔表示灯 U 点亮。

对某组道岔的转辙机进行维修时，需要对该道岔进行单独锁闭，此时，只需将相应的道岔按钮拔出（此时该道岔就不能进行转换了）。道岔按钮拔出后，该按钮内表示灯点红灯，表示该道岔已单独锁闭。例如，要对道岔 1/3 进行维修，只需拔出 1/3 的道岔按钮 CA，此时道岔 1/3 单独锁闭，将无法进行转换。要对道岔 1/3 进行转换，必须将道岔 1/3 的道岔按钮 CA 复原到初始状态。

需要说明的是，道岔单独锁闭和道岔锁闭是两个不同概念。道岔锁闭是针对道岔解锁而言，道岔锁闭意味着该道岔的道岔锁闭继电器 SJ 处于落下状态，道岔无法转换；未锁闭意味着该道岔的道岔锁闭继电器 SJ 处于吸起状态，该道岔解锁。单独锁闭道岔时，该道岔虽然无法转换，但不会改变锁闭继电器 SJ 的状态，如果当前 SJ 处于吸起状态，且此时该道岔的位置和进路对该道岔所要求的位置一致，则仍然可以建立经由该道岔的进路。例如，图 2-3 中，道岔 1/3 在定位且空闲（SJ 处于吸起状态）时，即使拔出了该道岔按钮 CA，对其单独锁闭，但由于其 SJ 在吸起状态，仍然不影响 D_1 至 D_{15} 调车进路的建立。但道岔 1/3 的道岔按钮 CA 拔出后，D_1 至 D_9 的进路将无法建立，因为 D_1 至 D_9 的进路要求转换该道岔到反位，而 1/3 道岔单独锁闭后将无法转换。如果道岔 1/3 已经锁闭，则其 SJ 处于落下状态，意味着该道岔已经参与进路且已经锁闭，此时就无法建立再经由该道岔的其他进路了。

3. 总取消和总人解按钮

在控制台上的上、下行咽喉区各设置一个二位自复式的总取消按钮 ZQA 和一个二位自复式带铅封的总人解按钮 ZRA，分别用于取消进路和人工解锁。

办理取消进路手续时，需要同时按压本咽喉区的总取消按钮 ZQA 和进路始端按钮。例如，取消 X_D 至 I 股道的接车进路时，需同时按压本咽喉区的总取消按钮 ZQA 和 X_DLA，此时，总取消按钮 ZQA 上方的总取消表示灯点亮红灯。

为了对操作总取消按钮 ZQA 的动作进行记录，对应总取消按钮 ZQA 设置一个总取消继电器 ZQJ，ZQJ 平时处于落下状态。按下总取消按钮 ZQA 时，ZQJ 励磁吸起，松开总取消按钮 ZQA 时 ZQJ 缓放 1 s 后落下。此外，在进路始端每架信号机组合内均设置有一个取消继电器 QJ，QJ 平时处于落下状态。当办理取消进路而按下总取消按钮 ZQA 和进路始端进路按钮时，在 ZQJ 和进路始端按钮的 AJ 均励磁吸起后，该信号机处的取消继电器 QJ 将励磁吸起，参与取消进路过程。取消进路时，ZQA、ZQJ、AJ 和 QJ 之间的动作时序如下：

$$
\begin{array}{l}
总取消按钮\ ZQA\ 按下 \longrightarrow ZQJ\uparrow \longrightarrow QJ\uparrow \\
进路始端按钮按下 \longrightarrow AJ\uparrow
\end{array}
$$

办理人工解锁进路时，需要同时按压总人解按钮 ZRA 和进路始端按钮。例如，人工解锁 X_D 至 I 股道的接车进路时，只需要同时按压总人解按钮 ZRA 和 X_DLA，此时总人解按钮 ZRA 上方的总人解表示灯点亮红灯。X_D 关闭后，总人解表示灯旁边的 3 min 表示灯亮红灯，说明该人工解锁在进行 3 min 延时。需要说明的是，如果人工解锁的是调车进路或站线发车进路的话，由于此时是延时 30 s，因而点亮的是 30 s 的红灯。

为了对按下总人解按钮 ZRA 的动作进行记录，对应总人工解锁按钮 ZRA 设置一个总人解继电器 ZRJ。ZRJ 平时处于落下状态，按下 ZRA 时 ZRJ 励磁吸起，ZRJ 吸起后会将总取消继电器 ZQJ 带起；松开总人解按钮 ZRA 时，总取消继电器 ZQJ 和总人解继电器 ZRJ 缓放 1 s 后分别落下。人工解锁时，ZRA、ZRJ、ZQJ、AJ 和 QJ 之间的动作时序如下：

$$
\begin{array}{l}
总人解按钮\ ZRA\ 按下 \longrightarrow ZRJ\uparrow \longrightarrow ZQJ\uparrow \longrightarrow QJ \\
进路始端按钮按下 \longrightarrow AJ\uparrow
\end{array}
$$

4. 引导按钮和引导总锁闭按钮

在控制台上，对每个能进行引导接车和引导总锁闭的进站信号机都设置有相应的二位自复式带铅封的引导按钮和引导总锁闭按钮，用于办理引导进路和引导总锁闭。例如，在图2-3中的X_D引导按钮、X引导按钮、X_F引导按钮和X引导总锁按钮。

办理引导进路时，按压引导按钮。例如，排列X的下行引导进路时，需按下X引导按钮。引导进路办理好之后，其上方的白灯点亮。办理引导总锁闭时，按压引导总锁闭按钮和对应的引导按钮。例如，办理X的引导总锁闭时，先按压X引导总锁按钮，将本咽喉所有道岔锁闭，同时其上方白灯点亮，然后再按下X引导按钮，开放X的引导信号。

5. 其他用途的按钮

除了前面所介绍的各种按钮外，在控制台上还设置有接通光带按钮、接通道岔表示按钮、切断挤岔电铃按钮、表示灯调压按钮、信号灯调压按钮、电源切换按钮等其他用途的按钮。前两种按钮每个咽喉分别设置一个，后四种为全站共用，每站分别设一个。除接通光带按钮为二位自复式按钮外，其他的按钮均为二位非自复式按钮。若区间采用半自动闭塞设备时，在控制台相应位置还设有闭塞按钮、复原按钮和事故按钮，用于办理区间半自动闭塞手续。若区间采用自动闭塞设备时，控制台下部相应位置还应设置切断区间报警按钮，双向自动闭塞需设置改变运行方向用的按钮。为站内轨道电路电码化设置有切断电码化报警按钮。为监督列车信号机各灯泡主灯丝的完整性，按咽喉区分别设有一个切断断丝报警按钮。为对进站信号机和正线出站信号机非正常关闭进行报警，按咽喉区分别设一个切断跳信号报警按钮。当站内设有联系电路或结合电路时，控制台相应还要增设有关的按钮，例如，非进路调车按钮、机务段同意按钮等。

（二）各种用途的表示灯和报警电铃

作为监督器件，在控制台上设置有各种用途的表示灯和报警电铃。

表示灯的用途可大致分为三方面：一是正确反映进路、信号机和道岔的状态以及反映设备的运用情况；二是表示操作手续是否完成；三是反映继电电路的动作程序，以便在发生故障时能及时发现，并判明故障的出处。

进路表示灯以光带形式设在站场模型上；信号表示灯以信号复示器的形式，设在站场模型相当于信号机的地方；道岔位置表示灯设在道岔单独操纵按钮的上方，道岔单独锁闭表示灯设置在带灯按钮内；提速道岔用的尖轨和心轨表示灯设置在按钮下方。此外，还有排列进路表示灯、列车接近和离去表示灯、信号机主灯丝断丝表示灯。如区间采用半自动闭塞，需设置半自动闭塞用表示灯；自动闭塞，需设置接近、离去表示灯；双向自动闭塞，需设置改变运行方向表示灯。

表示灯只能在值班人员注视控制台时才起作用，有些情况，如道岔被挤、列车接近等，除了用表示灯表示外，还采用了电铃报警的方式，以此引起值班人员的注意。

二、进路按钮的配置和选路操作

列车或调车车列在站内线路上运行时，首先要确定运行范围和运行方向。相应地，在控制台模拟站场上，车站值班人员要确定进路的范围和进路的始端与终端。6502电气集中均采用双按钮进路式选路法，先后按下两个性质相同的进路始端按钮和终端按钮，就可把进路上所有的道岔位置选出来，并使防护这条进路的信号机开放。

(一) 进路按钮设置原则

(1) 对应每一条进路始端信号机处均应分别设置一个与进路性质一致的进路按钮。由于每一架信号机均可以作为进路的始端，所以每一架信号机处均应该设置进路按钮。调车信号机处设置调车进路按钮 DA；进站信号机、进路信号机和出站信号机处均应该设置列车进路按钮 LA；出站兼调车信号机由于既可以作列车进路始端又可以作调车进路始端，所以应设置两个按钮，即一个列车按钮 LA 和一个调车按钮 DA。如图 2-3 所示的控制台盘面，盘面上绝大多数进路按钮都是根据这一原则来设置的。

(2) 为减少按钮数量，进路始端按钮可兼作同性质的进路终端按钮。选路时，顺序按压两个按钮，先按下的作始端按钮，后按下的作终端按钮。例如，若先后按下 D_9A 和 S_1DA 按钮，则排列的是 D_9 至 I 股道的调车进路；如果先后按下的是 S_1DA 和 D_9A，则排列的是 S_1 至 D_7 的调车进路。

(3) 进路终端如果没有同性质的信号机，则应另设一个进路按钮。例如，S_{III} 到 X_D 之间存在一条调车进路，由于 X_D 处没有调车按钮，所以特别设置了一个调车进路按钮 S_DDZA。建立 S_{III} 到 X_D 之间的调车进路时，只需先后按下 $S_{III}DA$ 和 S_DDZA 即可。

(4) 对应有通过信号的进站信号机，应设置一个通过按钮，用以简化通过进路的办理。例如，进站信号机 X 和 X_F 均存在通过进路，所以在 X 和 X_F 所在的线路上均设置有通过按钮 XTA 和 X_FTA，用于办理通过进路。由于III股道向天津方面没有正线发车进路，因而不存在 X_D 到天津方面的正线通过进路，故对 X_D 未设置通过按钮。

(5) 在变通进路上，若没有调车按钮可以兼作变通按钮，则要单独设置一个专用变通按钮 BA。例如，在图 2-3 中，III股道向北京方面的正向发车进路有两条：一条是经道岔 23/25 反位到 X_F 的列车基本进路，另一条是经道岔 9/11 反位到 X_F 的列车变通进路。为保证 S_{III} 经道岔 9/11 反位向北京方面的正向发车变通进路能建立，在 11-13DG 上设置了一个变通按钮 B_1A。

进路按钮的作用是选路，6502 电气集中采用双按钮进路式选路法。选路时，顺序按压两个性质相同的进路按钮，先按下的起始端按钮的作用，后按下的起终端按钮的作用，进路的性质 (即是列车进路还是调车进路) 由按钮的性质 (即是列车进路按钮 LA 还是调车进路按钮 DA) 来确定。例如，先后按下 $S_{III}DA$ 和 D_9A，排列的是 S_{III} 至 D_7 的调车进路，如果先后按下的是 D_9A 和 $S_{III}DA$，则排列的是 D_9 至III股道的调车进路。再如，若先后按下 X_DLA 和 $S_{III}LA$，排列的是东郊方面的下行接车进路；如果先后按下的是 $S_{III}LA$ 和 X_DLA，则排列的是III股道往东郊方面的发车进路。

实际上，往往在进路始端和终端两点间，存在变通进路。例如，在图 2-3 中，XLA 和 $S_{III}LA$ 之间，有两条平行进路，当先后按压 XLA 和 $S_{III}LA$ 时，只准许选出基本进路。如果因故障基本进路选不出来时，禁止自动改选出变通进路。若想选排变通进路，则必须先按下进路始端按钮，再按下变通按钮，最后再按下进路终端按钮，这时才准许选出变通进路。同理，变通进路选不出来时也禁止自动改选基本进路。

对变通按钮，需要说明的是：

（1）调车按钮可以兼作列车变通进路的变通按钮。例如，排列 X 至Ⅲ股道经道岔 5/7 定位和 9/11 反位的列车变通进路时，只需要顺序按下 XLA、D_7A（或 D_9A）和 $S_{Ⅲ}LA$，此时 D_7A（或 D_9A）作该列车变通进路的变通按钮。

（2）除单置反方向的调车变通进路的变通按钮可用单置调车按钮兼作变通按钮以外，调车按钮不能作调车变通进路的变通按钮。例如，S_1 到 D_3 之间有一条经由道岔 13/15 反位和 5/7 反位的八字形变通进路，如果直接按下 S_1DA 和 D_3A，排列的是经 13/15 定位和 5/7 定位的长调车进路；若要排列经由道岔 13/15 反位和 5/7 反位的八字形变通进路，则可以顺序按压 S_1DA、$D_{11}A$ 和 D_3A，此时 $D_{11}A$ 作该进路的变通按钮。$D_{11}A$ 之所以能作该进路的变通按钮，是由于 D_{11} 是单置信号机且信号机 D_{11} 的开向和所排进路的方向相反。对 D_3 经由道岔 5/7 反位和 13/15 反位到Ⅰ股道的调车进路，由于 D_{11} 信号开向和进路方向相同，所以不能通过按压 D_3A、$D_{11}A$ 和 S_1DA 来排列该进路。由于该进路由 D_3 至 D_{11} 和 D_{11} 至Ⅰ股道这两条调车基本进路构成，所以可以由远及近分段选排：先按下 $D_{11}A$ 和 S_1DA 建立 D_{11} 至Ⅰ股道的调车进路，然后按下 D_3A 和 $D_{11}A$ 建立 D_3 至 D_{11} 的调车进路。

（3）专用变通按钮 BA 既可以作列车变通进路的变通按钮，也可作调车变通进路的变通按钮。变通进路的性质由所按下的进路始端按钮的性质来确定。例如，在图 2-3 中，B_1A 既可以作Ⅲ股道向北京方面的正向发车变通进路的变通按钮，又可以作 D_9 至Ⅲ股道的调车变通进路（经道岔 9/11 反位）的变通按钮。

（二）进路办理办法

1. 列车进路办理办法

列车进路主要有接车进路、发车进路和通过进路。列车进路的操作方法是按列车的运行方向，先后按下进路始端按钮和终端按钮，即双按钮进路式选路法。这样操作形象、简便、不易出错。例如，在图 2-3 中，选排 X_D 至Ⅲ股道的下行接车进路时，应先按下 X_DLA，后按下 $S_ⅢLA$。而选排由Ⅲ股道向东郊方面的上行发车进路时，应先按下 $S_ⅢLA$，后按下 X_DLA。又如，选排 X 至Ⅲ股道的下行接车进路时，要求先按下 XLA，后按下 $S_ⅢLA$；反之，选排由Ⅲ股道向北京方面的上行正向发车进路时，则要求先按下 $S_ⅢLA$，后按下 X_FLA。

此外，选排列车基本进路时，也可通过先按压进路始端 LA，再按压进路内方调车信号机处 DA，最后按压进路终端 LA 来选排。例如，选排 X_D 至Ⅲ股道的下行接车进路时，可通过先后按下 X_DLA、$D_{11}A$ 和 $S_ⅢLA$ 来选排。又如，选排 X 至Ⅱ股道的下行接车进路时，既可通过先后按压 XLA 和 $S_ⅡLA$ 来选排，也可通过先后按下 XLA、D_7A、D_3A 和 $S_ⅢLA$ 来选排。

办理列车通过进路有一次办理和分段办理两种操作方法。一次办理时，先后按下进路始端通过按钮和迎面咽喉进站信号机列车按钮；分段办理时，分成正线发车进路和正线接车进路来办理。例如，办理下行经Ⅰ股道的通过进路，一次办理的方法是先后按下 XTA 和 S_FLA。分段办理的方法是先选排下行Ⅰ股道发车进路，即顺序按下 $X_ⅠLA$ 和 S_FLA；然后办理下行Ⅰ股道接车进路，即顺序按下 XLA 和 S_1LA。通过进路的一次办理要比分段办理简便，因而一般情况下采用一次办理。

2. 调车进路的办理办法

(1) 选排并置（或差置）调车信号机为阻拦信号的调车进路。

选排 D_3 至 D_9 的调车进路时，需要先后按下 D_3A 和 D_7A。选排Ⅰ股道至 D_7 的调车进路时，需要顺序按下 S_1DA 和 D_9A。从上述举例可看出，选排以并置（或差置）调车信号机为阻拦信号的调车进路，它的进路终端按钮不是起阻拦信号的调车按钮，而是另一架背向调车信号机处的调车进路按钮。

(2) 选排以单置调车信号机为阻拦信号的调车进路。

选排 D_3 至 D_{11} 的调车进路时，需顺序按下 D_3A 和 $D_{11}A$。由此可见，当选以单置调车信号机为阻拦信号的调车进路时，起阻拦信号的调车进路按钮可作为终端按钮。但是，单置调车进路按钮不能作反向调车进路的终端按钮使用。例如，由Ⅲ股道向 X_D 内方调车，应先后按下 $S_{Ⅲ}DA$ 和 S_DDZA，因为 D_{11} 信号机与该进路反向，不起阻拦作用，故 $D_{11}A$ 不能作该进路的终端按钮，而只能以专设的 S_DDZA 作终端按钮。

(3) 选排以股道、牵出线、专用线等为进路终端的调车进路。

当选排由咽喉区调车信号机为始端，以股道、牵出线、专用线、接发车口处为进路终端的调车进路时，应以咽喉区调车信号机的调车进路按钮为始端按钮，以该咽喉区股道头部的出站兼调车信号机的调车进路按钮为终端，或以牵出线、专用线、接发车口处的尽头式调车信号机的调车进路按钮作终端。如选 D_5 向Ⅱ AG 调车，应顺序按下 D_5A 和 D_1A；又如排 D_9 至Ⅰ股道调车进路时，应顺序按 D_9A 和 S_1DA；再如选 D_7 向Ⅰ AG 调车进路时，要先后按下 D_7A 和 D_3A。

(4) 选排长调车进路。

长调车进路由两条以上短调车进路组成。对长调车进路，可以直接按下进路始端按钮和终端按钮来一次选排，也可以由远及近来分段办理。例如，D_9 至Ⅰ股道的长调车进路由 D_9 至 D_{13} 的调车基本进路和 D_{13} 至Ⅰ股道的调车基本进路构成，办理该进路时可以直接按下 D_9A 和 S_1DA 来一次办理；也可以先按下 $D_{13}A$ 和 S_1DA 排列好 D_{13} 到Ⅰ股道的调车基本进路，然后按下 D_9A 和 $D_{13}A$ 排列好 D_9 至 D_{13} 的调车基本进路。

实际上，长调车进路分段选排时，按照由近及远顺序来依次选排，长进路也能选排出来，之所以要求按照由远及近的顺序来分段办理，主要是为了不影响行车。例如，对 D_9 至Ⅰ股道的长调车进路，由远及近先选排 D_{13} 至Ⅰ股道的调车基本进路，如果该进路因故不能建立，则 D_{13} 信号无法开放，车列不能在该进路上运行，这时操作员就不用再选排 D_9 至 D_{13} 的调车进路了。相反，如果由近及远选排，先建立 D_9 至 D_{13} 的进路，司机根据 D_9 的允许信号前进，等车列进入了 D_9 至 D_{13} 的进路后再建立 D_{13} 至Ⅰ股道的调车进路，这时如果 D_{13} 信号因故无法开放，则车列无法继续前进，影响站内行车效率。后面将会介绍，长调车进路一次选排时，长调车进路上各基本进路始端信号机将由远及近开放，且满足只有远端基本进路始端信号开放了，近端基本进路始端信号才能开放的条件。例如，先后按下 D_9A 和 S_1DA 来一次选排 D_9 至Ⅰ股道的长调车进路时，D_{13} 信号先开放，随后 D_9 信号才开放，如果 D_{13} 因故不能开放，则 D_9 也无法开放，这和由远及近分段选排时信号开放的顺序一致。

3. 变通进路办理方法

(1) 列车变通进路办理方法。

办理列车变通进路时，按列车运行方向的顺序，先后按下进路始端按钮、变通按钮和进路终端按钮。例如，在图 2-3 中，选排由 X 经由道岔 9/11 反位到Ⅲ股道的接车变通进路，需先后按下 XLA、D_7A（或 D_9A）和 $S_{Ⅲ}LA$ 三个按钮。多数情况下，列车变通进路上都有调车按钮可兼作变通按钮用，如果没有调车按钮可兼作列车变通进路的变通按钮时，需设置专门的变通按钮 BA。例如，选排 S_5 经由道岔 5/7 反位到 X_F 的发车变通进路时，需先后按下 S_5LA、B_1A 和 X_FLA 三个按钮，其中，B_1A 为专门设置的专用变通按钮。

（2）调车变通进路办理方法。

选调车变通进路时，不能采用差置、并置或同方向单置调车进路按钮作为调车变通按钮使用，只能用专用按钮或反向单置调车进路按钮来作变通按钮。例如，在图 2-3 中，选排 S_1 经由道岔 13/15 反位和 5/7 反位到 D_3 的八字形变通进路，需先后按下 S_1DA、$D_{11}A$ 和 D_3A 三个按钮，其中，$D_{11}A$ 作为调车变通按钮来使用。

4. 反向接发车进路的办理方法

在单线自动闭塞区段，我国目前采用规定平时运行方向的方式，即平时规定方向的区间通过信号机开放，而反方向的区间通过信号机灭灯。反方向的出站信号机不能开放，只有在区间空闲时，经办理一定手续，改变运行方向，反方向的出站信号机和区间通过信号机才能开放，此时规定运行方向的区间通过信号机和出站信号机开放。

在双线双向自动闭塞区间，反方向不设置区间通过信号机，凭机车信号的显示运行。反方向运行时，通过改变运行方向，转换区间的轨道电路发送和接收设备，并使规定方向的区间通过信号机灭灯。改变运行方向由改变运行方向电路来完成。

改变运行方向有正常办理和辅助办理两种方式。下面以进站信号机 X 处改为发车方向为例，简要介绍正常办理和辅助办理过程。

（1）正常办理。

正常办理是指改变运行方向电路处于正常状态时的办理方法。

在图 2-3 中，进站信号机 X 平时为接车方向，其在控制台上的接车表示灯 JD 点亮黄灯；其邻站处于发车状态，发车方向表示灯 FD 点亮绿灯；区间空闲时区间占用表示灯 JQD 灭灯。现想经由 X 发车，在区间空闲（JQD 灭灯）情况下，登记、破铅封按下控制台上本咽喉的改变运行方向按钮 YGFA，允许改变运行方向表示灯 YGFD 点亮红灯。此时即可正常办理改变运行方向，本站值班员只需办理一条发车进路就可使改变运行方向电路动作，自动改变运行方向。

本站 X 处改为发车站后，与其对应的接车表示灯 JD 灭灯、发车表示灯 FD 点亮绿灯；邻站改为接车站后，其发车表示灯 FD 灭灯，接车表示灯 JD 点黄灯。当本站出站信号机开放后或列车进入区间运行时，两站的区间占用表示灯 JQD 同时点亮红灯。列车完全驶入邻站，区间恢复空闲后，本站又未办理发车进路时，区间占用表示灯 JQD 灭灯。

邻站从接车站改为发车站，办理手续同上。

（2）辅助办理。

辅助办理是指当办理改变运行方向的过程中出现故障时，使方向电路恢复正常的一种办理方式。当监督区间电路发生故障，或因故出现"双接"（即故障使得两站均处于发车状态）时，两站监督区间占用的表示灯 JQD 同时点亮，这时必须用辅助方式才能改变运行方向。

两站值班员确认监督区间电路故障且区间空闲后，由本站值班员登记破铅封，按下总辅助办理按钮 ZFA 和发车辅助按钮 FFA，其辅助办理表示灯 FZD 亮白灯，表示本站正在进行辅助办理，但本站值班员仍需继续按压发车辅助按钮 FFA。

与此同时或稍晚，邻站值班员也登记破铅封按下总辅助办理按钮 ZFA 和接车辅助按钮 JFA，其辅助办理表示灯 FZD 亮白灯。此时邻站值班员可松开 JFA，其接车表示灯 JD 点亮黄灯，发车表示灯 FD 灭灯，辅助办理表示灯 FZD 白灯灭灯，表示本站辅助办理结束，改成接车站。

此后，本站与 X 对应的发车表示灯 FD 点亮绿灯，接车表示灯 JD 灭灯，表示本站已经改为发车站，辅助办理改变运行方向已经完成，车站值班员可以松开 FFA。但辅助办理表示灯 FZD 仍然亮白灯，表示本站尚未办理发车进路。当列车出发进入出站信号机内方时，辅助办理表示灯 FZD 灭灯。列车进入区间后，拔出总辅助办理按钮 ZFA。

第三节　继电器组合及组合架

一、继电器组合

电气集中联锁系统采用继电器来实现联锁逻辑控制功能。一个规模较大的车站，所用继电器数量很多（折合到每一组道岔多达几十个），若直接用大量继电器来搭建继电电路以实现联锁控制功能，则既费时又费力。通过长期实践，人们发现继电器电路虽然十分复杂，但其中大部分可以设计成定型的标准电路模块，这些模块与具体的站场无关或关联很少。这样就可以把这些标准模块中所用的继电器及其电路在工厂预先进行组装和配线，即实行工厂化预先生产，节省了大量的施工时间。

继电集中既然是由许多定型的电路模块组合而成的，因此称这些定型电路模块为组合单元。6502 电气集中的组合，是对应车站信号平面布置图上的道岔、信号机和道岔区段设计的。另外，考虑了每个组合包括的继电器数量相差不多，最多不超过 10 个，以便安装在组合架上比较匀称，并有效地利用组合架的空间。

6502 电气集中的继电器组合，包括信号组合 6 种、道岔组合 3 种、道岔区段组合 1 种、方向组合 2 种和电源组合 1 种，共计 12 种，如下所示：

信号组合：　　调车信号组合 DX
　　　　　　　调车信号辅助组合 DXF
　　　　　　　列车信号主组合 LXZ
　　　　　　　列车信号辅助组合 LXF
　　　　　　　一方向列车信号辅助组合 1LXF
　　　　　　　二方向列车信号辅助组合 2LXF
道岔组合：　　单动道岔组合 DD
　　　　　　　双动道岔主组合 SDZ
　　　　　　　双动道岔辅助组合 SDF
区段组合：　　Q
方向组合：　　F
电源组合：　　DY

二、继电器组合的选用

1. 进站信号机和接车进路信号机应选用的组合

在双线单向运行区段,每架进站信号机应选用 YX 和 LXZ 两个组合,如图 2-4(a)所示。在单线双向运行区段和双线双向运行区段,每架进站信号机应选用 1LXF、YX 和 LXZ 三个组合,如图 2-4(b)所示。当进站信号机内方有无岔区段,并设有与进站同方向的调车信号机时,因为进站信号机与调车信号机之间没有道岔,可作为一个信号点看待,一般称为进站带调车,可不设调车信号组合,而是如图 2-4(c)所示,仅选用 1LXF、YX 和 LXZ 三个组合,再增设几个零散的继电器,放在零散组合内。对接车进路信号机,应和进站信号机一样,选用 1LXF、YX 和 LXZ 三个组合。

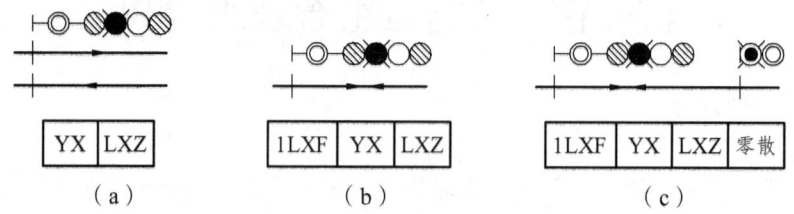

图 2-4 进站信号机选用的组合

应当注意,组合内部各继电器之间有相应的接线,两组合之间也有许多连接线,所以组合的排列顺序是固定不变的,不应左右颠倒。

2. 出站兼调车信号机和发车进路信号机应选用的组合

当仅有一个发车方向时,每架出站兼调车信号机应选用 LXZ 和 1LXF 两个组合,如图 2-5(a)所示。若有两个发车方向时,则对每架出站兼调车信号机应选用 LXZ 和 2LXF 两个组合,如图 2-5(b)所示。

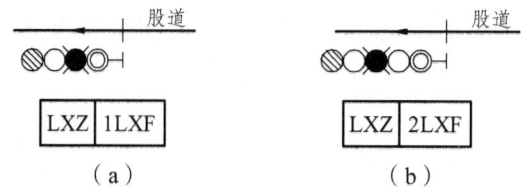

图 2-5 出站兼调车信号机选用的组合

3. 各种调车信号机应选用的组合

每架尽头线、并置和差置的调车信号机应各选用一个调车信号组合 DX,如图 2-6(a)、(b)、(c)所示。对应每架单置调车信号机除选用一个 DX 组合外,还应选用半个 DXF 组合,如图 2-6(d)所示。其中 DXF 组合放在外侧,DX 组合放在内侧,顺序不能颠倒。所谓选用半个组合,指仅使用组合中一半继电器,所以一个 DXF 组合可供两架单置调车信号机使用。

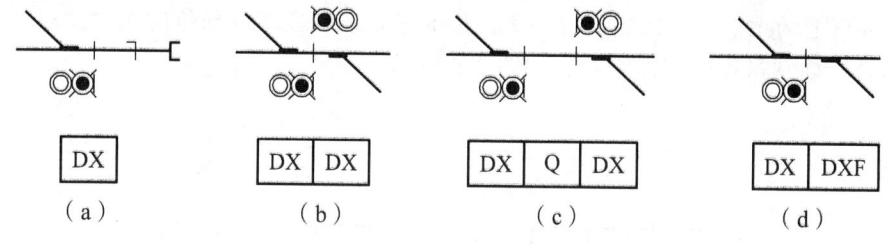

图 2-6 调车信号机选用的组合

如果在控制台盘面上布置有变通按钮，例如，图 2-3 中的 B_1A，对应此变通按钮，也需要半个 DXF 组合。在按钮近旁没有信号机的列车进路终端按钮及调车终端按钮，例如，在图 2-3 中的 S_DDZA，可根据需要设几个零散继电器，放在零散组合内。

4. 道岔应选用的组合

每组单动道岔选用一个 DD 组合，如图 2-7（a）所示。每组双动道岔选用一个 SDZ 组合和半个 SDF 组合，如图 2-7（b）和 2-7（c）所示，其中 SDZ 放在岔尖一侧，SDF 放在辙岔一侧，不能颠倒，否则不能构成电路。应当注意的是，在图 2-7（b）和 2-7（c）中，SDZ 和 SDF 各有两个方框，这两个方框并不是两个组合。SDZ 的两个方框表示一个 SDZ 组合内的电路是在两张图纸中组成的，每张对应双动道岔中的一组道岔；而 SDF 是半个组合，也在两张图纸中，分别给双动道岔中的一个用。

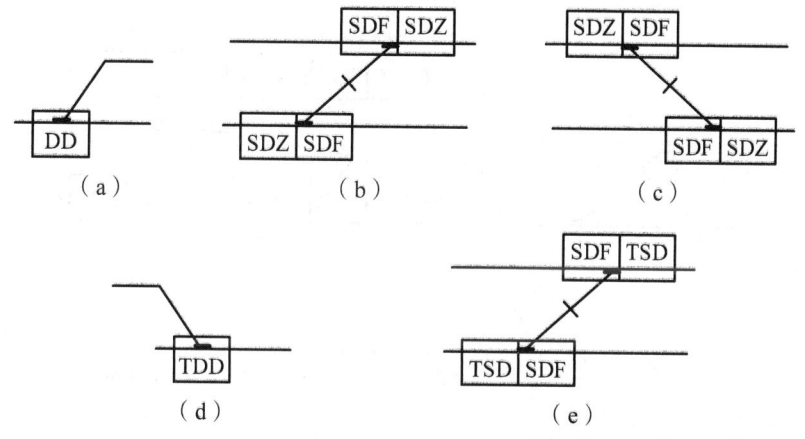

图 2-7 道岔选用的组合

提速道岔需要专用的道岔组合，6502 电气集中电路中的单动道岔组合改用提速道岔单动组合 TDD（或 JDD），每组双动道岔主组合 SDZ 改用提速双动道岔主组合 TSD（或 JSD），双动道岔辅助组合 SDF 保持不变。如图 2-7（d）所示，TDD 和 TSD 组合依照 DD 和 SDZ 组合的排列方法进行排列。每台转辙机增加一个提速道岔辅助组合 TDF，每组道岔选用的 TDF 组合的数量根据该道岔类型号、是固定辙叉还是可动心轨以及转辙机类型的不同而确定，因此，TDF 组合不要求靠近 TSD 组合，可集中起来排列。集中排列 TDF 组合时，要考虑组合架相应熔断器的容量。

5. 轨道区段选用的组合

每个道岔区段和列车进路上差置调车信号机之间的无岔区段，都要选用一个 Q 组合。对于非列车进路上的无岔区段，或虽有列车经过的进站口和发车口部位的无岔区段，则不需要选用 Q 组合。轨道区段选用的组合，如图 2-8 所示。

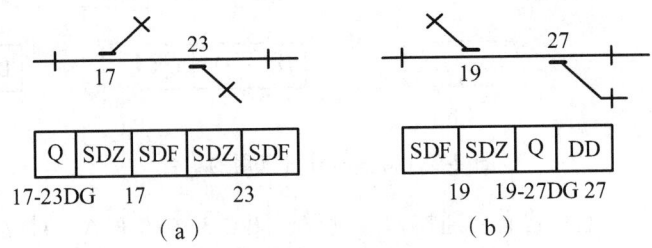

图 2-8 轨道区段选用的组合

应当注意，Q 组合必须安放在该区段的关键部位，即利用本区段排列任何进路时都必须经过的地方。具体来说，就是将 Q 组合放在该区段中所有道岔的岔尖外侧。例如，2-8（a）中，17-23DG 区段的 Q 组合放在道岔 17 和 23 的左侧；图 2-8（b）中，19-27DG 区段的 Q 组合放在道岔 19 和 27 的中间位置。

对于图 2-9（a）所示的渡线道岔，由于 11 和 13 的岔尖在两侧，要保证 Q 组合放在中间位置，就必须对 11 和 13 进行换位，将 11-13DG 区段 Q 组合放在换位后 11 和 13 的岔尖位置，如图 2-9（b）所示，同理对 9 和 15 也要进行相应换位。对图 2-9（c）所示的渡线道岔 9 和 15，由于它们分属不同的区段，所以无需换位，将 Q 组合放在各自的岔尖位置即可，如图 2-9（d）所示。

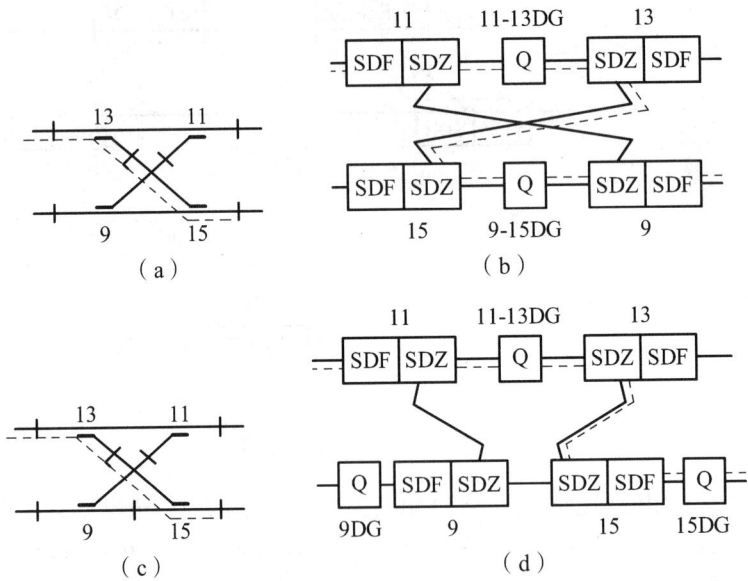

图 2-9 交叉渡线处选用的组合

对于图 2-10（a）所示的复式交分道岔，为了找出图中 4-10DG 的关键部位，采用了道岔移位法，如图 2-10（b）所示。将渡线道岔 2/6 右移，8/12 左移。道岔移位后，4-10DG 的关键部位在道岔 6 和 8 之间，其区段组合 Q 就放在了道岔 6 与 8 组合之间。实际上，从线路使用角度来说，复式交分道岔和道岔移位后的两组双动道岔是等效的。

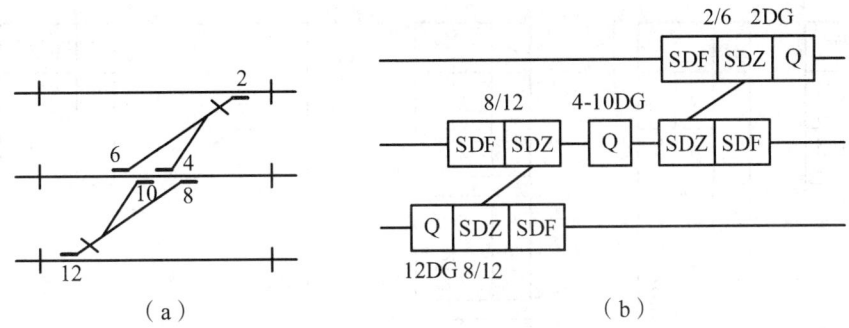

图 2-10 复示交分道岔选用的组合

若采用 25 Hz 相敏轨道电路，轨道继电器采用 JRJC$_1$-70/240 型交流二元继电器，需设置专用的 25 Hz 相敏轨道继电器组合，组合中器材排列情况见表 2-1。一个 25 Hz 相敏轨道电路继电器组合内设 3 个交流二元继电器，以及防雷补偿器和防护盒。一架组合架可安装 9 个 25 Hz 相敏轨道继电器组合。

表 2-1　25 Hz 相敏轨道继电器组合

01-1	01-2	1	2（A）	3	4（B）	5	6（C）
QFB FB-1	QFB FB-1	HF HF$_2$25	GJ JRJC$_1$-70/240	HF HF$_2$-25	GJ JRJC$_1$-70/240	HF HF$_2$-25	GJ JRJC$_1$-70/240

在区段组合 Q 内的 DGJ 是交流二元继电器的复示继电器。该复示继电器采用专用的 JWXC-H310 型缓动继电器，用在控制和表示电路中。在一送多受道岔区段，Q 组合里的 DGJ$_1$ 和 DGJ$_2$ 不闭合，将交流二元继电器接点串联起来控制 Q 组合里的 DGJ。如图 2-11 所示，图中 RGJ 表示交流二元继电器。另外，每束轨道电源对应设一个轨道电源组合。

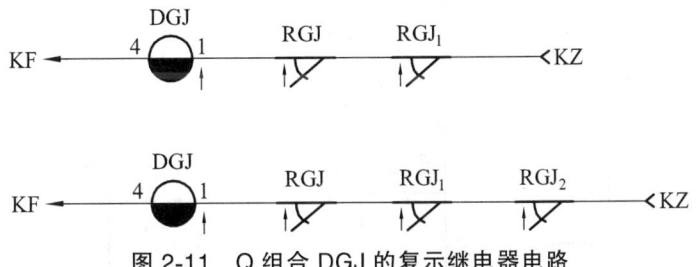

图 2-11　Q 组合 DGJ 的复示继电器电路

6. 方向组合和电源组合的选用

每个咽喉区应选用一个方向组合 F 和一个电源组合 DY。F 和 DY 组合不参加站场型网路图的拼贴，与车站信号设备平面布置图无关。

三、组合连接图

明确组合选取原则后，就可以根据具体的站场信号平面布置图选取相应组合，然后根据站场结构将这些组合相互连接，形成组合连接图。图 2-12 是根据图 1-2 所示站场图中下行咽喉排列而成的组合连接图。

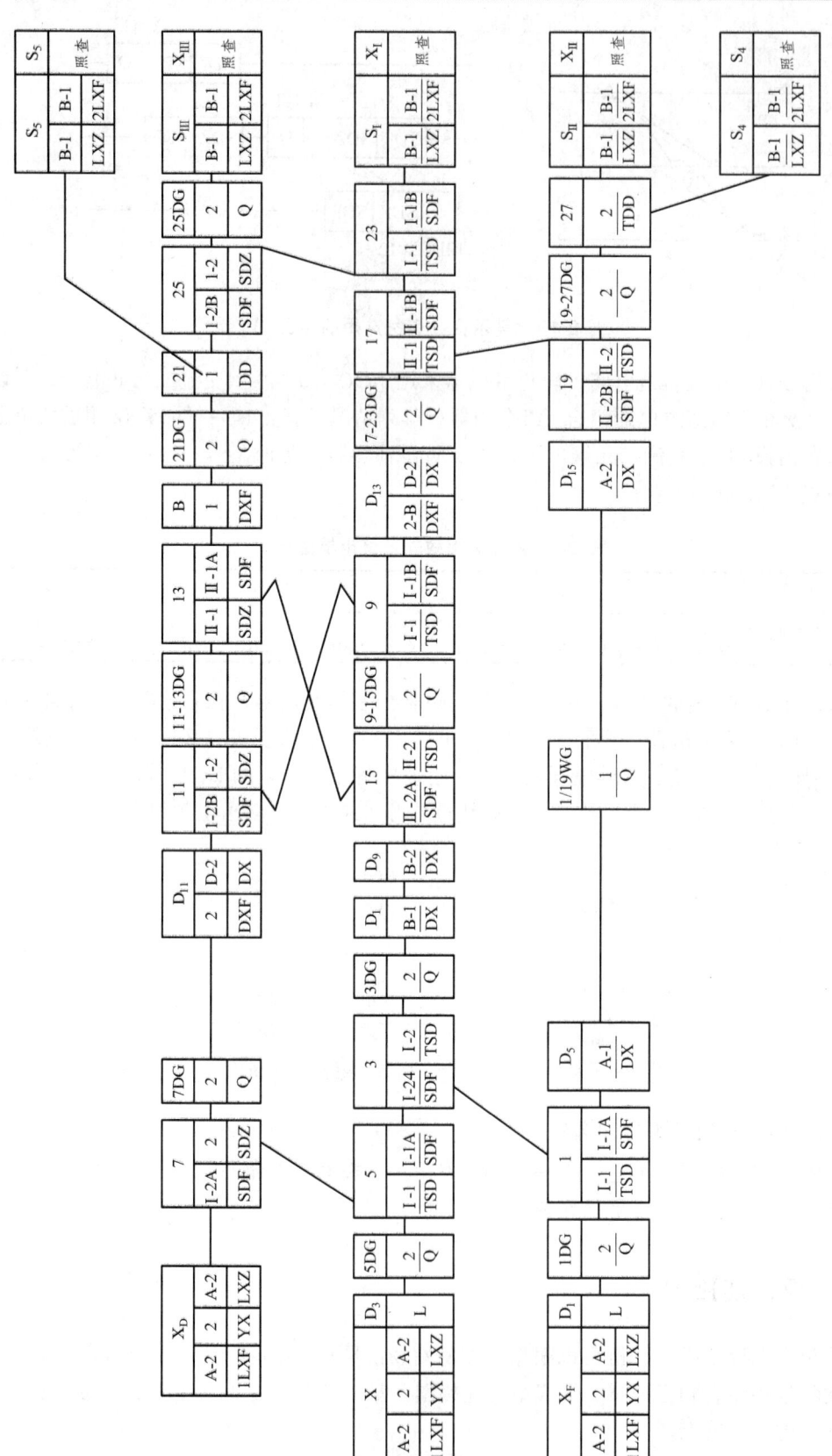

图 2-12 下行咽喉组合连接图

在组合连接图中，各种信号机、道岔、轨道电路区段的组合位置与控制台盘面图相对应，除交叉渡线和复式交分道岔外，各设备选用组合的排列顺序不得前后颠倒，选用的组合必须标出其名称。

组合排列图中标有"照查"字样的方框，不是本咽喉用的组合，它只表明与另一咽喉区的照查条件（在1LXF或2LXF组合内）由这里引入。图2-12中除各种定型组合外，还包括有零散组合L。所谓零散组合，即根据站场具体情况设计的一些非定型电路用的组合。非定型电路使用的继电器数目虽然不受限制，但每10个应组成一个零散组合，以便整齐地安装在组合架上。每个咽喉区应选用一个方向组合F和一个电源组合DY。因为F和DY组合不参与拼贴站场型网路图，所以在组合连接图中未画出，此外TDF组合也不参与站场型网路图的拼贴。

四、继电器组合架

6502电气集中采用通用的电气集中组合架。组合架分为11层，一般从下往上顺序编号为1、2、3、…、10、0，1~10层安装继电器组合，每层安装一个继电器组合，每个继电器组合包括两块组合侧面端子板和10个继电器插座板。第11层称为零层，安装有各种电源端子板和零层端子板共13块。组合架与控制台和人工解锁按钮盘间的连线，都必须经由零层端子。为了施工维修的方便，也有的将零层端子板放在组合架的最下层。

组合架上部安装有走线架，架间的引线全部经过走线架引出。若将零层放在组合架最底层时，下部应设线槽，架间的引线经过线槽引出。

组合架在继电器室内的排列，习惯上从进门开始从前往后数为1排、2排、3排，从左至右数称为1架、2架、3架……如某个继电器组合处在第二排第三架第六层位置时，表示为23—6，这样就很容易找到某个继电器在组合架上的位置。

第四节　电气集中联锁系统原理

前面介绍过，根据具体车站的信号平面布置图，按照组合选取原则，就可以选出相应组合，拼装出与该站场对应的组合排列图。组合排列图上每个组合单元占用组合架中的一层，相邻的各个组合单元之间通过接线端子相互连接，各个组合架之间也要通过接线端子相互连接。

为了实现继电联锁控制功能，每相邻两个组合单元之间一般都需要连接15根网路线。例如，图2-12所示的组合连接图中，与站场对应的组合单元包括三排组合，每排的各个组合之间需要连接15根网路线，上下相邻的两排组合之间通过道岔的反位相互连接。由于每个组合单元中有不同数量、不同类型的继电器，这样，整个站场就由15根网路线构成了庞大的继电器网路电路，通过这个网路电路来实现联锁控制功能。排列进路时，应先后按下进路始端按钮和终端按钮。进路始端按钮的按下使得进路始端信号组合中的按钮继电器AJ励磁吸起，通过AJ前接点接入电源KZ；而进路终端按钮的按下使进路终端处组合单元内AJ吸起，通过此AJ前接点接入电源KF。这样，只要建立进路的条件成立，进路始端和终端之间的各根网路线就会按照一定的顺序接通,通过这 15 根网路线连接的各个继电器的相互动作来实现继电联锁控制功能。

由于 6502 定型组合连接图和实际的站场信号平面布置图结构几乎相同,而定型组合连接图又是继电器电路的网路图,所以我们将 6502 的继电器电路网路结构称为站场型网路结构。

6502 电气集中联锁系统由 15 根网路线构成,各网路线分别具有不同的用途:

(1) 1~6 线:选排进路时,检查选排进路条件是否成立。当选路条件成立时,选出进路中各个道岔的位置,对不在规定位置的道岔,通过各个道岔的局部控制电路控制道岔转换。

(2) 7 线:检查进路中各个道岔是否转换到规定位置。

(3) 8 线:检查进路锁闭条件是否满足。

(4) 9 线、10 线:实现对进路的锁闭。

(5) 11 线:连续检查开放信号的联锁条件是否满足,条件满足时开放进路始端信号,一旦条件不满足则关闭进路始端信号。

(6) 12、13 线:检查进路解锁条件是否满足,如果解锁条件满足则对进路进行解锁。

(7) 14、15 线:控制台盘面表示灯电路。用于对进路在各种状态下,控制台的盘面表示灯进行动态显示。

上述网路线中,1~6 线与选路有关,将在下一章的选择组电路中详细介绍;而 7~13 线涉及进路的锁闭和解锁,与进路的实际执行密切相关,将在后面执行组电路中相继介绍。

思 考 题

1. 简答题。

(1) 6502 继电联锁系统由哪些设备构成?各自功能如何?

(2) 控制台盘面设置有哪些按钮?设置有哪些表示灯?

(3) 简要说明道岔锁闭和道岔单锁的区别。

(4) 进路按钮的配置原则是什么?

(5) 6502 继电联锁系统 1~15 网路线中,各网路线功能如何?

2. 根据图 1-5 所示的信号平面布置图解答。

(1) 建立 S_3 经 5/7 定位至 D_5 的长调车进路,一次办理时应该按顺序按下按钮_____,分段办理时应该先按顺序先按下_____按钮,后按顺序按下_____按钮;建立 S_3 经 5/7 反位至 D_5 的变通进路时,应该按顺序按下_____按钮。

(2) 将 2G 中机车经信号机 D_1 折返到 I G 上,应该先按顺序按下_____按钮来建立牵出进路,待机车完全牵出到 D_1 外方的 11DG 后,再按顺序按下_____按钮来建立调车折返进路,将机车折返到 I G 上。

(3) 要将 3G 上机车经上行咽喉调到货场,可以通过首先按顺序按下_____按钮来建立牵出进路,待机车到达 D_6 外方的 16DG 后,再按顺序按下_____按钮来建立调车折返进路,将机车折返到货场中。

（4）现想将进站信号机 X 外方列车接车到 I G，将列车上机车调入到 3G 上，换上暂停在 7/9WG 上的机车，最后将组装好的列车由 S_1 发车。车站操作员应该执行的操作是：首先按顺序按下_____按钮来建立下行正线接车进路；待列车完全进入 I G 并摘钩后，按顺序按下_____按钮来建立牵出进路；待卸下的机车完全进入 D_{12} 外方的 2-8DG 后，顺序按下_____按钮来建立折返进路，将机车调入到 3G 上。组装新机车时，应该按顺序按下_____按钮来建立牵出进路；待机车完全牵出到 D_5 外方后，再按顺序按下_____按钮来建立调车折返进路；待机车折返到 I G 并组装好之后，再按顺序按下_____按钮来建立正线发车进路，进行发车作业。

（5）S 外方的列车经本站不停车而通过时，可以通过顺序按下_____按钮来建立正线通过进路；也可以分段办理，先顺序按下_____按钮来建立正线发车进路，然后顺序按下_____按钮来建立正线接车进路。

（6）取消 D_2 到 D_6 的进路时，需按下_____按钮。在 D_4G 上没有停留车辆时取消该进路需按下_____按钮，D_4G 上停留有车辆时取消该进路需按下_____按钮。

（7）现想将 S 外方列车接车到 I G。正常情况下只需要顺序按下_____按钮来建立进路即可；在 2-8DG 故障占用时要接车到 I G，需按下_____按钮，进路建立好后 S 开放_____色灯光，列车根据该灯光进站；在道岔 2/4 的 DBJ 和 FBJ 均失去位置信息，在人工确认 2/4 在定位情况下，需按下按钮_____来接车到 I G，此时控制台上点亮_____色警示灯来提醒注意。

（8）S 至 I G 的进路建立好后，若信号开放后又关闭了，需重复开放信号，应按下按钮_____；列车通过该进路后，若进路上 10DG 无法正常解锁，则在该区段的 DGJ 处于_____状态时可通过区段故障解锁方式来解锁，值班员执行的操作为_____。

（9）选用相应的组合，对上行咽喉进行组合连接。

3. 根据图 1-6 所示的信号平面布置图解答。

（1）建立 S_4 经 35/37 反位到 D_1 的变通进路时，需顺序按下_____按钮。在 1-7DG 和 11-19DG 之间设置 B1A 的原因是_____。

（2）对 D_{19} 至 II G 的长调车进路，一次办理时需顺序按下_____按钮；分段办理时，需顺序按下_____按钮。

（3）对 X_F 到 I G 的反向接车进路，假定 1/3 在反位时为基本进路，则建立该基本接车进路时，需顺序按下_____按钮；该进路在信号开放后，由于故障而关闭，则在故障修复好之后可以通过按下_____按钮来使进路始端信号重复开放。若建立经 43/45 反位到 I G 的接车进路，需顺序按下_____按钮。

（4）在锁闭继电器 SJ 处于吸起状态时，若想人工将道岔 9/11 扳到反位，需按下按钮_____；如果是要将其扳到定位，则需按下按钮_____；如需将其单锁，则执行的操作是_____。

（5）对 X 至 I G 的正线接车进路，选用相应的组合进行组合连接。

4. 根据图 1-7 所示的信号平面布置图解答。

（1）对 D_9 到 S_{II} 的调车进路，取消该进路时需同时按下按钮_____，人工解锁此进路时需同时按下按钮_____。

（2）当 5/7 道岔在空闲状态时，要单操该道岔到定位，需同时按下按钮_____；要单操该道岔到反位，需同时按下按钮_____。如果该道岔正在维修，值班员可以采用_____操作来防止该道岔动作。

（3）道岔在定位时，控制台上道岔位置表示灯显示_____色；道岔在反位时，其道岔位置表示灯显示_____色；道岔在四开状态时，其道岔位置表示灯显示_____色。

（4）若要将 X 外方的列车正线接到 I G 上，则当该进路上设备完好时，可以顺序按下按钮_____来接车；当 1DG/DGJ 故障占用时，可以按下按钮_____来接车；当道岔 1/3 的 DBJ 和 FBJ 均处于落下状态时，在人工确认 1/3 在定位后，可以按下按钮_____来接车；当 1DG 的 DGJ 处于落下状态，且 1/3 的 DBJ 和 FBJ 也处于落下状态时，在人工确认 1/3 在定位后，可以按下按钮_____来接车。

第三章 选择组电路

第一节 选择组电路概述

一、选择组电路功能

选择组电路的任务是根据选路操作手续，选出预期的电路。选择组电路具体功能是：

(1) 根据选路时值班员按下的进路始端按钮和终端按钮，记录进路的始端和终端。

(2) 根据选路时按压按钮的先后顺序，确定进路的性质和运行方向。

(3) 当所选进路内有车辆占用或与已经选出的其他进路构成敌对进路时，则所选进路不应选出。

(4) 仅按压进路始端按钮和进路终端按钮时，应自动选出与基本进路相符的道岔位置，即只选出基本进路，禁止自动选出变通进路。即使基本进路因故无法选出，也不能自动选出变通进路；值班人员必须通过辅加操作才能选出变通进路，同时禁止自动选出基本进路。同样，选排变通进路时，即使变通进路因故无法选出，也不能自动选出基本进路。

(5) 按压长调车进路两端按钮时，能自动选出该长调车进路中所有的基本进路。

二、选择组电路主要继电器

（一）按钮继电器 AJ

值班员按下进路始、终端按钮时，选路过程即已开始。要记录进路始端和终端，就必须记录选路时进路始、终端按钮按下的动作。为了记录排列进路时按下的按钮，对每个按钮设置有相应的按钮继电器 AJ。

按钮继电器 AJ 平时处于落下状态，进路始、终端按钮按下时，对应的按钮继电器 AJ 励磁吸起并自闭，以记录按钮按下的动作。当进路选出后，按钮继电器 AJ 复原。

（二）方向继电器

进路性质不同，进路处理过程中继电器电路的动作会有一定差异；进路方向不同，继电器电路的动作也会有一定差异。因此，选路时，必须将进路的性质和方向记录下来。进路的性质有列车进路和调车进路，进路方向分为接车方向和发车方向。因此，为了记录所选进路的性质和方向，对应每一车站咽喉区设置四个方向继电器：列车接车方向继电器 LJJ、列车发车方向继电器 LFJ、调车接车方向继电器 DJJ 和调车发车方向继电器 DFJ。通过这四个方向继电器来记录所选进路的性质和方向。

平时不进行选路时，四个方向继电器均处于落下状态。当选择某一条进路而按下进路始端按钮时，与这条进路对应的四个方向继电器中的一个将励磁吸起，以记录该条进路的性质和方向。由于在选路过程中有其他的继电器来记录进路性质和方向，所以，选路过程结束时，与该进路对应的方向继电器落下复原。

（三）进路选择继电器 JXJ

选路时，必须选出进路中所有的信号点，其中，信号点包括进路上的信号机、变通按钮和单独设置的进路终端按钮。为了选出进路中的信号点，在每个信号点处均设置有一个进路选择继电器 JXJ，其中，单置信号机处设置两个进路选择继电器 JXJ，即 DX 组合和 DXF 组合各设置一个 JXJ。

进路选择继电器 JXJ 平时处于落下状态。选路时，进路始端和终端处按钮继电器 AJ 励磁吸起、方向继电器吸起并按照从左至右方向，依次对进路上各个区段占用情况、敌对进路情况分别进行检查。当所选进路上各个区段空闲、所选进路的敌对进路未建立时，所选进路上各个信号点处的进路选择继电器 JXJ 依次励磁吸起并自闭。当进路中所有的进路选择继电器 JXJ 均励磁吸起时，意味着进路已经选出。进路选出后，随着方向继电器的落下，进路选择继电器 JXJ 相继落下复原。

（四）道岔操纵继电器

选路时，必须选出进路上各个道岔的位置，以便将不在进路规定位置上的道岔转换到规定位置。为了选出进路中各个道岔的位置，对每组单动道岔设置一组道岔操纵继电器，即道岔定位操纵继电器 DCJ 和道岔反位操纵继电器 FCJ，对双动道岔设置两组道岔操纵继电器，即 1DCJ、1FCJ 和 2DCJ、2FCJ。

道岔操纵继电器 DCJ 和 FCJ 平时处于落下状态。选路时，根据进路对道岔所要求的位置使各进路上各道岔的道岔操纵继电器依次吸起并自闭。例如，如果进路要求该道岔在定位，则使该道岔的定位操纵继电器 DCJ 励磁吸起；如果进路要求该道岔在反位，则使该道岔的反位操纵继电器 FCJ 励磁吸起。

道岔操纵继电器 DCJ 或 FCJ 励磁吸起，一方面记录了道岔的位置，另一方面将启动道岔控制电路，使不在进路位置上的道岔自动转换到规定位置。道岔操纵继电器要等到进路锁闭时，随着道岔锁闭继电器 SJ 的落下才落下复原。

（五）辅助开始继电器 FKJ

进路选出后，进路始端按钮继电器 AJ 和各信号点的 JXJ 均要复原。为了保证进路选出后进一步记录进路始端，在进路始端信号组合中需设置一个辅助开始继电器 FKJ。

辅助开始继电器 FKJ 平时处于落下状态，在进路始端按钮继电器 AJ 复原之前使辅助开始继电器 FKJ 励磁吸起并自闭，以进一步记录进路始端。FKJ 吸起后，要等到进路始端信号开放后,随着信号继电器(DXJ 或 LXJ)的励磁吸起才落下复原。此外,重复开放信号时也会用到辅助开始继电器 FKJ。

(六)终端继电器 ZJ

进路选出后,进路终端按钮继电器 AJ 要复原。由于调车进路终端可能在咽喉的中间,为了保证进路选出后不丢失调车进路的终端,在调车进路终端信号组合内需设置终端继电器 ZJ。

终端继电器 ZJ 平时处于落下状态。调车进路终端处 AJ 复原之前使终端继电器 ZJ 励磁吸起,以进一步记录调车进路终端。ZJ 吸起后,要等到进路解锁时才落下复原。对列车进路,由于进路终端在股道部位或进站口,位置固定,所以无须设置终端继电器 ZJ 来记录进路终端。

(七)列车开始继电器 LKJ

由于进路选出后方向继电器要复原,因而,对一些既可以作列车进路始端又可以作调车进路始端的地方(如出站兼调车信号机处),必须要进一步记录进路的性质,以区分该信号点处所选排的进路是列车进路还是调车进路。为此,在既可以作列车进路始端又可以作调车进路始端的地方,需要设置一个列车开始继电器 LKJ 来记录进路的性质。

列车开始继电器 LKJ 平时处于落下状态。当以既可以作列车进路始端又可以作调车进路始端的信号机作为进路始端建立列车进路时,在方向继电器复原前使 LKJ 励磁吸起,以记录所选排的进路是列车进路。如果以此信号点为进路始端建立调车进路则 LKJ 不励磁,以此表明建立的是调车进路。LKJ 吸起后,要等到进路解锁时才落下复原。除出站兼调车信号机外,对进站信号机内方隔一个无岔区段设置的同向信号机,例如,图 1-2 中的 X 和 D_3,也属于同一个信号点,需设置一个列车开始继电器 LKJ 以区分是以 X 为始端建立的列车进路还是以 D_3 为始端建立的调车进路。

综上所述,选择组电路中涉及的继电器主要有 7 类:

(1)按钮继电器 AJ:在进路选出前记录进路的始端和终端。

(2)方向继电器(LJJ、LFJ、DJJ 和 DFJ):记录进路的性质和方向。方向继电器与按钮继电器电路一起统称为记录电路。

(3)道岔操纵继电器(DCJ 或 FCJ):确定进路中道岔位置,并使相应道岔控制电路工作,启动道岔自动转换到被选定的位置。

(4)进路选择继电器(JXJ):检查进路上各区段空闲情况、敌对进路未建立情况等选路条件,并检查进路是否已被选出。其与道岔操纵继电器电路在结构上密切相关,所以今后将把它和选岔电路一起介绍。

(5)辅助开始继电器(FKJ):在进路选出后继续记录进路始端,同时用于重复开放信号。

(6)终端继电器(ZJ):在调车进路选出后继续记录调车进路的终端。它和 FKJ、LKJ 在选择组电路与执行组电路之间起着承上启下的作用。

(7)列车开始继电器(LKJ):在既可以作为列车进路始端又可以作为调车进路始端的信号点处设置一个 LKJ,用于进路选出后进一步区分所选进路是列车进路还是调车进路。

三、选择组电路时序逻辑

前面所介绍的各种继电器共同作用可以实现选择组电路功能。此外,前述各种继电器是按照一定的时序逻辑来工作的,以保证选路过程的顺序进行,同时保证选路过程的正确性。图 3-1 所示是办理下行往 I 股道的接车进路时各继电器的时序逻辑,了解该时序逻辑对进一步学习各种继电器电路非常有帮助。

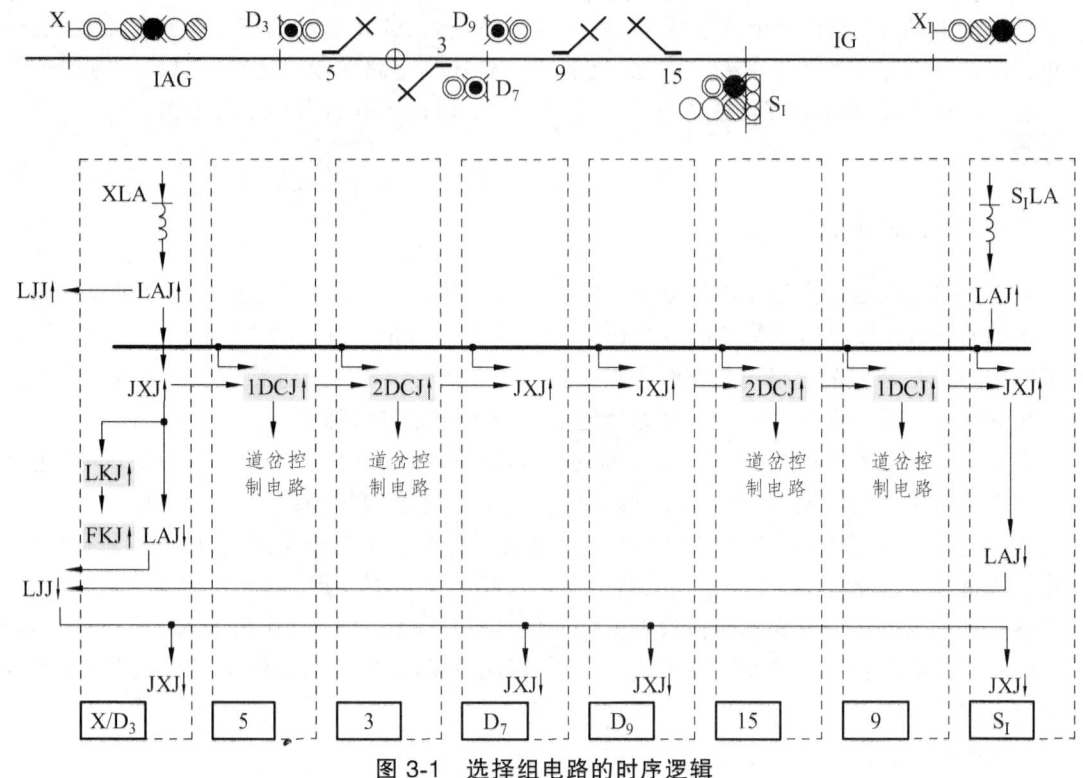

图 3-1 选择组电路的时序逻辑

选排进路时,值班员按压进路始端按钮 XLA 和进路终端按钮 S_1LA。进路始端按钮 XLA 按下时,进路始端 X/D_3 组合中的 LAJ 励磁吸起并自闭。由于该进路是接车方向的列车进路,所以,在 X/D_3LAJ 励磁吸起后,列车接车方向继电器 LJJ 励磁吸起,以记录进路的性质和方向为列车进路接车方向。

值班员按下进路终端按钮 S_1LA 时,S_1LAJ 励磁吸起。

当 X/D_3LAJ 和 S_1LAJ 先后励磁吸起时,如果所选进路在解锁状态,进路内各区段空闲,敌对进路未建立,则 X/D_3 处的进路选择继电器 X/D_3JXJ 吸起,信号点 X/D_3 被选出。至此,X/D_3LAJ 的任务已经完成,它应及时失磁落下以实现其他任务(如取消进路等)。为了在 X/D_3LAJ 失磁落下后不致丢失该进路的性质、方向和进路始端,在 X/D_3JXJ 吸起、X/D_3LAJ 落下之前,分别接通 X/D_3 处 LKJ 和 FKJ 励磁电路,使 LKJ 和 FKJ 吸起,以进一步记录进路的性质和始端。

进路左端(这里强调的是左端而不一定是进路的始端)X/D_3JXJ 吸起后,按照从左至右顺序相继使进路上各信号点和道岔点相关继电器依次励磁吸起:X/D_3JXJ↑→5/7 1DCJ↑→

1/3 2DCJ↑→D_7JXJ↑→D_9JXJ↑→13/15 2DCJ↑→9/11 1DCJ↑→S_1JXJ↑。

进路内各道岔的道岔操纵继电器 DCJ 吸起，说明所选的进路要求这些道岔在定位位置，以后将用这些吸起的道岔操纵继电器的前接点来接通相应道岔的控制电路，启动道岔自动转换到定位位置。进路右端的进路选择继电器 S_1JXJ 吸起，说明该进路已全部选出。S_1JXJ 吸起后，S_1LAJ 也就完成了选路任务而失磁落下。

既然进路的性质和始、终端都记录下来了，且道岔位置也已确定，那么当参与选路的各按钮继电器 AJ 全部失磁落下后，方向继电器 LJJ 就可以复原了。方向继电器落下后导致进路选择继电器 X/D_3JXJ、D_7JXJ、D_9JXJ 和 S_1JXJ 复原，至此，选路过程结束。

选择组电路按时序工作，最终有始端部位的辅助开始继电器 X/D_3FKJ 和列车开始继电器进路 X/D_3LKJ、进路中各道岔操纵继电器 DCJ（或 FCJ）保持吸起，为后续执行组电路的工作做好了准备。

以上是列车进路选路时的时序情况，对调车进路而言，当调车进路终端信号点处的 JXJ 励磁吸起后，该处的终端继电器 ZJ 将励磁吸起以记录进路终端。例如，办理 D_3 至 D_9 的调车进路时，在 D_7JXJ 励磁吸起、D_7AJ 落下之前，D_7ZJ 将励磁吸起以记录该进路终端。此外，由于该进路是调车进路，所以在 X/D_3JXJ 吸起后 X/D_3FKJ 励磁吸起，而 X/D_3LKJ 则不吸起。

第二节 进路选出前的记录电路

因为进路按钮是自复式的，按下按钮至进路选出又需要一定的时间，所以要把按压按钮的动作记录下来。记录按压按钮用的继电器叫做按钮继电器。此外，为了确定进路的方向，哪一个按钮是先被按下的也要作记录，这个记录由方向继电器完成。按钮继电器和方向继电器电路组成进路选出前的记录电路。

一、方向继电器电路

（一）方向继电器的作用和设置

设置方向继电器的目的有两个：一是记录办理进路时哪个按钮是先按下的，即区分进路运行方向是接车方向还是发车方向；二是记录按下的进路始端按钮是列车进路按钮 LA 还是调车进路按钮 DA，即区别进路性质。

进路的运行方向分接车方向和发车方向，进路的性质分列车进路和调车进路，因此，每个咽喉的所有进路可归为四类：列车接车方向进路、列车发车方向进路、调车接车方向进路和调车发车方向进路。因而，一个咽喉区设置四个方向继电器与上述四种类型的进路相对应，以便完成上述记录进路运行方向和进路性质的任务。这四个方向继电器的名称是：列车接车方向继电器 LJJ、列车发车方向继电器 LFJ、调车接车方向继电器 DJJ 和调车发车方向继电器 DFJ。这四个方向继电器设置在方向组合 F 内，平时处于落下状态。

（二）对方向继电器电路的技术要求

综合列车进路和调车进路按钮的各种用途，以及选路时可能遇到的情况，方向继电器电路应满足以下各项技术要求：

（1）为了区分运行方向，用进路始端按钮的按钮继电器前接点接通方向继电器励磁电路。如果该按钮对应始端是接车方向，则接通接车方向的方向继电器励磁电路；如果是发车方向则接通发车方向的方向继电器励磁电路。一个方向继电器励磁吸起后，不允许其他三个方向继电器再励磁吸起，用励磁吸起的方向继电器来记录所选进路运行方向。

（2）为确定进路性质，还要用始端按钮的种类进一步选择。如果按下的进路始端按钮是列车按钮 LA，说明排列的是列车进路，将接通列车的方向继电器励磁电路；如果按下的进路始端按钮是调车按钮 DA，说明排列的是调车进路，则接通调车的方向继电器励磁电路。

（3）方向继电器在选路全过程中都要参与工作，在进路未全部选出前，应使方向继电器保持在吸起状态。其中，进路全部选出，是指已把进路始、终端记录下来，且把进路上所有道岔位置确定下来。后面将介绍，要使方向继电器选路全过程都要参与工作，除了励磁电路外，还必须要有自闭电路。

（4）所选进路全部选出后，应及时使方向继电器自动复原；如果因故在一定时间内进路不能选出时，则应能够使其手动复原。手动复原可通过按压总取消按钮 ZQA 来实现。

（5）在办理取消进路、人工解锁或重复开放信号时，都要按压进路始端按钮，由于这时不是选路，所以不能使方向继电器动作。

（三）方向继电器电路

1. 励磁电路

图 3-2 所示为方向继电器励磁电路。这个电路是根据图 2-3 的控制台盘面布置图设计的。

进路方向由进路始端信号机方向来确定，而进路始端信号机处对应着进路始端按钮，因而，可以根据进路始端信号机的方向将进路始端按钮分为接车方向按钮和发车方向按钮两类，然后根据进路始端按钮的类型再细分成接车进路按钮和发车进路按钮。这样，同一咽喉区选路用的所有进路始端按钮，按照进路性质和运行方向分成四组：

列车接车方向始端按钮：XLA、X_DLA、X_FLA。

列车发车方向始端按钮：S_1LA、$S_{II}LA$、$S_{III}LA$、S_4LA、S_5LA。

调车接车方向始端按钮：D_1A、D_3A、D_9A、$D_{11}A$、$D_{13}A$、$D_{15}A$。

调车发车方向始端按钮：D_5A、D_7A、S_1DA、$S_{II}DA$、$S_{III}DA$、S_4DA、S_5DA。

将上述四组始端按钮的按钮继电器 AJ 前接点并联，分别接入该组所属的方向继电器励磁电路中，作为方向继电器的励磁条件，如图 3-2 所示。平时所有方向继电器均处于落下状态，选排进路时，哪一个按钮先被按下，则该按钮对应的按钮继电器 AJ 励磁吸起，该按钮所属的方向继电器励磁电路也接通而吸起。同时，由于任意一个方向继电器电路中都串接了其他三个方向继电器的后接点，这样，用励磁吸起的方向继电器的前接点就切断了其他三个方向继电器励磁电路，使其他三个方向继电器不能吸起。从而，某个方向继电器吸起，就记录了所选进路的性质和方向，同时阻止了其他三个方向继电器吸起的可能。

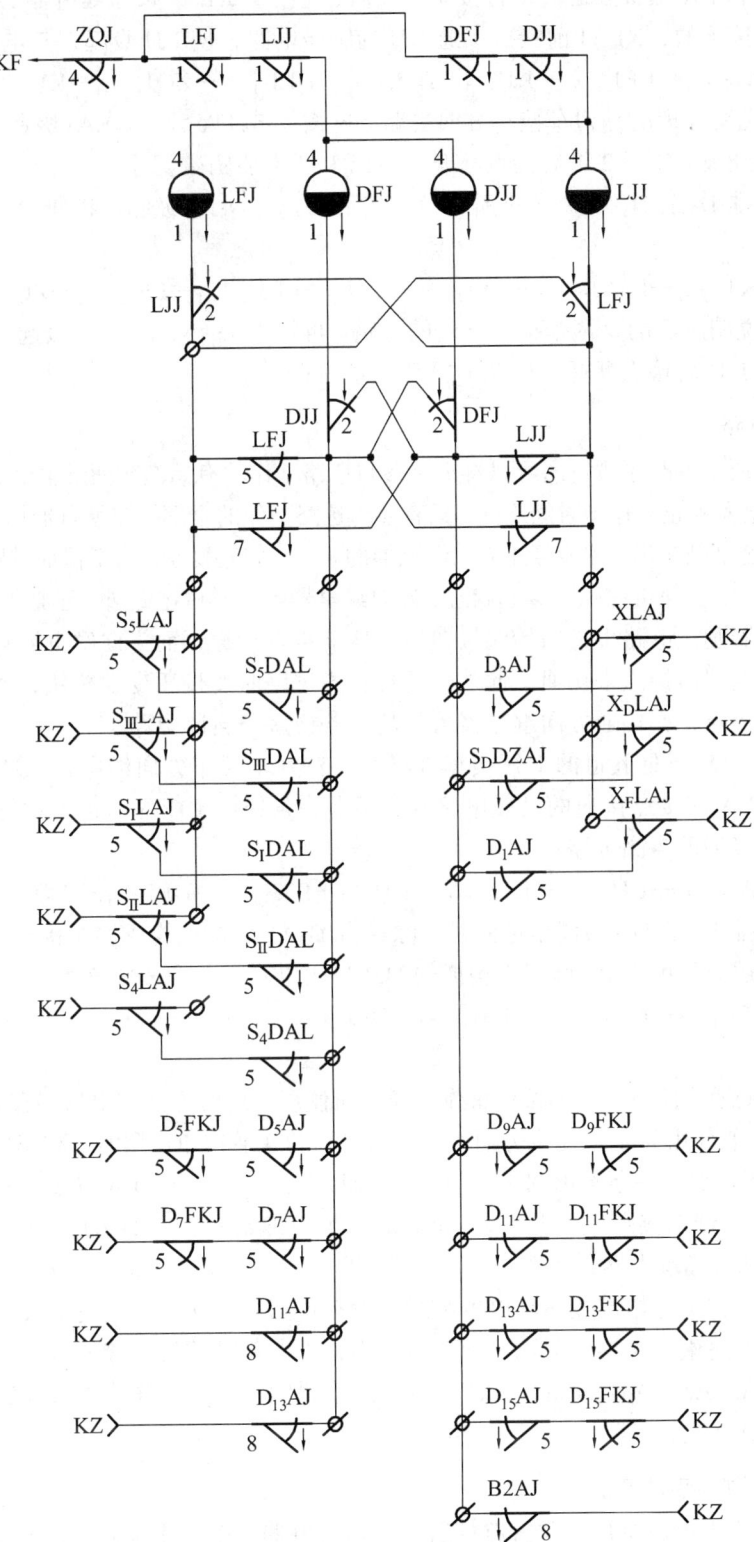

图 3-2 方向继电器电路

例如，选排由 X 至 Ⅲ 股道的下行接车进路时，先按下 XLA，按钮继电器 XLAJ 励磁吸起。由于它是先被按下的，XLAJ 前接点接通 LJJ 的励磁电路，使 LJJ 吸起，其电路为：

KZ—XLAJ$_{51-52}$—LFJ$_{21-23}$—LJJ$_{1-4}$—DJJ$_{13-11}$—DFJ$_{13-11}$—ZQJ$_{43-41}$—KF。

LJJ 吸起说明办理的是列车接车方向进路。再按下 S$_Ⅲ$LA 后，S$_Ⅲ$LAJ 吸起，因为这时 LFJ 的励磁电路已经被 LJJ 第 2 组后接点断开，所以 LFJ 不能励磁。

又如，选排 D$_9$ 至 D$_{13}$ 的调车进路时，先按下 D$_9$A，D$_9$AJ 吸起，接通 DJJ 励磁电路，其电路为：

KZ—D$_9$FKJ$_{51-53}$—D$_9$AJ$_{51-52}$—DFJ$_{21-23}$—DJJ$_{1-4}$—LJJ$_{13-11}$—LFJ$_{13-11}$—ZQJ$_{43-41}$—KF。

DJJ 吸起说明所选的是调车接车方向的进路。再按下 D$_{13}$A，D$_{13}$2AJ 吸起，因为 DFJ 的励磁电路已经被 DJJ 后接点断开，因此 DFJ 不可能励磁。

2. 自闭电路

从图 3-1 所示的时序逻辑图可以看出，参与选路工作的有始端按钮继电器和终端按钮继电器，这两个继电器停止工作的时间不同。只有参与选路工作的全部按钮继电器均失磁落下后，才能说明进路已全部被选出，才能停止方向继电器的工作，使其复原。为了保证进路没有全部选出前使方向继电器一直保持在励磁吸起状态，方向继电器除了励磁电路外，还必须设置自闭电路。

方向继电器励磁电路由进路始端按钮继电器前接点接通，而方向继电器自闭电路则由进路终端按钮继电器前接点来接通。此外，选排变通进路时要按压变通按钮，通过变通按钮的按钮继电器前接点，亦接通方向继电器另外的一条或多条自闭电路。

例如，选排 X 至 Ⅲ 股道的下行接车进路时，对列车接车方向继电器 LJJ 来说，图中除了有一条经 XLA 前接点接通的励磁电路外，还有一条经由 LJJ 的前接点和终端按钮继电器 S$_Ⅲ$LAJ 前接点接通的自闭电路：

KZ—S$_Ⅲ$LAJ$_{51-52}$—LJJ$_{21-22}$—LFJ$_{21-23}$—LJJ$_{1-4}$—DJJ$_{13-11}$—DFJ$_{13-11}$—ZQJ$_{43-41}$—KF。

再如，选排 D$_1$ 至 D$_{15}$ 的调车进路时，除经由 D$_1$AJ 前接点构成调车接车方向继电器 DJJ 励磁电路外，还有经由 D$_5$AJ 前接点构成的 DJJ 自闭电路，其自闭电路为：

KZ—D$_5$FKJ$_{51-53}$—D$_5$AJ$_{51-52}$—DJJ$_{21-22}$—DFJ$_{21-23}$—DJJ$_{1-4}$—LJJ$_{13-11}$—LFJ$_{13-11}$—ZQJ$_{43-41}$—KF。

选排列车变通进路时，调车按钮可作变通按钮使用，此时方向继电器存在多条自闭电路。例如，以 D$_7$A 兼作由 Ⅱ G 向北京方面发车变通进路的变通按钮使用时，列车发车方向继电器 LFJ 有三条自闭电路：一条经由 X$_F$LAJ 第 5 组前接点；一条经由 D$_7$AJ（变通按钮）前接点；另一条则经由 D$_9$AJ 前接点（在选排变通进路时，D$_7$AJ 吸起后会将 D$_9$AJ 带起）。这说明，凡是参与选路工作的按钮继电器，如果其中一个不停止工作，都会使方向继电器保持在吸起状态。

应该指出，在划分始端按钮继电器组时，没有包括只能作为进路终端按钮使用的按钮继电器的接点，但终端按钮继电器也参加选路工作，也应经其前接点接通有关方向继电器的自闭电路，如 S$_D$DZAJ、D$_{11}$2AJ 等（2AJ 前接点闭合说明该按钮是作终端或变通按钮使用）就是为此目的而接入的。

3. 自动复原和手动复原

6502 电气集中电路是用参与进路的所有按钮继电器都落下来反映进路已全部选出的。若要实现方向继电器电路的第四项技术要求，则在电路中不需要另外的条件，只要这些按钮继电器都落下，便切断了方向继电器的励磁电路和自闭电路，达到了使方向继电器在进路选出后自动复原的目的。

若因故进路不能正常选出时，可在控制台上按下总取消按钮 ZQA，使总取消继电器 ZQJ 励磁吸起，利用 ZQJ 第 4 组前接点切断方向继电器励磁电路和自闭电路的电源 KF，方向继电器便可复原。也就是说，方向继电器可随时手动复原。

实现第五项技术要求是比较容易的，因为办理取消进路或人工解锁进路时，ZQJ 均会励磁吸起，用 ZQJ 的前接点断开方向继电器的电源 KF，方向继电器便不会动作。

办理重复开放信号时，需要按下进路的始端按钮，使始端按钮继电器励磁吸起，但此时方向继电器不应随之励磁吸起。因此，在调车方向继电器 DJJ 和 DFJ 的励磁电路中，串接有辅助开始继电器 FKJ 的后接点。在重复开放信号时，辅助开始继电器 FKJ 必定励磁吸起（它是开放信号的必要条件），断开方向继电器的电源 KZ，起到防止方向继电器空动的作用。

（四）方向电源

由前面的选路操作可以知道，按压同一个按钮，有时要求它起始端按钮的作用，有时又要求它起终端按钮的作用，究竟作始端按钮还是作终端按钮，取决于方向继电器是吸起状态还是落下状态。例如，按压 $D_{11}A$，当 DJJ 在落下状态时（$D_{11}A$ 是先被按下的），要求 $D_{11}AJ$ 励磁吸起，反映 $D_{11}A$ 应起始端按钮作用；当 DJJ 在吸起状态（$D_{11}A$ 按钮是后被按下的），则要求 $D_{11}2AJ$ 励磁吸起，反映 $D_{11}A$ 此时应起终端按钮作用。按钮继电器及选择组电路中其他一些继电器电路，都需要使用方向继电器的前、后接点作为电路"断"或"通"的控制条件。为了节省方向继电器的接点数目，特意设计了如图 3-3 所示的经由方向继电器前、后接点接向电源的条件电源，一般叫方向电源。这样做的好处是一个方向电源可供许多继电器电路使用，能达到既节省方向继电器接点，又能使其他电路简化的目的。

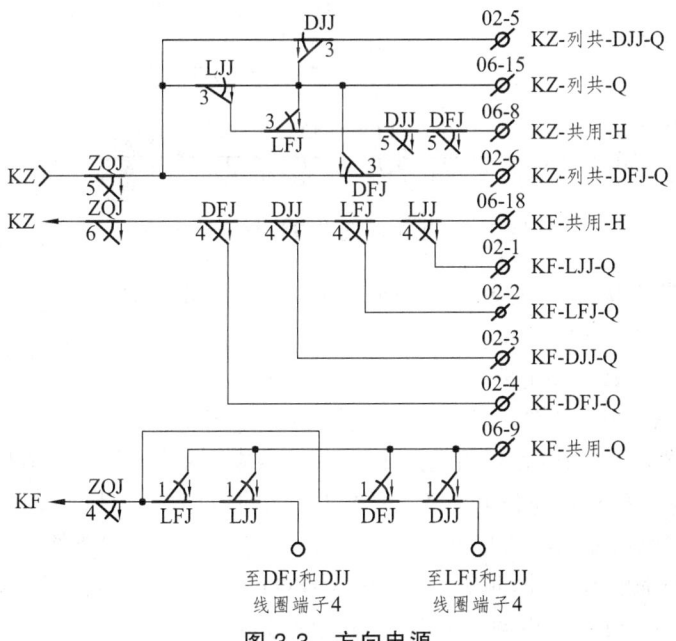

图 3-3 方向电源

方向电源共有10种,其名称如下:

(1) KF-共用-Q:经任一方向继电器的前接点所构成的负电源。
(2) KF-共用-H:经由四个方向继电器后接点供出的负电源。
(3) KZ-共用-H:经由四个方向继电器后接点供出的正电源。
(4) KZ-列共-Q:经由 LJJ 或 LFJ 前接点供出的正电源。
(5) KZ-列共-DJJ-Q:经由 LJJ、LFJ 或 DJJ 前接点构成的正电源。
(6) KZ-列共-DFJ-Q:经由 LJJ、LFJ 或 DFJ 前接点构成的正电源。
(7) KF-LJJ-Q:经由 LJJ 前接点供出的负电源。
(8) KF-LFJ-Q:经由 LFJ 前接点供出的负电源。
(9) KF-DJJ-Q:经由 DJJ 前接点供出的负电源。
(10) KF-DFJ-Q:经由 DFJ 前接点供出的负电源。

二、按钮继电器电路

(一)尽头线调车按钮继电器电路

图 3-4 所示为一个尽头线调车信号按钮继电器电路。在选排以 D_2 为始端的接车方向调车进路时要按这个按钮,在选排以 D_2 为终端的发车方向调车进路时也要按它。为了记录按下按钮的动作,在 AJ 的励磁电路中接入了按钮的按下接通接点,作为电路的励磁条件。由于进路按钮采用二位自复式按钮,松开该按钮时会切断其励磁电路。为此,提供了经由其自身前接点的自闭电路,以满足记录电路在选路过程中对工作时机的要求。

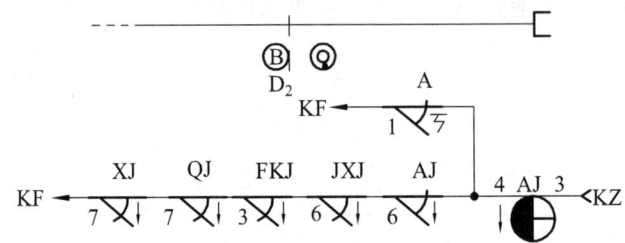

图 3-4 尽头线调车按钮继电器电路

AJ 平时处于落下状态,当按下 D_2A 按钮时,AJ 励磁电路接通:

$KZ—AJ_{3-4}—A_{12-11}—KF$。

AJ 励磁吸起后,其自闭电路接通:

$KZ—AJ_{3-4}—AJ_{62-61}—JXJ_{63-61}—FKJ_{33-31}—QJ_{73-71}—XJ_{73-71}—KF$。

在按钮继电器 AJ 的励磁和自闭电路中,接入了很多继电器接点,其中:

(1) 调车进路按钮 A:励磁电路的起始信号,按下 D_2A 按钮后 D_2AJ 励磁电路接通。

(2) 进路选择继电器 JXJ 后接点:选路结束后 AJ 自动复原的条件。在 6502 电气集中电路中,用进路选择继电器 JXJ 的吸起反映该信号点已被选出。因此,当信号点 D_2 选出,其 JXJ 吸起后,断开其 AJ 自闭电路,使 AJ 自动复原到初始状态。

（3）辅助开始继电器 FKJ 后接点：重复开放信号时 AJ 自动复原的条件。重复开放信号时，按下 D_2A 使得 D_2AJ 励磁并自闭，同时使辅助开始继电器 FKJ 吸起而重新开放信号。FKJ 吸起后断开 AJ 自闭电路，使 AJ 自动复原到初始状态。

（4）取消继电器 QJ 后接点：AJ 人工复原的条件。选排进路时，若因故进路选不出来，则进路选择继电器 JXJ 不能吸起，AJ 将无法自动复原。这时，可以通过办理取消进路的方法使 QJ 吸起，人工使 AJ 复原。

（5）信号继电器 XJ 后接点：信号开放过程中（XJ 前接点闭合）禁止 AJ 励磁自闭，因为 D_2 信号开放时，说明以 D_2 为始端的进路已经建立好。

由于按钮继电器 AJ 和进路选择继电器 JXJ 的时序逻辑关系是：AJ↑→JXJ↑，JXJ↑→AJ↓，所以为了使进路选择继电器 JXJ 可靠吸起，按钮继电器 AJ 必须采用缓放型继电器。

（二）出站兼调车按钮继电器电路

图 3-5 所示为出站兼调车信号机的按钮继电器电路。由于出站兼调车信号机处可以作列车进路和调车进路的始、终端，所以要设置列车按钮 LA 和调车按钮 DA，与之对应，要设置两个按钮继电器，即列车按钮继电器 LAJ 和调车按钮继电器 DAJ。由于这两个按钮继电器联锁条件相同，所以自闭电路共用。该电路原理和图 3-4 中尽头线调车 AJ 电路原理相同。

在进站信号机内方设有无岔区段和同方向调车信号机时，对应此处也要设置不能在同一时间使用的列车按钮和调车按钮。例如，图 2-3 中的 XLA 和 D_3A。因为此种情况和出站兼调车的情况一样，所以 XLAJ 和 D_3DAJ 的电路应和出站兼调车按钮继电器电路相同。

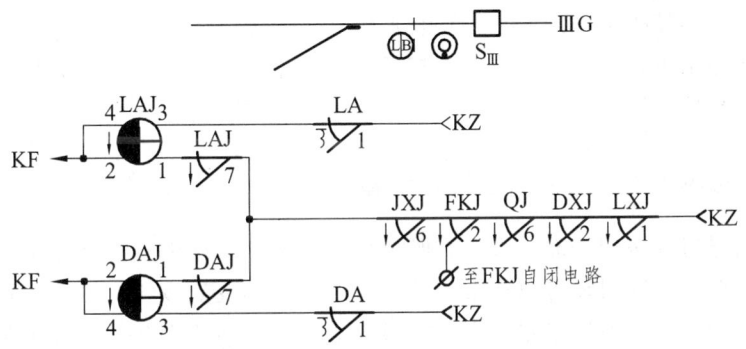

图 3-5　出站兼调车按钮继电器电路

（三）并置和差置调车按钮继电器电路

图 3-6 所示为并置调车按钮继电器电路。该按钮继电器 3-4 线圈的电路和图 3-4 的 AJ 电路原理一样，1-2 线圈用于选排列车变通进路时使用。

并置和差置调车信号处的两个进路按钮，其中任何一个都可以作列车进路变通按钮使用。因此，在选列车变通进路，要求按压其中任何一个按钮时，除了被按压按钮的 AJ 吸起外，还必须把另一个按钮的 AJ 带起来，使两个按钮继电器均励磁吸起参与选路工作。空出来的 1-2 线圈就是为此而设置的。

66　车站信号控制系统

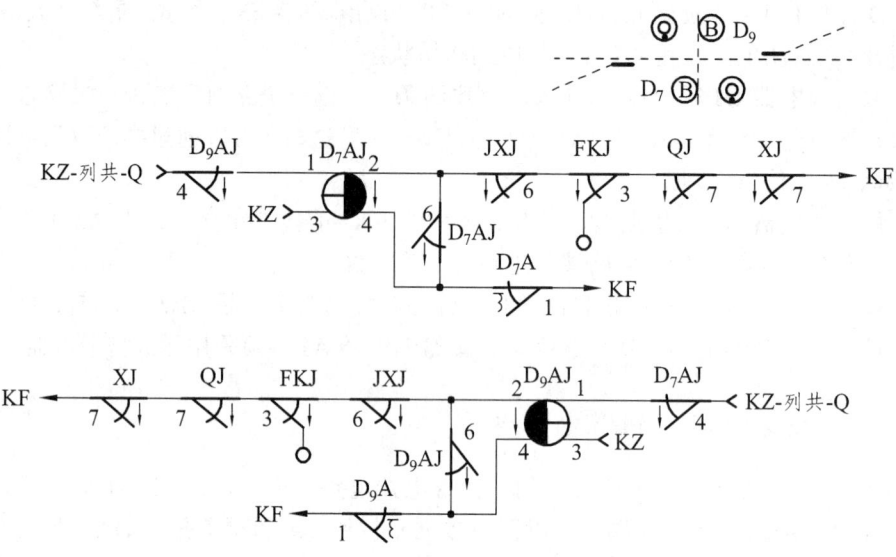

图 3-6　并置和差置调车按钮继电器电路

例如，选 X 至 ⅡG 的接车变通进路时，先按始端按钮 XLA，然后按下 D_9A 作变通按钮，最后按终端按钮 $S_{II}LA$。始端按钮 XLA 按下时，XLAJ 和方向继电器 LJJ 相继励磁吸起，LJJ 励磁吸起后条件电源"KZ-列共-Q"接通并供出 KZ。变通按钮 D_9A 按下后 D_9AJ 励磁吸起，D_9AJ 吸起后 D_7AJ 的 1-2 线圈电路也被接通：

KZ-列共-Q—D_9AJ_{41-42}—D_7AJ_{1-2}—JXJ_{63-61}—FKJ_{33-31}—QJ_{73-71}—XJ_{73-71}—KF。

上述电路的接通使得 D_7AJ 励磁吸起并自闭。

差置调车按钮继电器电路与并置调车按钮继电器电路相同。举例站场中 D_5A、$D_{15}A$ 不能作列车进路变通按钮，因此可不互带。

（四）单置调车信号按钮继电器电路

单置调车信号机处按钮功能很多，它既可作调车进路的始端和终端按钮，又可以作列车变通进路的变通按钮，同时还可以作反向调车变通进路的变通按钮。由于单置调车信号机处按钮要实现的功能较多，所以单置调车信号机处的一个按钮要设置三个按钮继电器，即按钮继电器 AJ、一按钮继电器 1AJ 和二按钮继电器 2AJ。如图 3-7 所示，单置调车信号机处三个按钮中，两个按钮继电器设在调车信号辅助组合 DXF 中，分别命名为 1AJ 和 2AJ，另一个按钮继电器 AJ 设在调车信号组合 DX 中。

1. 作调车进路始端按钮时

作调车进路始端按钮而按下 $D_{11}A$ 时，$D_{11}A$ 的按下使得 1AJ 经 3-4 线圈的励磁电路接通，1AJ 励磁吸起。由于 $D_{11}A$ 是作为始端按钮而被按下的，此时所有的方向继电器均在落下状态，所以，条件电源"KF-共用-H"接通供出 KF，这样，在 1AJ 励磁吸起之后，AJ 经 1-2 线圈的励磁电路接通：

KZ-共用-H—$1AJ_{51-52}$—$2AJ_{73-71}$—AJ_{1-2}—JXJ_{63-61}—FKJ_{33-31}—QJ_{73-71}—XJ_{73-71}—KF。

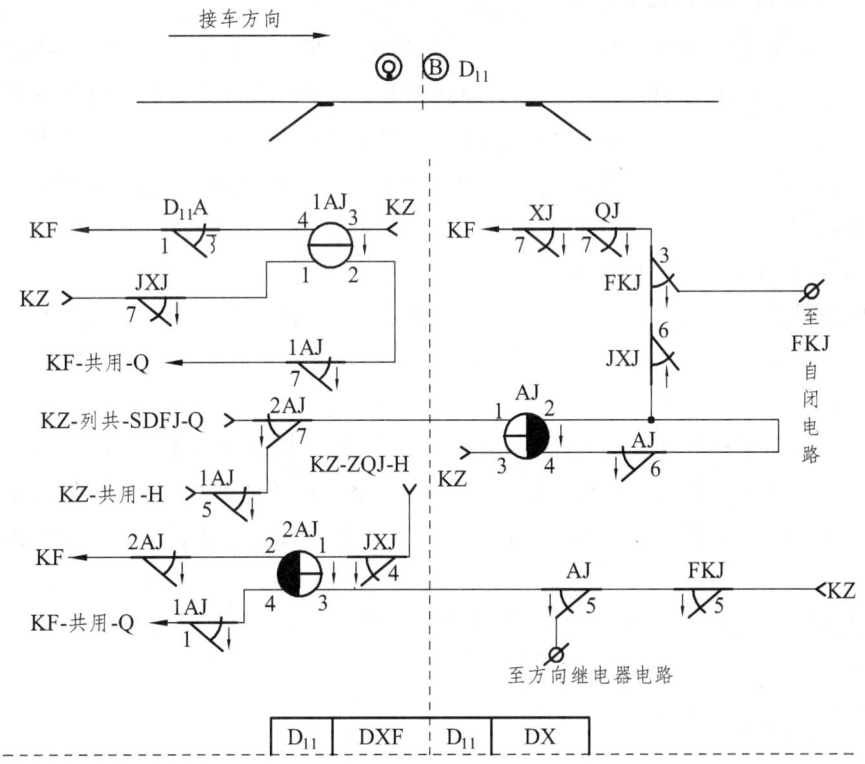

图 3-7 单置调车按钮继电器电路

上述电路的接通使得 AJ 励磁吸起，之后通过 3-4 线圈的自闭电路使其保持吸起。

AJ 励磁吸起后，调车接车方向继电器 DJJ 励磁吸起，条件电源"KZ-共用-H"断开，"KF-共用-Q"接通供出 KF。"KZ-共用-H"的断开切断了 AJ 励磁电路，AJ 由自闭电路保持吸起；"KF-共用-Q"的接通使得 1AJ 经 1-2 线圈的自闭电路接通而保持吸起。这样，在松开 $D_{11}A$ 按钮后 1AJ 和 AJ 仍然保持吸起。2AJ 经 3-4 线圈的励磁电路中由于接有经 AJ 第 5 组后接点的条件，所以无法励磁吸起。

很明显，作调车进路始端而按下 $D_{11}A$ 按钮时：$D_{11}A$ 按下→1AJ↑→AJ↑。

$D_{11}A$ 按钮作始端按钮时，其 1AJ 和 AJ 自动复原通过其自闭电路中串接的 JXJ 后接点来实现；人工复原时，在办理取消进路（或人工解锁）后，QJ 的吸起使得方向继电器 DJJ 落下，条件电源"KF-共用-Q"断开而使得 1AJ 复原，QJ 的吸起又断开 AJ 自闭电路而使 AJ 落下而复原。

如果按下 $D_{11}A$ 是为了重复开放信号，那么此时 FKJ 将随着 1AJ 的励磁而吸起，直接接通 FKJ 励磁电路，因此 AJ 也就不能励磁了。AJ 不励磁，不但防止了方向继电器的误动，而且因没有方向电源"KF-共用-Q"，2AJ 也不会励磁。

如果进路因故选不出来，可按压总取消按钮 ZQA，在 ZQJ 励磁吸起后切断方向继电器电路，使方向电源"KF-共用-Q"断开，从而使 1AJ 和 AJ 自闭电路断开而相继落下复原。

2. 作调车进路终端按钮时

作调车进路终端按钮而按下 $D_{11}A$ 时，$D_{11}A$ 的按下使得 1AJ 经 3-4 线圈的励磁电路接通，1AJ 励磁吸起。由于 $D_{11}A$ 是作为终端按钮而被按下的，此时方向继电器 DJJ 在吸起状态（DJJ 是在进路始端按钮按下之后吸起的），条件电源"KF-共用-Q"接通而"KF-共用-H"断开。这样，在 1AJ 励磁吸起之后，其经 1-2 线圈的自闭电路随着接通，同时，2AJ 经 3-4 线圈的励磁电路也接通：

KF-共用-Q—1AJ$_{11-12}$—2AJ$_{4-3}$—AJ$_{53-51}$—FKJ$_{53-51}$—KZ。

上述电路的接通使得 2AJ 励磁吸起，之后通过 1-2 线圈的自闭电路保持吸起。$D_{11}A$ 作调车进路终端按钮而按下时，由于"KF-共用-H"始终处于断开状态，所以 AJ 经 1-2 线圈的励磁电路无法接通，不能吸起。

很明显，作调车进路终端而按下 $D_{11}A$ 按钮时：$D_{11}A$ 按下→1AJ↑→2AJ↑。

如果进路因故选不出来，可按压总取消按钮 ZQA，ZQJ 励磁吸起后，切断 2AJ 自闭电路和方向继电器电路，方向电源"KF-共用-Q"的断开使 1AJ 自闭电路和 2AJ 励磁电路相继断开而复原。

由于按钮继电器 2AJ 和进路选择继电器 JXJ 的时序逻辑关系是：2AJ↑→JXJ↑，JXJ↑→2AJ↓，所以为了使 JXJ 可靠地吸起，2AJ 也必须采用缓放型继电器。

3. 作变通按钮时

不管是作列车进路变通按钮还是反向调车进路变通按钮而按下 $D_{11}A$ 时，首先，1AJ 经 3-4 线圈的励磁电路接通，1AJ 经 1-2 线圈的自闭电路跟着接通而自闭。然后，2AJ 经 3-4 线圈的励磁电路接通，2AJ 经 1-2 线圈的自闭电路跟着接通而自闭。

在 1AJ 和 2AJ 均励磁吸起后，通过 2AJ 第 7 组前接点和"KZ-列共-SDFJ-Q"的条件电源使 AJ 经 1-2 线圈励磁吸起，随后其经 3-4 线圈的自闭电路跟着接通而自闭。其中，条件电源"KZ-列共-SDFJ-Q"是在办理列车进路和调车发车方向的调车进路时，在进路始端按钮继电器吸起、方向继电器励磁吸起后接通的。

很明显，作变通按钮而按下 $D_{11}A$ 按钮时：$D_{11}A$ 按下→1AJ↑→2AJ↑→AJ↑。

总之，单置信号机 D_{11} 中三个按钮继电器的作用及动作时序是：

$D_{11}A$ 作调车进路始端时：按下 $D_{11}A$ 按钮→1AJ↑→AJ↑。

$D_{11}A$ 作调车进路终端时：按下 $D_{11}A$ 按钮→1AJ↑→2AJ↑。

$D_{11}A$ 作进路变通按钮时：按下 $D_{11}A$ 按钮→1AJ↑→2AJ↑→AJ↑。

（五）变通按钮继电器电路

对应每个专用变通按钮，设置 2 个按钮继电器 1AJ 和 2AJ，其电路如图 3-8 所示。变通按钮按下后 1AJ 经 3-4 线圈励磁吸起并使经由 1-2 线圈的电路自闭，在 1AJ 励磁吸起后 2AJ 经 3-4 线圈励磁电路接通，随后其经 1-2 线圈的电路自闭。

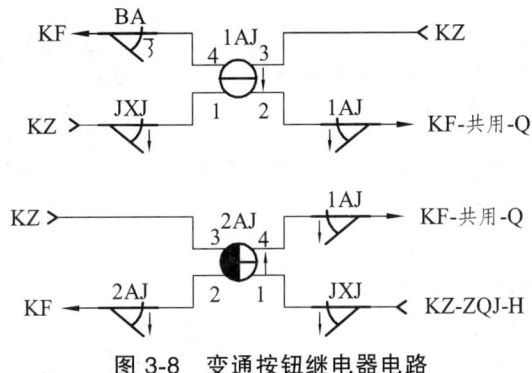

图 3-8 变通按钮继电器电路

（六）通过按钮继电器电路

为了简化办理通过进路的操作手续，凡是有通过进路的车站，在控制台对应进站信号机处应增设一个通过按钮 TA，相应地要增设通过按钮继电器 TAJ。图 3-9 所示为通过按钮继电器 TAJ 电路图。

通过进路有一次办理和分段办理两种操作方法。对图中经 ⅠG 的下行通过进路，一次办理时需按下 XTA 按钮和 S_FLA 按钮。现以此通过进路的一次办理为例，分析通过按钮继电器电路工作原理。

按下 XTA 后，XTAJ 经 3-4 线圈励磁吸起：

KZ—XTA$_{11-12}$—XTAJ$_{3-4}$—KF-共用-H。

上述电路中，方向电源"KF-共用-H"是由上行咽喉的方向组合 F 提供的，用它证明上行咽喉未选排其他进路。XTAJ 吸起后，用它的第 2、第 3 组前接点分别接通 XLAJ 的励磁电路和 X$_1$LAJ 的励磁电路，使 XLAJ 和 X$_1$LAJ 吸起并自闭。XLAJ 的励磁电路为：

KZ—XTAJ$_{21-22}$—XLAJ$_{3-4}$—KF。

X$_1$LAJ 的励磁电路为：

KZ—XTAJ$_{31-32}$—X$_1$LAJ$_{3-4}$—KF。

XLAJ 吸起后使下行咽喉列车接车方向继电器 LJJ 吸起，方向电源"KF-LJJ-Q"有电，确定了下行接车进路的始端，并使 XTAJ 经 1-2 线圈的自闭电路接通。X$_1$LAJ 吸起使上行咽喉的列车发车方向继电器 LFJ 吸起，确定了下行发车进路的始端。

当按下 S_FLA 后，S_FLAJ 吸起。用它的第 4 组前接点带动 S$_1$LAJ 吸起：

KZ—S$_F$LAJ$_{41-42}$—XTAJ$_{41-42}$—S$_1$LAJ$_{3-4}$—KF。

X$_1$LAJ 和 S$_F$LAJ 先吸起用于建立下行正线发车进路，而 XLAJ 和 S$_1$LAJ 后吸起用于建立下行正线接车进路，与分段办理时先排列正线发车进路再排列正线接车进路过程相同。这两条进路都建立起来之后，就表明建立了下行正线通过进路。

在 XTAJ 的自闭电路中接入了 X 的 JXJ 第 1 组后接点，其作用是当进站信号点 X 选出后，JXJ 吸起时使 TAJ 自动复原。其自闭电路接入方向电源"KF-LJJ-Q"的作用是：在进路因故不能选出时，可按下 ZQA 使 ZQJ 吸起，断开方向电源"KF-LJJ-Q"，使 XTAJ 人工复原。若按下 XTA 后没有将 XLAJ 带动起来，则 XTAJ 也就不能自闭而自动取消记录。XLAJ 和 X$_1$LAJ 随着 XTAJ 的落下而自动复原，而 S$_1$LAJ 和 S$_F$LAJ 是在进路选出后随着各自信号点的 JXJ 吸起而自动复原的。

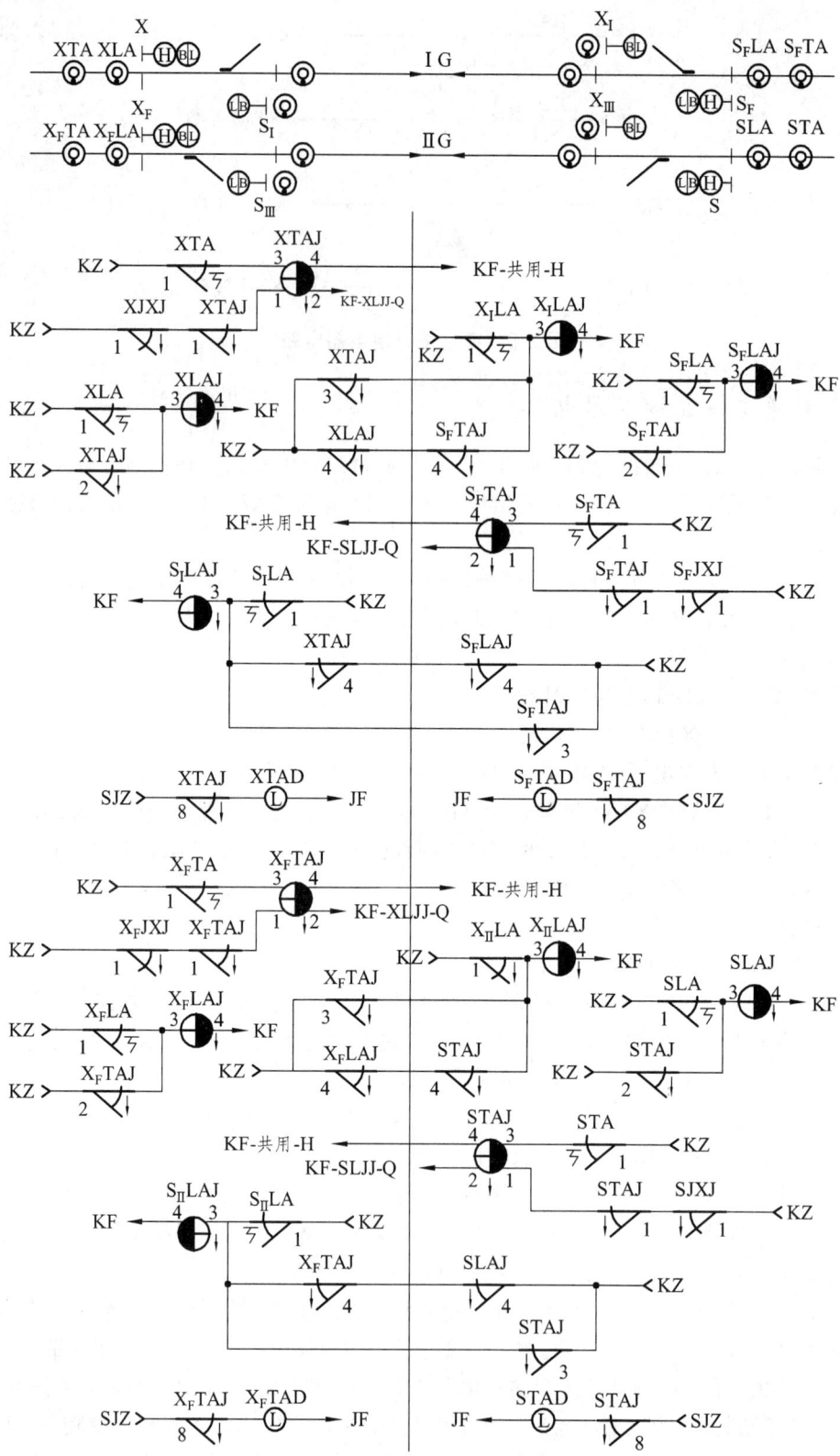

图 3-9 通过按钮继电器电路

在 XTAJ 吸起过程中，其第 8 组前接点接通控制台上的下行通过按钮表示灯，使该表示灯闪绿色灯光。当 XTAJ 复原时，该表示灯灭灯。

第三节　选岔电路和选信号点电路

为了实现选岔，在进路内的每组单动道岔上设置了两个道岔操纵继电器：定位操纵继电器 DCJ 和反位操纵继电器 FCJ；在进路内的双动道岔上设置了两组道岔操纵继电器，即 1DCJ、1FCJ 和 2DCJ、2FCJ，且规定，岔尖朝左的道岔使用 1DCJ 和 1FCJ 选路，而岔尖朝右的道岔使用 2DCJ 和 2FCJ 来选。定位操纵继电器 DCJ 和反位操纵继电器 FCJ 平时处于落下状态，选岔电路即为道岔定位操纵继电器 DCJ 和道岔反位操纵继电器 FCJ 的励磁电路。

为了选择进路中的信号点（对变通进路，包括变通按钮），在进路中的每个信号点上设置一个进路选择继电器 JXJ，以明确该信号点是否参与进路。单置信号点由于功能复杂，所以特别设置了两个 JXJ，DX 组合和 DXF 组合内各设置一个。进路选择继电器 JXJ 平时处于落下状态，选信号点电路指 JXJ 的励磁电路。

一、选岔电路基本原理

（一）并联传递网路电路原理

6502 电气集中选岔电路采用并联传递选岔电路，图 3-10 所示为并联传递选岔电路原理。在 D_{15} 至 S_I 的进路中，有两个信号点 D_{15} 和 S_{II}，两组道岔点 19 和 27。信号点用信号选择继电器 JXJ 选，道岔点用道岔操纵继电器 DCJ（定位操纵）和 FCJ（反位操纵）选。在该电路图中，从左至右，包含有 D_{15}JXJ、19 2DCJ、27DCJ 和 S_{II}JXJ 四个继电器，即在每个信号点上设置一个选路用的继电器。这些继电器的 3-4 线圈跨接在 5、6 两条网路线上，5 线由左经进路始端处 D_{15}AJ 第 3 组前接点向右送电源 KZ，6 线向右经进路终端处 S_{II}DAJ 第 3 组前接点向左送电源 KF。

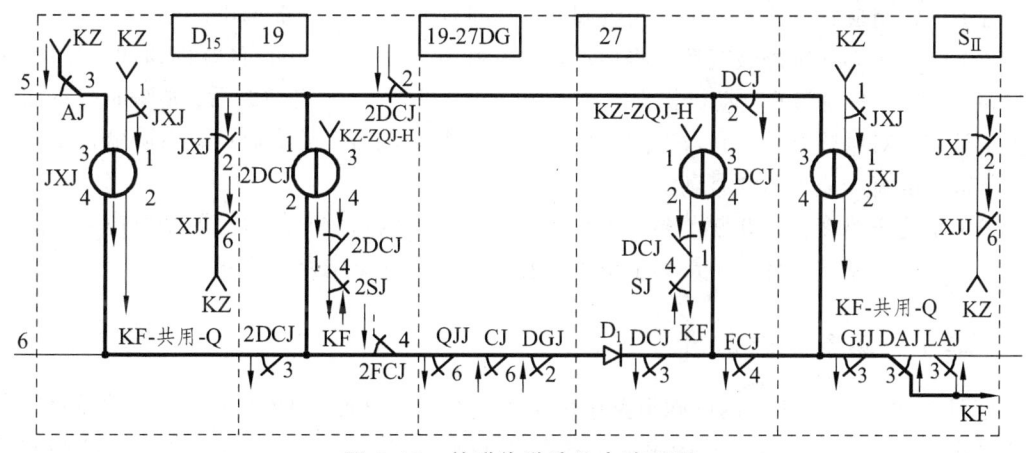

图 3-10　并联传递选岔电路原理

选排 D_{15} 至 S_{II} 的调车进路，先后按下按钮 $D_{15}A$ 和 $S_{II}DA$，按钮继电器 $D_{15}AJ$ 和 $S_{II}DAJ$ 先后励磁吸起，同时方向继电器 DJJ 励磁吸起并自闭，方向电源"KF-共用-Q"供出 KF。随后，5-6 线上 $D_{15}JXJ$、19 2DCJ、27DCJ、$S_{II}JXJ$ 相继经 3-4 线圈励磁吸起，如图中粗线所示，并通过各自 1-2 线圈自闭。

$D_{15}JXJ$ 励磁电路为：

$KZ—D_{15}AJ_{32-31}—D_{15}JXJ_{3-4}—19\ 2DCJ_{33-31}—19\ 2FCJ_{43-41}—19\text{-}27\ QJJ_{63-61}—19\text{-}27\ CJ_{62-61}—19\text{-}27\ DGJ_{22-21}—D_1—27DCJ_{33-31}—27FCJ_{43-41}—S_{II}GJJ_{33-31}—S_{II}DAJ_{32-31}—KF$。

$D_{15}JXJ$ 励磁吸起后，其 1-2 线圈自闭。$D_{15}JXJ$ 吸起后，经 D_{15} 局部提供的 KZ 使得 19 2DCJ 励磁电路接通：

$KZ—D_{15}XJJ_{62-61}—D_{15}JXJ_{22-21}—19\ 2DCJ_{1-2}—19\ 2FCJ_{43-41}—19\text{-}27\ QJJ_{63-61}—19\text{-}27\ CJ_{62-61}—19\text{-}27\ DGJ_{22-21}—D_1—27DCJ_{33-31}—27FCJ_{43-41}—S_{II}GJJ_{33-31}—S_{II}DAJ_{32-31}—KF$。

19 2DCJ 励磁吸起后，其 3-4 线圈自闭，同时，19 2DCJ 的吸起断开 $D_{15}JXJ$ 励磁电路，其由自闭电路保持吸起。19 2DCJ 吸起后，27DCJ 励磁吸起，其励磁电路为：

$KZ—D_{15}XJJ_{62-61}—D_{15}JXJ_{22-21}—19\ 2DCJ_{22-21}—27DCJ_{3-4}—27FCJ_{43-41}—S_{II}GJJ_{33-31}—S_{II}DAJ_{32-31}—KF$。

27DCJ 励磁吸起后，其 1-2 线圈自闭，同时，19 2DCJ 励磁电路断开，其由自闭电路保持吸起。27DCJ 吸起后，S_1JXJ 励磁吸起，其励磁电路为：

$KZ—D_{15}XJJ_{62-61}—D_{15}JXJ_{22-21}—19\ 2DCJ_{22-21}—27DCJ_{22-21}—S_{II}JXJ_{3-4}—S_{II}GJJ_{33-31}—S_{II}DAJ_{32-31}—KF$。

$S_{II}JXJ$ 励磁吸起后，其 1-2 线圈自闭，同时，27DCJ 励磁电路断开，27DCJ 由自闭电路保持吸起。

对进路中的信号点而言，当进路中所有信号点的进路选择继电器 JXJ 都励磁吸起（证明进路已经全部选出）后，其进路始、终端的 AJ 自闭电路将断开，AJ 落下。进路中所有的 AJ 落下后，方向继电器 DJJ 将落下复原，方向电源"KF-共用-Q"断电，从而切断了所有 JXJ 的自闭电路，使 JXJ 复原。对道岔点来说，要等待道岔转换好、进路锁闭（道岔锁闭继电器 SJ 落下）后，才切断 DCJ 或 FCJ 的自闭电路，使其复原。

上述电路中，各点的继电器控制电源是从左向右顺序传递的，其具有如下优点：

（1）可以用最右端的一个 JXJ 的吸起条件，证明进路已经全部选出。

（2）DCJ 或 FCJ 励磁吸起后，将启动道岔转换到规定位置，而道岔启动时的瞬间电流峰值较大（与转辙机内部的电动机特性有关），如果多组道岔同时启动的话，则瞬时的累加电流峰值非常大，对系统安全不利。上述电路中，道岔顺序选出，顺序启动，对降低道岔电源的整流器输出电流峰值将非常有利。

（3）不论进路多长，并联了多少个继电器，同时由网路供电的只有两个继电器，这样可使继电器端电压基本不变，不影响继电器动作时间，能保证电路稳定可靠工作。

（二）选路条件检查

在图 3-10 中，$D_{15}JXJ$ 的励磁电路中串接了进路内所有道岔 DCJ 和 FCJ 的后接点，在各道岔操作继电器 DCJ 自闭电路中串接了各自 SJ 的前接点。其中，串接的道岔 DCJ 和 FCJ 的后接点用来证明该道岔没有参与其他进路的选排；串接的道岔 SJ 前接点用来证明该道岔处于解锁状态，同时，进路锁闭好后，用来使 DCJ 自动复原。在选路过程中，由于某种原因进路不能进行锁闭时，可按压总取消按钮，使总取消继电器 ZQJ 吸起。这时因为条件电源"KZ-ZQJ-H"断电，所以，DCJ 也能手动复原。同样，在 FCJ 电路中也接有 SJ 前接点和条件电源"KZ-ZQJ-H"，其作用和在 DCJ 中的作用相同。

此外，在图 3-10 中的 19-27DG 中，接入了 19-27DG 区段的选路条件，即 19-27DG 的轨道继电器 DGJ 前接点、区段检查继电器 QJJ 的后接点和传递继电器 CJ 的前接点，通过这三个接点来证明轨道电路区段 19-27DG 空闲（由 DGJ 检查）且在解锁状态（由 QJJ 和 CJ 共同检查）。只要这三个继电器的接点中有一个不在要求的位置上，则说明 19-27DG 不空闲或者不在解锁状态，则选路条件不成立，选路电路将断开而无法实现选路过程。图中 D_{15} 至 S_{II} 的进路仅包括一个道岔区段，故仅给出了 19-27DG 的区段选路检查条件，如果调车进路中包含多个道岔区段时，则对进路内所有道岔区段都必须检查其空闲和锁闭情况。对列车进路和长调车进路，除了检查道岔区段的空闲和锁闭条件外，如果进路内有无岔区段，则还必须检查进路内无岔区段的空闲和锁闭情况，只有进路内所有的道岔区段和无岔区段均空闲且处于解锁状态时，才满足选路条件，进路才可能选出。

（三）6 线制选岔网路

图 3-10 的选路过程是进路中道岔都在定位时的情况。如果进路中包含了反位的道岔，且存在交叉渡线道岔时，采用上述 2 线制来选岔则会产生迂回电路——接通不该接通的电路，危及选路过程的安全性。为了确保选岔过程的安全性，实际的选岔电路采用 6 线制。

采用 6 线制网路进行选岔时，各网路线的用途如下：

（1）1～2 网路线：选双动撇形道岔的反位。网路线上接有双动道岔的 1FCJ 和 2FCJ。

（2）3～4 网路线：选双动捺形道岔的反位。网路线上也接有双动道岔的 1FCJ 和 2FCJ。

（3）5～6 网路线：选单、双动道岔的定位，单动道岔反位和进路中所有信号点（包括始端、终端和中间信号点）。网路线上接有单动道岔和双动道岔的 DCJ、单动道岔的 FCJ 和信号点的 JXJ。5～6 网路线电路如图 3-10 所示。

1～6 网路线选路原则：

（1）进路中包括有反位的双动道岔时，先通过 1～2 网路线或 3～4 网路线选出双动道岔反位的 1FCJ 和 2FCJ；然后通过 5～6 网路线选出信号点的 JXJ、道岔定位的 DCJ 和单动道岔反位的 FCJ。

（2）不论是双动道岔反位，还是信号点及道岔定位（包括单动道岔反位），都是按照从左至右顺序选出的，与进路方向无关，即不管排列的是从左至右的进路还是从右至左的进路，1～6 线网路的选路工作都是按照从左至右的顺序来进行的，进路方向则由方向继电器来确定。例如，在图 3-10 中，无论是选排 D_{15} 至 S_{II} 的调车进路还是选排 S_{II} 至 D_{15} 的调车进路，1～6 网路线选路都是从左至右进行，各信号点 JXJ 和道岔点 DCJ 的励磁吸起顺序完全相同。但对 D_{15} 至 S_{II} 的进路，吸起的方向继电器是 DJJ；而选排 S_{II} 至 D_{15} 进路时吸起的方向继电器是 DFJ。通过不同的方向继电器来区分所选调车进路的方向。

二、选岔电路实例

下面通过八字形进路和平行进路的实例来介绍 1~6 网路线的工作原理。

（一）八字形进路电路实例

图 3-11 所示为八字形进路电路实例。图中包括撇形道岔 1/3 和捺形道岔 5/7 四个道岔点，还包括 D_1、D_3、D_7、D_9 四个信号点和一个变通按钮信号点 BA。在道岔点仅画出道岔操纵继电器电路，在信号点仅画出与向网路线送电有关的按钮继电器接点。与道岔选岔过程无关的组合及其电路均未画出。

1. 选基本进路

选排 D_1 至 D_9 的基本进路（经道岔 1/3 定位和 5/7 定位）时，按下 D_1A 和 D_9A 按钮，D_1AJ 和 D_9AJ 相继吸起并自闭。由于进路中不包括双动道岔的反位，所以 1~2 网路线和 3~4 网路线均不参与选岔工作，仅 5~6 网路线工作。5~6 网路线在按钮继电器 D_1AJ 和 D_9AJ 吸起后，按照并联传递网路方式由左至右将虚线电路接通：

$D_1JXJ \uparrow$ 自闭（略）$\rightarrow$ 1/3 1DCJ$\uparrow$ 自闭 $\rightarrow$ 5/7 2DCJ$\uparrow$ 自闭 $\rightarrow$ $D_9JXJ \uparrow$ 自闭（略）。

上述选岔电路工作时序中，道岔 1/3 的 1DCJ 经 5~6 网路线的励磁电路为：

KZ—（5 线）D_1AJ 前接点—1/3 1FCJ$_{61-63}$—1/3 1DCJ$_{3-4}$—（6 线）5/7 2DCJ 后接点—5/7 2FCJ$_{43-41}$—D_9AJ 前接点—KF。

1/3 1DCJ 励磁吸起后，其自闭电路接通：

KZ-ZQJ-H—1/3 1DCJ$_{1-2}$—1/3 1DCJ$_{12-11}$—1/3 1SJ$_{42-41}$—KF。

2. 选变通进路

选排 D_1 至 D_9 的八字形变通进路（经道岔 1/3 反位和 5/7 反位）时，先后按下 D_1A、BA 和 D_9A。由于该变通进路中包括撇形双动道岔 1/3 和捺形双动道岔 5/7，根据上面所介绍的 1~6 线选路原则，选路时各信号点和道岔点的动作顺序为：

经 1~2 网路线：1/3 1FCJ$\uparrow$ 自闭 $\rightarrow$ 1/3 2FCJ$\uparrow$ 自闭 $\rightarrow$。

经 3~4 网路线：5/7 1FCJ$\uparrow$ 自闭 $\rightarrow$ 5/7 2FCJ$\uparrow$ 自闭 $\rightarrow$。

经 5~6 网路线：$D_1JXJ \uparrow$ 自闭 $\rightarrow$ BA/JXJ$\uparrow$ 自闭 $\rightarrow$ $D_9JXJ \uparrow$ 自闭。

按下进路始端按钮 D_1A 和变通按钮 BA 按钮后，D_1AJ 和变通按钮处 1AJ、2AJ 相继吸起并自闭。随后，撇形双动道岔 1/3 1FCJ 经 3-4 线圈的励磁电路通过 1、2 网路线接通，励磁电路为：

KZ—（1 线）D_1AJ 前接点—1/3 1DCJ$_{41-43}$—1/3 1FCJ$_{3-4}$—1/3 2DCJ$_{43-41}$—（2 线）BA/2AJ 前接点—KF。

上述 1/3 1FCJ 励磁电路中接入了 1/3 1DCJ 后接点和 1/3 2DCJ 后接点，其目的是实现同一个道岔 DCJ 和 FCJ 的互切，即 FCJ 吸起后要切断 DCJ 的励磁电路。同样，在 DCJ 励磁电路中也必须接有 FCJ 后接点，其作用也是实现互切。

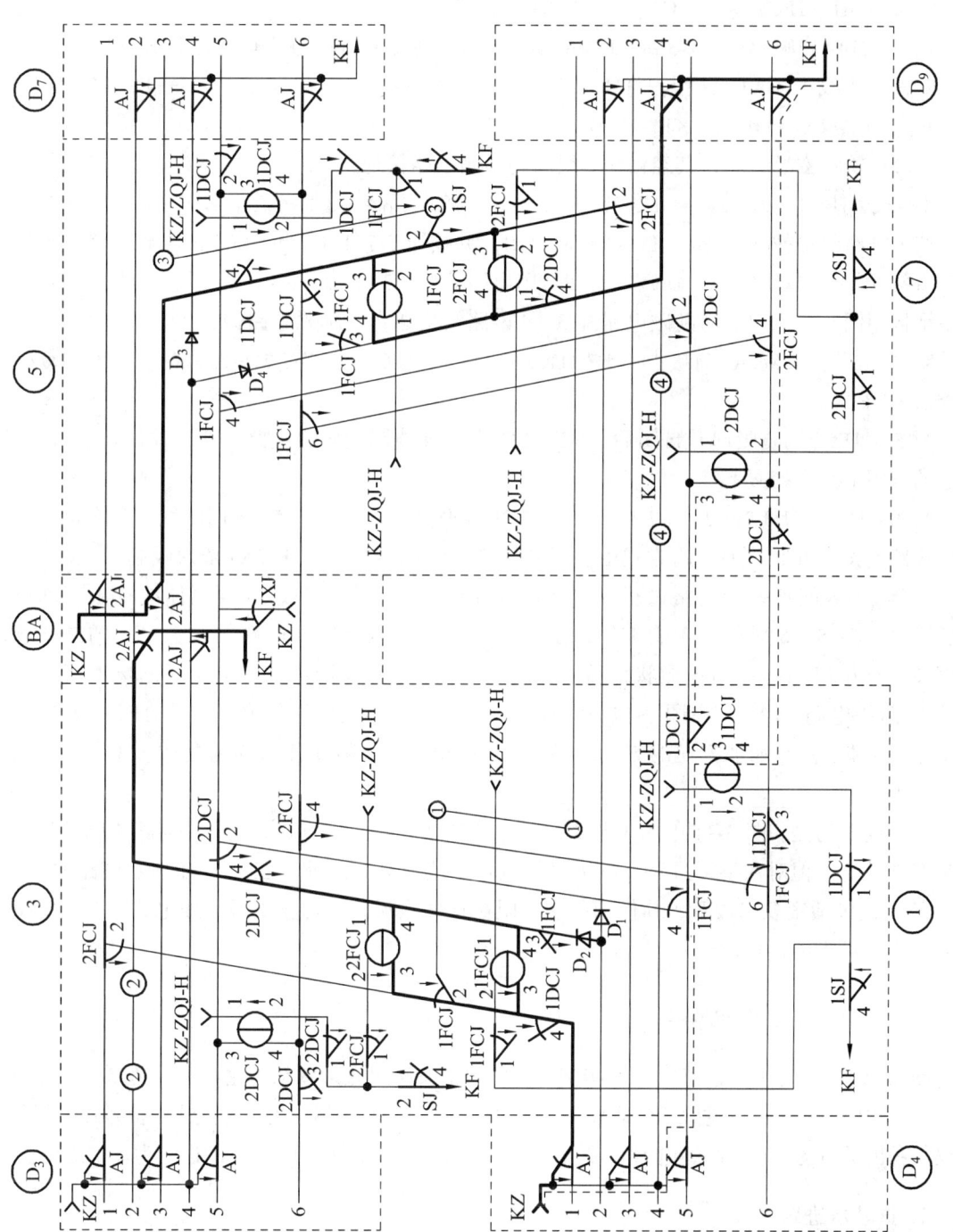

图 3-11 八字形进路电路实例

1/3 1FCJ 经 3-4 线圈的励磁电路接通后，1/3 1FCJ 励磁吸起，随后其经由 1-2 线圈的自闭电路接通：

KZ-ZQJ-H—1FCJ$_{1-2}$—1FCJ$_{12-11}$—1SJ$_{42-41}$—KF。

1/3 1FCJ 励磁吸起后，1/3 2FCJ 经由 3-4 线圈的励磁电路接通，其励磁电路为：

KZ—（1 线）D$_1$AJ 前接点—1/3 1DCJ$_{41-43}$—1/3 1FCJ$_{21-22}$—1/3 2FCJ$_{3-4}$—1/3 2DCJ$_{43-41}$—（2 线）BA/2AJ 前接点—KF。

1/3 2FCJ 励磁吸起后，其经由 1-2 线圈的自闭电路接通：

KZ-ZQJ-H—1/3 2FCJ$_{1-2}$—1/3 2FCJ$_{12-11}$—1/3 2SJ$_{42-41}$—1/3 1SJ$_{42-41}$—KF。

按下进路终端按钮 D$_9$ 后，D$_9$AJ 吸起自闭，并接通 5/7 1FCJ 和 2FCJ 的励磁电路。捻形双动道岔 5/7 的 1FCJ、2FCJ 励磁电路和自闭电路，与 1/3 1FCJ、1/3 2FCJ 的励磁电路和自闭电路结构相同，5/7 1FCJ 的励磁电路经 3~4 网路线接通，其励磁电路为：

KZ—（3 线）BA/2AJ 前接点—5/7 1DCJ$_{41-43}$—5/7 1FCJ$_{3-4}$—5/7 2DCJ$_{43-41}$—（4 线）D$_9$AJ 前接点—KF。

当 5/7 1FCJ 励磁吸起并自闭后，5/7 2FCJ 经 3-4 线圈的励磁电路接通，并使其经由 1-2 线圈的自闭电路保持吸起。

当 1/3 1FCJ、1/3 2FCJ、5/7 1FCJ 和 5/7 2FCJ 均励磁吸起后，5~6 网路线上各个信号点开始选路，按照并联传递网路方式由左至右使 D$_1$JXJ、BA/JXJ 和 D$_9$JXJ 依次吸起。

上述 1~6 网路线的选路过程，之所以要先经 1~2 网路线或 3~4 网路线选出双动道岔反位，然后 5~6 网路线才能工作，原因在于，1~6 网路线在电路结构上采用的是站场型网路（即电路结构和站场形状保持一致），只有先把 FCJ 选出，才能接通站场型网路的 5~6 网路线电路。例如，在图 3-11 中，D$_1$ 水平方向的 5~6 网路线必须经由 1FCJ 或 2FCJ 的前接点才能与 D$_5$ 水平方向的 5~6 网路线连通。因而，必须先使双动道岔的 1FCJ 和 2FCJ 励磁吸起。

需要说明的是，图 3-11 中的①与①之间、②与②之间、③与③之间、④与④之间的连接都是有条件的。但对八字形进路，只需直接进行连接即可。此外，在图 3-11 所示电路的 2、4、6 线上还包括很多二极管，其作用是用于阻截迂回电流，以防止出现迂回电路。二极管是电路中必不可少的器件。

（二）平行进路电路实例

图 3-12 所示为平行进路的电路实例。图中包括有两组捻形双动道岔的四个道岔点，即道岔 5/7 和 9/11；另外，还包括三个信号点，即 D1、BA 和 D5。不论是道岔点或是信号点，图上都仅仅画出了与选岔有关的继电器和接点。以下假定以经过道岔 9/11 反位的进路为基本进路。

1. 选基本进路

选 D$_1$ 至 D$_5$ 的基本进路时，按下 D$_1$A 和 D$_5$A，D$_1$AJ、D$_5$AJ 和方向继电器相继吸起自闭。之后，根据前面介绍的选路原则，各信号点动作顺序为：

经 1~2 网路线：9/11 1FCJ↑自闭→9/11 2FCJ↑自闭→。

经 5~6 网路线：D_1JXJ↑自闭→5/7 1DCJ↑自闭→D_5JXJ↑自闭。

对双动道岔 9/11，其 1FCJ 励磁电路如图中 1~2 网路线上的虚线所示：

KZ—（1线）D_1AJ_{12-11}—5/7 $1DCJ_{41-43}$—5/7 $1FCJ_{21-23}$—①—B $1AJ_{41-43}$—①—9/11 $1DCJ_{41-43}$—9/11 $1FCJ_{3-4}$—9/11 $2DCJ_{43-41}$—（2线）D_5AJ_{11-12}—KF。

9/11 1FCJ 吸起后，其经由 1—2 线圈的自闭电路接通：

KZ-ZQJ-H—9/11 $1FCJ_{1-2}$—9/11 $1FCJ_{12-11}$—9/11 $1SJ_{42-41}$—KF。

9/11 1FCJ 吸起后，9/11 2FCJ 的励磁电路和自闭电路也相应接通。

9/11 1FCJ 和 9/11 2FCJ 均励磁吸起后，5~6 线上按照并联传递网路原理，由左至右使 D_1JXJ、5/7 1DCJ 和 D_5JXJ 依次吸起并自闭。

2. 选变通进路

选 D_1 经变通按钮 BA 到 D_5 的变通进路时，按下 D_1A、BA 和 D_5A 后，D_1AJ、B1AJ、D_5AJ 和方向继电器相继励磁吸起并自闭。之后，根据前面介绍的选路原则，各信号点动作顺序为：

经 1~2 网路线：5/7 1FCJ↑自闭→5/7 2FCJ↑自闭→。

经 5~6 网路线：D_1JXJ↑自闭→BA/JXJ↑自闭→9/11 2DCJ↑自闭→D_5JXJ↑自闭。

由于 B1AJ 吸起，切断了①与①之间的连线，所以 D_1 信号点送出的 KZ 送不到 9/11 的 1FCJ 的线圈端子 3 上，因此 9/11 1FCJ 不会励磁吸起，即基本进路不会被错误选出。但此时，如图 3-12 所示，由于 5/7 1FCJ 能得到变通按钮 BA 处信号点送来的 KF，图中 1、2 网路线上的粗线电路将接通：

KZ—（1线）D_1AJ_{12-11}—5/7 $1DCJ_{41-43}$—5/7 $1FCJ_{3-4}$—5/7 $2DCJ_{43-41}$—（2线）BA $2AJ_{21-22}$—KF。

5/7 1FCJ 吸起后，其经由 1-2 线圈的自闭电路随后接通：

KZ-ZQJ-H—5/7 $1FCJ_{1-2}$—5/7 $1FCJ_{12-11}$—5/7 $1SJ_{42-41}$—KF。

5/7 1FCJ 吸起后，5/7 2FCJ 的励磁电路和自闭电路也相应接通。

道岔 5/7 的 1FCJ、2FCJ 均励磁吸起后，5~6 网路线上的粗线电路按照并联传递网路原理依次接通，由左至右使进路上 D_1JXJ、BA/JXJ、9/11 2DCJ 和 D_5JXJ↑依次吸起并自闭。

对平行进路，需要说明的是，图 3-12 中的①与①之间和②与②之间的连接是有条件的。图中是以 5/7 定位的进路为基本进路的，所以①与①之间要连接一个变通按钮继电器 B1AJ 的后接点，而②与②之间要断开。如果以 5/7 反位的进路为基本进路（此时变通按钮应该设置在 D_1 的右方），则①与①之间和②与②之间的连接要作相应调整：②与②之间要连接一个变通按钮继电器 B1AJ 的后接点，而①与①之间却要断开。对撇形道岔和捺形道岔，如果无平行进路，则①与①之间、②与②之间均应该连通。

以上对 1~4 网路线选路时的工作电路进行了介绍，需要说明的是，在一些特殊情况下，如单动道岔组成的平行进路、多组平行进路及其他特殊情况，电路在适当的地方要进行一些断开、有条件的接通或另加装一些二极管以满足联锁条件。

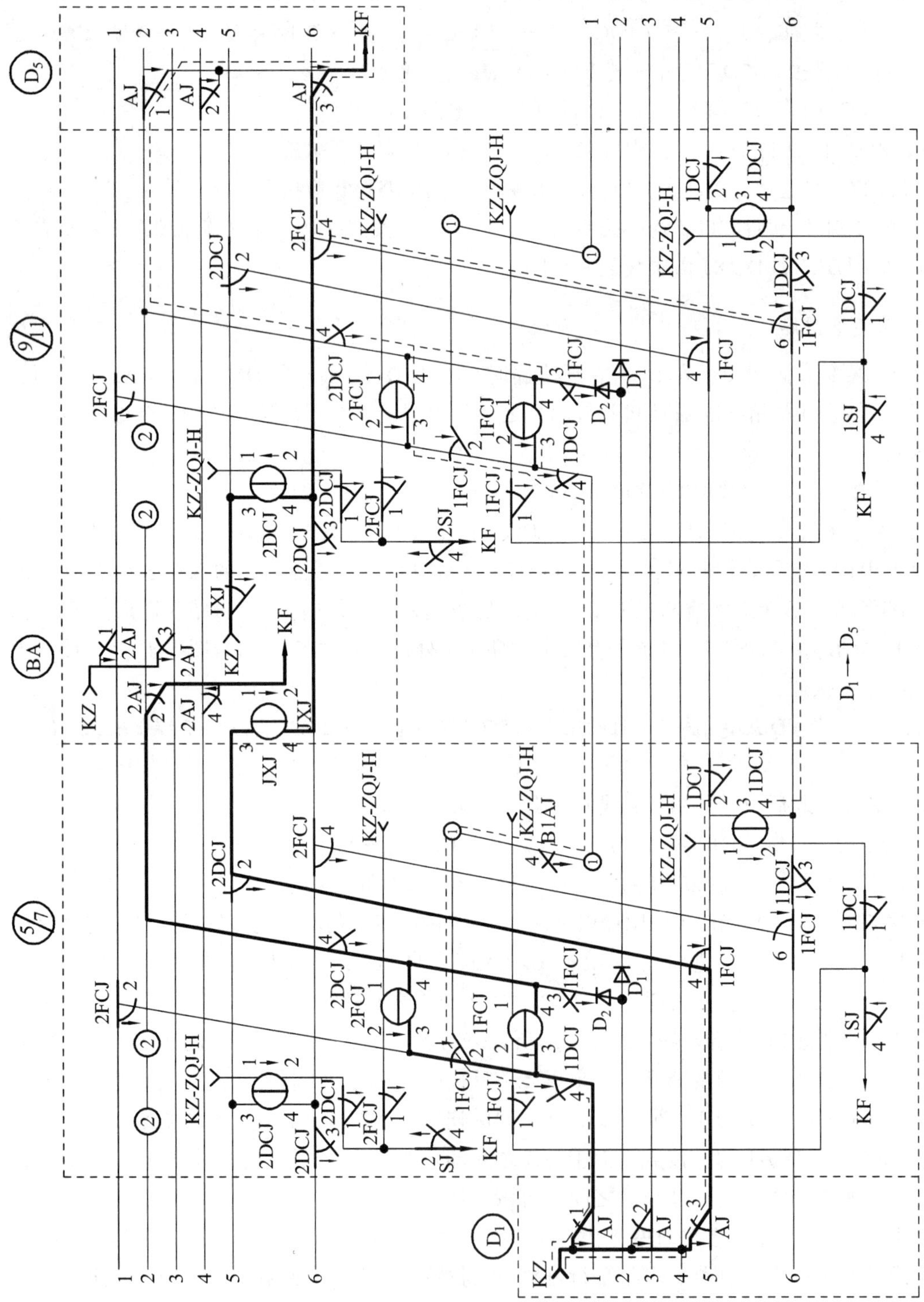

图 3-12 平行进路电路实例

三、进路选择继电器电路

前面已经介绍过,选道岔点用道岔定位操纵继电器 DCJ 或反位操纵继电器 FCJ,选信号点用进路选择继电器 JXJ,它们都跨接在 6 线制选岔网路的 5~6 网路线上。其中,进路始端和终端信号点 JXJ 电路,在图 3-10 中已经介绍,下面仅介绍进路中间信号点的选择,如图 3-13 所示。

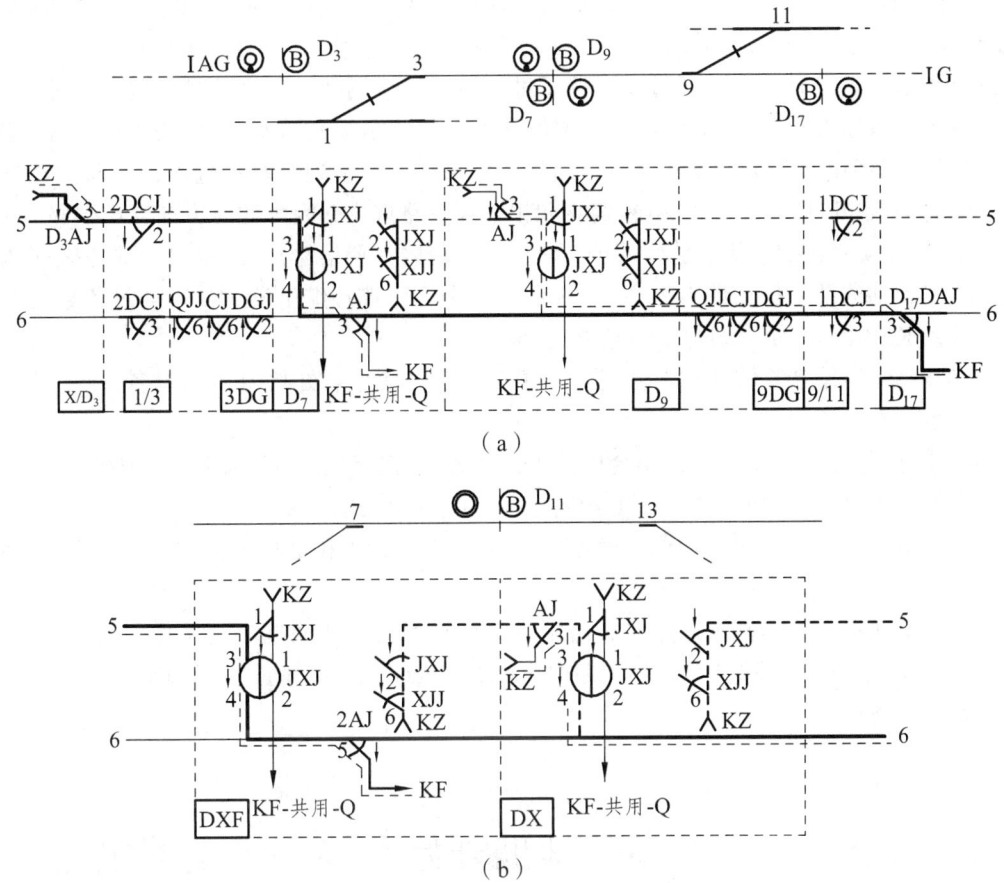

图 3-13 中间信号点的进路选择继电器电路

图 3-13(a)所示是一个并置信号点,而图 3-13(b)所示是一个单置信号点。这两个信号点都是咽喉中间的信号点。图(a)布置有两个 DX 组合(D_7 和 D_9 各设置一个 DX 组合),每个组合内设置有一个进路选择继电器 JXJ;图(b)中 D_{11} 布置有一个 DX 组合和半个 DXF 组合,也分别设置有一个进路选择继电器 JXJ。

在图 3-13(a)中,不论 D_7 还是 D_9,作为进路的始端或终端信号点时,按钮继电器 AJ 必定参与工作,这时 JXJ 的电路如图中虚线所示。

当选含 D_7 和 D_9 的长调车进路,例如,选排 $D_3 \rightarrow D_{17}$ 时,先后按压该长进路的始端按钮 D_3A 和终端按钮 $D_{17}A$ 后,粗实线电路的接通使 D_7JXJ 经 3-4 线圈励磁吸起并自闭,然后通过 D_7 内部提供的 KZ,使 D_9JXJ 经 3-4 线圈粗虚线的励磁电路接通并自闭;D_9JXJ 励磁吸起后,又通过其局部提供的 KZ 为右端其他信号点和道岔点提供电源，使参与选路的右端信号点和道岔点相继励磁。

前面提到，不管选排的是从左到右的进路还是从右向左的进路，选路时都是按照从左至右顺序选出。例如，选排 D_3 至 D_{17} 的进路和选排 D_{17} 至 D_3 的进路，选路时都是按照从左至右的顺序来选出，至于进路选出后 D_7 和 D_9 哪个作终端哪个作始端，则由调车方向继电器配合来确定。例如，若接车方向的调车接车方向继电器 DJJ 励磁吸起（选排 $D_3 \rightarrow D_{17}$ 的进路时），则 D_7 作终端 D_9 作始端；若吸起的是调车发车方向继电器 DFJ（选排 $D_{17} \rightarrow D_3$ 的进路时），则 D_7 为始端 D_9 作终端。此时，D_7AJ 和 D_9AJ 均不参与选路工作。

选列车基本进路时，可以通过先后按压进路始端和终端处 LA 来选排，也可通过先按压进路始端列车按钮 LA，然后按压进路内方信号点处的调车按钮 DA，最后按压进路终端按钮 LA 来选排。当经由并置信号点选列车进路时，如果选排的是列车基本进路，与选排含 D_7 和 D_9 的长调车进路相同，两个 JXJ 由粗实线和粗虚线电路选出，因为此时方向继电器吸起的是 LFJ 或 LJJ，所以 D_7 或 D_9 既不是始端也不是终端。若以并置信号点 D_7 或 D_9 处按钮来选排列车变通进路，则这两个按钮继电器 AJ 均吸起，两个进路选择继电器 JXJ 均通过各自局部 AJ 前接点接入 KZ 吸起，使它们都参与选路工作。

图 3-13（b）是单置信号点的情况。由于单置调车信号点处按钮功能很多，所以其 JXJ 励磁电路也会有所不同：

（1）作调车进路始端时，DX 组合内的 JXJ 经 AJ 前接点接入局部 KZ，由虚线电路接通。

（2）作调车进路终端时，DXF 组合内的 JXJ 由虚线电路接通。

（3）经由此点选相反方向的调车变通进路时，先使 2AJ 和 AJ 吸起，然后由虚线电路选出两个 JXJ。

（4）经由此点选列车基本进路时，由粗线电路使两个 JXJ 吸起参与工作，而 2AJ 和 AJ 均不参与工作。经由此点选列车变通进路时，2AJ 和 AJ 先吸起，随后两个 JXJ 由虚线电路吸起，它们都参与选路工作。

第四节　列车开始、辅助开始和终端继电器电路

进路选出后，记录电路立即复原。但这时道岔还没有转完，进路还没有锁闭，信号也没有开放，即选路的目的还没有最终达到。因此，在记录电路复原前，在进路始端要用辅助开始继电器 FKJ 接续始端按钮继电器和方向继电器的工作，在进路的终端要用终端继电器 ZJ 接续调车进路终端按钮继电器和方向继电器的工作。此外，对出站兼调车信号机处要设置一个列车开始继电器 LKJ 来记录进路选出之后，所选的进路是列车进路还是调车进路。

一、列车开始继电器电路

当在进路始端既有列车信号点又有调车信号点时，需要增设一个列车开始继电器 LKJ，用它的前后接点来区分选排的进路是列车进路还是调车进路。例如，出站兼调车信号机、进

站信号机内方隔一个无岔区段有同向的调车信号机（如 X 和 D_3）时，均应设置一个 LKJ。

LKJ 平时处于落下状态，当选排列车进路时要求 LKJ 励磁吸起，选调车进路时要求 LKJ 仍处于落下状态。由于 LKJ 要一直参与执行组电路的工作，在该进路没有解锁之前要求 LKJ 要一直保持在吸起状态。图 3-14 所示为列车开始继电器 LKJ 电路，图中 3-4 线圈是 LKJ 励磁电路，1-2 线圈是 LKJ 自闭电路。

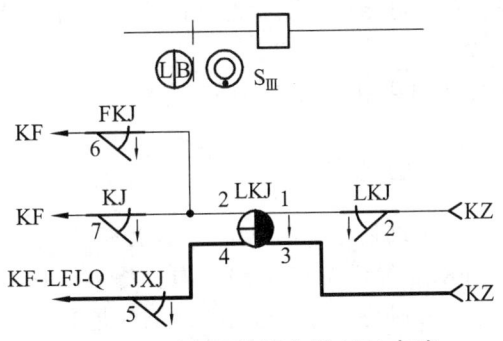

图 3-14　列车开始继电器 LKJ 电路

图中 $S_Ⅲ$ 为出站兼调车信号机，排列以 $S_Ⅲ$ 为始端的发车进路时，在 $S_Ⅲ$ 信号点选出，其 JXJ 励磁吸起时，LKJ 经由 3-4 线圈的励磁电路接通。该励磁电路中，方向电源"KF-LFJ-Q"在方向继电器 LFJ 吸起后即供出 KZ。顺便说明，如果是进站信号机，如 X/D_3 处，由于是接车进路，则 X/D_3 LKJ 中接入的方向电源应为"KF-LJJ-Q"。如果排列的是以 $S_Ⅲ$ 为始端的调车进路，则吸起的方向继电器为 DFJ，方向电源"KF-LFJ-Q"不通，$S_Ⅲ$ LKJ 将无法励磁。

LKJ 经由 3-4 线圈励磁吸起后，在 FKJ 励磁吸起后（FKJ 在 LKJ 励磁吸起后吸起），经由 FKJ 前接点使通过 LKJ_{1-2} 线圈的自闭电路接通而保持吸起。之后，随着开始继电器 KJ 的励磁吸起而接通 LKJ 经 1-2 线圈的另一条自闭电路。信号开放后 FKJ 落下，断开 LKJ 的一条自闭电路，LKJ 由经开始继电器 KJ 的前接点的自闭电路继续保持吸起。后面将要介绍，开始继电器 KJ 一旦励磁吸起后，就只有在进路解锁后才能落下，确保了 LKJ 在进路解锁之前一直保持在吸起状态。

由于 LKJ 的前接点要参与列车进路始端信号机的信号开放电路，所以为了保证主、副电源切换时不致因 LKJ 落下而使进路始端信号关闭，LKJ 必须采用缓放型继电器。

二、辅助开始继电器电路

（一）技术要求

在 6502 电气集中电路的 LXZ 和 DX 组合内各设置有一个辅助开始继电器 FKJ。当作为进路始端信号时，此信号 LXZ 组合（或 DX 组合）内的 FKJ 将参与工作。FKJ 的主要作用是接续进路始端按钮继电器和方向继电器的工作，此外，FKJ 的还有第二个作用，即用于防止自动重复开放信号。所谓自动重复开放信号是指办理进路信号开放后，因故而自动关闭，当故障恢复后，未经再次办理不得自动重复开放。

为了使辅助开始继电器 FKJ 能完成上述两个作用，它的电路必须满足下列技术条件：

（1）为了接续记录电路工作，必须使 FKJ 在进路始端 JXJ 和相应方向继电器吸起后励磁，以便反映所选进路始端。

（2）为防止信号自动重复开放，必须用 FKJ 前接点作为开放信号的必要条件。信号开放前 FKJ 保持吸起，信号开放后 FKJ 应即刻自动复原。如信号因故不能开放时应能使 FKJ 能够手动复原。

（3）重复开放信号时，只要进路在锁闭状态且按下了进路始端按钮，就应使 FKJ 励磁吸起，以便使信号能重复开放。

辅助开始继电器电路分列调共用的 FKJ 和调车专用的 FKJ 电路。

（二）列车和调车共用的电路

对于出站兼调车信号机和进站信号机内方带同向的调车信号机（例如，图 1-2 中的 X 和 D_3），列车和调车共用一个 FKJ，设置在 LXZ 组合内。图 3-15 所示为列车和调车共用的 FKJ 电路，其中经 3-4 线圈的是 FKJ 励磁电路，经 1-2 线圈的是 FKJ 自闭电路。

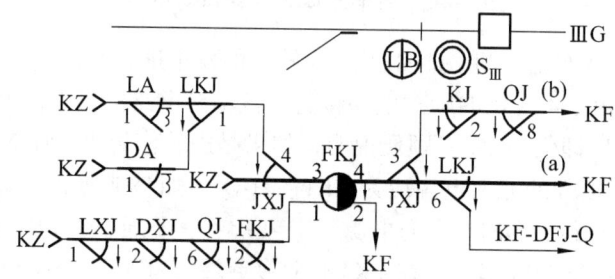

图 3-15 列车和调车共用的 FKJ 电路

平时 FKJ 处于落下状态。当建立以 $S_Ⅲ$ 为始端的发车进路时，在 $S_Ⅲ$ 信号点选出，其 JXJ 和 LKJ 励磁吸起后，经由 JXJ 第 3 组和第 4 组前接点使得 FKJ 经由 3-4 线圈的励磁电路接通：

KZ—JXJ_{42-41}—FKJ_{3-4}—JXJ_{31-32}—LKJ_{61-62}—KF。

FKJ 吸起后接通其经由 1-2 线圈的自闭电路。

随着 $S_Ⅲ$ 信号点的选出，JXJ 落下，FKJ 经由 3-4 线圈的励磁电路断开，FKJ 通过 1-2 线圈的自闭电路保持吸起。正常情况下，随着进路锁闭、$S_Ⅲ$ 信号开放（LXJ 吸起），FKJ 经 1-2 线圈的自闭电路断开，自动复原。如果信号机因故不能开放，可以通过办理取消进路手续，按下该信号机处的进路始端按钮和总取消按钮 ZQA，使该信号点处的取消继电器 QJ 励磁吸起，以 QJ 的第 6 组前接点切断 FKJ 自闭电路，使其人工复原。

当选排以 $S_Ⅲ$ 为始端的调车进路时，该调车进路为发车方向。在 $S_Ⅲ$DA 按钮按下、$S_Ⅲ$DAJ 吸起、方向继电器 DFJ 吸起、条件电源"KF-DFJ-Q"有电时，FKJ 经由条件电源"KF-DFJ-Q"和 LKJ 第 6 组后接点接通 3-4 线圈的励磁电路，FKJ 吸起后经 1-2 线圈自闭。

需要说明的是，由于 $S_Ⅲ$ 为始端的调车进路为发车方向，所以图中接入的条件电源为"KF-DFJ-Q"。对图 1-2 中的 X/D_3，由于以 D_3 为始端的调车进路为接车方向，所以在 X/D_3FKJ 电路中，接入的条件电源为"KF-DJJ-Q"。

信号在开放后若因故关闭，则进路处于锁闭状态。需要重复开放信号时，只要按下进路始端按钮 LA（或 DA），通过列车开始继电器 LKJ 的前接点（对调车进路为后接点），接通

FKJ 中 3-4 线圈经 JXJ 后接点的另一条励磁电路，使 FKJ 励磁吸起并自闭，直至信号重复开放后 FKJ 才复原。该励磁电路中接入的开始继电器 KJ 前接点用来证明进路在锁闭状态。如果 FKJ 励磁吸起后信号不能自动重复开放，可通过办理取消进路手续，使该信号点处的 QJ 吸起来实现手动使 FKJ 复原。

办理取消进路或人工解锁进路时，也要求按下进路的始端按钮。由于在 FKJ 的自闭电路和另一条励磁电路中接入了 QJ 的后接点，FKJ 这时就不会错误动作。

（三）调车专用的辅助开始继电器电路

对应于单置、并置和差置调车信号机都要设置一个 FKJ，其电路如图 3-16 所示。因为是调车专用的，故上述电路中有关列车进路所用的继电器接点，如 LKJ、LA 和 LXJ，在该电路中就不需要了，其他部分则与图 3-15 的电路相同。

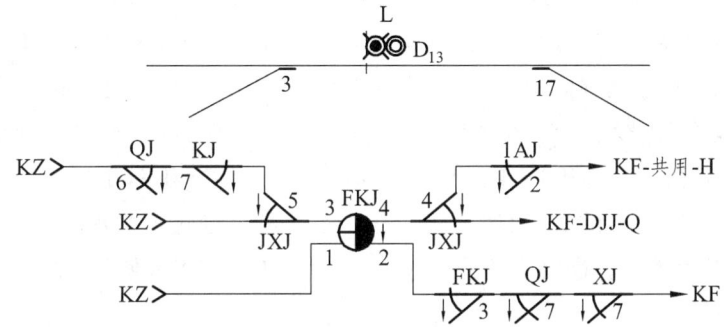

图 3-16　单置调车信号的 FKJ 电路

图 3-16 中，在相当于 DA 接点的地方要用 1AJ 的前接点所代替，这是因为采用单组接点按钮，其按钮接点不够用。该电路中的另一个特点是通过 1AJ 前接点接入的是方向电源"KF-共用-H"（即四个方向继电器均落下时提供 KF），而不是普通的 KF。

由于 FKJ 和信号继电器 XJ 存在着下面的时序逻辑关系：FKJ↑→XJ↑→FKJ↓，为使信号继电器能可靠励磁，FKJ 必须采用缓放型继电器。

三、终端继电器电路

（一）技术要求

由于调车进路的终端常常在咽喉区中间，所以在调车进路终端处必须设置一个 ZJ 来明确地界定进路终端在电路上的具体位置，以接续进路终端的进路选择继电器 JXJ 和方向继电器的工作。在进路没有解锁之前，进路的终端不能丢失，因而 ZJ 要参与到执行组电路，且要一直工作到进路解锁时为止。所以，对调车终端继电器 ZJ 的技术要求是：

（1）要能够接续记录电路的工作，即接续终端信号点 JXJ 和方向继电器的工作。
（2）要检查进路必须在解锁状态，否则禁止 ZJ 吸起。
（3）ZJ 一旦励磁吸起后，必须使它保持到进路解锁为止。

对于不同的调车信号机作进路终端时，终端继电器电路有所差别。

（二）尽头线、并置和单置调车信号机的终端继电器电路

图 3-17 所示为尽头线、并置和单置调车信号机的调车终端继电器 ZJ 电路。其中，3-4 线圈是励磁电路，1-2 线圈是自闭电路。

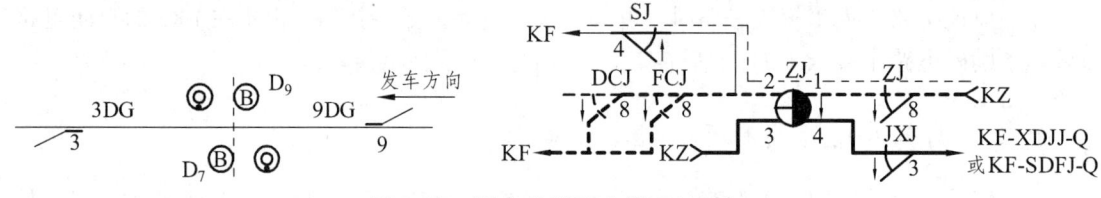

图 3-17　调车终端继电器 ZJ 电路

当以 D_9 为终端排列发车方向调车进路时，在 D_9 信号点选出，其 JXJ 励磁吸起时，ZJ 经由 JXJ 的前接点和方向电源"KZ-DFJ-Q"接通 3-4 线圈的励磁电路。ZJ 励磁吸起后，其经 1-2 线圈的自闭电路接通。在其 1-2 线圈的自闭电路中接有进路中最末一个道岔 9 的 DCJ（或 FCJ）前接点和该道岔锁闭继电器 SJ 的后接点相并联的两条支路，这两条支路供出电源的时机不同：在进路未锁闭之前，ZJ 通过 DCJ（或 FCJ）的前接点来连通自闭电路；进路锁闭后道岔锁闭继电器 SJ 落下，断开 DCJ 和 FCJ 自闭电路，使 DCJ 和 FCJ 落下，DCJ 和 FCJ 的落下使经 DCJ 或 FCJ 前接点的 ZJ 自闭电路断开，此时，ZJ 通过道岔锁闭继电器 SJ 后接点连通自闭电路。进路解锁后，进路终端处道岔 9 解锁，SJ 励磁吸起使得 ZJ 落下，即进路不解锁 ZJ 将会一直保持吸起。

应当注意，锁闭继电器 SJ 的前接点一旦断开，即切断了 ZJ 经 DCJ 或 FCJ 前接点的自闭电路。为了保证道岔锁闭继电器 SJ 前接点断开到后接点闭合的瞬间（此时 ZJ 自闭电路的两条支路均不通），ZJ 不至于落下，ZJ 必须采用缓放型继电器。

需要说明的是，由于 D_9 只能作调车接车进路的终端，所以其 ZJ_{3-4} 线圈上接入的条件电源是"KZ-DFJ-Q"。对只能作调车发车进路终端的信号点，如 D_7，则其 ZJ_{3-4} 线圈上接入的条件电源为"KZ-DJJ-Q"。

（三）差置调车信号机的终端继电器电路

为了禁止由两个方向同时向差置调车信号机之间的无岔区段调车，同时为了防止调车尾追列车事故，在差置调车信号机的终端继电器 ZJ 励磁电路中增加了需检查的联锁条件。以图 1-2 中的 D_5 和 D_{15} 为例，差置调车信号机的 ZJ 电路如图 3-18 所示。

在 ZJ 经 3-4 线圈的励磁电路的 KZ 电源侧，要用另一个差置信号机的 ZJ 后接点实行互切，即在 D_5ZJ 励磁电路中接入 D_{15}ZJ 后接点，而在 D_{15}ZJ 励磁电路中接入 D_5ZJ 后接点。这样，同时只允许 D_5 和 D_{15} 中的一个 ZJ 吸起，从而消除了由两个方向同时向两差置调车信号机之间的无岔区段进行调车作业的可能性。例如，当建立了 D_1 至 D_{15} 的调车进路时，D_5ZJ 将励磁吸起，此时，由于 D_5 和 D_{15} 互切，所以 S_{II}（或 S_4）到 D_5 的调车进路将无法建立。总之，当已经向无岔区段建立了调车进路时，就不能再向该无岔区段建立其他调车进路了。

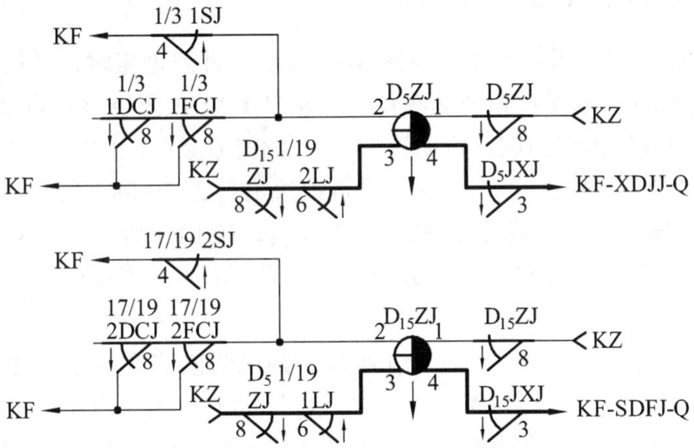

图 3-18 调车终端继电器 ZJ 电路特例

在 1/19WG 上有列车通过时，可能存在追尾的情况。例如，建立好ⅡG 往北京方面经 17/19 定位的发车进路后，列车进入进路并前行完全进入 1/19WG 时，操作员为了快速将 4G 上的机车调入ⅡG，建立了 S_4 至 D_5 的调车进路；随后，司机根据 S_4 的允许灯光往 1/19WG 进行调车作业，此时，该机车可能会尾追上前方还在 1/19WG 上运行的列车，出现调车尾追列车事故。

为防止调车尾追列车，在 ZJ 电路中还必须接有 1/19WG 区段无车占用的条件。在 D_5ZJ 电路中，用 1/19 2LJ 前接点证明进站列车已经全部越出 1/19WG 区段；而在 D_{15}ZJ 电路中，则用 1/19 1LJ 前接点证明出站列车已经全部出清 1/19WG 区段。要注意，不能用 1/19 DGJ 代替上述的 1LJ 和 2LJ，因为在 1/19WG 占用（DGJ 落下）的情况下是可以往该无岔区段建立调车进路、进行调车作业的。

第五节 选择组表示灯电路

选择组有进路表示灯和进路排列表示灯。前者亮灯表示该按钮所属信号点在参与选路工作，或经过该按钮所属的中间信号点正在选路；后者亮灯表示进路在选择过程中，操作手续还没有办完，或者已经办完，但进路还没有全部选出。

一、进路按钮表示灯

控制台设置的供进路操作用的按钮分三类：列车进路按钮、调车进路按钮和选变通进路的变通按钮。对应上述各种按钮各设一个表示灯以反映其被操作情况，并镶嵌在按钮里。为了区分按钮的种类（性质）以防止误操作，其表示灯采用不同的显示颜色：列车按钮表示灯和变通按钮表示灯显示绿颜色，调车按钮表示灯则显示白色。

（一）出站兼调车进路按钮表示灯电路

出站兼调车进路按钮表示灯电路，如图 3-19 所示。排列进路时，当按下 LA 或 DA 后，LAJ 或 DAJ 就励磁吸起。列车按钮或调车按钮表示灯 L 或 B 便经由 LAJ 或 DAJ 的前接点接通闪光电源 SJZ，即点绿闪或白闪，说明该按钮被操作过且工作正常。

如该按钮作始端用而被按下时，当该信号点被选出且 JXJ、FKJ 和 LKJ 相继励磁吸起后，LAJ 失磁落下。这时经由 LAJ 后接点、FKJ 的前接点以及 LKJ 的接点（区分点绿还是点白灯用）接通 JZ 电源使表示灯点亮稳定绿光或者稳定白光，说明该信号点已被选定。该灯直至信号开放，FKJ 落下时才熄灭。

以该信号点作进路终端使用时，若 JXJ 吸起，则说明该信号点已经被选出，切断了 LAJ 的自闭电路，使 LAJ 落下，因此该按钮表示灯就由绿闪或白闪变为灭灯。

总之，如果该按钮作进路始端用时，其表示灯将有闪、稳到灭三种点灯状态；作进路终端使用时，表示灯有闪到灭灯两个点灯状态。根据按钮表示灯的点灯状态就可判定该按钮被按下的顺序。

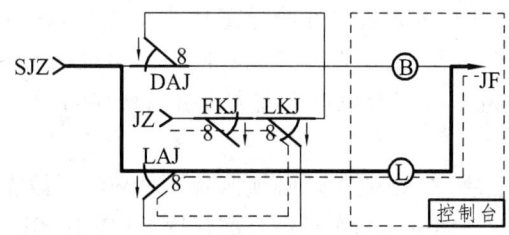

图 3-19　进路按钮表示灯电路

同理，在排列调车进路时，按下 DA 后，DAJ 励磁吸起并以其前接点接通白表示灯的闪光电源 SJZ。其他的与点绿灯时相同。

在 6502 电气集中系统中，在选一条进路时，只有进路最后端的信号点被选出后，才能说明选岔电路路动作正常，整条进路已全部选出。因此，如以进路右端按钮作始端用时，则该按钮表示灯点稳光则说明整条进路已全部选出；若以进路左端按钮作始端按钮用时，则该按钮表示灯点稳定灯光时并不能说明进路已全部选出，这时只能用进路右端的按钮表示灯灭灯来说明该进路已全部选出。

在进站信号机内方设一无岔区段并有一架同方向调车信号机时，如 XLA 和 D_3A 两个进路按钮表示电路，与图 3-19 相同。

（二）单置调车按钮表示灯电路

图 3-20（a）所示为单置调车按钮表示灯电路，单置调车信号按钮既可以作进路始端按钮使用，又可以作同方向调车进路的终端按钮使用，还可以兼作变通按钮使用。下面就其不同用途时的按钮表示灯电路进行介绍。

当该按钮 DA 作始端按钮使用时，只要按压按钮 DA，AJ 就励磁吸起，按钮表示灯闪白灯。当信号点被选出后，JXJ 励磁吸起，FKJ 随之吸起，AJ 落下后，JXJ 也随之落下，该按钮表示灯点白稳光，说明进路已被全部选出。信号开放后 FKJ 落下，按钮表示灯熄灭。如果该信号点处于进路的左端，JXJ 吸起不能证明进路已全部选出，但电路中只有 JXJ 落下才点稳光，JXJ 失磁落下间接说明进路已全部选出，因为只有进路全部选出后方向电路才复原，它复原说明进路已自左而右顺序选出。

当该 DA 作进路终端按钮使用时，1AJ 和 2AJ 便先后励磁吸起。经由 1AJ 前接点接通按钮表示灯闪光电源 SJZ，使表示灯闪白灯。进路全部选出后，1AJ、2AJ 和 JXJ 都落下后按钮表示灯熄灭。

当经由单置调车信号点排列列车进路和复合调车进路时，中间单置信号点要参与选路电路工作，但因为没有按压该信号按钮，因此其按钮继电器不励磁，而是用中间信号点处的 JXJ 励磁吸起说明该信号点已被选出。因此在其按钮表示灯电路中与 1AJ 和 AJ 前接点并联接有 JXJ 前接点，以便使中间信号点按钮表示灯闪白光。选出全部进路后，白闪光熄灭。

尽头、并置和差置调车信号按钮表示灯电路，与单置调车按钮表示电路基本相似，不再说明。

在咽喉区调车按钮表示电路中接入 JXJ 前接点的目的是在经由中间信号点排列车进路或复合调车进路时，使中间信号点的按钮表示灯闪白光。这样，选岔电路故障时，便于维修人员判明故障的出处。例如，在图 2-3 中，办理由 D_3 至 ⅠG 的长调车进路时，若选岔电路故障使该进路不能全部选出，如在控制台上发现 D_3A、D_7A 和 S_1DA 仍在闪白光，而 D_9A 不闪白光；则可以判断 D_3 至 D_7 进路已正常选出，D_9A 不闪白光说明其 JXJ 未吸起，从 D_9 至 S_1 段选路网路电路没有工作。该段选岔电路是按由左至右顺序选的，所以故障就出在 D_9 信号点处。而这时 S_1DA 闪白光是因为 S_1DAJ 前接点接通了 SJZ 电源。如果在表示灯电路中不接入 JXJ 前接点，判明故障出处就比较困难了。

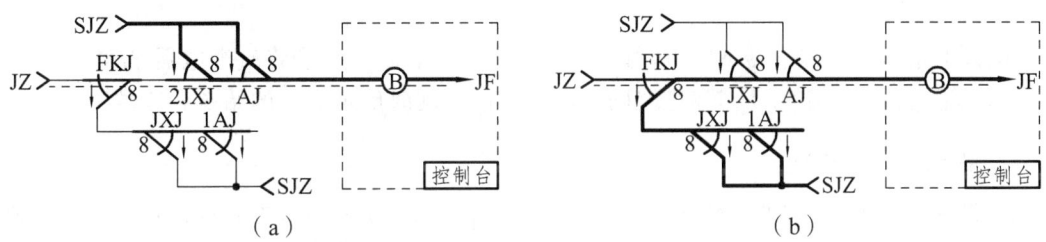

图 3-20　进路按钮表示灯电路

总之，办理任何一条进路时，始终端按钮（包括进路上所经由的调车按钮和变通按钮）表示灯闪光，一方面说明已将值班员排列进路的命令记录在相应的电路中，另一方面说明选岔电路正在按照命令的要求工作。当进路终端按钮表示灯熄灭，而始端按钮表示灯点稳光时，则说明选岔电路动作正常，进路已全部选出。信号开放后，始端按钮表示灯熄灭。

二、进路选排表示灯电路

排列进路表示灯电路的主要作用是反映方向继电器工作是否正常、进路是否全部选出。对应每一个咽喉设一个进路排列表示灯——红色。

图 3-21 所示为进路排列表示灯电路。它是由本咽喉四个方向继电器 LJJ、LFJ、DJJ 和 DFJ 的前接点并联电路环节进行控制的。选路时，任何一个方向继电器励磁吸起，排列进路

表示灯就点亮红灯，以表示选岔电路工作正常，其他选路操作无效，因按规定一个咽喉同时只能选出一条进路（不包括同方向同性质的进路）。当一条进路选出后，排列进路表示灯熄灭，才可办理另一条进路。

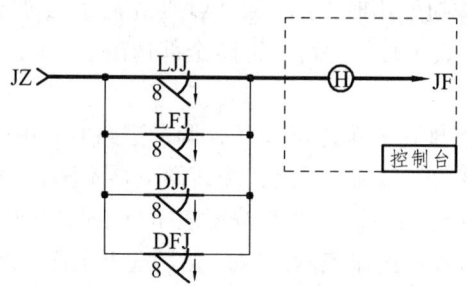

图 3-21　排列进路表示灯电路

第六节　选择组电路动作时序

选择组电路主要由记录电路、选岔电路组成，涉及 1 线至 6 线共六条网路线。

一、选择组电路继电器作用及动作时机

（一）记录电路

记录电路由按钮继电器 AJ、方向继电器、辅助继电器 FKJ 和终端继电器 ZJ 电路组成。其作用是记录按压按钮的动作和进路的性质与方向，同时确定进路的始端和终端。

1. 按钮继电器电路

按钮继电器 AJ 平时处于落下状态。按下按钮，使 AJ 励磁吸起并自闭。松开按钮，断开 AJ 励磁电路，AJ 通过自闭电路保持吸起。当信号点选出，该信号点的 JXJ 吸起时，通过 JXJ 的前接点断开 AJ 自闭电路，使 AJ 缓放落下而自动复原。如果 AJ 因故无法复原时，可通过按压总取消按钮，使 QJ 励磁吸起，断开 AJ 自闭电路，使其人工复原。

在进路始端信号点的 JXJ 吸起、始端 AJ 复原之前，接通辅助继电器 FKJ 励磁电路，以进一步记录进路始端。在调车进路终端信号点的 JXJ 吸起、终端处 AJ 复原之前，接通终端继电器 ZJ 励磁电路，以进一步记录调车进路终端和进路的性质。

对于并置和差置调车信号机的 AJ，在它们的 1-2 线圈设有一条互为带动的励磁电路，当以并置或差置调车信号机的进路按钮作为列车进路的变通按钮使用时，只要按下其中的任一个按钮，就将另一个按钮继电器 AJ 带起来，共同参与选岔电路的工作。

对于单置调车信号机设置有三个按钮继电器，分别是 1AJ、2AJ 和 AJ。它们平时都处于落下状态。作进路始端时，1AJ 和 AJ 参与选路；作进路终端时，1AJ 和 2AJ 参与选路；作变通按钮使用时，1AJ、2AJ 和 AJ 都参与选路。

2. 方向继电器电路

根据进路的性质和方向，在每个咽喉的方向组合 F 内设置四个方向继电器，即列车接车方向继电器 LJJ、列车发车方向继电器 LFJ、调车接车方向继电器 DJJ 和调车发车方向继电器 DFJ，它们平时均处于落下状态。当办理进路，进路始端 AJ 吸起后，用 AJ 前接点接通对应的方向继电器励磁电路，使该方向继电器吸起，该方向继电器励磁吸起后将断开其他三个方向继电器的励磁电路，使得同时只有一个方向继电器吸起。进路终端 AJ 吸起，用其前接点接通方向继电器自闭电路。

当办理由左向右的进路时，由于始端 AJ 先落下，终端 AJ 后落下，所以先断开方向继电器励磁电路，后断开方向继电器自闭电路，使方向继电器缓放落下而自动复原。当办理由右向左的进路时由于终端 AJ 先落下，始端 AJ 后落下，因此先断开方向继电器自闭电路，后断开其励磁电路，使方向继电器缓放落下而自动复原。

当办理变通进路时，由变通 AJ 的吸起给方向继电器再增加一条自闭电路。

如果方向继电器因故无法复原时，可通过按压总取消按钮，使 ZQJ 励磁吸起，断开方向继电器励磁电路和自闭电路，使其人工复原。

（二）选岔电路

选岔电路由接在 1~6 网路线上的 FCJ 和 DCJ 及 JXJ 组成。其作用是按照操纵人员的意图自动选出进路上各道岔的位置和各信号点的位置。

由于 6502 继电联锁电路采用站场型网路，因而采用 1~6 网路线进行选路时，应先选出双动道岔反位位置，以便接通站线型网路中 5~6 线，然后选出其他信号点和道岔点。

1. 双动道岔的反位操纵继电器电路

每组双动道岔设有两个 FCJ，分别为 1FCJ 和 2FCJ。撇形双动道岔的 1FCJ 和 2FCJ 并接在 1~2 网路线上，捺型双动道岔的 1FCJ 和 2FCJ 并接在 3~4 网路线上。

按下进路始、终端按钮后，始、终端 AJ 吸起，1FCJ 随终端 AJ 吸起而励磁并自闭，2FCJ 随 1FCJ 吸起而励磁并自闭。当进路左端的 AJ 落下后，同时断开 1FCJ 和 2FCJ 励磁电路。当进路锁闭后，有关 SJ 落下断开其自闭电路，使 1FCJ 和 2FCJ 复原。

2. JXJ 和双动道岔的 1DCJ、2DCJ 及单动道岔的 DCJ、FCJ 电路

各信号点的 JXJ、双动道岔的 1DCJ 和 2DCJ 以及单动道岔的 DCJ 和 FCJ 都并接在 5~6 网路线上，它们平时均处于落下状态。

办理进路时，如果进路内有双动道岔反位，由该道岔 2FCJ 前接点最后接通 5~6 网路线，使选岔电路最左端的 JXJ 励磁并自闭；如果进路中没有双动道岔反位，只要进路右端 AJ 吸起就直接接通 5~6 网路线。使接在 5~6 网路线的上述继电器按由左向右的顺序吸起并自闭。

进路内所有 JXJ 在方向继电器复原、"KF-共用-Q" 无电时落下。进路内所有 DCJ 和 FCJ 是由有关的 SJ 落下而使其复原。

对于单置调车信号机，在 5、6 网路线并接有两个 JXJ，一个在 DXF 组合内，另一个在 DX 组合内。当单置信号机作调车进路终端时，DXF 组合里的 JXJ 参与选路，当作调车进路始端时，DX 组合里的 JXJ 参与选路；当作长调车进路或列车进路的中间信号点时，两个 JXJ 都要参与选路。

需要注意的是，在上述6线网路上，要检查进路中各个区段的选路条件，即进路上各个区段都必须空闲状态（DGJ吸起）且处于解锁（QJJ落下）状态。

（三）列车开始继电器

在出站兼调车信号机或进站信号机内方隔一个无岔区段设置有同向的调车信号机处（如X/D$_3$），需设置一个列车开始继电器LKJ，以区分选排的进路为列车进路还是调车进路。

LKJ平时处于落下状态。办理列车进路时，在进路始端JXJ吸起后LKJ励磁并自闭，始端JXJ复原时自动断开LKJ励磁电路。LKJ吸起后要一直保持到进路解锁后才落下，进路解锁后，随着进路始端开始继电器KJ的落下，LKJ落下复原。

（四）辅助开始继电器电路

辅助开始继电器FKJ平时落下。办理进路时，进路始端JXJ吸起后使FKJ励磁吸起并自闭。进路选出后，进路始端JXJ复原断开FKJ励磁电路。当信号开放后，XJ吸起断开FKJ自闭电路，使其缓放落下。如果FKJ因故无法复原，可办理取消进路手续，使QJ吸起，断开FKJ自闭电路，使其人工复原。

重复开放信号时，按下进路始端按钮，使FKJ重新励磁吸起并自闭。松开进路始端按钮时，FKJ励磁电路断开，信号重新开放后FKJ自闭电路断开。

（五）终端继电器电路

在调车进路终端处都要设置一个终端继电器ZJ，以记录调车进路的终端。ZJ平时处于落下状态，当办理调车进路时，进路终端处的JXJ吸起使ZJ励磁吸起并自闭。进路选出后，方向继电器落下，断开ZJ励磁电路。ZJ吸起后要保持到进路解锁时才落下。进路最末端的道岔区段锁闭后，SJ落下，断开DCJ或FCJ的自闭电路，使DCJ或FCJ落下，从而切断ZJ的第一条自闭电路，但SJ又用其后接点接通了ZJ第二条自闭电路。当进路最末道岔区段解锁后，SJ吸起断开ZJ的第二条自闭电路，使ZJ缓放落下。

需要注意的是，无岔区段两端的两个差置信号机，其各自的ZJ电路，都需要检查无岔区段运行列车的出清情况，以防止调车车列尾追列车车列。此外，无岔区段两端的两个差置信号机的ZJ实现互切，即一个差置信号机的ZJ励磁吸起后，另一个差置信号机的ZJ将无法励磁。

二、选择组电路动作时序实例

选路时，涉及选择组电路中各个继电器的相互动作，这些继电器的动作必须满足一定的时序。下面对各种进路情况下选择组中继电器的动作时序情况进行说明。

（一）办理X至S$_Ⅲ$的列车基本进路

如图3-22所示，办理X经道岔5/7反位至S$_Ⅲ$的列车基本进路时，先按下进路始端按钮

X/D₃LA，XLAJ 励磁吸起且自闭，通过 XLAJ 前接点接通列车接车方向继电器 LJJ 励磁电路，LJJ 吸起。后按下进路终端按钮 SⅢLA，使 SⅢLAJ 励磁吸起并自闭，同时接通 LJJ 自闭电路。随后开始 1~6 网路线的选路。

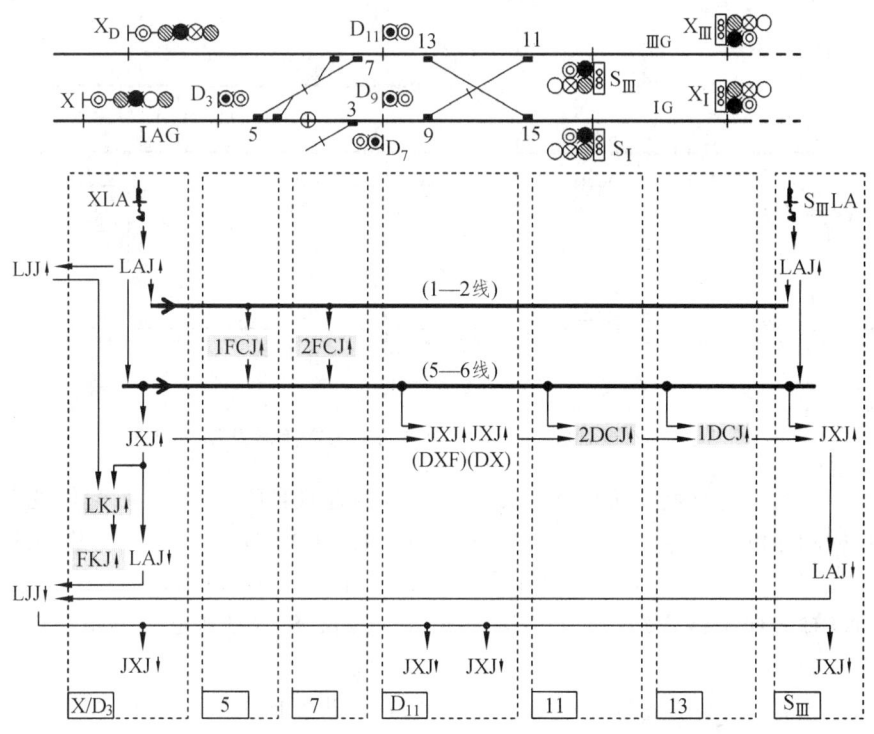

图 3-22　X 至 SⅢ的列车基本进路的选择组电路动作时序

选路时，由于进路中包含撤形双动道岔 5/7 反位。所以，首先经 XLAJ 前接点和 SⅢLAJ 前接点接通 1~2 网路线，使进路中 5/7 号撇型双动道岔的 FCJ 按从左向右顺序吸起并自闭。其动作顺序是：5/7 1FCJ↑→5/7 2FCJ↑。5/7 1FCJ 和 5/7 2FCJ 吸起且自闭后，经由它们的前接点接通 5~6 网路线，使进路上的 JXJ 和双动道岔的 DCJ 按从左向右顺序吸起且自闭。它们的动作顺序是：X/D₃ JXJ↑→D₁₁JXJ↑（DXF）→D₁₁JXJ↑（DX）→9/11 2DCJ↑→13/15 1DCJ↑→SⅢJXJ↑。其中，各个进路选择继电器 JXJ 由方向电源 "KF-共用-Q" 提供自闭电路的电源（该方向电源在 LJJ 吸起后已经接通）。X/D₃ JXJ 吸起后，先后接通 X/D₃ LKJ 和 X/D₃ FKJ 的励磁电路并自闭，同时断开 XLAJ 自闭电路，XLAJ 落下。XLAJ 的落下断开 LJJ 的励磁电路。进路最右端 SⅢ的进路选择继电器 SⅢJXJ 吸起证明进路全部选出，断开 SⅢLAJ 自闭电路，SⅢLAJ 落下。SⅢLAJ 的落下断开 LJJ 的自闭电路，LJJ 自动复原。LJJ 落下后方向电源 "KF-共用-Q" 断电，使 X/D₃ JXJ、D₁₁JXJ（DXF）、D₁₁JXJ（DX）和 SⅢJXJ 自动复原。

1~6 网路线选路结束后，保持吸起的继电器有 X/D₃ LKJ、X/D₃ FKJ、5/7 1FCJ、5/7 2FCJ、9/11 2DCJ 和 13/15 1DCJ。这些励磁吸起的继电器将参与执行组电路工作。

（二）办理 X 经由道岔 9/11 反位到ⅢG 的接车变通进路

在图 3-22 所示的局部站场图中，办理 X 经由道岔 9/11 反位到ⅢG 的接车变通进路时，应顺序按下进路始端按钮 XLA、变通按钮 D_7A 和终端按钮 $S_ⅢLA$。该变通进路选路时,各继电器的动作时序如图 3-23 所示。

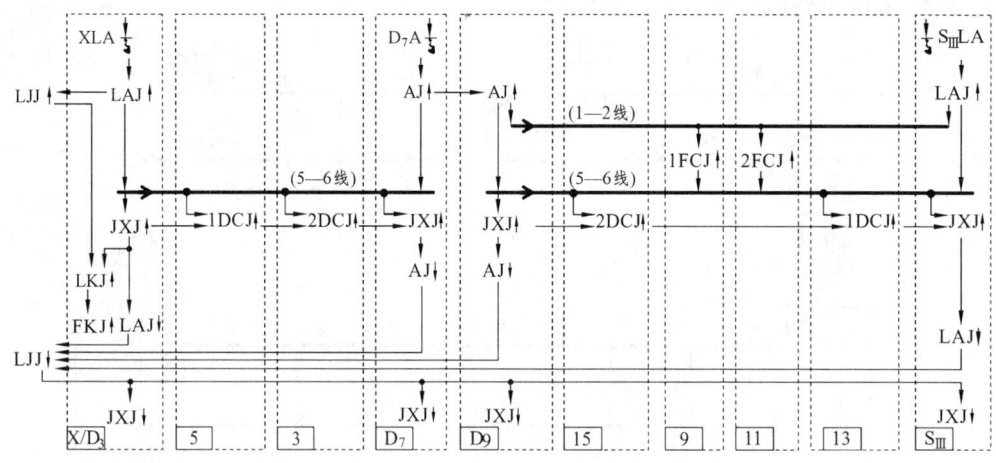

图 3-23 X 至 ⅢG 的接车变通进路的选择组电路动作时序

选路时,先按下进路始端按钮 XLA,使 XLAJ 吸起且自闭,XLAJ 吸起使列车接车方向继电器 LJJ 的励磁电路接通,LJJ 吸起后方向电源"KF-共用-Q"和"KZ-列共-DJJ-Q"有电。再按下变通按钮 D_7A 后,D_7AJ 励磁吸起并自闭,同时带动 D_9AJ 吸起并自闭。D_7AJ 和 D_9AJ 的吸起接通 LJJ 自闭电路。最后按下终端按钮 $S_ⅢLA$ 后,$S_ⅢLAJ$ 吸起且自闭,并接通 LJJ 的又一条自闭电路。

X 至 Ⅲ 股道接车变通进路由 $X—D_7$ 和 $D_9—S_Ⅲ$ 两个进路段组成。由 XLAJ 和 D_7AJ 的前接点给 $X—D_7$ 进路段的选岔网路供电,由 D_9AJ 和 $S_ⅢLAJ$ 的前接点给 $D_9—S_Ⅲ$ 进路段的选岔网路供电。因为 XLA 和 D_7A 是先被按下的,$S_ⅢLA$ 是最后被按下的,所以应首先选 $X—D_7$ 进路段,然后再选出 $D_9—S_Ⅲ$ 进路段。

对 $X—D_7$ 的进路段,由于这一进路段不经过双动道岔的反位。所以在 XLAJ 和 D_7AJ 均吸起后,直接经过 5~6 网路线选路。这一进路段选岔网路继电器动作顺序是:X/D_3 JXJ↑→5/7 1DCJ↑→1/3 2DCJ↑→D_7JXJ↑。X/D_3 JXJ 吸起后,先后接通 X/D_3 LKJ 和 X/D_3 FKJ 的励磁电路并自闭,同时断开 XLAJ 的自闭电路,XLAJ 落下。D_7JXJ 吸起后,断开 D_7AJ 的自闭电路,D_7AJ 落下。XLAJ 和 D_7AJ 的落下断开 LJJ 的励磁电路和一条自闭电路,LJJ 通过 D_9AJ 和 $S_ⅢLAJ$ 的前接点仍然自闭。D_7JXJ 的吸起说明 $X—D_7$ 进路段已选出。

对 $D_9—S_Ⅲ$ 的进路段,由于这一进路段涉及双动道岔 9/11 反位。所以,在 $S_ⅢLA$ 按钮按下、D_9AJ 和 $S_ⅢLAJ$ 均吸起后,先经 1~2 网路线接通,使进路中 9/11 号道岔的 FCJ 按从左向右顺序吸起并自闭。其动作顺序是:9/11 1FCJ↑→9/11 2FCJ↑。9/11 1FCJ 和 9/11 2FCJ 吸起自闭后,经由它们的前接点接通 5~6 网路线,使进路上的 JXJ、双动道岔的 DCJ 和单动道岔的 FCJ 按从左向右顺序吸起且自闭。它们的动作顺序是:D_9JXJ↑→13/15 2DCJ↑→13/15 1DCJ↑→$S_Ⅲ$JXJ↑。$S_Ⅲ$JXJ 的吸起说明 $D_9—S_Ⅲ$ 进路段已选出。进路全部选出后方向继电器落下,记录电路及时复原,为办理其他进路准备好条件。

1~6 网路线选路结束后,保持吸起的继电器有 X/D_3LKJ、X/D_3 FKJ、5/7 1DCJ、1/3 2DCJ、13/15 2DCJ、9/11 1FCJ、9/11 2FCJ 和 13/15 1DCJ。

（三）办理 S_I 至 X_D 的调车基本进路

在图 3-22 所示的局部站场图中，办理 S_I 至 X_D 的调车基本进路时，应顺序按下进路始端按钮 S_IDA 和终端按钮 S_DDZA。该调车进路选路时，各继电器的动作时序如图 3-24 所示。

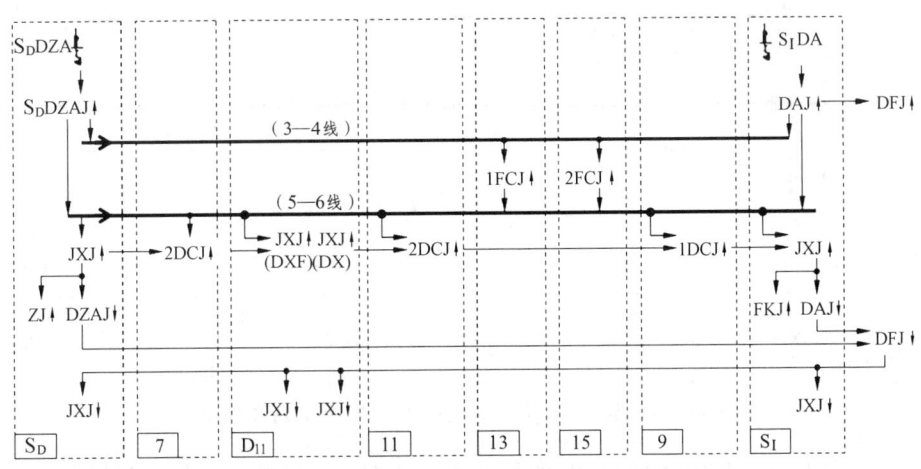

图 3-24　S_I 至 X_D 的调车进路的选择组电路动作时序

办理 S_I 至 X_D 的调车基本进路时，先按下进路始端按钮 S_IDA，S_IDAJ 励磁吸起且自闭，通过 S_IDAJ 前接点接通 DFJ 励磁电路，DFJ 吸起。后按下进路终端按钮 S_DDZA，使 S_DDZAJ 励磁吸起并自闭，同时接通 DFJ 自闭电路。这时经由 S_DDZAJ 和 S_IDAJ 的前接点给选岔网路 3～4 网路线和 5～6 网路线先后供电；DFJ 吸起后接通方向电源 "KF-共用-Q"，为进路中 JXJ 自闭电路提供电源。

选路时，首先接通 3～4 网路线，使进路中 13/15 号捻型双动道岔的 FCJ 按从左向右顺序吸起并自闭。其动作顺序是：13/15 1FCJ↑→ 13/15 2FCJ↑。13/15 1FCJ 和 13/15 2FCJ 吸起后，经由它们的前接点接通 5～6 网路线，使进路上的 JXJ、双动道岔的 DCJ 和单动道岔的 FCJ 按从左向右顺序吸起且自闭。它们的动作顺序是：S_DJXJ↑→5/7 2DCJ↑→D_{11}JXJ↑（DXF）→D_{11}JXJ↑（DX）→9/11 2DCJ↑→9/11 1DCJ↑→S_IJXJ↑。S_DJXJ 吸起后接通 S_DZJ 励磁电路并自闭，同时断开 S_DDZAJ 的自闭电路，S_DDZAJ 落下。S_DDZAJ 的落下断开 DFJ 的励磁电路。S_IJXJ 吸起证明进路已全部选出，接通 S_IFKJ 励磁电路并自闭，同时断开 S_IDAJ 自闭电路，S_IDAJ 落下。S_IDAJ 的落下断开 DFJ 的自闭电路，DFJ 自动复原。DFJ 落下后使方向电源 "KF-共用-Q" 断电，使得 S_DJXJ、D_{11}JXJ（DXF）、D_{11}JXJ（DX）和 S_IJXJ 自动复原。

1～6 网路线选路结束后，保持吸起的继电器有 S_DZJ、5/7 2DCJ、9/11 2DCJ、13/15 1FCJ、13/15 2FCJ、9/11 1DCJ 和 S_IFKJ。

（四）办理 D_3 至 S_{III} 的长调车进路

在图 3-22 所示的局部站场图中，办理 D_3 至 S_{III} 的长调车进路时，若采用一次办理，则应顺序按下进路始端按钮 D_3A 和终端按钮 S_{III}DA。该调车进路选路时各继电器动作时序，如图 3-25 所示。

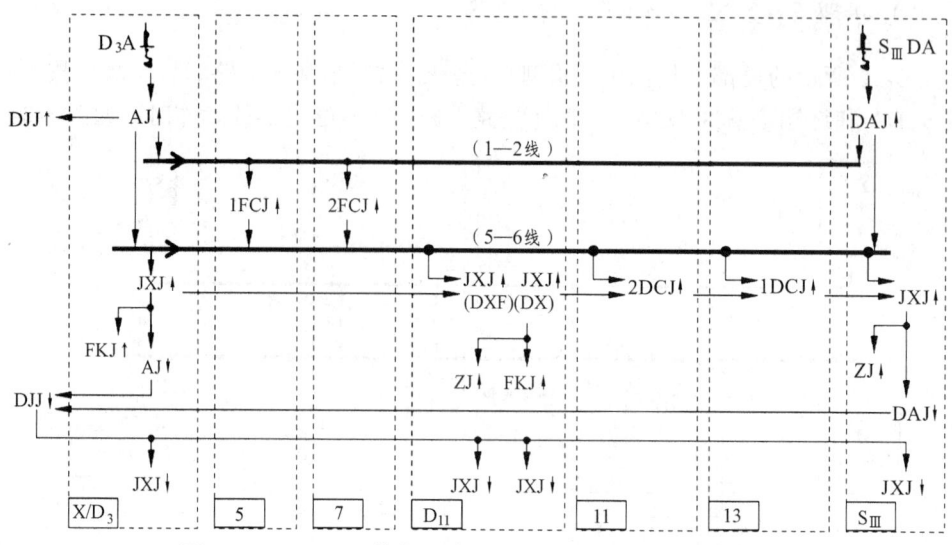

图 3-25 D_3 至 $S_Ⅲ$ 的长调车进路的选择组电路动作时序

为简化操作手续,当办理 D_3 至 $S_Ⅲ$ 的长调车进路时,只需按压长调车进路的始、终端进路按钮。先按压始端按钮 D_3A 时,D_3AJ 吸起且自闭,并接通调车接车方向继电器 DJJ 励磁电路,使 DJJ 吸起,DJJ 吸起后方向电源"KF-共用-Q"有电。再按下终端按钮 $S_ⅢDA$ 时,$S_ⅢDAJ$ 吸起且自闭,并接通 DJJ 自闭电路。这时 D_3AJ 和 $S_ⅢDAJ$ 的前接点分别给选岔网路 1~2 网路线和 5~6 网路线供电。首先接通 1~2 网路线,使进路上的撇型双动道岔 5/7 1FCJ 和 5/7 2FCJ 吸起且自闭。然后接通 5~6 网路线,使进路上的 JXJ 和 DCJ 按从左向右顺序励磁吸起并自闭。选岔网路继电器动作顺序是;$X/D_3JXJ↑→D_{11}JXJ↑$(DXF)$→D_{11}JXJ↑$(DX)$→9/11 2DCJ↑→13/15 1DCJ↑→S_ⅢJXJ↑$。当进路右端的 $S_ⅢJXJ$ 吸起后说明该进路已全部选出,应使记录电路及时复原。

1~6 网路线选路结束后,保持吸起的继电器有 X/D_3 FKJ、5/7 1FCJ、5/7 2FCJ、D_{11}ZJ、D_{11}FKJ、9/11 2DCJ、13/15 1DCJ 和 $S_Ⅲ$ZJ,其中,D_3 至 D_{11} 之间、D_{11} 至 $S_Ⅲ$ 之间均为调车基本进路,两条调车基本进路始端的 FKJ 和终端的 ZJ 在选路结束后均处于吸起状态。

思 考 题

1. 简答题。

(1) 6502 电气集中电路中,1~2 网路线、3~4 网路线和 5~6 网路线分别起何作用?

(2) 1~6 网路线的选路过程遵循哪些原则?

(3) 1~6 网路线选路时,为什么要优先选出双动道岔的反位? 选路时,进路上各个道岔的 DCJ(或 FCJ)为什么要顺序选出? 不能一次选出的原因是什么?

(4) 1~6 网路线选路过程中,对进路中道岔检查了哪些联锁条件? 对进路中轨道电路区段又检查了哪些联锁条件?

（5）FKJ 的作用是什么？它何时吸起？何时自动复原？在单置调车信号机的 FKJ 电路中，为什么要接入"KF-共用-H"方向电源？

（6）LKJ 在什么地方设置？其作用是什么？

（7）差置调车信号机处的 ZJ，在电路上有何特点？有什么作用？

2. 根据图 1-5 所示的信号平面布置图解答下列各题。

（1）选排 D_6 至 D_{12} 的调车进路时，在 1~6 网路线中最先开始工作的是_____网路线，最后开始工作的是_____网路线，1~6 网路线选路结束后保持吸起的继电器有_____。如果选排的是 D_6 至 3G 的长调车进路，则 1~6 网路线选路结束后保持吸起的继电器有_____。

（2）选排 S 至 X 的正线通过进路时，如果采用一次办理，需要按下按钮_____和_____，在 1~6 网路线选路结束后保持吸起的继电器有_____。

（3）假定道岔 2/4 在定位、6/8 在反位，则选排 S 至 2G 的接车进路时，在 1~6 网路线中，最先开始工作的是_____网路线，1~6 线工作完成之后，信号 S 的组合中保持吸起的继电器有_____，该进路中最先开始转换的道岔是_____，道岔 2/4 和 6/8 不能同时转换的原因是_____。

（4）选排 D_2 至 ⅠG 的长调车进路时，1~6 线工作完成之后仍然保持吸起的继电器有_____。

（5）写出 S 至 2G 接车进路选择组电路的动作时序逻辑。

（6）写出 D_6 至 ⅠG 长调车进路选择组电路的动作时序逻辑。

3. 根据图 1-5 所示的信号平面布置图，判断下列各题正确还是错误，正确的打√，错误的打×。

（1）对上行往 3G 的接车进路，在进路中各个信号设备都满足选路条件的情况下，按压 SLA、D_{12}A 和 X_3LA 这三个按钮，也能将该进路选排出来。　　　　　　　（　）

（2）D_5 至 D_9 的进路能否选排成功，与 7/9WG 上是否停留有车辆无关。　　（　）

（3）对 D_5 经道岔 9/11 定位至 S_3 的长调车进路，由远及近分段选排该进路与一次排列该长调车进路，选路时在 1~6 网路线上所检查的联锁条件完全相同。　　　（　）

（4）当建立好了 S_3 至 D_7 的进路后，D_5 至 D_9 的进路就无法建立。　　　　（　）

（5）选排 S 至 2G 的接车进路时，在 1~6 网路线选路结束后，保持吸起的继电器仅有：S/D_8FKJ、S/D_8LKJ、2/4 1FCJ、2/4 2FCJ、12 FCJ。　　　　　　　　　（　）

（6）不管是列车进路还是调车进路，只要该进路上任何一个道岔处于锁闭状态（SJ 落下）或者任何一个区段故障（DGJ 落下），则该条进路就无法用正常选排进路方式选出。（　）

（7）选排 X 到 ⅠG 的正线接车进路，若其 1~6 网路线选路没有完成时就选排 D_{14} 至 2G 的调车进路，则 D_{14} 到 2G 的调车进路无法选出。　　　　　　　　　　（　）

（8）ⅠG 上是否停留有车辆，对 D_3 至 ⅠG 调车进路的建立没有影响。　　（　）

（9）道岔 2/4 1DCJ 一旦励磁吸起，则其 1FCJ 肯定无法励磁吸起。　　　　（　）

（10）正常情况下，LKJ、ZJ 和 FKJ 励磁吸起后，就必须在进路解锁时才能落下。（　）

4. 根据图 1-6 所示的信号平面布置图，判断下列各题正确还是错误，正确的打√，错误的打×。

（1）选排 D_{29} 至 S_1 的调车进路时，道岔 47/49 的 1DCJ 和 2DCJ 应该励磁吸起。（   ）

（2）选排 S_4 经 35/37 反位至 D_1 的变通进路时，先是 3~4 网路线工作，然后是 1~2 网路线工作，最后是 5~6 网路线工作。（   ）

（3）当 D_{27} 到 ⅠG 的进路建立好、道岔 47/49 和 43/45 都被锁闭在定位时，不影响 D_{29} 至 $S_Ⅱ$ 进路的选出。（   ）

（4）道岔 43/45 和 47/49 在定位，当 45-47DG 上有车辆在运行时，不影响 D_{29} 至 ⅡG 进路的建立。（   ）

（5）D_{17} 至 3G 的调车进路建立好之后，D_{15} 至 D_{19} 的调车进路将无法建立。（   ）

（6）不管 $D_{19}G$ 上是否停留有车辆，都不影响 D_{21} 至 D_{19} 进路的建立。（   ）

（7）选排下行正线接车进路时，在其 1~6 网路线选路还没有结束时，若操作员不小心按下了总取消按钮 ZQA 或总人解按钮 ZRA，则该进路将无法选出。（   ）

（8）选排 D_{19} 至 D_{15} 的进路和选排 D_{15} 至 D_{19} 的进路，二者的 1~6 网路线上各继电器励磁吸起的顺序完全相同。（   ）

第四章 执行组电路——进路锁闭与开放信号

第一节 进路锁闭与开放信号电路概述

选择组电路完成了从按压进路按钮开始到选出进路中的道岔位置为止的选路过程，随后还要经历从道岔转换到进路解锁的过程。实现进路建立到进路解锁的电路称做执行组电路。本章对执行组电路中道岔转换、进路锁闭和开放信号等电路进行介绍。

一、进路锁闭与开放信号电路功能

进路从建立到解锁可以划分成若干阶段，每一个阶段都需要相应的继电器电路来完成。下面按阶段对从转换道岔到开放信号过程中的电路工作过程作些简要说明。

（一）转换道岔阶段

转换道岔阶段，根据选择组电路选出的道岔位置，即 DCJ 吸起或 FCJ 吸起，接通执行组的道岔控制电路，转换道岔到选定位置，并给出反映道岔实际位置的道岔表示信息。

为了转换道岔并返回道岔表示信息，每组单动道岔和双动道岔均设置有一套道岔控制电路，包括：

（1）一套道岔转辙机启动电路。包括两个道岔启动继电器电路，即一道岔启动继电器 1DQJ 电路和二道岔启动继电器 2DQJ 电路，用于启动道岔转换。

（2）一套道岔表示电路。包括两个道岔表示电路，即道岔定位表示继电器 DBJ 表示电路和道岔反位表示继电器 FBJ 表示电路，用于反映道岔的实际位置。

（二）进路选排一致检查阶段

道岔操纵继电器 DCJ 或 FCJ 励磁吸起后，相应的转辙机电路本应正常工作，但由于某种故障原因，道岔可能没有转到规定位置，即存在着道岔实际位置与所选位置不一致的可能。因此，在对进路锁闭之前，需要检查进路中所有道岔的实际位置与选排位置是否一致，即对进路的选排一致性进行检查。

进路选排一致性检查的任务由进路始端信号点处的开始继电器 KJ 电路来完成。开始继电器 KJ 平时处于落下状态，进路选排一致时，KJ 励磁吸起。

（三）锁闭进路阶段

进路选排一致，KJ 励磁吸起后，进入锁闭进路阶段。在锁闭进路阶段，检查进路锁闭的条件是否满足，进路锁闭条件满足后对该进路进行锁闭。进路锁闭条件包括：进路内各个轨道电路区段空闲、进路内所有道岔位置正确、与该进路敌对的本咽喉敌对进路和迎面咽喉敌对进路均未建立。对进路锁闭条件的检查，由进路始端信号点处的信号检查继电器 XJJ 电路来完成。信号检查继电器 XJJ 平时处于落下状态，当进路锁闭条件满足后，信号检查继电器 XJJ 励磁吸起，之后就可以锁闭进路。

锁闭进路是将与进路有关的轨道电路区段上的道岔锁闭，并使敌对进路不能建立。锁闭的对象是进路内的各个道岔区段。为此，对每个道岔区段均设置了一套锁闭电路，包括一套区段检查继电器 QJJ 电路、二个用于进路锁闭和解锁的进路继电器 1LJ 和 2LJ 电路。对道岔区段中的每组道岔，均设置一套反映道岔锁闭情况的锁闭继电器 SJ 电路。此外，为了实现对迎面咽喉敌对进路的锁闭，在每一条股道的入口处都设置有一套股道检查继电器 GJJ 电路和一套照查继电器 ZCJ 电路。

平时，进路上各个区段的 QJJ 处于落下状态，1LJ、2LJ 和 SJ 均处于吸起状态。当进路锁闭条件满足，XJJ 吸起后，进路上各个区段的 QJJ 励磁吸起，1LJ、2LJ 和 SJ 落下，实现对各区段的锁闭。如果所建立进路是排向股道的进路，则本咽喉股道入口处的 GJJ 吸起，ZCJ 落下，以实现对迎面敌对进路的锁闭。

由以上介绍可知，锁闭进路阶段包括进路锁闭条件检查和进路锁闭这两个连续的过程，涉及的电路主要有：

（1）进路锁闭条件检查电路，即信号检查继电器 XJJ 电路。检查进路锁闭条件是否满足。

（2）进路锁闭电路。主要包括区段检查继电器 QJJ 电路、进路继电器 1LJ 和 2LJ 电路、锁闭继电器 SJ 电路、股道检查继电器 GJJ 和照查继电器 ZCJ 电路等。

（四）开放信号阶段

进路锁闭后就转入开放信号阶段，在开放信号阶段，检查信号开放的有关联锁条件是否满足，如果满足则开放信号，直至列车或调车车列驶入进路后信号关闭。

对信号开放条件的检查，由进路始端信号点处的列车信号继电器 LXJ（对列车进路）或调车信号继电器 DXJ（对调车进路）电路来完成。由于列车进路始端信号机有多种显示，仅通过一个列车信号继电器 LXJ 难以实现多种显示的任务，所以还需要一些信号辅助继电器配合来实现多种显示的要求，因而列车进路涉及信号辅助继电器电路。同时，信号开放时室外信号机上相应灯位必须点灯，因而涉及室外的信号点灯电路。开放信号条件满足后，信号继电器和信号辅助继电器吸起，接通室外信号点灯电路，室外信号开放。

通过以上介绍可知，信号开放阶段包括三种电路：

（1）信号继电器（LXJ 或 DXJ）电路。用于检查开放信号条件是否满足。

（2）信号辅助继电器电路。用于检查列车信号开放条件并配合进行列车信号的开放。

（3）信号点灯电路。用于实现室外信号机点灯。

综合上述道岔转换到开放信号的各个阶段，可以明确，执行组电路的动作过程是：

道岔转换（道岔控制电路）→进路选排一致性检查（开始继电器 KJ 电路）→进路锁闭条件检查（XJJ 电路）→进路锁闭（QJJ、1LJ、2LJ、SJ、GJJ 和 ZCJ 电路）→开放信号条件检查及开放信号（XJ 电路、信号辅助继电器电路和信号点灯电路）。

二、进路锁闭与开放信号电路各网路线用途

在执行组电路中，一些继电器所检查的逻辑条件涉及进路中的信号机、道岔和道岔区段，因此，它们的电路具有站场形状，将这些具有站场形状的电路进行合并就构成了执行组网路线。执行组的网路线编号为 7~15 线，共 9 条。其中 7~11 网路线和进路锁闭、开放信号等工作有关，各网路线的作用如下：

（1）7 线网路：开始继电器 KJ 的励磁网路线，用于检查进路选排一致性。

（2）8 线网路：信号检查继电器 XJJ 的励磁网路线，用于检查进路锁闭条件。

（3）9、10 线网路。9 线是区段检查继电器 QJJ 和 GJJ 的励磁网路线，用于锁闭进路、对迎面敌对进路进行封锁。10 线是 QJJ 自闭网路线，防止进路迎面解锁。

（4）11 线网路：信号继电器（LXJ 和 DXJ）的励磁网路线，并兼作引导信号继电器 YXJ 励磁用，用于检查信号开放条件是否满足。

三、进路锁闭与开放信号电路工作时序

以上结合进路的建立、锁闭和信号开放等过程说明了执行组电路的基本功能、相应的继电器情况及各网路线的用途。上述这些继电器按照进路处理各个阶段的执行顺序，相互动作来实现执行组电路功能。这些继电器动作，除需要满足一定联锁条件外，还需要满足一定的时序逻辑。图 4-1 所示为办理由 X 至 I G 的接车进路时，从道岔转换到开放信号过程中电路的时序逻辑关系。

X 至 I G 的下行接车进路选路结束后，进路中各组道岔的道岔操纵继电器 DCJ（或 FCJ）励磁吸起。道岔转换阶段，对进路中需要转换的道岔，利用其 DCJ 吸起（或 FCJ 吸起）作为道岔启动的条件，依次使道岔启动电路工作：第一道岔启动继电器 1DQJ 励磁→第二道岔启动继电器 2DQJ 转极→电机电路工作，电机电路工作后带动道岔转换。道岔转换到规定位置后道岔启动电路停止工作，同时接通道岔表示电路，使反映该道岔位置的道岔表示继电器 DBJ 或 FBJ 励磁吸起，至此道岔转换阶段结束。

当进路中各组道岔转换到进路所要求的位置后，进路始端信号点的开始继电器 X/D_3KJ 通过 7 线网路励磁吸起，反映进路选排一致。

进路选排一致后检查进路锁闭条件。X/D_3KJ 励磁吸起后，经 X/D_3KJ 前接点将 X/D_3XJJ 接向 8 线网路，通过 8 线网路检查进路锁闭条件。进路锁闭条件满足后，X/D_3XJJ 励磁吸起。

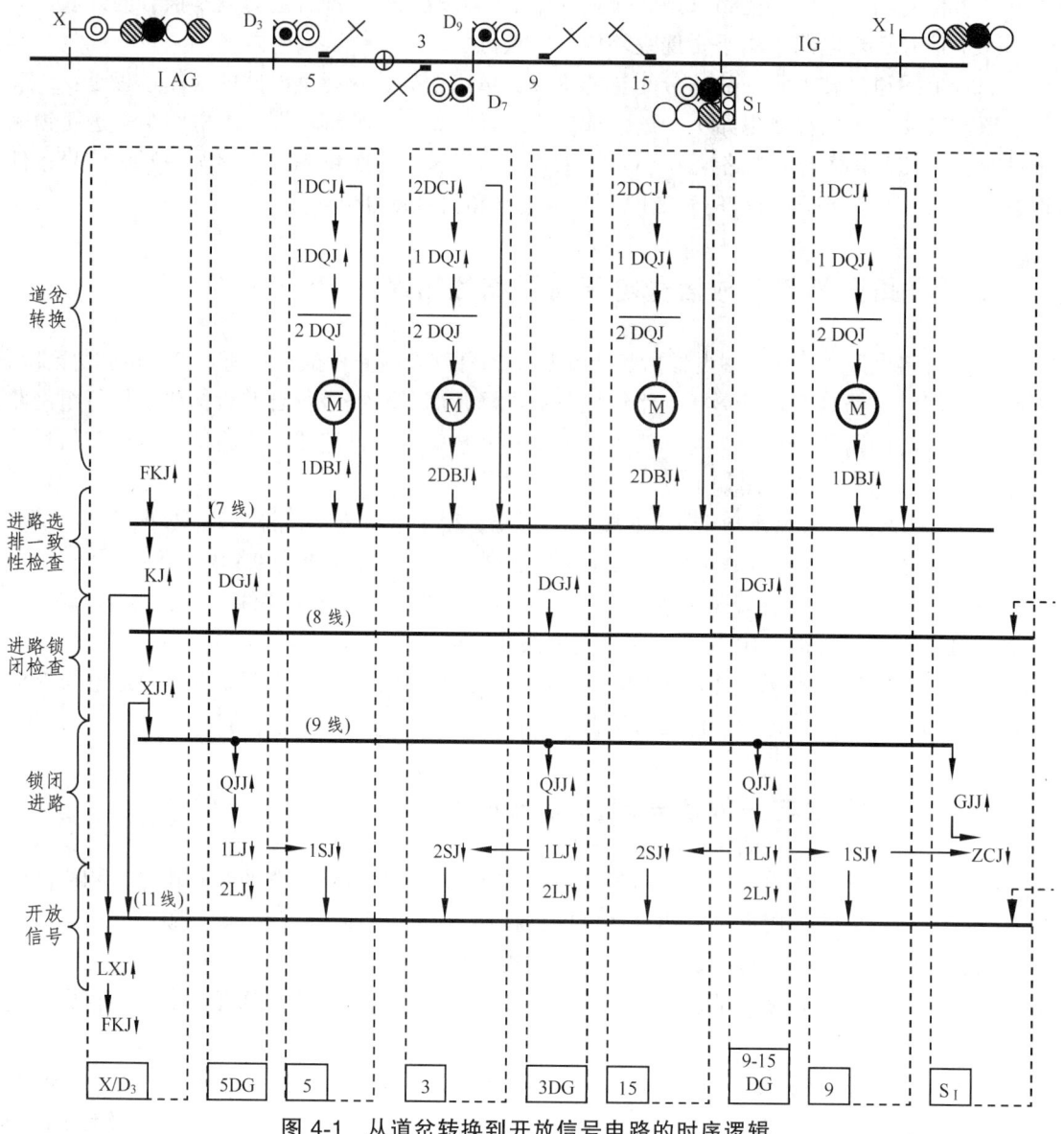

图 4-1 从道岔转换到开放信号电路的时序逻辑

X/D_3XJJ 吸起后接通 9 线网路，使进路上各个区段的区段检查继电器 QJJ 励磁吸起，股道部位的股道检查继电器 GJJ 也励磁吸起。对进路上每一个道岔区段，区段检查继电器 QJJ 励磁吸起后，切断该区段的进路继电器 1LJ 和 2LJ 自闭电路，使得该区段进路继电器 1LJ 和 2LJ 落下。1LJ 和 2LJ 的落下又会切断该道岔区段内各组道岔锁闭继电器 SJ 自闭电路，使得本区段内各组道岔的锁闭继电器 SJ 失磁落下，该区段转入锁闭状态。这样，在进路中各个道岔区段的区段检查 QJJ 励磁吸起后，各个区段均转入锁闭状态。

由于该进路是排向 I 股道的进路，所以在最靠近股道的道岔锁闭后，股道部位的照查继电器 S_1ZCJ 将失磁落下。由于迎面咽喉向 I G 建立任何调车进路或列车进路时，都要求 S_1ZCJ 在吸起状态，所以当 S_1ZCJ 落下后，迎面咽喉所有向 I 股道的调车进路和列车进路都将无法建立，从而消除了迎面咽喉向Ⅰ股道建立迎面敌对进路的可能性。至此，X至ⅠG的接车进路锁闭完成。

进路锁闭后，由11线网路检查开放信号条件，开放信号条件满足后，XLXJ励磁吸起，同时接通相关的信号辅助继电器电路。当XLXJ和相关的信号辅助继电器均励磁吸起后，室外信号点灯电路接通，使室外信号机X点亮允许灯光——黄灯。

第二节 道岔控制电路

每组单动或双动道岔都有一套道岔控制电路。道岔控制电路包括道岔启动电路和道岔表示电路两部分。道岔启动电路是动作转辙机、转换道岔的电路；道岔表示电路是反映道岔位置的电路。

传统铁路上广泛采用的是四线制道岔直流转辙机控制电路。在提速区段和高速区段推广使用五线制交流转辙机控制电路。现先以四线制单动道岔控制电路为例，介绍道岔控制电路的工作原理。

一、直流电动转辙机控制电路

（一）道岔启动电路

1. 技术条件

多年来的运营实践证明，道岔启动电路应保证实现以下技术条件：

（1）道岔区段有车占用，或道岔区段轨道电路故障时，该区段内道岔不能转换，此种锁闭叫区段锁闭。

（2）进路在锁闭状态时，进路上的道岔不能再转换，此种锁闭叫进路锁闭。

（3）道岔一经启动，就应转换到底，不受车辆进入影响，也不受车站值班员控制。否则在车辆进入道岔区段时，若道岔停转或受车站值班员控制而回转，都可能造成脱轨或挤岔事故。

（4）道岔启动电路接通后，由于电路故障（如自动开闭器接点、电动机碳刷接触不良）使道岔未转动，应能自动断开启动电路，以免由于邻线列车震动等原因使故障消除后造成道岔转换。

（5）道岔转换中途受阻（如尖轨和基本轨之间轨缝夹有道砟等）使道岔不能转换到底时，应保证经值班员操纵后能使道岔转回原位。

（6）道岔转换完毕，应自动切断电动机电路。

2. 道岔操纵方式

对道岔有两种操纵方式：一种是对道岔进行进路方式操纵，另一种是对道岔进行单独操纵。进路方式操纵，指选路过程中使进路内各组道岔的DCJ或FCJ励磁吸起并自闭，利用DCJ或FCJ吸起接通道岔启动电路。道岔单独操纵，指值班员人工直接操纵道岔到定位或反位。

为了实现对道岔的单独操纵，在控制台上行、下行咽喉区各设置一组道岔操纵按钮，包括道岔总定位按钮 ZDA 和道岔总反位按钮 ZFA。另外，对应每一组单动或双动道岔需专门设置一个道岔按钮 CA，道岔按钮 CA 是一个三位式按钮，拉出时不自复。单独操纵道岔到定位（或反位）时，需同时按下总定位按钮 ZDA（或总反位按钮 ZFA）和道岔按钮 CA。其中，按压的 ZDA（或 ZFA）用于确定道岔向定位（或反位）转换，按下的 CA 用于确定需单独转换的具体道岔。例如，若要单独操纵双动道岔 1/3 到反位时，需同时按下总反位按钮 ZFA 和 1/3CA 按钮；如果要单独操纵双动道岔 1/3 到定位，需同时按下总定位按钮 ZDA 和 1/3CA 按钮。

如图 4-2 所示，每个道岔按钮 CA 对应一个道岔按钮继电器 CAJ。按下某道岔的 CA 按钮后，该按钮所对应的 CAJ 励磁吸起。道岔总定位按钮 ZDA 和总反位按钮 ZFA 分别对应总定位操纵继电器 ZDJ 和总反位操纵继电器 ZFJ。按下总定位按钮后 ZDA 后，总定位操纵继电器 ZDJ 将励磁吸起，ZDJ 励磁吸起后供出条件电源"KF-ZDJ"；同理，如果按下的是 ZFA，则 ZFJ 励磁吸起，供出条件电源"KF-ZFJ"。图 4-2 中 ZDJ 电路中接有 ZFJ 的后接点，用于实现 ZDJ 和 ZFJ 的互切，即总定位操纵继电器 ZDJ 和总反位操纵继电器 ZFJ 同时只能有一个励磁吸起，当一个励磁吸起后另一个就不能再吸起。此外，电路中还接有 ZRJ 的第 2 组后接点，以防止办理人工解锁手续时单独操纵道岔。

3. 电　路

四线制单动道岔控制电路如图 4-2 所示。单动道岔控制电路由室内电路和室外电路构成。室内和室外部分有 4 根连线，其中，X_1 作为道岔定位时启动电路和表示电路的共用线，X_2 作为道岔反位时启动电路和表示电路的共用线，X_3 作为道岔表示电路的专用回线，X_4 作为道岔启动电路的专用回线。室外部分包括电缆盒和转辙机内部电路。转辙机内部有 4 列自动开闭器的动作接点和表示接点，其中，11-12 和 13-14 为反位动作接点，21-22 和 23-24 为反位表示接点，31-32 和 33-34 为定位表示接点，41-42 和 43-44 为定位动作接点。平时，道岔在定位时，定位表示接点 31-32 和 33-34 接通，反位动作接点 11-12 和 13-14 接通，反位表示接点 21-22 和 23-24 断开，定位动作接点 11-12 和 13-14 断开。

道岔控制电路室内部分包括 1DQJ、2DQJ、DBJ 和 FBJ。其中，1DQJ 采用缓放型继电器，2DQJ 采用带加强接点的极性保持继电器，DBJ 和 FBJ 采用偏极继电器。

四线制道岔启动电路一般采用三级电路，如下所示：

CAJ↑（DCJ↑或 FCJ↑）→1DQJ↑→2DQJ→Ⓜ

假设选路时选出了道岔定位，即道岔定位操纵继电器 DCJ 吸起。定位操纵继电器 DCJ 吸起后，接通第一级电路——1DQJ 励磁电路，使道岔第一启动继电器 1DQJ 励磁吸起。1DQJ 励磁吸起后，以 1DQJ 前接点接通第二级电路——2DQJ 转极电路，使道岔第二启动继电器 2DQJ 转极。当 2DQJ 转极完成后，以 2DQJ 的极性定位或极性反位接点接通电动机工作电路，使电动机正转或反转，并带动道岔尖轨向定位方向移动。

上述道岔启动的三级电路中，道岔第一启动继电器 1DQJ 的励磁电路用于检查道岔转换的联锁条件是否满足，即道岔是否能进行转换，能进行转换时 1DQJ 励磁吸起。道岔第二启动继电器 2DQJ 的励磁电路用于确定道岔转换的方向，即向定位转换还是向反位转换。电机电路是道岔转换的执行过程，即接通室外道岔转换电路，带动道岔转换。

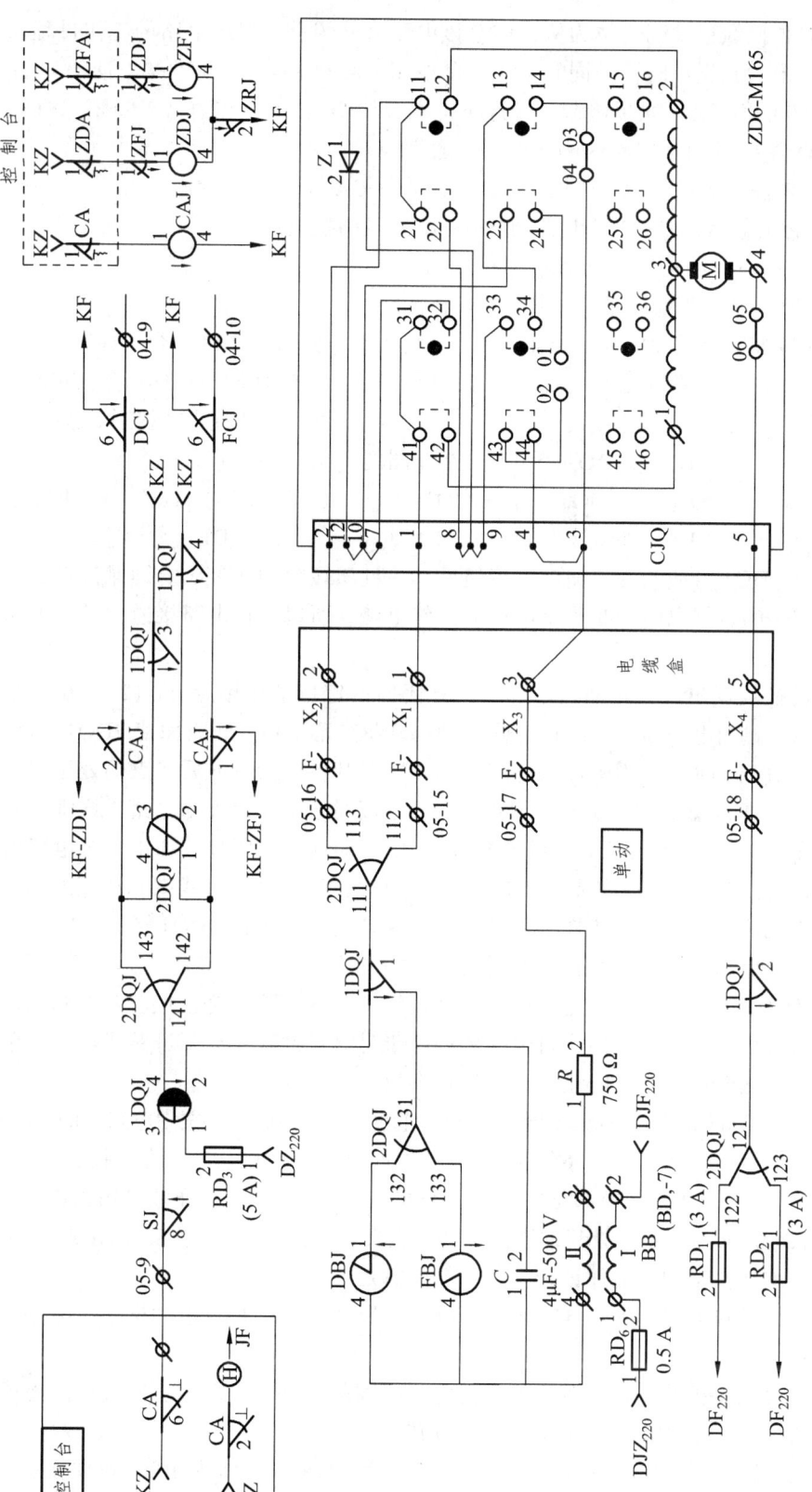

图 4-2 单动道岔控制电路

下面以单独操纵道岔到反位为例，结合该电路来介绍上述三级电路的工作过程。

单独操纵道岔到反位时，需同时按压道岔按钮 CA 和 ZFA。CA 的按下使得 CAJ 励磁吸起，而按下 ZFA 将使 ZFJ 励磁吸起，接通条件电源"KF-ZFJ"，在道岔未锁闭（SJ 前接点闭合）时，1DQJ 将经由 3-4 线圈的励磁电路接通而吸起：

KZ—CA_{61-63}—SJ_{81-82}—$1DQJ_{3-4}$—$2DQJ_{141-142}$—CAJ_{11-12}—KF-ZFJ。

1DQJ 励磁吸起后，2DQJ 经由 3-4 线圈的励磁电路接通：

KZ—$1DQJ_{41-42}$—$2DQJ_{2-1}$—CAJ_{11-12}—KF-ZFJ。

上述 2DQJ 励磁电路接通后，2DQJ 开始转极。

当 2DQJ 转极完成后，2DQJ 的第 4 组接点 141-142 断开、141-143 闭合，2DQJ 接点 141-142 的断开使得 $1DQJ_{3-4}$ 线圈励磁电路断开、1DQJ 缓放。当 2DQJ 转换完毕后，2DQJ 的第 1 组接点 111-112 断开且 111-113 接通、第 2 组接点 121-122 断开且 121-123 接通，这样，在 2DQJ 转换完成、1DQJ 缓放期间，1DQJ 经由其 1-2 线圈的自闭电路接通：

DZ_{220}—RD_3—$1DQJ_{1-2}$—$1DQJ_{12-11}$—$2DQJ_{111-113}$—自动开闭器 11-12—电动机定子绕组 2-3—电动机定子绕组 3-4—遮断接点 05-06—$2DQJ_{121-123}$—RD_2—DF_{220}。

上述经由 $1DQJ_{1-2}$ 线圈的自闭电路接通后，使处于缓放的 1DQJ 继续保持吸起。由于上述 $1DQJ_{1-2}$ 线圈的自闭电路同时又是电机的工作电路，所以电机电路接通，带动道岔向反位转换。

当道岔转换到反位后，转辙机内部自动开闭器的定位动作接点 11-12 断开，使上述经 $1DQJ_{1-2}$ 线圈的自闭电路断开，1DQJ 落下复原。1DQJ 落下后，一方面使 $2DQJ_{1-2}$ 线圈的励磁电路断开，由于 2DQJ 采用极性保持继电器，所以其各组接点的后接点仍处于闭合状态，如 111-113、121-123 等；另一方面，1DQJ 的落下接通道岔反位表示电路（详细内容在道岔表示电路中介绍），使道岔反位表示继电器 FBJ 励磁吸起。很明显，如果电机电路由于故障而不能接通，则在 2DQJ 转换完成、1DQJ 缓放期间，由于 $1DQJ_{1-2}$ 线圈无法接通而落下，使道岔启动电路无法工作（技术条件④），同时，1DQJ 的落下也使 2DQJ 停止工作。

对上述道岔启动电路，需要补充说明几点：

（1）在 $1DQJ_{3-4}$ 线圈中接有道岔单独操纵按钮 CA 的定位闭合接点。在维修电动转辙机和清扫道岔时，可将该 CA 拉出，将道岔单锁，于是该道岔就脱离了进路式操纵和单独操纵对它的控制，无法转换，从而防止了人身伤亡事故。

（2）在 $1DQJ_{3-4}$ 线圈中接有锁闭继电器 SJ 前接点。在 6502 电气集中电路中的 SJ 前接点，一方面反映道岔区段空闲（技术条件①），另一方面反映进路在解锁状态（技术条件②）。因此，一组 SJ 前接点就可以同时满足两项技术条件，即当道岔区段有车或利用该道岔区段排列了进路时，1DQJ 都不会励磁吸起，道岔也就不会转换。此外，通过 SJ 前接点而不用 DGJ 的前接点来反映区段空闲，能保证技术条件③的满足。

（3）电动机动作电路。上述 1DQJ 和 2DQJ 电路实际上已涉及电动机动作电路，在此尚需补充几点：

一是利用 2DQJ 极性接点来改变电动机定子线圈的电路，以产生正向或反向磁场，使转子正转或反转，以便带动道岔向定位或向反位转换。

二是在正向转动电路和反向转动电路里分别装设了熔断器 RD_1 和 RD_2，以便在道岔转换过程中，其中一个熔断器熔断时，仍可使道岔转回原位。

三是在电机电路里串接有自动开闭器动作接点 05-06，以便使道岔转换完毕后及时切断电动机电路，使启动电路复原（技术条件⑥）。

如果是以进路方式操纵道岔到反位，道岔启动电路工作原理与道岔单独操纵时启动电路的工作原理基本相同。不同处在于，$1DQJ_{3-4}$ 线圈和 2DQJ 中接入的电源均为 "KF" 电源，而不是 "KF-ZFJ"（或 KF-ZDJ）。例如，进路方式下操纵道岔到反位时，由于 FCJ 励磁吸起，则通过 FCJ 第 6 组前接点和 CAJ 第 1 组后接点为 1DQJ 和 2DQJ 提供 "KF" 电源，使 1DQJ 和 2DQJ 相继工作。由于 CAJ 后接点和 DCJ 或 FCJ 前接点相连，这说明单独操纵优先于进路操纵。这样做的好处是，当进路式操纵无效或道岔因故不能正常转到底时，可用单独操纵方式使道岔往回转或向规定方向转，以免烧毁电机。注意，要使道岔往回转时，须先按下总取消按钮 ZQA 使总取消继电器 ZQJ 吸起，以取消原进路操作命令且使 DCJ 和 FCJ 复原，否则道岔转回到原位后又会自动以原进路操纵命令再次将道岔转向原操纵位置。

（二）道岔表示电路

1. 技术条件

在道岔控制电路中，道岔启动电路动作完毕后应接通道岔表示电路，将道岔实际位置反映到信号楼内，以便对该道岔进行监督和控制。道岔表示电路由电动转辙机内部自动开闭器接点接通：用定位表示接点接通道岔定位表示继电器 DBJ 电路，用反位表示接点接通道岔反位表示继电器 FBJ 电路。DBJ 和 FBJ 不仅是道岔位置表示灯的控制条件，而且是执行组电路的重要联锁条件。因此道岔表示电路必须是 "故障-安全" 电路，应满足以下技术要求：

（1）必须使继电器的励磁状态与道岔的工作状态（危险侧）相对应，继电器的失磁状态与道岔的非工作状态（安全侧）相对应。因此，对每一组单动或双动道岔要设置两个表示继电器，即道岔定位表示继电器 DBJ 和道岔反位表示继电器 FBJ。

（2）采用混线防护措施，当室外联系电路发生混线或混入其他电源时，必须保证不致使 DBJ 和 FBJ 错误吸起。

（3）当道岔在转换或发生挤岔事故、停电或断线等故障时，必须保证 DBJ 和 FBJ 失磁落下，使道岔处于无表示状态。

（4）单动、联动和多点牵引道岔，必须检查各牵引点的道岔转换设备均在规定位置时，才能给出定位或反位表示。

2. 电 路

单动道岔表示电路如图 4-2 所示。为实现上述技术要求①，分别采用两个继电器 DBJ 和 FBJ 来反映道岔的不同位置。为实现上述技术要求②，道岔表示电路采用交流电源，定位表示继电器 DBJ 和反位表示继电器 FBJ 都采用 JPXC-1000 型直流偏极继电器，以防交流混线使表示继电器错误励磁。道岔表示电路所用电源由变压比为 2∶1 的 BD_1-7 型道岔表示变压器 BB 供给，BB 的初级输入电压为交流 220 V，次级输出电压为 110 V。DBJ 和 FBJ 线圈并联有 4 μF/500 V 的电容器 C。此外，该表示电路在转辙机内部还串接有二极管 Z 和自动开闭器的动作和表示接点。

平时，道岔处于定位时，其定位动作接点 41-42 和 43-44 断开、反位动作接点 11-12 和

13-14 接通，定位表示接点 31-32 和 33-34 接通、反位表示接点 21-22 和 23-24 断开。此时，道岔定位表示电路接通：

BB_3-R_{1-2}—移动接触器 04-03—自动开闭器 14-13—自动开闭器 34-33—二极管 Z_{1-2}—自动开闭器 32-31—$2DQJ_{112-111}$—$1DQJ_{11-13}$—$2DQJ_{131-132}$—DBJ_{1-4}—BB_4。

从上述单动道岔表示电路可以看出，通过电动转辙机自动开闭器的定位表示接点接通电路，经二极管 Z 将交流电进行半波整流，整流后的正向电流方向正好与 DBJ 的励磁方向一致，使 DBJ 吸起，同时给电容 C 充电。在交流电负半周，通过电容器 C 的放电作用使 DBJ 继续保持吸起。

当道岔由定位向反位开始转换（或挤岔）时，定位表示接点 31-32 和 33-34 均断开，切断上述 DBJ 励磁电路，由于反位表示接点 21-22 和 23-24 也处于断开状态，FBJ 励磁电路也不通，所以 DBJ 和 FBJ 均失磁落下。此时道岔处于四开状态，实现了上述第③条技术要求。

当道岔转换到反位时，其定位动作接点 41-42 和 43-44 接通、反位动作接点 11-12 和 13-14 断开，反位表示接点 21-22 和 23-24 接通。此时，道岔反位表示电路接通：

BB_4—FBJ_{4-1}—$2DQJ_{133-131}$—$1DQJ_{13-11}$—$2DQJ_{111-113}$—自动开闭器 21-22—二极管 Z_{1-2}—自动开闭器 23-24—移动接触器 01-02—自动开闭器 43-44—R_{2-1}—BB_3。

上述电路接通后，道岔反位表示继电器 FBJ 励磁吸起，道岔处于反位状态。

（三）双动道岔控制电路

双动道岔的两支道岔位置必须一致，当其中一支道岔在定位时，另一支道岔也应在定位；其中一支道岔转换至反位时，另一支道岔也必须转换至反位。当道岔启动电路控制电动转辙机转换两支道岔时，两支道岔必须按规定的顺序动作。先动作的道岔称为第一动道岔，后动作的道岔称为第二动道岔，规定双动道岔中距离信号楼近的为第一动道岔，距离信号楼远的为第二动道岔，这是为了节省室外电缆芯线，避免迂回走线。

由于双动道岔的两支道岔位置总是一致的，动作也应一致，因此，双动道岔可共用一套道岔控制电路。双动道岔控制电路与单动道岔控制电路原理基本相同，因为双动道岔控制电路的控制对象是两支道岔。其启动电路和表示电路与单动道岔不同之处有以下几方面：

（1）在道岔启动电路的室内部分，$1DQJ_{3-4}$ 线圈励磁电路上串接有 1SJ 和 2SJ 两个锁闭继电器的第 8 组前接点，即将图 4-2 中的 SJ 用串联的 1SJ 和 2SJ 的第 8 组前接点替换。这是因为双动道岔设有两个 SJ，而且 1SJ 和 2SJ 分属于不同的道岔区段，当任一支道岔处于区段锁闭或进路锁闭状态时，1SJ 或 2SJ 落下，$1DQJ_{3-4}$ 线圈励磁电路被切断，该双动道岔不得转换。

（2）在进路操纵的电路条件中，将单动道岔的 DCJ 第 6 组接点换成双动道岔的 1DCJ 和 2DCJ 的第 6 组接点且使它们并联，将单动道岔的 FCJ 接点用双动道岔的 2FCJ 第 6 组接点代替。这是因为选双动道岔定位时，双动道岔的 1DCJ 和 2DCJ 分别在上、下两条平行网路中，它们不一定同时被选出，所以应将两个 DCJ 接点并联起来。而选双动道岔反位时，双动道岔的 1FCJ 和 2FCJ 动作一致，而且 2FCJ 总是后吸起，所以只需用 2FCJ 接点即可。

（3）在启动电路室外部分，两道岔顺序动作，当第一动道岔转换完毕后，才能接通第二动道岔电动机电路，如图 4-3 所示。例如，双动道岔由定位向反位转换时，第一动道岔转到

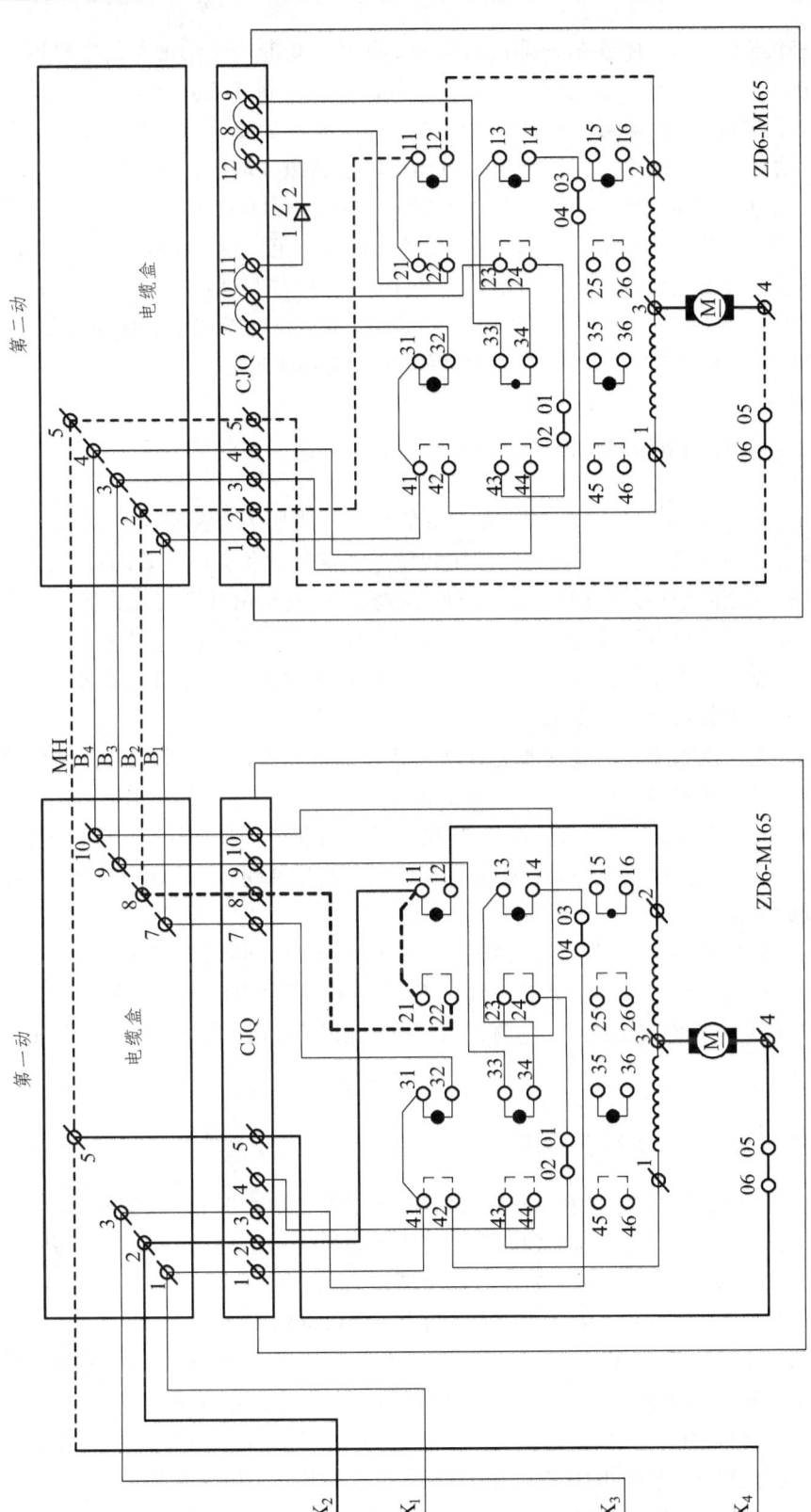

图 4-3 直流双动道岔室外电路

反位后，第一动道岔自动开闭器第一排接点 11-12 断开，切断第一动道岔的电机电路，同时接通 21-22 接点，经第一动道岔与第二动道岔之间的连线，将 DZ_{220} 电源经第二动道岔自动开闭器第一排接点 11-12 送至第二动道岔的电动机定子绕组 2 端子。电源 DF_{220} 经 X_4 及第一动与第二动道岔之间的连线送至第二动道岔电动机转子绕组 4 端子，构成第二动道岔的电机电路。当第二动道岔转换至反位后，自动开闭器第一排接点 11-12 断开，于是第二动道岔电机停转，1DQJ 落下，断开双动道岔启动电路，由 1DQJ 第 1 组后接点接通双动道岔表示电路。

（4）双动道岔表示电路是由两个道岔自动开闭器的表示接点串联起来组成的，二极管 Z 设于第二动道岔处。当启动电路控制第一动道岔和第二动道岔转换完毕后接通道岔表示电路。检查两个道岔都在定位或反位后，使双动道岔的 DBJ 或 FBJ 吸起。

二、交流转辙机控制电路

为满足列车提速后对行车安全的要求，在车站正线改换为提速道岔后，道岔转换采用 S700K 型交流电动转辙机或 ZYJ7 型电动液压转辙机。这些设备有以下共同特点：

（1）道岔机械锁闭采用外锁闭装置，尖轨及心轨动态安全由外锁闭装置保证，不再需要密贴力，也减少对转换设备转换力的要求，储存在外锁闭上的反弹能量相应减少，外锁闭装置动作灵活、可靠；消除了转换设备的危险空间，使列车过岔安全得到充分保证；转换设备不再受冲击，提高了其可靠性和寿命。

（2）尖轨分动。两根尖轨由连动改为分动，转换设备不再是把一个框架弹性弯曲到一定开口，而是只保证尖轨本身弹性变形，减少了转换力。

（3）尖轨和可动心轨采用多点牵引，可实现全程密贴和全程夹物检查，确保了行车安全。

（4）以三相交流电动机作为动力，克服了直流电动机维修量大、故障多、寿命短的缺陷；单芯电缆控制距离大大延长。

三相交流转辙机采用五线制道岔控制电路，S700K 型电动转辙机和 ZYJ7 型电动液压转辙机的室内电路相同，仅室外电路略有差别。五线制道岔控制电路由启动电路和表示电路构成。道岔动作电源为三相 380/220 V 电源，为了对三相电源进行监督，设置了断相保护器和保护继电器。

（一）提速道岔组合及其应用

提速道岔控制电路与 ZD6 型电动转辙机所用四线制控制电路有较大差别，需设置专用的道岔组合。原双动道岔联动均改为单独动作，尖轨和心轨也可单独动作。表示电路单独动作，然后由总的 DBJ、FBJ 检查各 DBJ、FBJ 后给出道岔表示。

6502 电路中单动道岔组合 DD 改用 TDD 组合（也可继续采用 DD，称 JDD，增加组合侧面端子），双动道岔主组合（SDZ）改用 TSD 组合（也可继续采用 SDZ，称 JSDZ，增加组合侧面端子），双动道岔辅助组合不变。每台转辙机增设一个提速道岔辅助组合 TDF。

TDD、TSD 依照 DD、SDZ 组合的排列方法在 6502 电路中排列。TDF 组合不要求靠近主组合，但要便于查找。集中排列 TDF 组合时，要考虑组合架相应断路器的容量。

当采用钩型外锁闭装置、S700K 型电动转辙机时，每个牵引点设置一台 S700K 型电动转辙机，对每台转辙机设置一个 TDF 组合。各种类型单动道岔所需设置的 TDF 组合情况如表 4-1 所示。对双动道岔，如果其一动道岔和二动道岔均采用 S700K 型转辙机，则所需 S700K 型转辙机台数（或 TDF 组合数）要增加一倍。

表 4-1 各种类型道岔所需 TDF 组合

道岔类型	道岔号码 （60 kg）		牵引点数	S700K 型台数 （TDF 组合数）	ZYJ7＋SH6 （TDF 组合数）
单动道岔	9#提速道岔		2（尖轨）	2（尖轨）	1（尖轨）
	12#提速道岔	固定辙叉	2（尖轨）	2（尖轨）	1（尖轨）
		可动心轨	2（尖轨）＋2（心轨）	2（尖轨）＋2（心轨）	1（尖轨）＋1（心轨）
	18#提速道岔		3（尖轨）＋2（心轨）	3（尖轨）＋2（心轨）	1（尖轨）＋1（心轨）
	30#提速道岔		6（尖轨）＋3（心轨）	6（尖轨）＋3（心轨）	6（尖轨）＋3（心轨）

当采用钩型外锁闭装置、ZYJ7 型电液转辙机时，要区分是双点牵引、三点牵引和单点牵引的不同情况。双点牵引即一台 ZYJ7 型电液转辙机和一台 SH6 型转换锁闭器各牵引一个牵引点，三点牵引即一台 ZYJ7 型电液转辙机和两台 SH6 型转换锁闭器各牵引一个牵引点。这时，两个牵引点和三个牵引点均只需一个 TDF 组合。单点牵引即一台 ZYJ7 型电液转辙机牵引一个牵引点，不需 SH6 型锁闭转换器，这时每个牵引点需设一个 TDF 组合。不同类型的单动道岔需设置 ZYJ7 型转辙机台数（或 TDF 组合数）的情况如表 4-1 所示。对双动道岔，如果其一动和二动均采用 ZYJ7 型转辙机，则所需 ZYJ7 型转辙机台数（或 TDF 组合数）要增加一倍。

（二）道岔断相保护器

交流转辙机采用三相交流电源，供电电压为 380 V。为防止在三相交流电源断相情况下烧坏电动机，在交流转辙机控制电路中设有道岔断相保护器 DBQ，道岔断相保护器电路如图 4-4 所示。DBQ 由三个电流互感器、桥式整流器和保护继电器 BHJ 三部分组成。三个电流互感器的一次侧线圈分别串联在三相交流电路中，二次侧线圈首尾相连，经桥式整流后，输出端接保护继电器 BHJ。

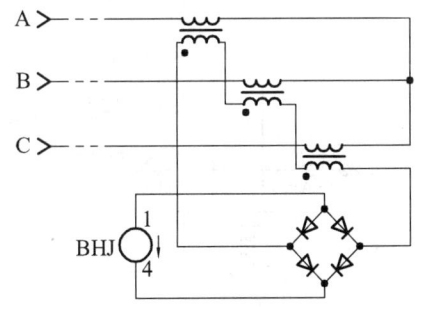

图 4-4 道岔断相保护器电路

当三相交流电源正常供电时，电动机定子绕组中有三相电流流过，电流互感器工作在磁饱和状态，二次侧感应电流中的三次谐波经桥式整流后输出直流电，BHJ 由于得到直流电而吸起，用 BHJ 的前接点作为道岔控制电路条件。当道岔转换到底后，由于三相负载断开，BHJ 复原落下，断开道岔启动电路使电动机不转。

三相交流电源若出现断相故障时，例如，B 相断电，则为 A、C 两相供电，其线电压加至电流互感器一次侧，而二次侧两电流互感器电压反向串联，互相抵消，桥式整流器无输出，使 BHJ 落下，从而断开 1DQJ 电路和三相交流电动机电路，防止因断相运行而烧坏电动机。

断相保护器在使用中会发生整流二极管击穿，造成未断相时 BHJ 落下的故障，这是电路启动时过电压所致。经改进后的断相保护器 DBQ 电路如图 4-5 所示。电路中采用了耐压高的二极管，加大了输入滤波电容 C_1 的容量（3 μF/160 V），并在输出端接有滤波电容 C_2（1 μF/160 V），使断相保护器工作稳定可靠。

图 4-5 改进型 DBQ 电路

三、S700K 型交流转辙机道岔启动电路

1. 启动电路

图 4-6 所示为 S700K 型交流转辙机道岔控制电路，采用钩式外锁闭装置，不带密贴检查器。S700K 型交流转辙机道岔启动电路包括：1DQJ 励磁电路、1DQJF 励磁电路、2DQJ 转极电路和电机电路。

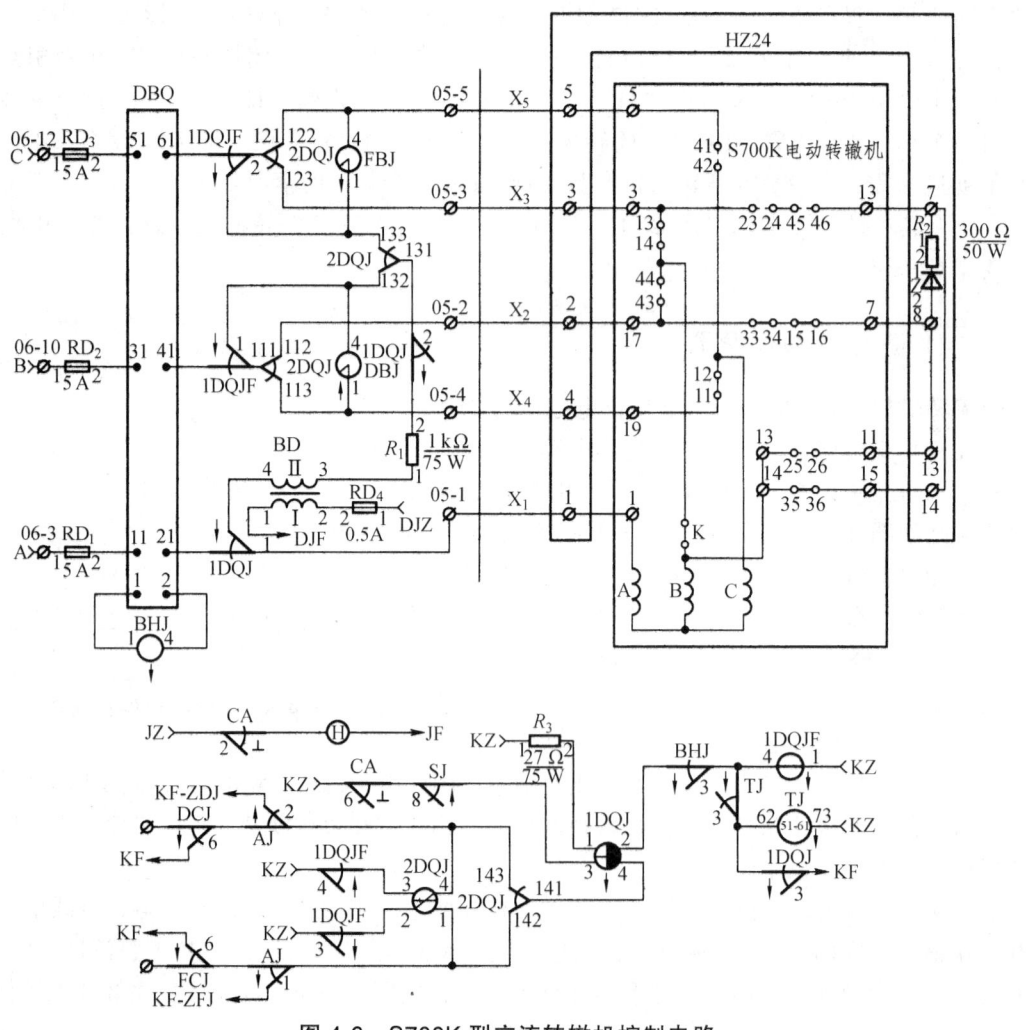

图 4-6 S700K 型交流转辙机控制电路

当进路方式操纵道岔由定位向反位转换时，使 1DQJ 经 3-4 线圈励磁吸起，电路为：

KZ—CA$_{61-63}$—SJ$_{81-82}$—1DQJ$_{3-4}$—2DQJ$_{141-142}$—AJ$_{11-13}$—FCJ$_{61-62}$—KF。

1DQJ 吸起后，1DQJF 随之吸起，电路为：

KZ—1DQJF$_{1-4}$—TJ$_{33-31}$—1DQJ$_{32-31}$—KF。

1DQJF 吸起后接通 2DQJ 转极电路，其电路是：

KZ—1DQJF$_{31-32}$—2DQJ$_{2-1}$—AJ$_{11-13}$—FCJ$_{61-62}$—KF。

上述 1DQJF 励磁电路中接入了时间继电器 TJ 第 3 组后接点。时间继电器 TJ 在 1DQJ 吸起后开始计时，延时 13 s 吸起，即当电动转辙机启动 13 s 时 TJ 吸起，断开 1DQJ 自闭电路和 1DQJF 励磁电路。由于 1DQJ 前接点、1DQJF 前接点和 2DQJ 前接点是接通电动机动作电路并使道岔转换的条件，因而，当延时时间到 13 s 时 TJ 励磁吸起，断开电动机动作电路，使电动机不致长时间空转而被烧毁。如果道岔在启动后 13 s 之内就转换到位，则 1DQJ 复原，TJ 就不会吸起。需说明的是，当采用具有限时功能的断相保护器 DBQ 时，就无须设置时间继电器 TJ，当电机转换超过 13 s 时通过 DBQ 中限时电子开关切断相应的 BHJ 电路，使 BHJ 落下，达到断开道岔转换电路并使 1DQJ、1DQJF 等复原的目的。上述 1DQJ 励磁电路中接入了 2DQJ$_{141-142}$ 接点，当 2DQJ 转极完成后，1DQJ 励磁电路断开，1DQJ 缓放。

当 1DQJ、1DQJF 吸起，2DQJ 转极完成时，构成三相交流电动机电路，A、B、C 三相交流电源经 RD$_1$~RD$_3$ 进入保护器 DBQ，接通电动机定子绕组电路，分别是：

A 相—RD$_1$—DBQ$_{11-21}$—1DQJ$_{12-11}$—电动机 A 绕组；

B 相—RD$_2$—DBQ$_{31-41}$—1DQJF$_{12-11}$—2DQJ$_{111-113}$—转辙机接点 11-12—电动机 C 绕组；

C 相—RD$_3$—DBQ$_{51-61}$—1DQJF$_{22-21}$—2DQJ$_{121-123}$—转辙机接点 13-14—遮断开关 K—电动机 B 绕组。

电动机相序为 A—C—B，电动机反转。电动转辙机转动时，三相电源流过 DBQ，使 BHJ 吸起，接通 1DQJ 自闭电路。1DQJ 自闭电路为：

KZ—R$_3$—1DQJ$_{1-2}$—BHJ$_{32-31}$—TJ$_{33-31}$—1DQJ$_{32-31}$—KF。

电动转辙机转换完毕，无电流流经 DBQ，BHJ 落下，断开 1DQJ 自闭电路，1DQJ 落下，随之断开 1DQJF、2DQJ 电路。

当进路方式操纵道岔由反位向定位转换时，1DQJ 吸起，1DQJF 吸起使 2DQJ 转极，构成电动转辙机启动电路，三相交流电 A、B、C 经 RD$_1$~RD$_3$ 进入保护器 DBQ，分别接通电动机定子绕组，电路是：

A 相—RD$_1$—DBQ$_{11-21}$—1DQJ$_{12-11}$—电动机 A 绕组；

B 相—RD$_2$—DBQ$_{31-41}$—1DQJF$_{12-11}$—2DQJ$_{111-112}$—转辙机接点 43-44—遮断开关 K—电动机 B 绕组；

C 相—RD$_3$—DBQ$_{51-61}$—1DQJF$_{22-21}$—2DQJ$_{121-122}$—转辙机接点 41-42—电动机 C 绕组。

三相交流电动机相序为 A—B—C，电动机正转。

这样，原 SDZ 和 DD 组合中 1DQJ 和 2DQJ 没有作用，是在原电路改造时引出条件而保留的，这两个继电器不插。

单独操纵道岔时，1DQJ 励磁电路、2DQJ 转极电路与四线制直流电动转辙机电路原理相同。1DQJ 自闭电路、三相交流电动机电路与上述进路操纵交流转辙机电路原理相同。

S700K 型电动转辙机和 ZD6 型电动转辙机道岔启动电路原理主要区别在于以下方面：

(1)交流转辙机启动电路增设断相保护器 DBQ 和保护继电器 BHJ,防止因断相而烧坏电机。

(2)交流转辙机启动电路增设时间继电器 TJ,当 1DQJ 吸起后开始计时,延时 13 s 后吸起。当电动转辙机转动超过 13 s 后,TJ 吸起断开 1DQJ 自闭电路和 1DQJF 励磁电路,使电动机停转,防止电动机长时间运行而烧坏。

(3)直流电动转辙机的 $1DQJ_{1-2}$ 线圈自闭电路和电动机线圈串联,起到监督电动机作用,而交流转辙机 $1DQJ_{1-2}$ 线圈自闭电路由 BHJ 吸起后构成,没有和电动机线圈串联。

(4)交流转辙机改变电动机旋转方向是由 2DQJ 转极后改变三相交流电源的相序来实现的,而 ZD6 型电动转辙机是通过改变激磁绕组中的电流方向实现的。

2. 多机牵引

(1)在多机牵引情况下,应设总断相保护器 ZBHJ 和切断保护继电器 QDJ。当道岔的尖轨为多机牵引时,尖轨应设置 ZBHJ 和 QDJ,用来监督尖轨各牵引点转辙机的同步工作,即尖轨上的多台转辙机有一台不启动时,须切断尖轨上的所有转辙机电源,停止转换。同样,如果心轨采用可动心轨多机牵引,则心轨也应设置 ZBHJ 和 QDJ,用来监督心轨各牵引点转辙机的同步工作。

图 4-7 所示为尖轨采用双机牵引时的 ZBHJ 电路和 QDJ 电路,将两牵引点转辙机 BHJ 前接点接入 ZBHJ 的励磁和自闭电路中。总断相保护继电器 ZBHJ 平时处于落下状态,当尖轨两台转辙机均开始转换时,两台转辙机的 BHJ 均励磁吸起,接通 ZBHJ 经 1-2 线圈的励磁电路,并经 $ZBHJ_{3-4}$ 线圈吸起自闭。

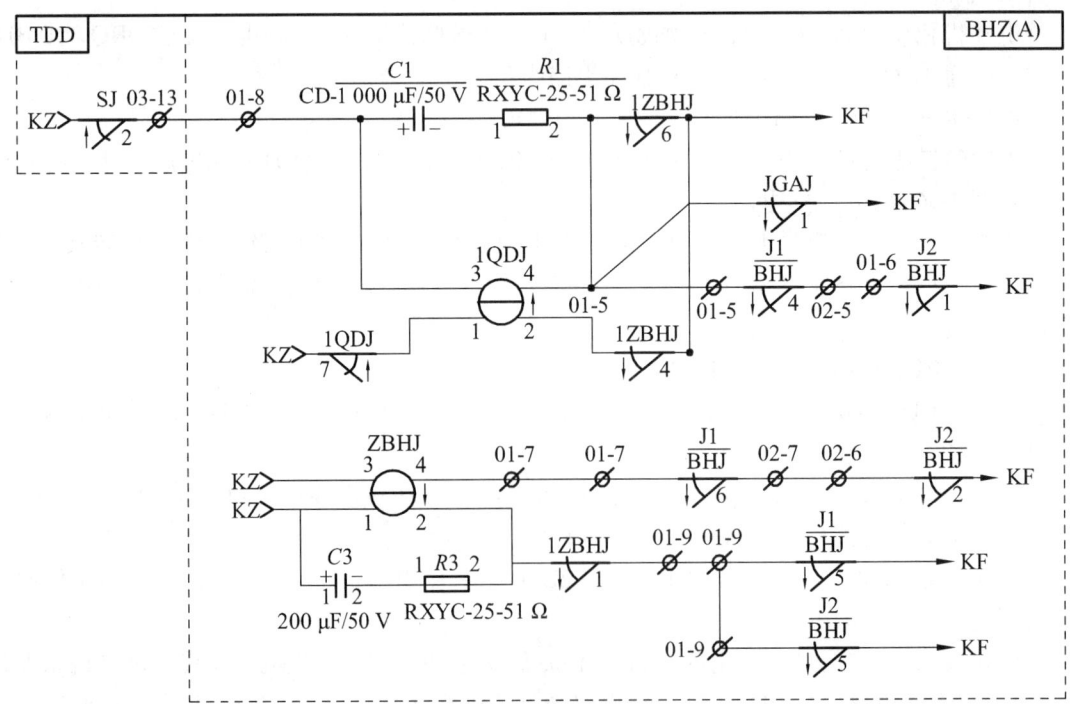

图 4-7 双机牵引单动道岔的 ZBHJ 和 QDJ 电路

切断保护继电器 QDJ 平时通过 3-4 线圈上两个牵引点的保护继电器 BHJ 后接点保持吸起。当两牵引点的转辙机开始转换时，两个 BHJ 吸起，使总保护继电器 ZBHJ 吸起，通过 ZBHJ 前接点接通 QDJ 的另一条励磁电路和经 1-2 线圈的自闭电路，使 QDJ 一直保持吸起。在两牵引点的转辙机都转换到位后，两个 BHJ 均落下，ZBHJ 因励磁电路和自闭电路均断开而落下，QDJ 由自闭电路继续保持吸起。为了使 QDJ 在 BHJ、ZBHJ 继电器接点转换过程中能可靠吸起，在其 1-2 线圈励磁电路中并联了 RC 电路，以获得缓放。

（2）在多机牵引情况下，为实现尖轨各牵引点转辙机的同步工作，尖轨各牵引点 1DQJ 经 1-2 线圈的自闭电路中需接入该尖轨的 QDJ 前接点。如图 4-8 所示，尖轨进行多机牵引时，若有任一牵引点转辙机因故不能转换，则该牵引点的 BHJ 无法励磁吸起，ZBHJ 也将无法吸起。此时，QDJ 自闭电路由于其他牵引点转辙机 BHJ 的吸起而断开，QDJ 落下。QDJ 落下后断开该尖轨各牵引点 1DQJ 自闭电路，使各牵引点的 1DQJ、1DQJF、BHJ 分别落下，各牵引点道岔停止转换。同样，为实现心轨各牵引点转辙机的同步工作，在心轨各牵引点 1DQJ 经 1-2 线圈的自闭电路中也需接入该心轨的 QDJ 前接点。

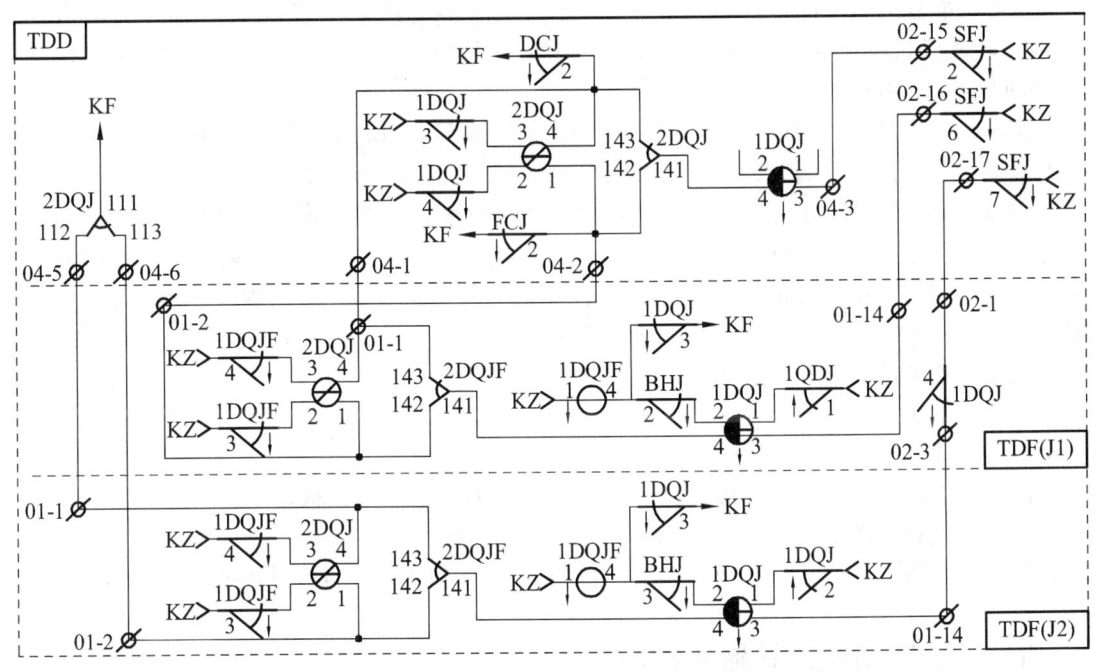

图 4-8 双机牵引单动道岔的启动电路

（3）此外，在多机牵引情况下，必须使尖轨和心轨的多台转辙机顺序启动。为了达到顺序启动的目的，在各牵引点的 1DQJ 经 3-4 线圈的励磁电路中，需接入其前一牵引点 1DQJ 的前接点，如图 4-8 所示。例如，对采用三机牵引的尖轨，为保证该尖轨上三机顺序启动，在第二机 1DQJ 经 3-4 线圈的励磁电路中接入该尖轨第一机的 1DQJ 前接点，而在第三机 1DQJ 经 3-4 线圈的励磁电路中接入该尖轨第二机的 1DQJ 前接点，以达到三机的 1DQJ 顺序励磁、各牵引点转辙机顺序启动的目的。

四、S700K型交流转辙机道岔表示电路

交流转辙机道岔表示电路用道岔表示继电器线圈与半波整流二极管并联的方式构成。下面以图4-6为例说明道岔表示电路的工作原理。

定位表示时DBJ励磁电路在电源负半周接通。

正半周：BD_{II-3}—R_1—$1DQJ_{23-21}$—$2DQJ_{131-132}$—$1DQJF_{13-11}$—$2DQJ_{111-112}$—转辙机接点33-34—转辙机接点15-16—二极管Z_{2-1}—R_2—转辙机接点36-35—电动机绕组B—电动机绕组A—$1DQJ_{11-13}$—BD_{II-4}。

负半周：BD_{II-3}—R_1—$1DQJ_{23-21}$—$2DQJ_{131-132}$—DBJ_{4-1}—转辙机接点11-12—电动机绕组C—电动机绕组A—$1DQJ_{11-13}$—BD_{II-4}。

在电源正半周时，经整流二极管Z构成回路，电能消耗在电阻R_2上。在电源负半周时，二极管不导通，使DBJ吸起。DBJ吸起检查电动转辙机的定位接点是否接通。

反位表示时FBJ励磁电路在电源正半周时接通。

正半周：BD_{II-3}—R_1—$1DQJ_{23-21}$—$2DQJ_{131-133}$—FBJ_{1-4}—转辙机接点41-42—电动机绕组C—电动机绕组A—$1DQJ_{11-13}$—BD_{II-4}。

负半周：BD_{II-3}—R_1—$1DQJ_{23-21}$—$2DQJ_{131-133}$—$1DQJF_{23-21}$—$2DQJ_{121-123}$—转辙机接点23-24—转辙机接点45-46—R_2—二极管Z_{1-2}—转辙机接点26-25—电动机绕组B—电动机绕组A—$1DQJ_{11-13}$—BD_{II-4}。

在电源正半周时，二极管Z不能导通，使FBJ吸起，FBJ吸起检查了电动转辙机的反位接点接通；在电源负半周时，经整流二极管构成回路，电能消耗在电阻R_2上。

交流转辙机道岔表示电路与直流电动转辙机表示电路比较，其特点在于：

（1）道岔表示继电器DBJ和FBJ与二极管整流电路并联。当二极管截止时半波电流经表示继电器线圈使DBJ或FBJ吸起。当二极管导通时表示继电器线圈两端电压接近于零，但线圈产生的自感电流经二极管使继电器保持吸起。所以取消了在直流电动转辙机电路中表示继电器线圈并联的电容器C，提高了表示电路的可靠性。

（2）道岔表示继电器励磁电路经电动机绕组，起到监督电动机作用，同时要检查转辙机接点动作一致性。

设在原道岔组合中的道岔表示继电器为总道岔表示继电器。总表示继电器DBJ或FBJ，要经道岔心轨和可动尖轨的各DBJ或FBJ前接点构成励磁电路。双动道岔总表示继电器则要检查第一动心轨、尖轨及第二动心轨、尖轨的DBJ或FBJ前接点后才能吸起。

五、ZYJ7型电液转辙机控制电路

图4-9所示为ZYJ7型电液转辙机控制电路。其室内电路与S700K型交流电动转辙机室内电路相同，室外电路略有差别。该图所示为定位时1、3排接点闭合。若定位时2、4排接点闭合，只需将X_2与X_3、X_4与X_5互换，二极管极性互换即可。

ZYJ7型电液转辙机（主机）带有SH6型转换锁闭器（副机），道岔尖轨和可动心轨的第一牵引点由主机牵引，第二牵引点由副机牵引。启动电路中主、副机的接点是并联的，当主、副机动作不同步时，若主机先转换到位，虽其动作接点断开，但仍能经另一排接点和副机的接点给主机中的二相交流电动机接通电源，使副机转换到位。另外，表示电路中DBJ或FBJ励磁吸起必须检查SH6型转换锁闭器中的表示接点。

第四章 执行组电路——进路锁闭与开放信号 115

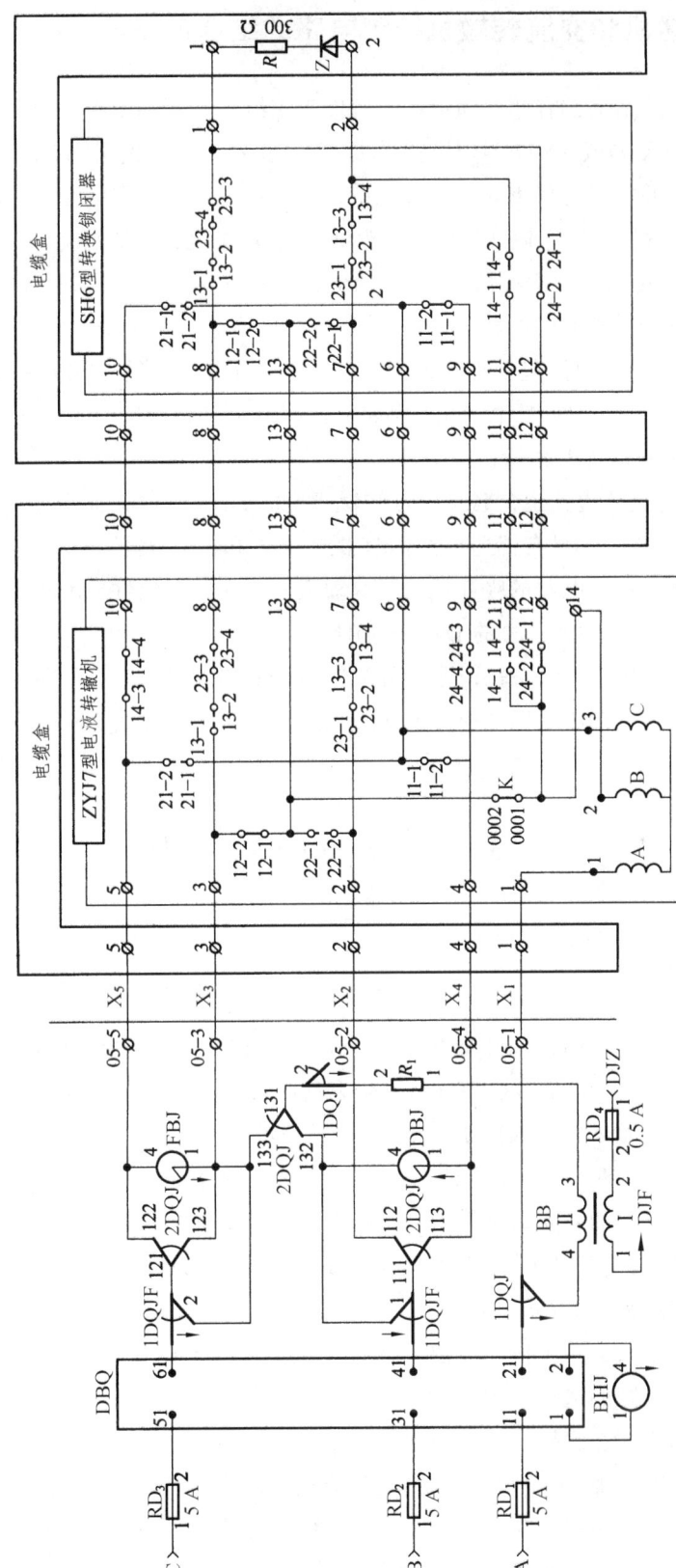

图 4-9 ZYJ7 型电液转辙机控制电路

六、直流转辙机和交流转辙机控制电路的结合电路

在铁路提速区段的站场,有些双动道岔一端位于正线,另一端不在正线上。在正线上的提速道岔应采用 S700K 型或 ZYJ7 型交流转辙机,不在正线上的道岔采用 ZD6 型直流电动转辙机,对同一组双动道岔因为采用的转辙机类型不同,存在控制电路的结合问题。结合电路分为:一端是交流转辙机、固定辙叉,另一端为 ZD6 型转辙机;一端是交流转辙机、可动心轨,另一端为 ZD6 型转辙机的两种情况。图 4-10 所示为一端是 S700K 型、固定辙叉,另一端为 ZD6 型转辙机的结合电路。

结合电路中,道岔启动电路是从提速道岔双动主组合 TSD 内将控制条件引至正线上道岔尖轨两牵引点 TDF 组合的 1DQJ 和 2DQJ 电路,使两牵引点转辙机用的 1DQJ 励磁,2DQJ 转极,实现两牵引点 S700K 型转辙机同步动作。

在表示电路中,将正线提速道岔各牵引点转辙机用的 DBJ 和 FBJ 前接点分别串联在 TSD 组合的 DBJ 和 FBJ 电路中。只有提速道岔各牵引点 DBJ 和 FBJ 吸起,非提速端道岔的 DBJ 或 FBJ 才会吸起。该表示继电器的吸起反映了双动道岔动作的一致性。因此,非提速端 TSD 组合内的 DBJ 和 FBJ 是双动道岔总的 DBJ 和 FBJ。

当一端是交流转辙机、可动心轨,另一端为 ZD6 型转辙机时,结合电路与上述结合电路基本相同,只是增加了可动心轨两牵引点的 TDF 组合的 1DQJ 和 2DQJ 电路环节。

第三节 开始继电器电路

一、技术要求

在每条列车或调车进路的始端都要设置一个开始继电器 KJ,对始端在同一点的列调车,例如,出站兼调车信号、进站信号机内方隔一个无岔区段有一个同向的调车信号机(如 X 与 D_3)的,可共用一个开始继电器 KJ。KJ 平时处于落下状态。

设置开始继电器 KJ 的主要目的有两个:一是接续进路始端的辅助开始继电器 FKJ 的工作,将进路的始端和进路的性质记录下来;二是检查进路选排的一致性和进路在解锁状态。为实现进路选排一致性检查,KJ 的励磁电路必须具有站场网路形状,也就是 7 线网路。

对开始继电器 KJ 的技术要求是:

(1)要能够接续记录电路工作,即接续始端信号点的 FKJ 的工作。

(2)要能够检查进路的选排一致性(即道岔位置正确),不一致时禁止 KJ 励磁吸起。

(3)要检查进路必须在解锁状态,否则禁止 KJ 励磁吸起。

(4)KJ 一旦励磁吸起后,必须使它保持到这条进路解锁为止,即进路不解锁,不准许其复原。之所以要保持到进路解锁时才落下,在于执行组解锁网路中要用到 KJ 的前接点。

第四章 执行组电路——进路锁闭与开放信号 117

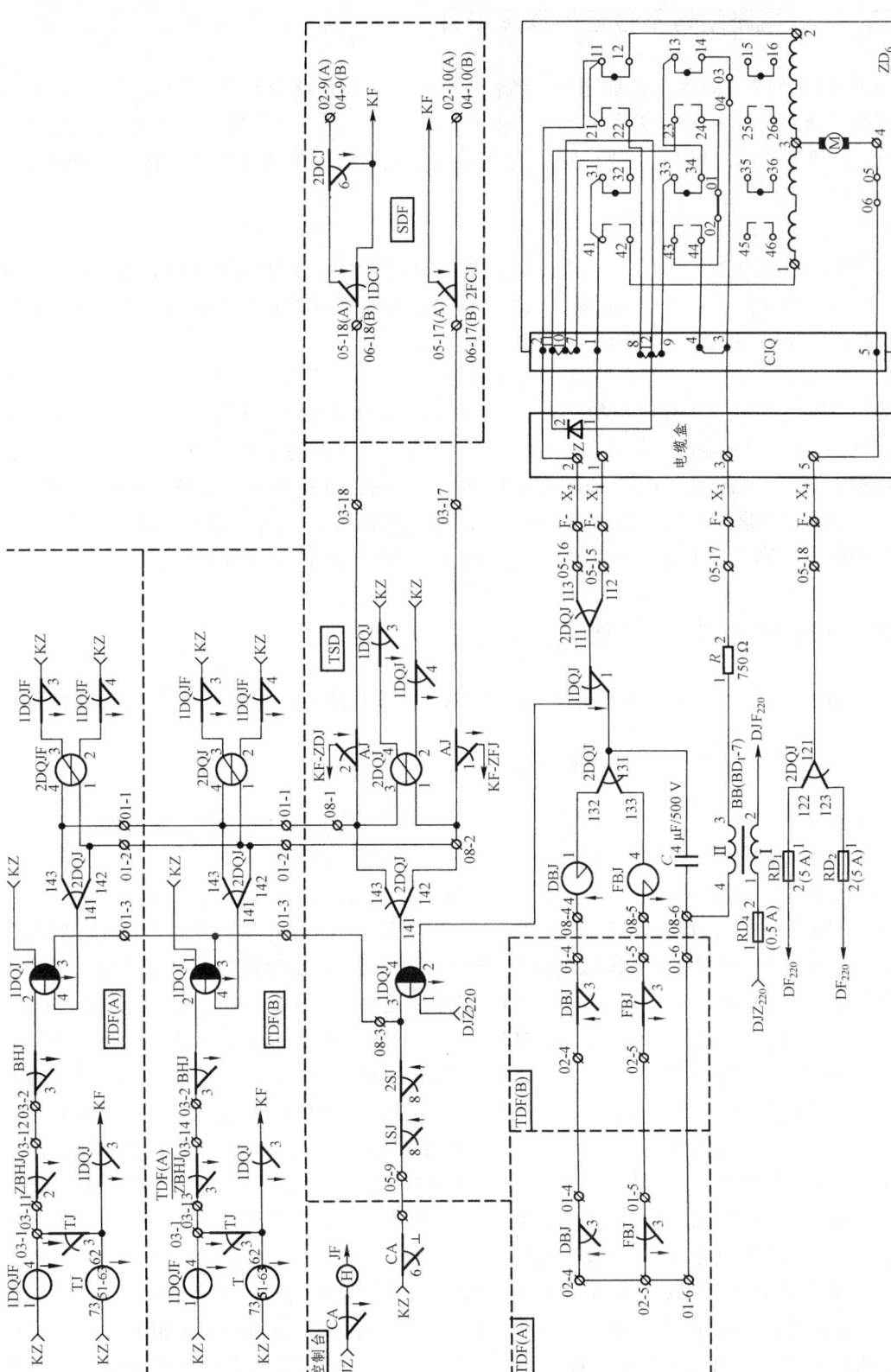

图 4-10 S700K 型固定辙叉与 ZD6 型结合电路

二、7 线网路结构及检查的联锁条件

由于 KJ 电路要完成检查进路选排一致性的任务，涉及进路中所有道岔的位置，所以 KJ 电路用的 7 线网路采用站场型网路结构。如图 4-11 所示，同一个咽喉所有的 KJ 都由各自的 FKJ 前接点接到 7 线网路上。在网路中，进路始端的电路区分条件是 FKJ 前接点，进路终端的区分条件是 ZJ 接点。

7 线网路需检查以下联锁条件：

（1）检查进路选排一致性。这是用 7 网路线上每组道岔的 DCJ 前接点和 DBJ 前接点（或 FCJ 前接点和 FBJ 前接点）相串联来证明的。即定位操纵继电器 DCJ 励磁吸起时，道岔必须转换到定位，定位表示继电器 DBJ 也必须励磁吸起。

（2）检查进路在解锁状态。这是用 7 线网路上每组道岔的锁闭继电器 SJ 前接点来证明的，SJ 励磁吸起反映道岔在解锁状态。由于 7 线网路上由 DBJ 和 SJ 所构成的电路环节也是信号继电器 XJ 励磁网路线（第 11 线网路）的一部分，为了区分电路采用了两组 SJ 的接点。SJ 吸起接通 7 线网路，反映进路在解锁状态；SJ 落下接通 11 线网路，反映进路在锁闭状态。

（3）继续记录进路始端。选路结束时，用进路始端的 FKJ 记录进路的始端，而 KJ 是经由 FKJ 前接点接到 7 线上的，所以 KJ 的吸起能接续 FKJ，继续记录进路始端。

三、开始继电器 KJ 电路

KJ 电路如图 4-11 所示。列车和调车共用的 KJ 电路与调车专用的 KJ 电路有所差异。

（一）列车和调车共用的 KJ 电路

列车和调车共用的 KJ，由 3-4 线圈通过 FKJ 前接点接到 7 线网路构成励磁电路，由 1-2 线圈构成三条并联的自闭电路。例如，对 X 至 IG 的接车进路，在 1～6 线网路选路结束、X/D_3FKJ 吸起后，在进路始端，通过 X/D_3FKJ 第 7 组前接点将 X/D_3KJ 的 3-4 线圈接到 7 线网路；在进路终端，通过 S_1ZJ 第 7 组后接点得到电源"KZ"。若 7 线网路所检查的联锁条件满足，则 X/D_3KJ 励磁吸起，励磁电路如图中虚线所示。X/D_3KJ 的吸起，既继续记录了接车进路的始端，又检查了进路选排一致性和进路在解锁状态。再如，对 D_3 至 D_9 的调车进路，在 1～6 线网路选路结束，X/D_3FKJ、D_7ZJ 吸起后；在进路始端，通过 X/D_3FKJ 第 7 组前接点将 X/D_3KJ 的 3-4 线圈接到 7 线网路；在进路终端，通过 D_7ZJ 第 7 组前接点断开 7 线网路，并提供电源"KZ"。若 7 线网路所检查的联锁条件满足，则 X/D_3KJ 励磁吸起，励磁电路如图中粗实线所示。X/D_3KJ 的吸起，既继续记录了该调车进路的始端，又检查了进路选排的一致性和进路是否在解锁状态。需特别说明的是，对调车进路，7 线网路的电源"KZ"是由调车进路终端处的终端继电器 ZJ 前接点接入的；而对列车进路，7 线网路的电源"KZ"是经由列车进路终端处终端继电器 ZJ 后接点直接由 7 线网路提供的。ZJ 起区分电路的作用。

对以 X 为始端的下行接车进路或以 D_3 为始端的调车进路，X/D_3KJ 励磁吸起后，证明进路选排一致，之后进路进入锁闭阶段。进路锁闭后，X/D_3KJ 的三条自闭电路相继接通，同时，其励磁电路断开。例如，对 X 至 IG 的下行接车进路，进路始端 X/D_3KJ 励磁吸起后，证明

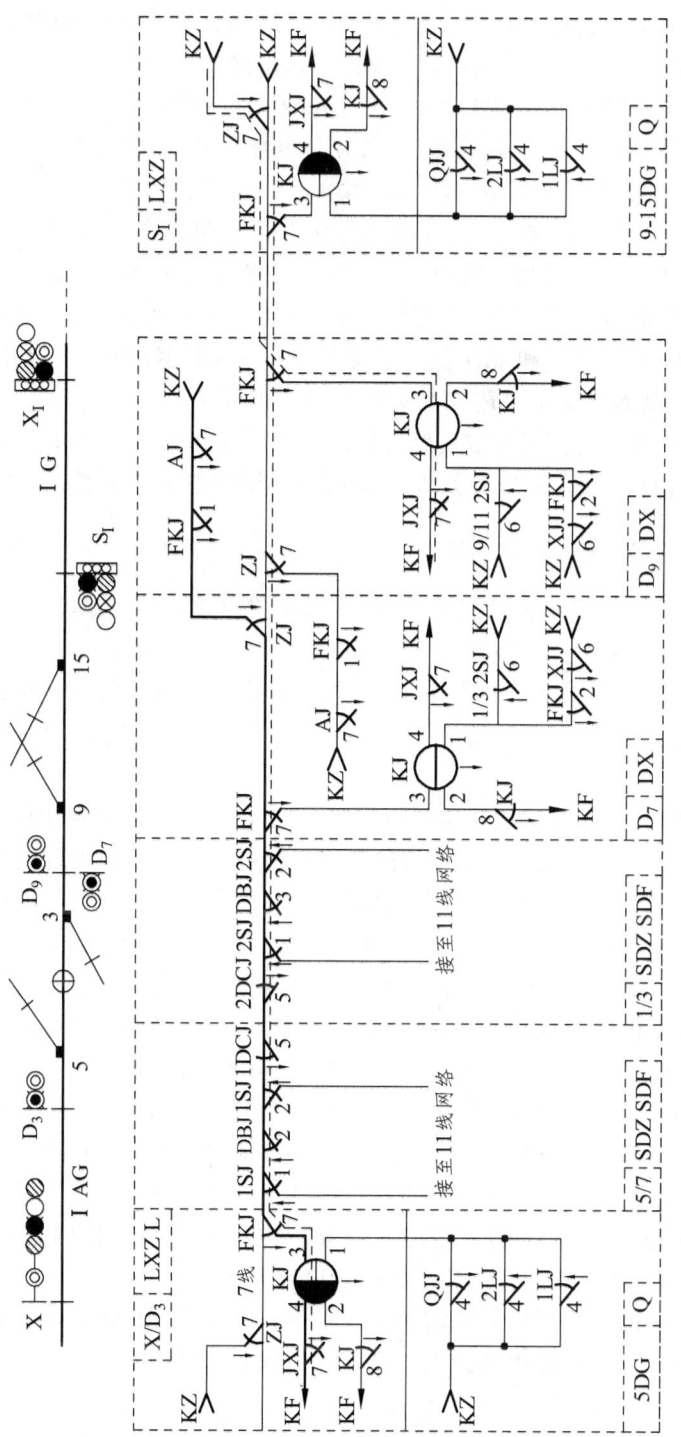

图 4-11 开始继电器 KJ 网络（第 7 网络线）

进路选排一致，之后进路进入锁闭阶段。由图 4-1 所示的进路处理时序可知，在进路锁闭阶段，检查进路锁闭条件满足后，进路始端信号检查继电器 X/D$_3$XJJ 吸起，进路内各个区段的区段检查继电器 QJJ 吸起，进路继电器（1LJ 和 2LJ）落下，各道岔的锁闭继电器 SJ 落下，进路锁闭。对于该进路内方第一个道岔区段 5DG，当该区段的区段检查继电器 QJJ 励磁吸起、进路继电器 1LJ 和 2LJ 落下后，图 4-11 中的 X/D$_3$KJ 经 1-2 线圈的三条并联的自闭电路相继接通。同时，随着进路中道岔 5/7 1SJ 失磁落下，7 线网路断开，X/D$_3$KJ 经 3-4 线圈的励磁电路断开，X/D$_3$KJ 经其 1-2 线圈的三条并联的自闭电路保持吸起。

在 X/D$_3$KJ 的自闭电路中，并联了三个继电器接点，即 5DG 的 QJJ 前接点、两个进路继电器 1LJ 和 2LJ 的后接点。只有当进路内方第一个道岔区段 5DG 解锁后，5DG 组合内 QJJ、1LJ 和 2LJ 才能全部复原到初始状态，才切断 X/D$_3$KJ 的自闭电路，使 X/D$_3$KJ 落下。即 5DG 不解锁，则其组合内 QJJ、1LJ 和 2LJ 就不能全部复原，X/D$_3$KJ 的自闭电路就无法断开，X/D$_3$KJ 就不会落下，从而保证了上述技术要求（4）得以满足。

由于 KJ 前接点直接参与信号开放电路，因此，为了保证主、副电源切换时 0.15 s 的断电瞬间不致因为 KJ 失磁落下而使信号关闭，KJ 必须采用缓放型继电器。

（二）调车专用的 KJ 电路

在进路始端仅有调车信号机的情况下，相应的开始继电器 KJ 是调车专用的。下面以图 4-11 中 D$_7$KJ 的自闭电路为例进行说明。

图中，D$_7$KJ 经 1-2 线圈的自闭电路有两条：第一条是经由信号检查继电器 D$_7$XJJ 第 6 组前接点和 D$_7$FKJ 第 2 组前接点到 KZ 的自闭电路；第二条是经由道岔 1/3 2SJ 后接点到 KZ 的自闭电路。

对以 D$_7$ 为始端的进路，当 7 线网路接通后，D$_7$KJ 经 3-4 线圈励磁吸起，证明了进路选排一致，随后进路转入锁闭阶段。在进路锁闭阶段，检查进路锁闭条件，当进路锁闭条件满足后 D$_7$XJJ 将励磁吸起，D$_7$XJJ 的励磁吸起使得图中 D$_7$KJ 的第一条自闭电路接通（其中，D$_7$FKJ 在 1~6 线网路选路结束前就已经励磁吸起）。当以 D$_7$ 为始端的进路锁闭时，道岔 1/3 2SJ 将落下，道岔 1/3 2SJ 的落下，一方面使得 D$_7$KJ 经 1-2 线圈的第二条自闭电路接通；另一方面断开 7 网路线，使得 D$_7$KJ 经 7 线的励磁电路断开。D$_7$KJ 由自闭电路保持吸起。

对 D$_7$KJ 的第一条自闭电路，在 D$_7$ 信号开放后，D$_7$FKJ 将落下，该自闭电路将断开。对 D$_7$KJ 的第二条自闭电路，只有在 D$_7$ 内方第一个道岔区段——3DG 解锁后，道岔 1/3 2SJ 才能吸起，才断开该自闭电路，从而保证了 D$_7$KJ 在进路解锁前一直保持在吸起状态。需要特别指出的是：在 KJ 自闭电路中接入的 SJ 接点，一般都是进路内方第一个道岔的锁闭继电器后接点。例如，在图 4-11 中，对 D$_7$KJ，接入的 SJ 接点应该是 3DG 区段内道岔 1/3 2SJ 第 6 组后接点。对 D$_9$KJ，则应该接入的是 9/11 1SJ 第 6 组后接点。

在主、副电源切换断电的瞬间，不需要使调车信号保持允许显示，故调车专用的 KJ 不需要采用缓放型，但不能保证断电的瞬间已经开放的调车信号机不关闭。

四、长调车进路由远及近顺序开放信号

排列长调车进路时，如果让离司机最近的那架信号机先开放，而离司机较远的第二架或

第三架调车信号机因故未能开放,当司机已驶近因故未开放的那架调车信号机时必然要停车,这种中途停车势必影响作业效率。另一种情况是第一架和第三架信号机均已正常开放,而处于弯道上的第二架信号机因故未开放,当机车车辆越过第一架调车信号机后,又把第三架信号机误认为是其运行前方的一架(即未开放的第二架),则可能冒进第二架信号机而造成行车事故。

为了不影响作业效率又保证行车安全,在排列长调车进路时,最好使长调车进路中的几架同方向的调车信号机都能开放,同时由远及近顺序开放,如果因故某一架信号机不能正常开放,则距它近的前一架信号机也不准开放。例如,上述的第二架信号机因故不能开放,那么使离司机最近的那架调车信号机也不能正常开放。例如,在图4-11中,D_3至ⅠG的长调车进路由D_3至D_9和D_9至S_1两条调车基本进路构成,建立该长调车进路时,要求信号机D_9开放后D_3才能开放,如果D_9因故无法开放,则必须保证D_3也不能开放。

在6502电气集中电路里,为了保证长调车进路由远及近顺序开放的要求,在KJ励磁电路中设置了一些联锁条件:

(1)在KJ_{3-4}线圈的局部励磁电路中,通过JXJ第7组后接点接入负极性电源。这样,在整条长调车进路未全部选出之前,因为JXJ不失磁落下,所以KJ也就不能励磁吸起,因而控制信号不能开放。

(2)在KJ_{3-4}线圈的粗线电路中,通过第二架信号机(例如,以D_3为始端时,第二架调车信号机为D_9;而以S_1为始端时,第二架调车信号机为D_7)的AJ后接点和FKJ后接点接入电源KZ。这样,当长调车进路全部选出,JXJ失磁落下后,虽然KJ_{3-4}线圈粗线电路的电源KF被接入,但此时第二架调车信号机的FKJ处于励磁吸起状态,KJ_{3-4}线圈粗线电路的电源KZ被断开,所以KJ仍然不能励磁。只有第二架调车信号机开放,其FKJ失磁落下,FKJ后接点闭合后,才使第一架调车信号机的KJ励磁吸起,第一架信号机信号开放(从KJ吸起到XJ吸起、信号开放的过程,可参照图4-1中X/D_3内的时序逻辑)。即第二架调车信号机开放后,第一架调车信号机才能开放。

例如,对图4-11中D_3至ⅠG的长调车进路,在1~6网路线选路结束后,进路中各个信号组合中励磁吸起的继电器有D_3FKJ、D_7ZJ、D_9FKJ、S_1ZJ。该长调车进路在选路结束后,将按调车基本进路来分段处理。对D_3至D_9的第一条调车基本进路,进路始端的X/D_3KJ励磁电路如图中粗线所示,由于D_9FKJ处于吸起状态,该电路不通,X/D_3KJ暂时无法励磁。对D_9至S_1的第二条调车基本进路,进路始端的D_9KJ励磁电路如图中点画线所示,在进路始端经D_9FKJ前接点将D_9KJ接入7线,在进路终端经由S_1ZJ前接点接入KZ。该电路接通,D_9KJ励磁吸起,随后进路锁闭并开放信号。当D_9开放(D_9XJ吸起)后,D_9FKJ落下,之后,X/D_3KJ经粗线的励磁电路接通,X/D_3KJ吸起,D_3至D_9的进路随后锁闭并开放D_3信号。很明显,如果D_9信号不开放,则D_9FKJ不会落下,X/D_3KJ经粗线的励磁电路将无法接通,D_3至D_9的进路将无法锁闭,D_3信号亦无法开放,从而保证了远端调车进路始端信号不开放,近端调车进路始端信号不能开放。

第四节　进路锁闭和取消继电器电路

一、进路锁闭概念

进路锁闭,指已将进路上的道岔和敌对进路锁闭好,列车调车车列驶入进路后,即使信号关闭了,如果列车或调车车列不出清进路,进路也不得解锁。具有此种功能的锁闭,叫做进路锁闭。进路锁闭分为预先锁闭和接近锁闭。

预先锁闭是指在信号开放以后,它的接近区段还没有车时的锁闭。对此种锁闭,可以通过办理取消进路手续,立即可使信号关闭,进路解锁。

接近锁闭是指在信号开放以后,它的接近区段已经有车时的锁闭。此种锁闭不能用取消进路办法使进路解锁,只有等列车或调车车列通过进路中道岔区段后使进路分段解锁,或通过进路中所有道岔区段后使进路一次解锁,或者用人工解锁的办法,使进路延时解锁。

进路的预先锁闭和接近锁闭,是在信号开放后,根据接近区段有无车来区分的,而接近区段的长短,要根据车的运行速度决定。为了保证行车安全,列车运行速度高时接近区段要长一些,列车速度低时可短一些,但最短也要大于列车的制动距离。

二、取消继电器电路

对应车站的每一个咽喉区,在控制台上设置一个总取消按钮 ZQA 和总人工解锁按钮 ZRA,对应这两个按钮分别设置了一个按钮继电器,即总取消继电器 ZQJ 和总人工解锁继电器 ZRJ,它们起记忆按钮动作的功能。这两个继电器都放在方向组合中,前者取消进路时用,后者人工解锁时用。

对应进路始端的地方,在进路始端信号组合内都设置一个取消继电器 QJ,像出站兼调车信号机的情形,可以合用一个取消继电器 QJ。取消继电器的作用是将已经发出的命令取消。例如,取消已经排列好的列车或调车进路。

(一) 总取消及总人工解锁继电器电路

总取消继电器 ZQJ 和总人工解锁继电器 ZRJ 励磁电路如图 4-12 所示。按下总取消按钮 ZQA 时,总取消继电器 ZQJ 励磁吸起,同时接通条件电源 KF-ZQJ-Q。松开 ZQA 后,ZQJ 缓放落下。按下总人工解锁按钮 ZRA 时,总人工解锁继电器 ZRJ 励磁吸起,同时,以 ZRJ 前接点把 ZQJ 带动励磁,并接通条件电源 KF-ZQJ-Q。松开 ZRA 后,ZRJ 和 ZQJ 先后落下。

在 ZQJ 和 ZRJ 的线圈上都并联接有一个 RC 电路,以便使这两个继电器具有 1 s 左右的缓放时间。这样做的目的是,办理取消进路和人工解锁时,允许按压总取消按钮 ZQA(或总人工解锁按钮 ZRA)和进路的始端按钮的时机有少许差别,保证电路能可靠工作。

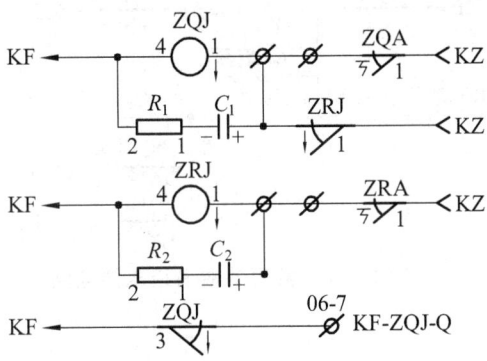

图 4-12　总取消及总人工解锁继电器电路

（二）取消继电器电路

图 4-13 所示为调车信号机用的 QJ 电路。当按下总取消按钮 ZQA 和调车进路始端 DA 按钮后，因条件电源 KF-ZQJ-Q 有电，DAJ 前接点闭合，所以 QJ_{3-4} 线圈的励磁电路接通，使 QJ 励磁吸起并自闭。松开 ZQA（或 ZRA）时，KF-ZQJ-Q 的条件电源断开，QJ 经 3-4 线圈的励磁电路断开。

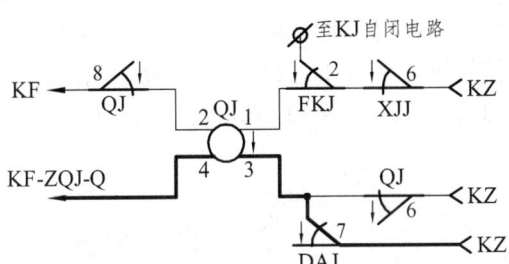

图 4-13　调车专用的取消继电器电路

办理取消进路和人工解锁时，要求 QJ 在进路未解锁之前一直保持吸起，而对人工解锁，要求人工解锁延时过程中 QJ 必须一直保持吸起，很明显，只靠 QJ_{3-4} 线圈的自闭电路是不行的，因而增加了 QJ_{1-2} 线圈的自闭电路，该电路工作直至进路解锁为止。QJ_{1-2} 线圈的自闭电路中接入了信号检查继电器 XJJ 前接点，取消进路和人工解锁时信号检查继电器 XJJ 一直保持吸起，使得 QJ 保持吸起，待进路解锁后信号检查继电器 XJJ 落下，才切断 QJ_{1-2} 线圈电路使 QJ 复原。

图 4-14 所示为列调共用的 QJ 电路。出站兼调车信号机、进站信号机及其内方设有无岔区段和同方向的调车信号机（如图 1-2 中的 X 和 D_3），都用这个电路。图 4-14 与图 4-13 相比，区别不大，只是在 QJ_{3-4} 线圈励磁电路中与 DAJ 前接点又并联一条通过 LAJ 的前接点接通的电路，以便按压列车按钮时也能使 QJ 励磁吸起。另外，在图 4-14 电路中没有 FKJ 接点，因为列车信号机的 KJ 电路没有共用 XJJ 前接点。

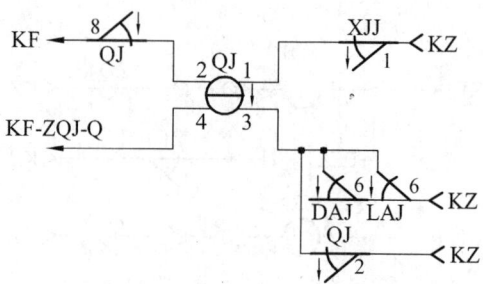

图 4-14 列调共用的取消继电器电路

第五节 信号检查继电器电路

一、8 网路线结构和检查的联锁条件

8 线网路用来检查进路锁闭的条件是否满足,检查的结果在进路始端通过信号检查继电器 XJJ 的状态反映出来。

图 4-15 所示为信号检查继电器 XJJ 的 8 线网路。信号检查继电器 XJJ 设在进路始端部位,当列车进路和调车进路始端在一起时,可合用一个信号检查继电器 XJJ。从图 4-15 可看出,进站内方设有同方向调车信号机的 X 和 D_3 共用一个 XJJ,出站兼调车信号机也共用一个 XJJ,而调车信号机各设一个专用的 XJJ,这些 XJJ 都设置在信号组合里。

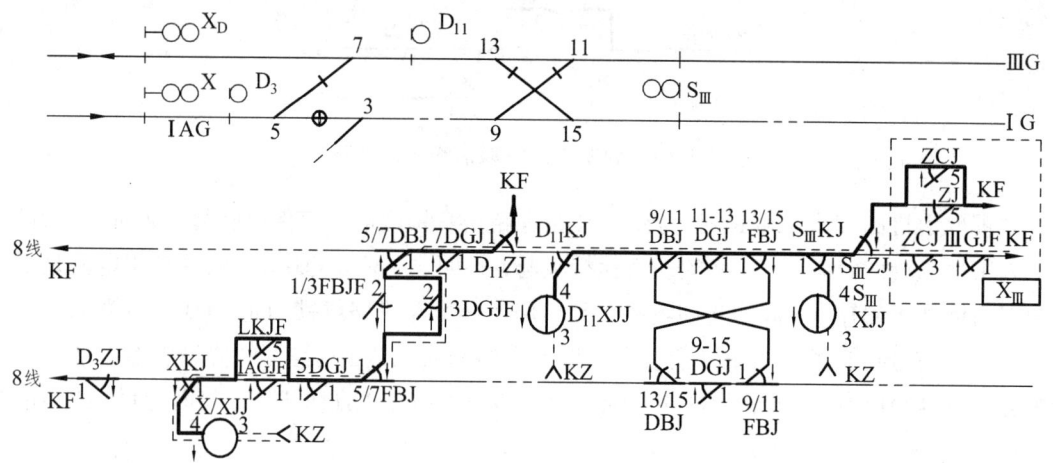

图 4-15 信号检查继电器 XJJ 电路(8 线网路)

(一)8 线网路结构特点

8 线网路结构具有如下特点:

(1)每条进路始端的 XJJ 线圈,端子 3 通过局部电路接入电源 KZ,端子 4 经过 KJ 的前接点接向 8 网路线,在检查 8 网路线条件满足后由进路终端部位接向负极性电源 KF。例如,

在图 4-15 中，对 X 至 ⅢG 的接车进路，X/D_3XJJ 的励磁电路如图中虚线所示，在进路始端，通过 X/D_3KJ 前接点接入 8 线网路；在进路终端的股道部位，直接接入 KF。

对调车进路，由于进路终端可能在咽喉区的中间，所以在调车进路终端部位，都是通过调车终端继电器 ZJ 前接点将 KF 接向 8 线网路的。例如，对 D_3 至 ⅢG 的长调车进路，该长调车进路内的两条调车基本进路的始端信号 X/D_3XJJ 和 $D_{11}XJJ$ 的励磁电路，分别如图中粗实线所示。其中，X/D_3XJJ 经 X/D_3KJ 前接点接入 8 线网路，通过 $D_{11}ZJ$ 前接点断开 8 线网路并接入 KF；$D_{11}XJJ$ 通过 $D_{11}KJ$ 前接点接入 8 线网路，通过 $S_ⅢZJ$ 前接点断开 8 线网路接入 KF。

（2）网路中用道岔表示继电器 DBJ 或 FBJ 的前接点或后接点来区别 8 线网路站场形状。

（3）网路中用 KJ 的前接点区分进路的方向。例如，X/D_3KJ 前接点接通的是右边的电路，在所列举的咽喉中为接车方向；如果接通的是左边的进路（如 $S_ⅢKJ$），则为发车方向。

（4）用调车终端继电器 ZJ 的前后接点区分进路性质。调车进路时 ZJ 的前接点闭合，列车进路时 ZJ 后接点闭合。例如，图中 $S_ⅢZJ$，当建立到 ⅢG 的接车进路时，通过 $S_ⅢZJ$ 后接点接通虚线的电路；当建立到 ⅢG 的调车进路时，则接通经 $S_ⅢZJ$ 前接点的电路。

上述的（2）、（3）、（4）是执行组各网路线的共同特点，在后续的网路中不再说明。

（二）8 线网路检查的联锁条件

8 线网路检查以下联锁条件：

1. 进路上各轨道电路区段空闲

这一联锁条件是通过检查串接在 8 线网路上的各轨道电路的 DGJ 前接点来实现的。例如，对上述 X 至 ⅢG 的下行接车进路，在进站信号机 X/D_3XJJ 的虚线励磁电路中，串接有 ⅠAGJF、5DGJ、7DGJ、11-13DGJ 和 ⅢGJF 等轨道继电器前接点，以证实该接车进路上各轨道电路区段空闲。

在检查这一联锁条件时，要注意有无超限绝缘。所谓超限绝缘，即绝缘节的设置位置距道岔警冲标不足 3.5 m 的绝缘。在图 4-15 中，道岔 5/7 和 1/3 之间有一个超限绝缘，由于该超限绝缘所在物理位置与 5/7 道岔弯股和 1/3 道岔弯股的距离很近，所以在该超限绝缘右边道岔 1/3 的定位上停留有车辆时，经由道岔 5/7 反位的进路（如 D_3 至 D_{11} 的进路）将不能被建立，否则车列经由 5/7 反位的进路时，就可能会和停留在超限绝缘右边 1/3 道岔定位上的车辆由于距离太近而发生侧面冲突。因而，要建立经 5/7 反位的进路，必须确定 3DG 上没有车辆（3DGJF 前接点闭合），或者道岔 1/3 在反位（1/3FBJ 前接点闭合），这就是建立经道岔 5/7 反位进路时的超限绝缘条件，即图中 3DGJF 前接点和道岔 1/3FBJF 并联。同理，建立经道岔 1/3 反位的进路时，在 8 线也应该检查超限绝缘条件（即 5DGJ 前接点闭合或者 5/7FBJ 前接点闭合）。需说明的是，经道岔 1/3 弯股的进路和经道岔 5/7 弯股的进路是平行进路，可以同时建立。

2. 进路上所有道岔位置正确

XJJ 线圈端子 4 经由 KJ 的前接点接到 8 线网路，其中，KJ 前接点间接地检查道岔位置正确这一联锁条件。能用 KJ 来间接检查道岔位置正确，是因为在进路没有锁闭前，KJ 自闭电路不通，只能靠 7 线网路接通，而 7 线网路是在进路上所有道岔位置正确后才能接通的，所以在进路未锁闭前可以用 KJ 前接点检查道岔位置正确。进路锁闭后，进路上各道岔的 SJ 落下，7 线网路将断开，KJ 靠其自闭电路保持吸起，不能反映道岔的位置。因此 8 线网路通过 KJ 对道岔位置的检查只适用于进路锁闭以前，进路锁闭以后到信号开放前后，只能靠 11 线网路（信号继电器 XJ 的励磁网路线）来检查道岔位置正确。

需注意的是，8 线网路上串接的道岔表示继电器（DBJ 和 FBJ）的前接点或后接点只是用来区别 8 线网路走向的，不起检查道岔位置的作用。

3. 本咽喉区没有建立敌对进路

这一联锁条件是用在 8 线网路上串接敌对信号的 KJ 和 ZJ 的后接点来实现的。例如，在 X/D_3XJJ 励磁电路中，串接有 D_{11}KJ、D_{11}ZJ 和 S_{III}KJ、S_{III}ZJ 等继电器的后接点，用来证明本咽喉区中的敌对进路确实在未建立状态。

4. 另一咽喉区也没有建立迎面敌对进路

这一联锁条件是以在相当于股道的部位串接迎面咽喉该股道处的照查继电器 ZCJ 前接点来检查的。迎面咽喉的照查继电器 ZCJ 励磁吸起，证明迎面咽喉未向该股道排列任何进路，反之，如果迎面咽喉的照查继电器 ZCJ 落下，则说明迎面咽喉向该股道排列了进路。例如，由 X 向 IIIG 排列接车进路时，X/D_3XJJ 的励磁电路中就检查了 IIIG 股道下行出站信号 X_{III}ZCJ 的前接点，S_{III}ZCJ 的前接点闭合说明迎面咽喉确实未向 IIIG 股道排列任何进路。

应该指出的是，为使调车作业具有灵活性，允许两个咽喉区同时向同一股道排列调车进路。例如，由 D_{11} 向 IIIG 股道排列调车进路时，在 D_{11}XJJ 的励磁电路中，除接有 X_{III}ZCJ 前接点外，还接有与它并联的 X_{III}ZJ 的前接点。当迎面咽喉建立了向 III 股道调车进路时，虽然此时 X_{III}ZCJ 失磁落下，但此时可以经由 X_{III}ZJ 前接点接通 D_{11}XJJ 的励磁电路，不影响 D_{11} 向 IIIG 股道排列调车进路。当迎面咽喉未建立向 IIIG 的任何进路时，D_{11}XJJ 可经由的 X_{III}ZCJ 前接点接入 KF，励磁吸起。如果迎面咽喉建立了向 IIIG 的列车进路，则 X_{III}ZCJ 和 X_{III}ZJ 均处于落下状态，本咽喉向 IIIG 的列车进路和调车进路都将无法建立，从而保证了迎面敌对进路不能同时建立。

此外，往股道调车时，不检查股道占用情况，即不管股道上有无车辆，只要迎面咽喉没有建立向股道的列车进路，本咽喉就可以建立到该股道的调车进路，进行调车作业。例如，D_{11} 往 IIIG 的调车进路，在 D_{11}XJJ 的粗线励磁电路中，没有检查 IIIG 的股道继电器 GJ 占用情况。而向股道建立列车进路时，不允许股道内停留有其他车列，所以，图中 X 至 IIIG 进路的 8 线上串接的 IIIGJF 的前接点，就是起检查股道空闲的作用。GJF 是 GJ 的复示继电器。

需说明的是，对调车进路，由于其电路网路（包括 8 线网路）通过终端信号处 ZJ 前接点断开，所以，建立向无岔区段的短调车进路时，也不检查该无岔区段的占用情况。例如，在图 1-2 中，建立 D_1 至 D_{15} 的调车进路时，进路终端在 D_5，电路网路通过 D_5ZJ 前接点断开，所以对 1/19WG 上车列占用情况不进行检查，即不管 1/19WG 上是否停留有车辆，都不影响该条短调车进路的建立。但是，通过按下 D_1A 和 S_{II}DA 来一次建立 D_1 至 S_{II} 的长调车进路时，对该长调车进路上无岔区段 1/19WG 的占用情况和锁闭情况则需进行检查，该检查通过选择组电路 6 线网路上串接 1/19WG 的 DGJ 前接点和 QJJ 后接点来完成，只有 1/19WG 空闲且处于解锁状态时该长调车进路才能一次建立。

二、信号检查继电器局部电路

信号检查继电器 XJJ 主要作用是：

（1）进路锁闭前，必须检查进路是否满足锁闭的基本条件，即进路空闲、进路上道岔位置正确、本咽喉和迎面咽喉未建立敌对进路。满足上述条件，XJJ 就吸起，为锁闭进路创造条件。

（2）取消进路和人工解锁时，需检查列车或调车车列没有冒进入进路，进路才能解锁，所以对列车或调车车列是否冒进入进路要进行检查，该检查通过 XJJ 来完成，即通过 XJJ 的吸起反映进路空闲或车列未冒进入信号。同时，由于一个咽喉区用于实现人解延时的延时电路只有一套，因而，在进行人工解锁延时之前，需要检查本咽喉没有其他进路正在进行人工解锁延时，以保证人工解锁所规定的延时时间，此检查也由 XJJ 电路来完成。

（3）对调车作业，在接近区段无车的情况下，要防止进路内轨道电路区段人工短路使进路错误解锁，此防护作用由 XJJ 电路来完成。

下面以出站兼调车信号机为例，按不同情况对信号检查继电器局部电路进行介绍。出站兼调车信号机 XJJ 电路如图 4-16 所示。

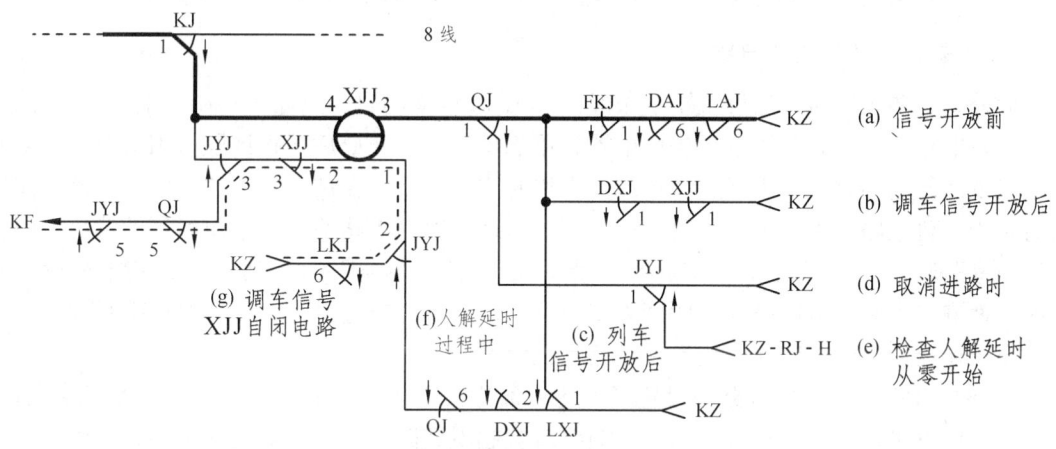

图 4-16　信号检查继电器 XJJ 局部电路

（一）建立进路时的 XJJ 局部电路

8 线网路上 XJJ 电路所检查的联锁条件（主要是进路空闲和敌对进路未建立），不仅在进路锁闭之前要检查，而且在信号开放之前和信号开放过程中都要进行连续检查，XJJ 励磁吸起后，要一直工作到列车或机车车辆驶入进路时才落下，所以，必须保证 XJJ 在车列没有进入进路且进路中不出现故障时一直处于吸起状态。

1. 信号开放前 XJJ 励磁电路

在图 4-16 中（a）支路为信号开放前，XJJ 通过 FKJ 前接点接入 KZ 电源励磁，其电路为：

KZ—LAJ$_{61-63}$—DAJ$_{61-63}$—FKJ$_{11-12}$—QJ$_{13-11}$—XJJ$_{3-4}$—KJ$_{12-11}$—8 线。

2. 信号开放后 XJJ 励磁电路

信号开放后，FKJ 落下，上述励磁电路（a）将会断开。为确保信号开放过程中 8 线不断电、XJJ 不落下，对调车进路，在调车信号继电器 DXJ 励磁吸起、调车信号开放后，XJJ 通过 DXJ 第 1 组前接点接入 KZ 电源而保持吸起，如图中（b）支路，其励磁电路为：

KZ—XJJ$_{11-12}$—DXJ$_{11-12}$—QJ$_{13-11}$—XJJ$_{3-4}$—KJ$_{12-11}$—8 线。

对列车进路，列车信号继电器 LXJ 励磁吸起后列车信号开放，XJJ 通过 LXJ 第 1 组前接点接入 KZ 电源而保持吸起，如图中（c）支路，其励磁电路为：

KZ—LXJ$_{11-12}$—QJ$_{13-11}$—XJJ$_{3-4}$—KJ$_{12-11}$—8 线。

信号开放后，调车信号继电器 DXJ 或列车信号继电器 LXJ 吸起，辅助开始继电器 FKJ 落下，使得 XJJ 信号开放前的励磁电路断开。

3. 重复开放信号时 XJJ 励磁电路

信号开放后，如果进路中的轨道电路出现故障（DGJ 落下），则会使 8 线网路断开，XJJ 和 XJ 先后落下而关闭信号。在故障修复好之后需要使 XJJ 重新吸起，以证明进路空闲。此时，可通过办理重复开放信号手续使 FKJ 重新吸起，先接通信号开放前的 XJJ 励磁电路使 XJJ 再次励磁吸起，信号开放后仍按上述信号开放后的励磁电路接通。

4. 调车时 XJJ 的防护电路

此外，对调车进路，还设置了一条经由 XJJ$_{1-2}$ 线圈的自闭电路，如图中虚线电路（g）所示。该电路中，JYJ 为接近预告继电器，用于反映信号开放后接近区段占用情况，信号开放后接近区段空闲时 JYJ 吸起，接近区段占用时 JYJ 落下。在调车作业过程中，用该自闭电路防护当轨道电路发生人工短路时，由调车中途返回解锁电路使进路错误解锁的情况。在建立调车进路时，XJJ 吸起后，在接近区段无车的情况下，电路（g）接通，不受 8 线网路限制，此时即使进路内某轨道电路发生瞬间人工短路，XJJ 仍能通过上述自闭电路保持吸起，以防止调车中途返回解锁电路起作用而使进路错误解锁。

在调车用的 XJJ 励磁电路中设置了上述一条特殊的自闭电路（g），该条自闭电路脱离 8 线网路，所以平时得不到检查，当发生断线时就起不到防护作用。对列车进路，由于不存在调车中途返回解锁的问题，所以其 XJJ 无该自闭电路。

对列车进路，进路锁闭并开放信号后，由支路（c）接向 8 线网路，使 XJJ 保持吸起。如果列车压入进路，则由于进路不空闲，8 线网路断开，XJJ 落下复原。对调车进路，由支路（b）和自闭电路（g）使 XJJ 保持吸起。当调车车列进入接近区段时，接近预告继电器 JYJ 落下，XJJ 自闭电路（g）断开。调车车列前行，压入进路时，8 线网路断开，XJJ 落下复原。总之，无论是列车进路还是调车进路，只要车压入进路，则 XJJ 立即落下复原。

（二）取消进路和人工解锁时 XJJ 局部电路

取消进路和人工解锁过程中，都要证明信号关闭后，列车或调车车列没有收到冒进信号，或者说要证明进路一定处于空闲状态，之后才能解锁进路。由于在取消进路和人工解锁进路时，进路始端信号要关闭（即 LXJ 或 DXJ 要落下），将会使上述通过 LXJ（或 DXJ）前接点而接通的 XJJ 励磁电路（b）和（c）断开，为保证信号关闭后 XJJ 仍然能再次吸起以完成信号关闭后对进路空闲的检查，特别设计了两条经由 QJ 第 1 组前接点使 XJJ_{3-4} 线圈再次励磁吸起的电路。

1. 取消进路时 XJJ 励磁电路

取消进路时，按压进路始端按钮和总取消按钮 ZQA，使进路始端处的 QJ 吸起，断开支路（b）和（c），XJJ 落下。在信号关闭后，电源 KZ 经由接近预告继电器 JYJ 第 1 组前接点接向 XJJ 线圈端子 3，使 XJJ 再次励磁吸起，如图中支路（d），其励磁电路为：

KZ—JYJ_{12-11}—QJ_{12-11}—XJJ_{3-4}—KJ_{12-11}—8 线。

上述电路中，接近预告继电器 JYJ 前接点用于反映信号开放后接近区段空闲。

2. 人工解锁时 XJJ 励磁电路

人工解锁进路时，在进路始端信号关闭以后需要进行延时（3 min 或 30 s），只有在延时时间到且列车或调车车列没有进入进路时才能解锁进路。在 6502 电气集中控制台上，一个咽喉区只有一套用于人工解锁的按钮，同时也只有一套用于实现人解延时的电路，这使得一条进路正在人解延时时，本咽喉其他进路将不能进行人工解锁，否则后面进行人解的进路的延时时间就无法得到保证。因而，在办理人工解锁时，首先必须检查本咽喉是否有其他进路在人解延时，如果没有其他进路在人工解延时，本进路才能进行人工解锁。换言之，在进行人工解锁时，必须检查本咽喉的延时电路是否是从零开始进行延时，如果是从零开始的延时，则说明没有其他进路在人解，此时才能进行人工解锁，否则说明之前已经有其他进路在人解，就不允许再进行人工解锁了。图中条件电源"KZ-RJ-H"起检查延时是否从零开始的作用。如果人解延时从零开始，即本咽喉没有其他进路在人工解锁时，则"KZ-RJ-H"供出 KZ，否则"KZ-RJ-H"将无法供出 KZ。

人工解锁时，按压进路始端按钮和总人解按钮 ZRA，使进路始端处的 QJ 吸起，断开支路（b）和（c），XJJ 落下。在信号关闭后，检查人解延时是否从零开始，如果人解延时从零开始，则条件电源"KZ-RJ-H"供出 KZ，XJJ 经支路（e）接通，其励磁电路为：

KZ-RJ-H—JYJ_{13-11}—QJ_{12-11}—XJJ_{3-4}—KJ_{12-11}—8 线。

3. 人工解锁时 XJJ 自闭电路

需要说明的是，上述条件电源"KZ-RJ-H"是在还没有开始人解延时时供出 KZ 电源的，一旦延时开始，则条件电源"KZ-RJ-H"将断开而无法供出 KZ，上述通过"KZ-RJ-H"接向 8 线网络的电路（e）将会断开。为保证人解延时过程中对进路空闲的检查，需要其他电路来接续上述（e）支路，使 XJJ 继续保持吸起。人解延时过程中为 XJJ 供出 KZ 的局部电路，如图中支路（f），其电路为：

KZ—LXJ_{11-13}—DXJ_{11-13}—QJ_{61-62}—JYJ_{23-21}—XJJ_{1-2}—XJJ_{32-31}—JYJ_{31-33}—KJ_{12-11}—8 线。

该电路中接入 XJJ 自身前接点，其目的是保证检查人解延时从零开始的电路（e）先接通，使 XJJ 通过 3-4 线圈励磁吸起，然后才能接通上述自闭电路，从而确保了先实现人解延时从零开始的检查，然后执行人解延时过程中进路空闲的检查。如果本咽喉有其他进路正在人解延时，则条件电源"KZ-RJ-H"不通，支路（e）不通，支路（f）也无法接通，XJJ 将无法励磁吸起，进路将无法人解。因为取消进路和人工解锁都要求 XJJ 处于吸起状态。

在人解延时过程中，XJJ 仅通过支路（f）接入 8 线网路，使 XJJ 保持在吸起状态。在延时过程中，如果列车或调车车列冒进入进路或者 8 线网路故障，使 8 线网路断开，则 XJJ 落下。XJJ 落下断开 QJ_{1-2} 线圈的自闭电路，使 QJ 落下，进路将不会解锁（XJJ 吸起和 QJ 吸起是进路人工解锁的必要条件）。

图 4-17 所示为调车专用的 XJJ 局部电路。它与图 4-16 的电路构成原理完全一样，只是在一些接点的使用上作了一些调整，并将一些只与列车有关的接点去掉了。

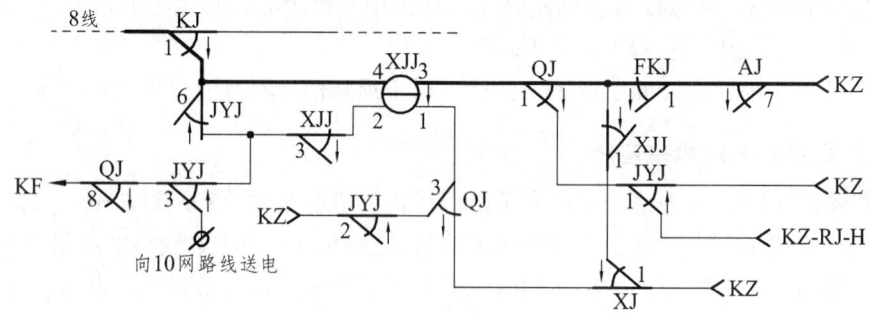

图 4-17 调车专用的 XJJ 局部电路

第六节　区段检查和股道检查继电器电路

一、区段检查继电器电路

（一）QJJ 的设置

前面已经提到，区段检查继电器 QJJ 是为实现进路锁闭而设置的，而股道检查继电器 GJJ 和照查继电器 ZCJ 则是为锁闭另一咽喉迎面敌对进路而设置的。

在大站上，由于以道岔区段作为锁闭与解锁的对象，所以每一个道岔区段和列车进路上两差置信号机之间的无岔区段，都应对应设置一个区段检查继电器 QJJ，设在区段组合 Q 内。

（二）9 线网路和 QJJ 励磁电路

因为进路锁闭要涉及各道岔区段，所以区段检查继电器 QJJ 采用站场形网路，9 线网路就是控制区段检查继电器 QJJ 的网路线，股道检查继电器 GJJ 也并接到这条网路线上。

图 4-18 所示为区段检查继电器 QJJ 和股道检查继电器 GJJ 的电路。图中除 9 线网路外，还包括有区段检查继电器 QJJ 自闭用的 10 线网路。

图 4-18 所示的 9 线网路结构如下：

（1）9 线网路采用站场形网路结构。DBJF 和 FBJF 接点区分 9 线网路走向，不起检查道岔位置作用。

（2）9 线网路电源 KZ，由进路的始端经 XJJ 第 2 组前接点接入，并从进路始端送到终端。电源 KF 由各轨道区段经轨道继电器 DGJ 第 2 组前接点接入。

（3）同一咽喉各区段的区段检查继电器 QJJ_{3-4} 线圈都并接在 9 线网路上。若网路线接通 KZ，则进路上各区段的 QJJ 都会吸起。

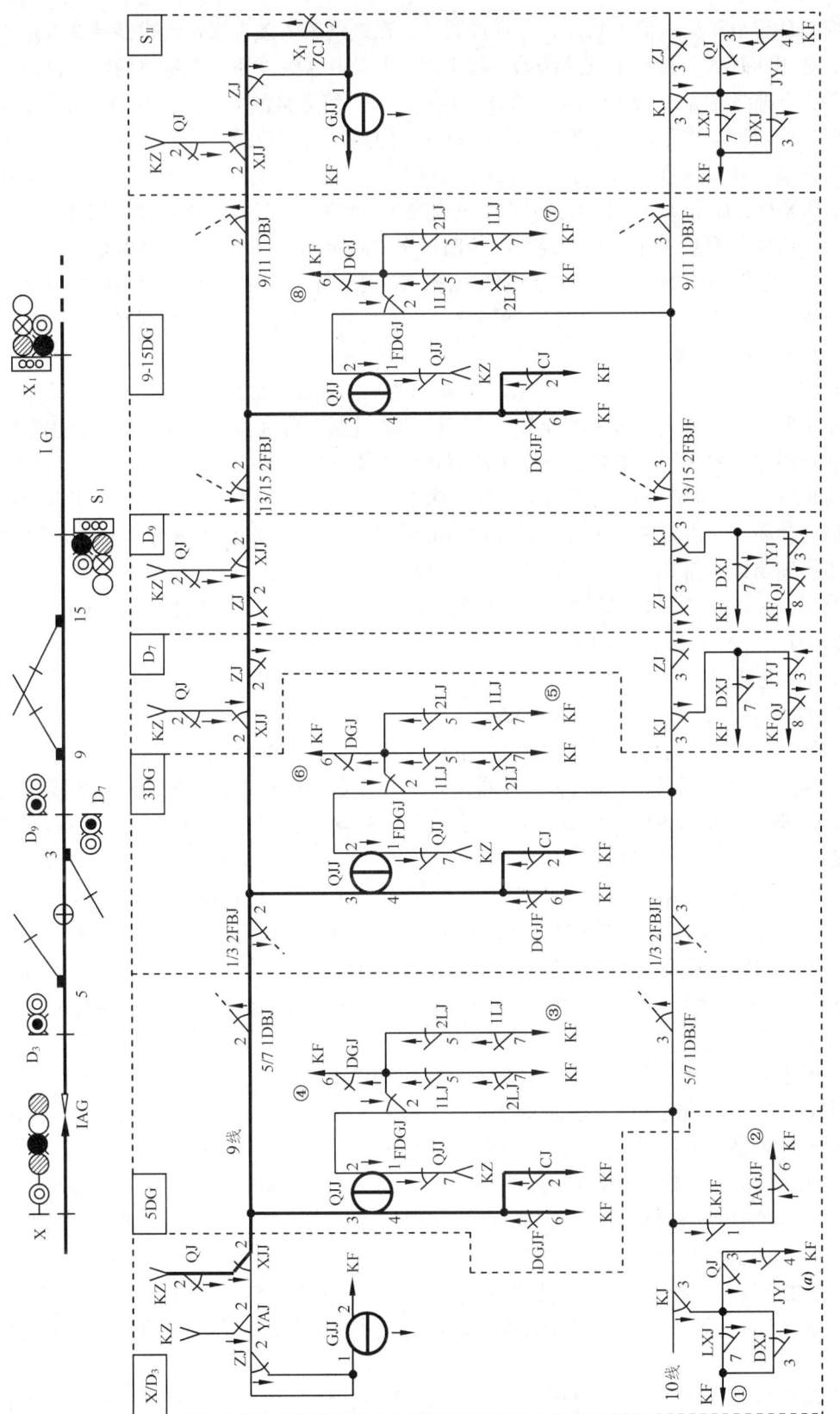

图 4-18 区段检查和股道检查继电器电路（9、10 线网路）

平时 QJJ 皆处于失磁落下状态，办理进路时，在进路锁闭条件满足，进路始端 XJJ 励磁吸起后，利用 XJJ 的前接点由进路的始端将电源 KZ 引向 9 线网路。在进路的终端部位，对调车进路，经进路终端处 ZJ 的前接点将 9 线网路断开，使进路范围内的所有 QJJ 都经 3-4 线圈励磁吸起；对列车进路，由股道终端部位将 9 线网路连通，使进路范围内的所有 QJJ 都励磁吸起。例如，建立 X 至 I G 的接车进路，在进路锁闭条件满足，X/D_3XJJ 经 8 线网路励磁吸起后，经 X/D_3XJJ 第 2 组前接点将 KZ 电源接入 9 线网路，使进路内各道岔区段 5DG、3DG 和 9-15DG 的区段检查继电器 QJJ 经 3-4 线圈依次励磁吸起，如图 4-18 中粗线所示。对 D_3 至 D_9 的调车进路，经 X/D_3XJJ 第 2 组前接点将 KZ 电源接入 9 线网路，使进路内道岔区段 5DG 和 3DG 的 QJJ 励磁吸起，在进路终端处，通过 D_7ZJ 前接点断开 9 线网路，将进路外方 9-15DG 的 QJJ 排除在 9 线网路之外。

在经 X/D_3XJJ 第 2 组前接点接入 KZ 的局部电路中接入了 X/D_3QJ 的第 2 组后接点，该后接点用于取消进路或人工解锁时断开 9 线网路，使进路内各区段的 QJJ 落下，为进路解锁做好准备（进路内各区段的 QJJ 落下是进路解锁的必要条件）。

9 线网路接通，进路中各区段的 QJJ 励磁吸起后，进路将转入锁闭状态。为实现对进路中各区段的锁闭，对进路中各区段设置有进路继电器 1LJ、2LJ 和传递继电器 CJ，对进路内道岔设置有锁闭继电器 SJ。1LJ 和 2LJ 的自闭电路如图 5-2 所示。

平时 1LJ 和 2LJ 经 3-4 线圈的自闭电路接通而处于吸起状态，1LJ 自闭电路为：

KZ—QJJ_{71-73}—$1LJ_{3-4}$—$1LJ_{22-21}$—KF。

2LJ 自闭电路为：

KZ—QJJ_{71-73}—$2LJ_{3-4}$—$2LJ_{22-21}$—KF。

QJJ 励磁吸起后，上述 1LJ 和 2LJ 自闭电路断开，1LJ 和 2LJ 落下。

CJ 电路如图 5-4 所示，平时 CJ_{3-4} 线圈接通，CJ 吸起。1LJ 和 2LJ 落下后，CJ_{3-4} 线圈电路断开，CJ 落下。道岔 SJ 电路如图 5-3 所示，平时 SJ 电路接通，SJ 吸起，当该区段的 1LJ 和 2LJ 落下后，区段内道岔的 SJ 电路断开，SJ 落下。例如，对 X 至 I G 的接车进路，进路内区段 5DG、3DG、9DG 的 QJJ 励磁吸起后，各区段的 1LJ、2LJ 和 CJ 落下，进路内道岔 5/7 1SJ、1/3 2SJ、15/17 2SJ 和 9/11 2SJ 均落下。当进路中所有道岔的 SJ 失磁落下后，说明已把进路中道岔锁在规定位置，把本咽喉敌对进路给锁住了（因为本进路上各个信号机的 KJ 和 ZJ 都不再会励磁吸起）。对迎面敌对进路的锁闭，由股道部位的股道检查继电器 GJJ 和照查继电器 ZCJ 电路完成，将在 ZCJ 电路中说明。

综上所述，如果 8 线网路上所检查的进路锁闭条件不能满足，XJJ 就不会励磁吸起，进路内各个 QJJ 都不会励磁吸起，进路不能锁闭，信号也就无法开放。由 8 线网路检查进路锁闭的条件是否满足，由 9 线网路执行锁闭进路的任务。

进路内区段的 QJJ 吸起使区段转入锁闭状态，反之，QJJ 的落下则是区段解锁的条件。如果 QJJ 只有 9 线网路的励磁电路，则当列车压入进路时，8 线网路断开，进路始端信号处 XJJ 将落下，信号关闭；随着 XJJ 的落下 9 线网路断开，进路内各个区段的 QJJ 都将落下。这对列车当前正压入的区段而言，其 QJJ 落下，为该区段提供解锁条件是可以的，但对列车运行前方还没有压入的区段，其 QJJ 落下，就提供了解锁条件，存在解锁的可能性，必须防止。

为了防止列车运行前方还没有压入的区段 QJJ 落下，特设置 10 网路线作为 QJJ 的自闭网路线，保证只有列车压入区段的 QJJ 落下，而对列车运行前方没有压入的区段，其 QJJ 可通过 10 线网路的自闭电路保持吸起，这样就保证了列车运行前方区段不出现提前错误解锁的可能。10 线网路和 QJJ 自闭电路中涉及很多与进路解锁相关的继电器，如轨道反复示继电器 FDGJ、进路继电器 1LJ 和 2LJ，同时 10 线网路和进路解锁过程密切相关，将在后面解锁电路部分介绍。

二、股道检查继电器电路

（一）GJJ 的设置和作用

在 9 线网路上除设置有区段检查继电器 QJJ 外，还设置有股道检查继电器 GJJ。GJJ 的设置和作用有以下几种情况：

（1）具有接发车作业的股道都需要设置两个 GJJ，分别设在股道两端的信号辅助组合里。其作用是与照查继电器 ZCJ 配合，锁闭另一个咽喉的敌对进路。另外，还参与取消进路和人工解锁电路的工作（通过 GJJ 的 3-4 线圈），这将在后面取消进路电路部分介绍。

（2）在单线区段以及双线双向运行区段的进站信号机处，例如，图 1-2 的 X_D、X 和 X_F 处，都需要设置一个 GJJ（与之对应，也需要分别设置一个 ZCJ），设在信号辅助组合 1LXF 里。其作用是锁闭迎面敌对进路（通过 GJJ 的 1-2 线圈），并且在取消进路解锁和人工解锁进路时起作用（通过 GJJ 的 3-4 线圈）。

（3）在双线单向运行区段有两个及以上发车方向的车站，在对应主要发车方向的发车口处需设一个 GJJ，放在零散组合里。它的作用是接通信号辅助继电器 XFJ 电路。

（二）GJJ 电路

如图 4-18 所示，股道检查继电器 GJJ_{1-2} 线圈经终端继电器 ZJ 接点接在 9 线网路上。同 QJJ 一样，当 9 线网路接通电源 KZ 时 GJJ 吸起；断开 9 线电源 KZ 时，GJJ 因没有自闭电路而落下。

对 X 至 I G 的接车进路，当 9 线接通，进路上各区段 QJJ 和股道部位的 S_1GJJ 吸起后，进路内各区段 1LJ、2LJ 和各道岔 SJ 落下。当最靠近股道的道岔 9 的 SJ 落下、S_1GJJ 吸起后，S_1ZCJ 将落下，实现对迎面咽喉敌对进路的锁闭。

有两个发车方向的主要发车口处的 GJJ_{1-2} 线圈也接在 9 线网路上，办理发车进路时经 XJJ 前接点给 9 线网路送出电源 KZ，使 GJJ 吸起，GJJ 前接点为开放主要方向的出站信号所使用。

第七节 接近预告和照查继电器电路

一、接近预告继电器电路

进路的预先锁闭和接近锁闭是在信号开放后，用接近区段有无车占用来区分的。那么对应每一架信号机，就应当设置一个反映信号开放后其接近区段有无车占用的继电器，这个继电器就是接近预告继电器 JYJ。根据故障-安全原则，JYJ 的常态为励磁吸起状态。对出站兼调车信号机，列车和调车可合用一个接近预告继电器。

JYJ 的作用是在信号开放后用来区分进路的状态，即车未驶入接近区段时 JYJ 吸起，进路处于预先锁闭状态；当车驶入接近区段后 JYJ 落下，进路处于接近锁闭状态。

由于各类信号机的接近区段不同，所以，JYJ 的电路有三种类型。

（一）调车信号机用的 JYJ 电路

图 4-19 所示为调车信号 D_{11} 用的 JYJ 电路。平时 JYJ 处于吸起状态。当以 D_{11} 为始端的进路建立好并开放信号后，由于 KJ 和 XJ 的吸起使得经 JYJ_{1-2} 线圈的自闭电路断开，当 D_{11} 信号机的接近区段 7DG 有车占用时，DGJ 落下，JYJ_{3-4} 线圈的励磁电路将被 DGJF 的第 4 组后接点断开，JYJ 落下，反映信号开放后接近区段占用。

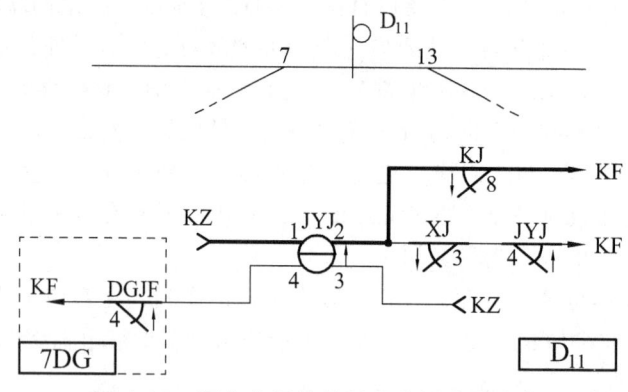

图 4-19 调车专用的接近预告继电器电路

当调车车列出清接近区段 7DG 后，DGJ 吸起，JYJ 随着 DGJF 前接点的闭合而重新通过 3-4 线圈励磁吸起。JYJ 不能由其 1-2 线圈重新励磁吸起，因为在其一条电路中接有它自己的前接点，而在另一条电路中接有 KJ 第 8 组后接点。在正常情况下，车列不出清接近区段，进路中第一个道岔区段不解锁，KJ 不会失磁落下，故 JYJ 也不会经由 KJ 的后接点重新励磁。因此，JYJ 必须在证明车列已出清 7DG 后才能重新励磁吸起。

电路中接入 KJ 第 8 组后接点的目的是，接近区段 7DG 占用时，建立以 D_{11} 为始端的调车进路，如果进路始端信号 D_{11} 因故（如灯丝断丝）不能开放，则 JYJ 仍能通过 1-2 线圈上经 XJ 后接点的自闭电路保持吸起，此时允许以取消进路方式将进路解锁。由于 D_{11} 没有开放，所以不存在调车车列冒进入进路的可能性，因而用取消进路方式来解锁不会危及行车安全。此外，先建立以 D_{11} 为始端的进路，D_{11} 信号开放后车列进入接近区段 7DG，随后办理人工解锁，在 D_{11} 信号关闭、延时结束时车列没有进入进路，该进路解锁，此时 JYJ 经 KJ 第 8 组后接点接通 1-2 线圈的励磁电路并自闭。当再建立以 D_{11} 为始端的进路时，如果进路锁闭后 D_{11} 信号因故不能开，则 JYJ_{1-2} 线圈上经 XJ 第 3 组后接点和自身第 4 组前接点的自闭电路仍然在接通状态，JYJ 仍然吸起，此时可以采用取消进路手续来将该进路取消，而无需用人工解锁手续来取消。总之，JYJ 只反映信号开放后接近区段占用情况，而不反映信号开放之前接近区段的占用情况。

（二）进站内方带调车和站线出站兼调车用的 JYJ 电路

进站信号机内方隔一个无岔区段有同向调车信号机时，例如，图 4-20 中的 X 和 D_3，将共用一个接近预告继电器 JYJ。

进站信号机的接近区段的长度与调车的不同。提速区段进站信号机 X 的接近区段为 2JG 和 3JG（在非提速区段，进站信号机 X 的接近区段为进站信号机前方的一个接近区段，即 2JG）；而排列以 D_3 为始端的调车进路时，其接近区段为 ⅠAG 区段。电路中这两个不同接近区段的区分条件是 LKJF，即排接车进路时 LKJF 吸起，以其前接点将 2JG 和 3JG 条件接至 JYJ 的励磁电路中；排列调车进路时，LKJF 落下，以其后接点将 ⅠAGJ 的条件接至 JYJ 的电路中，以反映不同接近区段的占用情况。

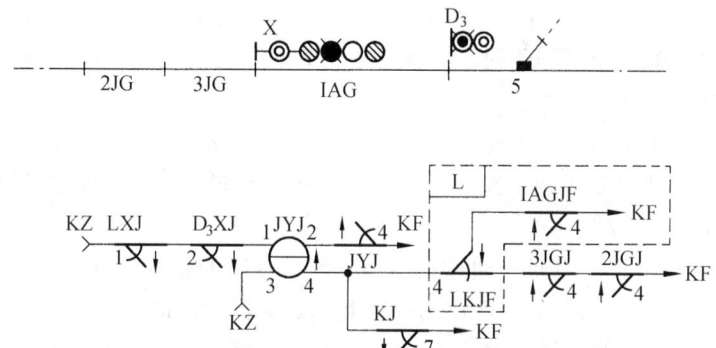

图 4-20 进站和调车共用的接近预告继电器电路

（三）正线出站兼调车信号机的 JYJ 电路

自动闭塞区段正线出站信号机在办理通过进路时，在提速区段，其接近区段由同方向的进站信号机的 3JG 开始至出站信号机为止，但对始发列车或停站后再发的列车来说，其接近区段为股道。其电路如图 4-21 所示。

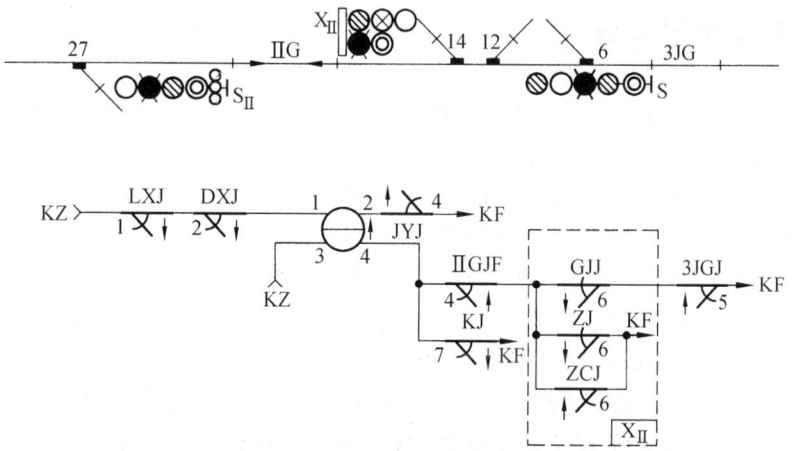

图 4-21 正线出站兼调车共用的接近预告继电器电路

正线出站兼调车信号机用的 JYJ_{3-4} 线圈励磁电路中串接有 IIGJF 和 3JGJ 的前接点，用它们反映 II 股道和 3JG 区段是否有车。在非提速区段，JYJ 上述电路不需要接入 3JGJ 的前接点。在办理通过、发车或调车进路时，它们的接近区段都包括 II 股道。

当以 S_{II} 为进路始端向 IIG 上行方向发车或调车时，S_{II} 的接近区段是 IIG 股道，故在其 JYJ 的励磁电路中接入 IIGJF 前接点就可以了。办理经过 IIG 的上行正线通过进路时，列车由上行进站信号机 S 接近出站信号机 S_{II} 时速度高，为确保行车安全，只利用 IIG 股道作为 S_{II} 的接近区段是不行的，还必须把进站信号机 S 至接车股道 IIG 之间的各道岔区段、3JG 包括在内才行。为此，在 IIGJF 前接点串联有一个由三组继电器接点并联构成的电路环节。

当未办理上行咽喉至 IIG 的进路时，$X_{II}ZCJ$ 在励磁吸起状态，$X_{II}GJJ$ 和 $X_{II}ZJ$ 都在失磁落下状态，这时 JYJ_{3-4} 线圈的励磁电路经由 $X_{II}ZCJ$ 的前接点和 IIGJF 的前接点导通，此时 $S_{II}JYJ$ 只反映 IIG 空闲，平时 $S_{II}JYJ$ 就是通过这条电路保持吸起的。当办理以 S_{II} 为进路始端向 IIG 的上行调车或发车进路时，$S_{II}JYJ_{3-4}$ 线圈励磁也是通过 $X_{II}ZCJ$ 和 IIGJF 前接点导通的，它只反映 IIG 的空闲状态。

当办理了上行至 IIG 的调车进路时，虽然 $X_{II}ZCJ$ 失磁落下，但 $X_{II}ZJ$ 处于吸起状态，此时 $S_{II}JYJ_{3-4}$ 线圈可经由 $X_{II}ZJ$ 的前接点（反映向股道排列的是调车进路）接通励磁电路，这时它也只反映 IIG 的空闲状态。

当办理了上行 S 经 IIG 的列车通过进路时，S 至 IIG 的正线接车进路锁闭后，$X_{II}ZJ$ 和 $X_{II}ZCJ$ 均在失磁落下状态，但 $X_{II}GJJ$ 在励磁吸起状态，它间接证明 S 至 IIG 的接车进路是空闲的。此时，$S_{II}JYJ_{3-4}$ 线圈可经由 $X_{II}GJJ$ 前接点的支路接通，检查 IIG 和上行 S 至 IIG 之间接车进路的空闲状态。出站信号机 S_{II} 开放信号（LXJ 吸起）后断开 $S_{II}JYJ_{1-2}$ 线圈的自闭电路，$S_{II}JYJ$ 经由 $X_{II}GJJ$ 前接点支路的 3-4 线圈接通。

总之，经由 IIG 向上行发车或上行调车时，$S_{II}JYJ_{3-4}$ 线圈的励磁电路只反映 IIG 的空闲状态。唯独排列经由 IIG 的上行通过进路时，$S_{II}JYJ$ 才反映 3JG、接车进路和 IIG 的空闲状况。站线出站兼调车信号机的接近预告继电器的电路，因为列车进路和调车的接近区段相同，都是股道，所以其电路构成原理与调车信号机专用 JYJ 电路相同。

二、照查继电器电路

设置 ZCJ 是为了锁闭另一咽喉区迎面敌对进路。对应每一条能够接车的股道都要设置一个照查继电器 ZCJ，由于照查关系是相互的，所以对应每一个股道应设置两个 ZCJ，即上、下行咽喉区的股道一侧各设一个，分别放在对应股道两端出站信号机的 1LXF 或 2LXF 组合内，用来实现对同一股道迎面敌对进路的照查。

照查继电器 ZCJ 平时处于励磁吸起状态，以反映本咽喉未向相应的股道办理列车或调车进路，以其落下状态反映已向相应股道排列了进路（包括引导接车）。由 9 线网路可知，是否向股道排列了进路，可用股道检查继电器 GJJ 状态来反映。GJJ 励磁吸起说明向股道排列了接车或调车进路，如果与股道相邻的道岔锁闭继电器 SJ 失磁落下，则说明向股道排列的进路已经锁闭，只有在这种情况下才应使 ZCJ 落下，把迎面向该股道排列的进路封锁在未建立状态。只有与股道邻接的道岔解锁后，才让 ZCJ 重新励磁吸起以解除对迎面敌对进路的锁闭。

照查继电器 ZCJ 电路如图 4-22 所示，它是对应 $S_{Ⅲ}$ 而设置的。平时，ZCJ 靠其 1-2 线圈自闭而保持在吸起状态。在向ⅢG 排列以 $S_{Ⅲ}$ 为终端的进路时，$S_{Ⅲ}$GJJ 励磁吸起，切断了 $S_{Ⅲ}$ZCJ$_{1-2}$ 线圈的自闭电路。当进路中最靠近股道的道岔 23/25 2SJ 失磁落下（反映进路确实处于锁闭状态）时，切断了 ZCJ$_{3-4}$ 线圈的励磁电路，使 ZCJ 落下，这说明本咽喉已向ⅢG 排列了进路，且把上行咽喉排向ⅢG 的迎面敌对进路锁在未建立状态（因为迎面咽喉向ⅢG 接车或调车用的 8 线网路已被 $S_{Ⅲ}$ZCJ 的前接点切断）。

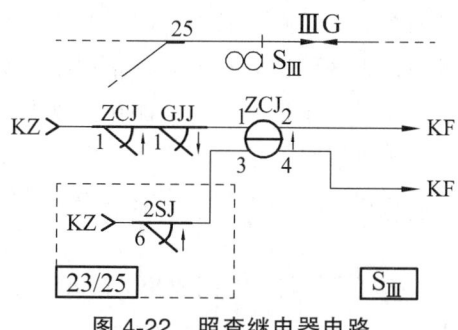

图 4-22 照查继电器电路

照查继电器 $S_{Ⅲ}$ZCJ 失磁落下后，只有在进路中最靠近股道的一个区段道岔解锁，即道岔 23/25 2SJ 励磁吸起后，才能使 $S_{Ⅲ}$ZCJ$_{3-4}$ 线圈的励磁电路接通，使 $S_{Ⅲ}$ZCJ 重新励磁吸起。$S_{Ⅲ}$ZCJ 重新励磁吸起后，又能经由其 1-2 线圈的自闭电路保持吸起。$S_{Ⅲ}$ZCJ 励磁吸起说明，向ⅢG 排列的接车或调车进路已经全部解锁，可以解除对另一个咽喉区向ⅢG 的迎面敌对进路的封锁了。

第八节　信号继电器电路

信号控制电路由信号继电器 XJ 电路、信号辅助继电器电路和信号机点灯电路所组成。信号继电器电路因为要检查进路空闲、道岔位置正确及其锁闭情况、敌对进路未建立及其锁闭情况等，涉及进路上各个道岔和轨道电路区段，所以信号继电器电路采用站场型网路。11 线网路即 XJ 的励磁网路线。

以下将对信号继电器 XJ 的励磁网路 11 线及其局部电路进行分析。在介绍具体电路以前先说明开放信号的联锁条件。

一、开放信号的联锁条件

根据长期实践经验和技规中的有关规定，开放信号时必须检查的联锁条件如下：
（1）开放信号时及在信号开放过程中，必须连续检查进路在空闲状态。
（2）开放信号时及在信号开放过程中，必须连续检查敌对进路在未建立状态且确实被锁在未建立状态。

（3）开放信号时及在信号开放过程中，必须连续检查进路中的道岔位置正确（包括防护道岔，以下同）且确实被锁在规定位置。

（4）车站各种信号必须在操作人员的操纵下才能开放，以保持车站作业的计划性。信号关闭后应防止其自动重复开放。但在双线区段上，当某段时间内（如夜间）有很多列车连续通过车站时，为减少操作之劳，值班人员可按压自动通过按钮，使正线上的进站和出站信号机可以自动重复开放。

（5）列车用的信号机应在列车驶入进路后立即关闭；调车用的信号机则根据作业需要，应在车列出清接近区段，或者当接近区段留有车辆时待车列出清调车信号机内方第一道岔区段后自动关闭。不论列车信号机还是调车信号机，均能在值班人员操作下随时关闭信号。

（6）办理取消进路或人工解锁进路时，信号机应在操作办理完后随之关闭。

上述6项联锁条件如不特别指出，对列车和调车均适用。另外对进站信号尚需满足以下联锁条件：

（7）信号机的允许灯光——黄灯或绿灯——因故熄灭时（例如，允许灯泡的灯丝断丝），应自动改点禁止灯光——红灯。

进站信号机是防护车站用的。如果它的允许灯光——黄灯或绿灯——因故熄灭而又不自动改点红灯，则进站信号机将处于无显示或错误显示状态。虽然行车规则规定：当色灯信号机灭灯时应视为禁止信号，但灭灯事故如果发生在夜间，司机在较远的地方有可能看不到信号机显示，待司机一旦发现灭灯时势必采取紧急制动措施，可能造成人员伤亡、货物受损的严重后果。又如，进站信号机显示双黄灯时指示列车进站内侧线（即到发线）并准备停车，这时经道岔弯股要减速运行，如果其中任何一个黄灯灭灯，则显示一个黄灯——指示列车进正线并准备停车的显示，司机将会以正常进正线的速度驶进站内侧线的进路，因速度较高可能导致发生列车颠覆事故。

为了避免上述行车事故，凡进站信号机允许灯光因故障熄灭时，都要采取技术措施来保证自动改点禁止灯光——红灯。

（8）开放信号前首先检查红灯灯丝完整，即红灯确实是在点红灯状态。在红灯断丝时，不准许再开放允许灯光。

这条是第（7）条的继承和发展。如果红灯断丝了却还可以给出允许显示，当出现允许灯丝又断丝时，就完成不了第（7）条改点红灯的技术要求。另外，若允许灯丝完好而红灯灯丝却断了，如正值夜间司机已经看到允许显示，随后因故（人工解锁或其他原因）信号突然关闭而不点红灯的情况下，司机可能误认为信号显示被障碍物所阻挡而不会采取制动措施。当司机发现进站信号机在灭灯状态时，慌忙中采取紧急制动措施会造成严重损失。红灯灯丝断丝时不允许开放信号，将影响效率。因此，对速度较低的站线上的出站信号机和调车信号机，准许不检查此项联锁条件。

（9）不允许信号机给出不符合技规要求的乱显示。如进站信号机点一黄一白或白灯显示都视为乱显示。对出站和调车信号机而言，当然也不允许出现乱显示。

上述9条是分析和设计信号控制电路时必须遵循的技术条件。

二、11 线网路结构及其所检查的联锁条件

11 线是 XJ 的网路线。XJ 电路既涉及 11 线，又与 7 线和 8 线有关。一个咽喉区所有 XJ 的励磁线圈都并接在 11 线网路上。与 7 线有关是指 11 线与 7 线共用一组道岔表示继电器（DBJ 或 FBJ）的前接点和两组道岔锁闭继电器（1SJ 或 2SJ、SJ）的接点。涉及 8 线只是对调车信号继电器 DXJ 而言。对调车进路，在接近区段无车时，XJJ_{1-2} 线圈上有脱离 8 线的自闭电路，因而不能通过 XJJ 的吸起来证明进路空闲，而只能通过 8 线来直接检查进路空闲，所以，调车信号继电器 DXJ 励磁电路需要用到 8 线。列车用的 XJJ 没有自闭电路，XJJ 励磁吸起已充分反映了进路的空闲状态，所以列车进路用 XJJ 前接点来间接检查进路空闲，无需再用 8 线来检查进路空闲。

图 4-23 所示为 XJ 的励磁网路线。图中粗线所示是建立 D_3 至 ⅠG 的长调车进路时，D_3DXJ 和 D_9DXJ 经 3-4 线圈的励磁电路；图中虚线所示是建立 X 至 ⅠG 的正线接车进路时，进路始端 X LXJ 的励磁电路。由 DXJ 和 LXJ 的励磁电路可以看出，DXJ 励磁电路涉及 8 线网路和 11 线网路，LXJ 励磁电路只涉及 11 线网路，不涉及 8 线网路。此外，D_3DXJ 和 D_9DXJ 均有一条经 XJJ 第 6 组后接点的自闭电路，当车列压入进路时 8 线断开、XJJ 落下，接通该自闭电路，保证车列未完整出清接近区段之前，DXJ 仍然吸起，使调车信号继续保持开放。X LXJ 没有自闭电路，这确保了列车压入进路时，X/D_3XJJ 落下使得 X LXJ 立即落下，使列车信号立即关闭。

（一）11 线网路结构

11 线网路的结构原理如下：

（1）用 DBJ 和 FBJ 接点区分网路的站场形状，并通过 DBJ 或 FBJ 前接点检查道岔位置是否正确。为了节省接点，11 线和 7 线共用道岔表示继电器前接点。

（2）XJ 励磁电路的范围，由相应的 KJ 前接点和 ZJ 接点来确定。

进路方向（指接车或发车方向）由 KJ 前接点确定，运行方向不同，通过 KJ 接点接通电路的方向也不相同。进路性质由 ZJ 接点来确定，如果网路在两头时，即终端在股道或发车口一侧时，通过 ZJ 前接点接通调车进路，而经 ZJ 后接点接通列车进路。在网路的同一部位，如果既有列车信号继电器 LXJ 又有调车信号继电器 DXJ 线圈，用 LKJ 的接点来区分进路性质，用 LKJ 前接点接通列车进路，而 LKJ 后接点则接通调车进路。

例如，对 X 至 ⅠG 的正线接车进路，在进路始端部位，X LXJ 经由 X/D_3KJ 第 4 组前接点接入 11 线网路，在进路终端 ⅠG 部位接入 KF。对 D_3 至 D_9 的调车进路，在进路始端部位，D_3DXJ 经由 X/D_3KJ 第 1 组和第 4 组前接点分别接入 8 线和 11 线，在进路终端部位，经由 D_7ZJ 第 1 组和第 4 组前接点分别断开 8 线和 11 线网路，电路范围在 X/D_3KJ 和 D_7ZJ 之间。

（3）XJ 电源提供。

对于列车进路，信号继电器 LXJ 的线圈端子 1 由局部电路接入电源 KZ，在相当于列车进路的终端处（即网路的两端）向 11 线网路接入电源 KF。对调车进路，在 11 线网路进路的终端部位经 ZJ 第 4 组前接点接入电源 KZ，而在 8 线网路进路的终端部位经 ZJ 第 1 组前接点接入电源 KF。

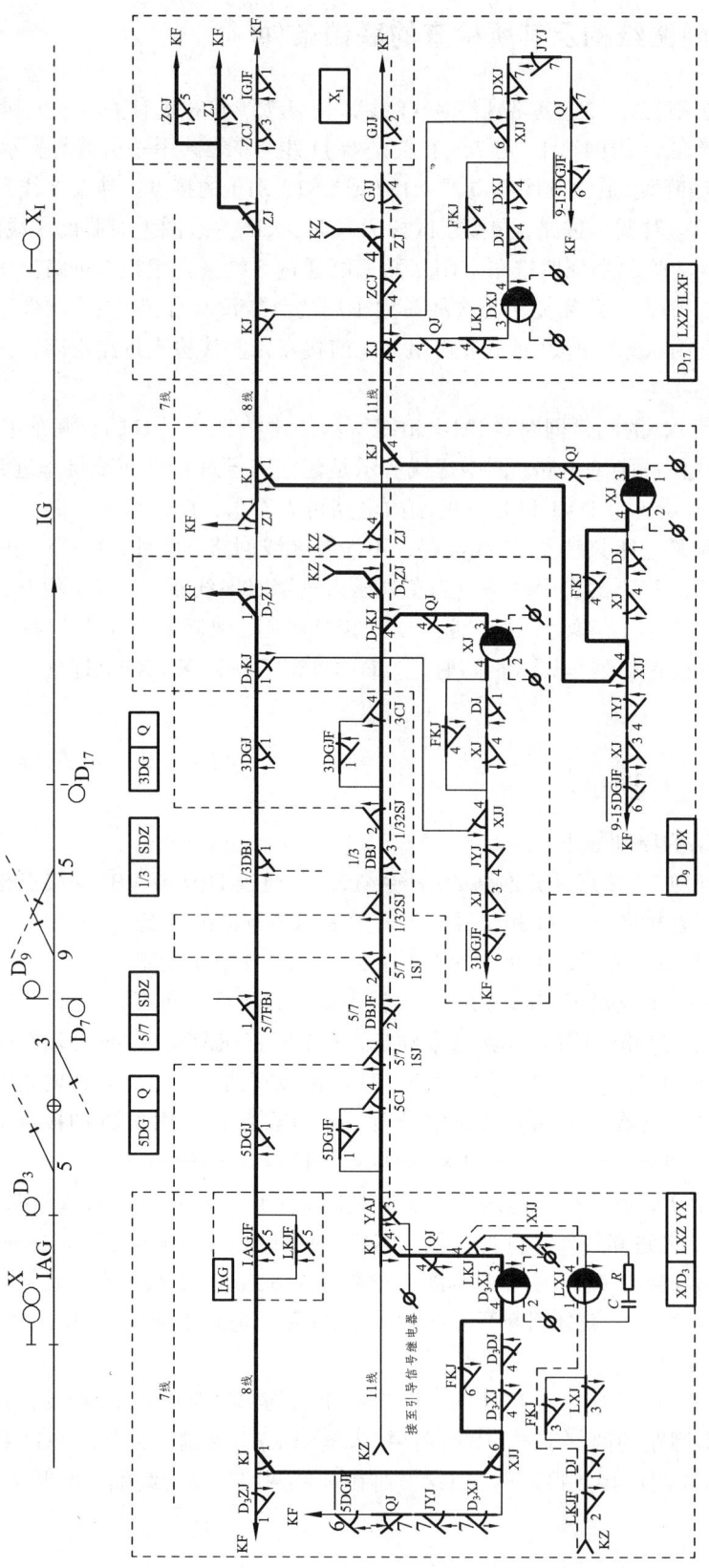

图 4-23 XJ 的励磁网路线

需说明的是，调车信号继电器 DXJ 和列车信号继电器 LXJ 在 11 线上的电源走向相反。例如，对 D_3 至 D_9 的调车进路，11 线网路上 KZ 到 KF 是从右至左，而对 X 至 I G 的同向接车进路，11 线网路上 KZ 到 KF 是从左至右。之所以采用走向相反的电源，是由于列车进路和调车进路用的 11 线网路是共用的。为了防止串电迂回，继电器采用的是电源极性保护法，以提高电路的安全性。

（二）11 网路线检查的联锁条件

11 网路线中检查了下列联锁条件：

（1）进路空闲。

列车进路通过 XJJ 的前接点来反映进路空闲。调车进路则需通过 8 线上各轨道电路区段的 DGJ 前接点来检查进路空闲。

（2）敌对进路未建立，且被锁于未建立状态。

本咽喉区敌对进路未建立的检查是用同一网路线上串接其他信号点 KJ 和 ZJ 后接点来检查的。网路中接入了各有关道岔 SJ 后接点，说明已把敌对进路锁在未建立状态。

另一咽喉区迎面敌对进路未建立，通过 X_1GJJ 的后接点和信号 X/D_3XJJ 前接点证明。其中，X_1GJJ 的后接点用来证明迎面敌对进路未建立，如果迎面咽喉建立了到 I G 的进路，则其 9 线接通，X_1GJJ 将会吸起，此时本咽喉往 I G 的 11 线网路就无法接通。X/D_3XJJ 前接点用来间接证明迎面敌对进路在未建立状态，因为在 X/D_3XJJ 的 8 线网路电路中接有 X_1ZCJ 前接点。

（3）道岔位置正确，且把道岔锁在规定的位置。

道岔位置正确，通过 11 线网路上串接的 DBJ 或 FBJ 的前接点来证明。把道岔锁在规定位置，用 11 线网路上串接的 1SJ、2SJ 或 SJ 后接点来证明。在受锁道岔启动电路的 1DQJ 励磁电路里，接有该道岔锁闭继电器 SJ 的前接点，SJ 一旦落下后，1DQJ 励磁电路无法接通，因而无法进行转换。

这里有两个问题需要特别指出：

第一，对列车进路，在 11 线网路上没有接入检查区段空闲条件的 DGJ 前接点，而是在 LXJ 的局部电路中用 XJJ 的前接点间接反映。之所以 11 线网路上不直接检查区段空闲，是由于 11 线网路除了作 XJ 的励磁网路线以外，还作列车引导信号继电器 YXJ 励磁网路线，而引导进路接车往往是在轨道电路故障的情况下办理，不检查进路空闲条件。

第二，11 线既然兼作引导信号继电器 YXJ 的励磁网路线，而开放引导进路时必须检查进路中的道岔位置正确，故 11 线上又必须有反映道岔位置 DBJ 或 FBJ 的前接点。

（4）值班人员在紧急情况下能随时关闭信号。

通常，车站值班人员可以通过取消进路的方式关闭信号，这是通过办理取消进路时，QJ 励磁吸起，切断 XJ 到 11 线网路的电路来实现的。但是，如果 QJ 因故（如断线）不能励磁吸起时，信号将无法关闭。因而，在 6502 电气集中电路里又设计了第二种紧急关闭信号的办法。

在图 4-23 所示的 11 线网路上，每一个道岔区段组合部位的 11 线网路上都增加了一个传递继电器 CJ 的后接点。CJ 平时处于吸起状态，进路锁闭时，CJ 随着 1LJ 和 2LJ 的落下而失磁落下。当不能用正常关闭信号方法关闭信号时，值班员通过办理区段故障解锁，即在事故解锁按钮盘上破封按下该进路上任何一个道岔区段按钮 SGA 和总人工解锁按钮 ZRA，只要该区段没有被车占用，该区段的 CJ 将励磁吸起，从而切断 XJ 赖以励磁的 11 网路线，迫使 XJ 落下，达到紧急关闭信号的目的。

在 11 线上相当于 Q 组合的地方，与 CJ 前接点串接有一个 DGJF 的后接点的并联电路环节，其目的是办理引导进路接车时，11 线在轨道电路的故障区段可通过 DGJF 后接点和 CJ 前接点连通，使引导信号继电器 YXJ 利用 11 线励磁吸起。例如，对 X 至 ⅠG 的正线接车进路，当进路上 5DG 故障（DGJ 落下）时，要接车进站，只能以引导进路方式接车进站。由于 5DG 故障，5DG 的区段检查继电器 QJJ 无法通过 9 线网路励磁吸起，该区段的 CJ 也将无法落下，此时，11 线网路在 5DG 处可经由 DGJF 的第 1 组后接点和 CJ 第 4 组前接点来接通，从而保证了故障区段的 11 线网路能顺利接通，使引导信号继电器能够通过 11 线网路顺利接通而开放引导信号。

（5）改变运行方向和区间自动闭塞结合的电路条件。在双线双向运行的四显示自动闭塞区段，在 11 线网路端部应接入改变运行方向和区间自动闭塞结合的电路条件。

正向发车口（进站信号机 X_F 处）11 线接入改变运行方向用的方向继电器 FJ_1 和 FJ_2 的 131-133 反位接点，如图 4-24（a）所示，用以证明本站是发车站。正常办理时，经短路继电器 DJ 第 8 组后接点、发车辅助继电器 FFJ 第 8 组后接点和总辅助办理继电器 ZFAJ 第 2 组后接点接通 11 线网路的 LXJ 电路。辅助办理时，用短路继电器 DJ 第 8 组前接点和控制继电器 KJ 第 8 组前接点接通 11 线 LXJ。电路中的 1LQJ 第 6 组前接点用来证明一离去区段空闲，若一离去区段 1LQ 有车占用，则出站信号机不能开放。改变运行方向后，本站为接车站，FJ_1 和 FJ_2 反位接点 131-133 断开，转极至定位接点，发车进路从 11 线网路得不到 KF 电源，LXJ 不能励磁吸起，出站信号不会开放。

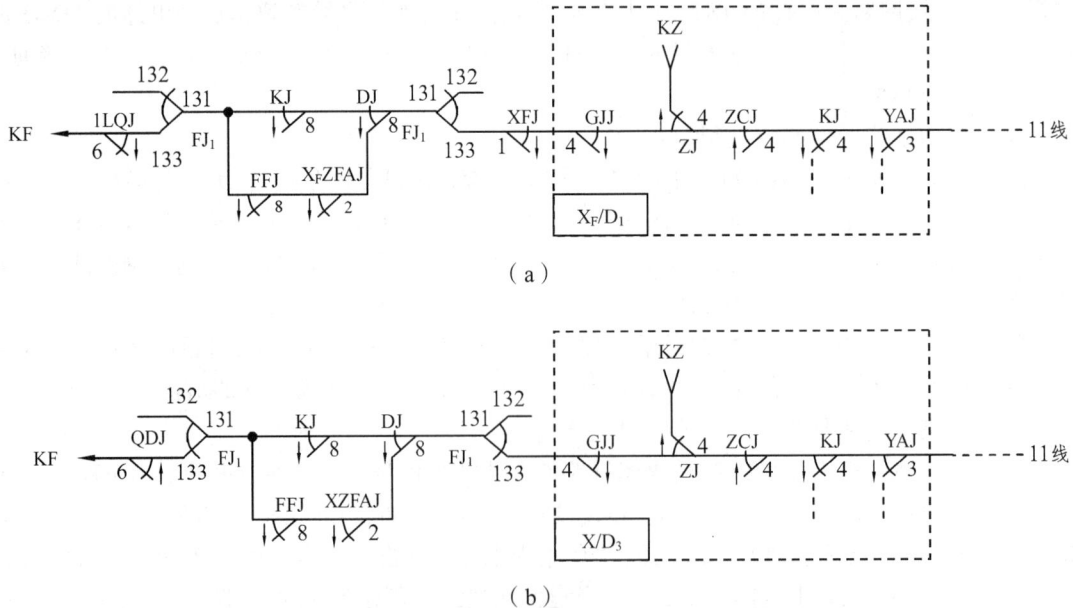

图 4-24 双线双向自动闭塞出站 LXJ 结合电路

在反向发车口（进站信号机 X 处）11 线网路接入 FJ_1 和 FJ_2 的 131-133 反位接点如图 4-24

(b）所示。未改变运行方向时，本站为接车站，不能发车，反位接点 131-133 断开。只有改变运行方向后，FJ_1 和 FJ_2 转极，反位接点接通，11 线的 LXJ 吸起，才能开放出站信号机。在图中接入区间轨道继电器 QGJ 第 6 组前接点是为了检查反向发车时自动站间闭塞的条件，只有整个区间空闲才能开放出站信号机。

此外，在半自动闭塞区间发车口（进站信号机 X_D 处）11 线网路应接入开通继电器 KTJ 前接点和选择继电器 XZJ 后接点，证明排列发车进路之前已经办理好闭塞，取得发车权，如图 4-25 所示。

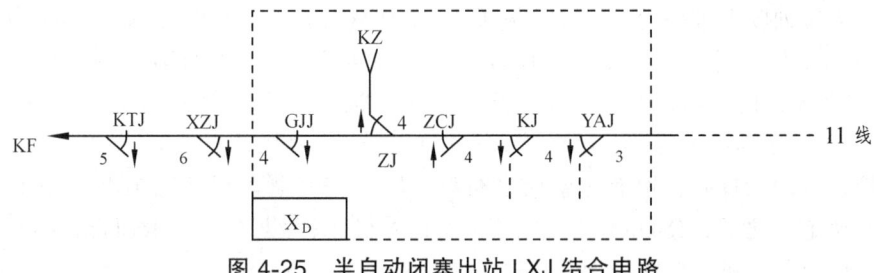

图 4-25 半自动闭塞出站 LXJ 结合电路

开放信号时必须检查的各项联锁条件，在网路中只实现了四项检查，其他各项需在 XJ 的局部电路和室外点灯电路中实现。

三、调车信号继电器局部电路

这里所介绍的调车信号继电器局部电路，指的是咽喉中间的调车信号机（单置、并置和差置）和尽头式调车信号机的局部电路（股道头部以及进站信号机内方有隔一无岔区段的同方向的调车信号机除外）。例如，图 4-23 中的 D_7 和 D_9 就属于这种情况。

调车信号继电器 DXJ 两个线圈分开使用，DXJ_{3-4} 线圈既作励磁又作自闭使用，而 DXJ_{1-2} 线圈则在非进路调车时使用。非进路调车是一种特殊的联锁。

DXJ 需要一条自闭电路，是因为调车作业的机车可能在车辆后部推送车列前进，如果调车信号机关闭并点蓝灯的时机与列车信号一样，那么车辆第一轮对越过调车信号机时，信号马上变蓝灯，此时司机就必然看着蓝灯（禁行显示）而继续推送车辆前进，容易造成司机的紧张心理。因此需要在车列越过信号机但全部车辆尚未出清其接近区段时，让 DXJ 继续吸起以便继续点白灯。

（一）局部电路检查的联锁条件

下面以 D_9 至 I G 的调车进路为例，说明 D_9DXJ 局部电路检查的联锁条件：
（1）辅助开始继电器 FKJ 第 4 组前接点。

信号开放前用它接通 DXJ 励磁电路，信号开放后它即失磁落下。只要不再排列调车进路且不办理重复开放信号，FKJ 就不会再励磁吸起，保证了信号继电器一旦失磁以后，不会自动重新励磁，信号机就不会自动重复开放。

办理重复开放信号时，按下进路始端按钮，进路始端按钮继电器 AJ 吸起后接通 FKJ 励磁电路，使 FKJ 励磁吸起，在进路无故障的情况下，通过 FKJ 前接点重新接通 DXJ 经 8 线网路和 11 线网路的励磁电路，使 DXJ 重新励磁，调车信号重新开放。

（2）信号继电器 DXJ 第 4 组前接点和灯丝继电器 DJ 前接点。

由 DXJ 第 4 组前接点接通的自闭电路中接有 DJ 的前接点，DJ 在此处检查调车允许灯光——白灯——灯丝的完整性。当调车白灯灯丝断丝时 DJ 落下，DXJ 经由 DJ 前接点的自闭电路切断，使 DXJ 失磁落下，改点禁止灯光——蓝灯。

（3）信号检查继电器 XJJ 第 4 组前接点。

当车列未驶入进路前，用其前接点把 DXJ_{3-4} 线圈接向 8 线网路，通过 8 线网路检查进路是否空闲。当车列驶入进路后，8 线网路断开，XJJ 失磁落下，DXJ 缓放（DXJ 为缓放型继电器）。XJJ 落下后，通过其后接点将 DXJ_{3-4} 线圈转接到经由 9-15DGJF 后接点的电路中去，使 DXJ 保持吸起，信号继续点亮白灯。当车列出清 D_9 的接近区段 3DG 区段时 D_9JYJ 吸起，切断这条使 D_9DXJ 继续励磁的自闭电路，D_9DXJ 落下，信号机改点蓝灯。这里应该指出的是，在 D_9 的接近区段 3DG 上留有车辆而进行调车时，需待调车车列完全出清 9-15DG 区段（9-15DGJF 吸起）之后，D_9DXJ 才失磁落下使信号机 D_9 点蓝灯，一般而言，尽头型调车信号机和差置调车信号机，此种情况比较多见。

（4）接近预告继电器 JYJ 第 4 组后接点和 DGJF 后接点。

当车列驶入进路中第一个道岔区段 9-15DG，尚未出清接近区段 3DG 时，因 JYJ 和 9-15DGJF 的后接点都闭合，所以 DXJ_{3-4} 线圈电路可以由这条支路接通，以便达到此时信号机 D_9 保持亮白灯的目的。调车车列越过信号 D_9，即出清接近区段 3DG 后，D_9JYJ 励磁吸起，断开 DXJ_{3-4} 线圈的电路，使 D_9 信号自动关闭。由此可见，这里 JYJ 和 DGJF 两组后接点都是为了使调车信号机继续亮白灯用的，而且，又都能使信号及时自动关闭。

（5）在 D_9DXJ 的自闭电路中接入自身第 3 组前接点。

如果没有自身第 3 组前接点，而在 11 线网路上又不检查 DGJ 前接点，那么 DXJ_{3-4} 线圈有可能在 XJJ 落下的情况下经由 DGJF 和 JYJ 的后接点直接接通，从而甩开了对 8 线进路空闲的检查，这是不容许的。接入了 DXJ 自身前接点，就能防止 DXJ 不通过 8 线，而仅由 11 线错误励磁的可能。

（6）取消继电器 QJ 第 4 组后接点。

取消进路或人工解锁时，QJ 吸起，用 QJ 前接点切断 D_9DXJ_{3-4} 的励磁电路，使信号机关闭。

（二）调车信号继电器 DXJ 采用缓放型继电器的原因

调车信号继电器 DXJ 采用缓放型继电器，原因有三：

（1）当调车车列刚驶入信号机内方，在 XJJ 接点转换瞬间时，DXJ 前接点不断开，以便使白灯电路可靠接通。

（2）办理调车进路的人工解锁时，QJ 吸起，DXJ 将落下，利用 DXJ 的缓放特性，以 DXJ 的第 1 组后接点切断 XJJ_{1-2} 线圈的电路，迫使 XJJ 必须通过条件电源"KZ-RJ-H"重新励磁，以保证所规定的人工解锁延时时间。

（3）利用 DXJ 缓放特性接通正常解锁电路，便于调车进路能正常解锁。这将在后面解锁电路部分进一步说明。

四、列车信号继电器局部电路

在进站兼调车（如 X/D$_3$）和出站兼调车的情况下，LXJ 电路和 DXJ 电路靠列车开始继电器 LKJ 接点来区分。在图 4-23 中，利用 X/D$_3$LKJ 前接点接通 X LXJ 励磁电路，利用 X/D$_3$LKJ 后接点接通 D$_3$DXJ 励磁电路。LXJ 和 DXJ 的电路不同点在于：

（1）LXJ$_{3-4}$ 线圈仅受 11 线控制而不受 8 线控制，对进路中各区段是否空闲的检查用局部电路中 XJJ 前接点间接证明。因为建立列车进路时 XJJ 没有自闭电路，只受 8 线控制。

（2）对列车信号机来说，解决了在列车驶入进路后立即关闭点红灯，没有继续点允许灯光的问题。因此，在 LXJ 的局部电路中没有自闭电路。

（3）在 LXJ$_{1-4}$ 线圈两端并接有一个电阻和电容，使 LXJ 具有较长的缓放性能（1.5~2 s），以便在主、副电源切换，瞬间中断供给交流电源期间，即使 XJJ 一度落下，也不让 LXJ 落下，以便 XJJ 落下后还能经由 LXJ 前接点自动励磁吸起，保证正在开放着的列车信号机不至于关闭。

（4）如图 4-23 所示，在 LXJ 的局部电路中接有第一灯丝继电器 DJ 的前接点。在信号开放前，用它反映红灯灯丝是完好的；而在信号开放后，用它的前接点反映信号机点允许灯光的灯丝是完整的。这说明：红灯灯泡坏了信号不能开放；开放后如允许灯光的灯泡坏了，信号能自动关闭，改点红灯。对进站信号机来说，要求在信号开放以前必须检查红灯灯丝是否完整，而对出站信号机则无此项要求。

（5）在 LXJ 的局部电路中，还接入了一个列车开始继电器的复示继电器 LKJF 的前接点。目的是检查 LKJ 和 LKJF 的动作一致性。即只有二者均吸起时才能开放信号。

第九节　信号辅助继电器电路

调车信号的显示有两个：一个是白灯——允许调车的显示，另一个是蓝灯——禁止调车显示。所以用一个调车信号继电器 DXJ 来控制调车信号机的点灯电路就可以了（DXJ 吸起控制白灯亮灯，DXJ 落下控制蓝灯亮灯），不需要增设辅助继电器。

但对进站信号就不同了。由于进站信号机功能较多（既可能引导列车正线通过，也可能引导列车正线停车，还可能使列车侧线停车或引导接车等），不同的功能所对应的列车运行速度不同，所以进站信号机应该有多种显示，需要信号辅助继电器来配合实现多种显示。

一、进站信号机信号辅助继电器电路

进站信号机有五个灯位，自上而下是：黄、绿、红、黄、白。要用这五个灯位组成六种显示：上黄、双黄、黄绿、绿、红、红白。在有 18$^#$ 及以上道岔的车站还有黄闪黄显示，仅用一个列车信号继电器 LXJ 对其点灯电路进行控制是不够的，所以需要增加六个信号辅助继

电器才能实现上述七种显示。这六个继电器分别为：正线信号继电器 ZXJ、通过信号继电器 TXJ、绿黄信号继电器 LUXJ、引导信号继电器 YXJ、侧线通过信号继电器 CTXJ 和闪光继电器 SNJ。用这些继电器和 LXJ 进行逻辑组合以实现七种显示功能。上述继电器的组合如图 4-26 所示。

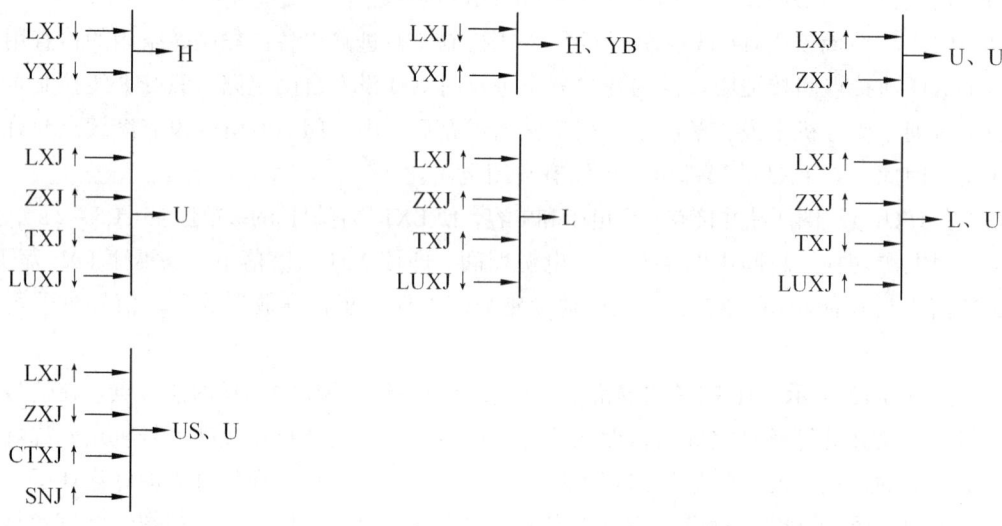

图 4-26 继电器组合示意图

进站信号机用的信号辅助继电器电路如图 4-27 所示。

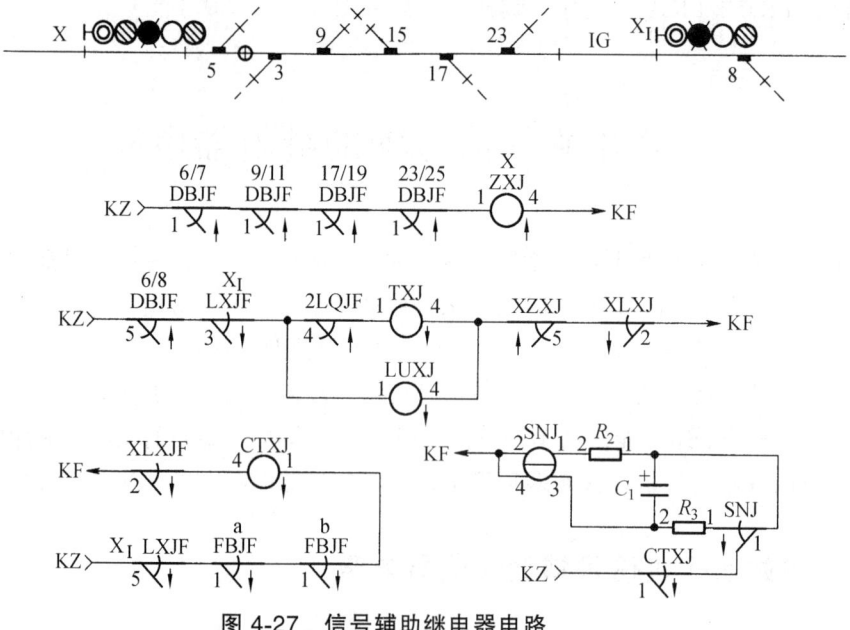

图 4-27 信号辅助继电器电路

正线信号继电器 ZXJ 用以区分是否接车到正线。正线接车时，正线信号继电器 ZXJ 吸起，在 LXJ 吸起后控制进站信号机点黄灯；站线接车时，ZXJ 落下，在 LXJ 吸起后控制进站信号机点双黄灯。向车站正线还是站线接车取决于正线上道岔的开向。如图所示的对向道岔 5/7 和 9/11、17/19 和 23/25 都在定位时，即向正线接车；其中有一个在反位则为到发线接车。因此，这几个对向道岔都在定位时，ZXJ 就励磁吸起，否则失磁落下。

通过信号继电器 TXJ 可以区分列车是否正线通过车站。正线通过进路由正线接车进路和正线发车进路构成。办理正线通过进路时，进站信号的 LXJ、ZXJ 和 TXJ 都励磁吸起，亮绿灯。办理正线通过进路时，可以一次办理（按压进站信号机旁边的通过按钮）；也可以分段办理，即先办理好正线发车进路，然后再办理正线接车进路。无论采用哪一种方式办理，都要求正线发车进路的始端信号机处于开放状态，所以，图 4-27 所示的下行进站信号机 X 的 TXJ 电路中必须接有 X_1 的 LXJF 的前接点。办理正线接车进路时，由于不是正线通过，所以 TXJ 不励磁（处于后接点闭合状态），仅 LXJ 和 ZXJ 励磁吸起，黄灯亮。

在四显示自动闭塞区段或设置有接车进路信号机的情况下，若进站信号机上显示绿黄灯，则这时排好的是正线接车进路，并且进路终端处的出站信号机或接车进路信号机也处于开放状态。因此，在图 4-27 中，LUXJ 电路受进站信号机 X 的 LXJ 前接点、ZXJ 前接点和出站信号机或接车进路信号机的 LXJF 前接点控制。当 TXJ 落下而 LUXJ 吸起时，进站信号机显示一个绿灯和一个黄灯。在四显示自动闭塞区段，根据通过列车驶离同方向 2LQ 区段的情况，分别有绿黄显示和绿灯显示。

引导信号继电器 YXJ 用于确认是否办理了引导接车进路或引导总锁闭。办理引导进路或引导总锁闭时，按压引导按钮 YA，使 YXJ 励磁吸起，进站信号机点 HB 灯。

对有 18# 及以上道岔的车站还有黄闪黄显示，因而还需增加侧线通过信号继电器 CTXJ 和闪光继电器 SNJ。当接车进路经过 18# 及以上道岔侧向位置通过车站时，进站信号机在 LXJ 吸起、CTXJ 吸起、SNJ 吸起且 ZXJ 落下情况下显示黄闪（US）和黄色（U）灯光。为了实现黄灯闪光，进站信号机应增设侧向通过继电器 CTXJ 和闪光继电器 SNJ。

在 CTXJ 电路中，XLXJF 第 2 组前接点和 X_1LXJ 第 5 组前接点接通证明进站信号机和同方向出站信号机开放。aFBJF 和 bFBJF 的第 1 组前接点接通分别说明接车进路和发车进路经过 18# 及以上道岔的侧向位置，这些条件满足后 CTXJ 励磁吸起。

在闪光继电器 SNJ 电路中，经由 CTXJ 第 1 组前接点接通 SNJ 励磁电路，由于电路中接有 C_1 和 R_2，使 SNJ 缓吸。当 SNJ 吸起后，其第 1 组后接点断开 SNJ 励磁电路，但由于 C_1 放电而使其缓放。当 SNJ 落下后，它的第 1 组后接点再次接通其励磁电路，因此在 CTXJ 吸起时间内，SNJ 脉动。

二、两个发车方向的出站信号机信号辅助继电器电路

在具有两个发车方向，出站信号机设置有进路表示器时，出站信号无双绿显示。向某条发车线路发车时，除出站信号开放外，对应进路表示器应亮白灯，以区分不同发车方向。例如，在双线双向自动闭塞区段，出站信号机上设置一个进路表示器。正方向发车时，进路表示器不亮；反方向发车时，进路表示器点亮。

在具有两个发车方向，出站信号机设置有两个绿灯时（在双线单方向运行三显示自动闭塞区段，次要方向为半自动闭塞），有四种显示，即绿、黄、绿绿、红。

在设有两个绿灯时，为实现出站信号机的四种信号显示，需增设四个继电器。这四个继电器是：列车信号复示继电器 LXJF、主信号继电器 ZXJ、第二灯丝继电器 2DJ 和信号辅助继电器 XFJ。上述继电器中，LXJF 是因为 LXJ 接点不够用而加入的。主信号继电器 ZXJ 选择点一个绿灯还是两个绿灯：当向主要干线方向发车时，LXJ 和 ZXJ 均励磁吸起，使信号机显示一个绿或黄灯（如果二离去继电器 2LQJ 在吸起状态则显示绿灯，否则显示一个黄灯）；向次要线路方向发车时，LXJ 吸起，而 ZXJ 不励磁，点亮双绿灯。XFJ 是作为 ZXJ 断线防护用的。2DJ 用来监督第二绿灯灯丝的完整性。

有两种发车方向的出站信号机的四种显示，用三个继电器控制时的动作关系是：

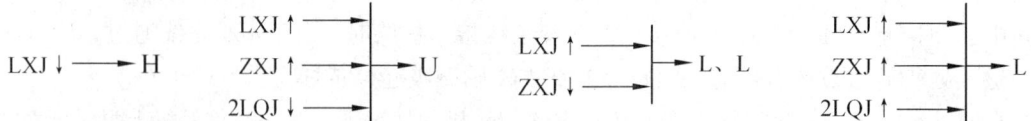

图 4-28 所示为 ZXJ 和 XFJ 电路，ZXJ 和 XFJ 都串接在 13 线网路上。

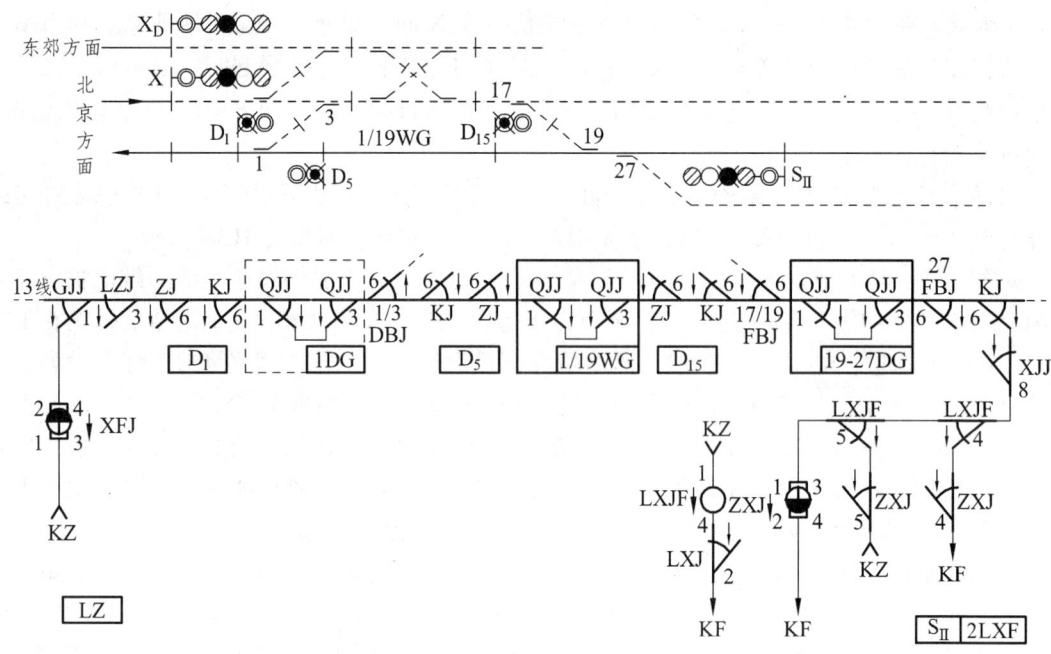

图 4-28　ZXJ 和 XFJ 的励磁电路

当出站信号机显示绿或黄时，如果 ZXJ 因电路故障而错误落下时，出站信号机不但不能自动关闭且将自动改点双绿显示，显然是不允许的。为此增设了一个信号辅助继电器 XFJ（XFJ 设在主要线路发车口部位用的零散组合里），用它进行安全检查。具体措施是将 XFJ 的线圈通过 13 线与出站信号机处的 ZXJ 的线圈串联，以一个 XFJ 监督各个出站信号机的 ZXJ。当 ZXJ 因电路故障落下时，XFJ 随之落下，用 XFJ 后接点断开 11 线，使 LXJ 落下，以达到 ZXJ 故障时出站信号机自动关闭信号的目的。

向主要发车口所在线路办理发车进路时，在 9 线接通、GJJ 和进路上各区段的 QJJ 励磁吸起后，XFJ 和 ZXJ 将同时励磁吸起。ZXJ 和 XFJ 采用缓放型继电器，出站信号开放时，ZXJ 和 XFJ 在 LXJ 励磁吸起期间保持吸起；在 LXJ 励磁吸起之后，ZXJ 通过 LXJF（LXJ 的复示继电器）的前接点接通其自闭电路而继续保持吸起，而 XFJ 则通过 LXJF 的前接点和 ZXJ 的前接点接通电路而继续保持吸起。当列车进入发车进路后，XJJ 落下使得 9 线上接发车口处的 GJJ 落下，切断了 XFJ 励磁电路，XFJ 落下而复原，同时，XJJ 的落下使得出站信号的 LXJ 落下（LXJF 跟着落下），主信号继电器 ZXJ 自闭电路被切断而复原。

ZXJ 励磁电路和 XFJ 电路均用到 13 线，13 线是进路解锁用到的网路线，由于进路解锁必须在出站信号关闭（LXJ 落下）之后才开始工作，而在信号关闭之前的列车压入进路时（由于 XJJ 落下）已然断开了 XFJ 的电路，所以 ZXJ 和 XFJ 虽然用到 13 线，但不会影响到发车进路的正常解锁。

此外，电路中还必须考虑 LXJ 和 ZXJ 吸起、落下的时机问题。开放信号时 ZXJ 必须先于 LXJ 励磁，否则出站信号机会先闪一下双绿而后才点一个绿灯；而在关闭信号时 LXJ 必须先于 ZXJ 落下，否则出站信号机会先闪一下双绿而后点红灯。在出站信号机 LXJ 电路中，在发车口处接入了 XFJ 前接点，只有 XFJ 励磁吸起（ZXJ 和 XFJ 同时吸起）后，LXJ 才能励磁吸起，保证了在开放信号时 ZXJ 先吸起，LXJ 后吸起。在图 4-28 中 ZXJ 的自闭电路中接入了 LXJF 的前接点，保证了在关闭信号时只有 LXJ 落下后 ZXJ 才能落下，从而保证了向主要发车口所在线路发车时，不管是开放信号时还是关闭信号时，都不会出现闪双绿灯的现象。

将 XFJ 和 ZXJ 串联的好处是用 1 个 XFJ 来监督所有出站信号机 ZXJ 的工作，当 ZXJ 发生线圈断线或电路发生断线故障时，ZXJ 不能励磁，使得与其串联的 XFJ 也不会励磁吸起。而出站信号继电器 LXJ 励磁的 11 线上接有 XFJ 的前接点，在 XFJ 因 ZXJ 故障而不能励磁吸起（或 XFJ 吸起后因 ZXJ 故障而落下）时，11 线将无法接通（或接通后又断开），使 LXJ 就不会励磁吸起（或吸起后又落下），出站信号也就不开放了（或开放了又会自动关闭），从而检查了所有出站信号机 ZXJ 是否出现故障，且保证了向主要发车口线路发车时，在 ZXJ 故障情况下点禁止灯光，不会出现点双绿灯的错误显示。

第十节 信号点灯电路

信号点灯电路既有室内配线又有室外联系线路，因此设计信号点灯电路时，必须考虑室内断线防护和室外混线防护措施。

信号点灯电路断线，信号机就要灭灯。允许灯光灭灯要使信号降级，如绿灯或黄灯灭灯时，要自动改点红灯。禁止灯光灭灯时不允许信号再开放（一般仅对进站信号机及正线出站信号机）。因此，在每个信号机灯泡上，都串接有灯丝继电器 DJ，DJ 采用整流式继电器，用以监督灯丝的完整性。

信号点灯电路混线故障会造成信号升级显示以及乱显示，这是绝对不允许的。因此对其要采取混线防护措施。但对出站兼调车信号机和调车信号机的月白灯光只对调车有效，对列车不起作用，故对月白显示不采取混线防护措施以节省与室外的电缆数量。

下面分别对进站、出站及调车信号的点灯电路加以介绍。

一、进站信号机点灯电路

（一）进站信号机电路结构

图 4-29 所示为进站信号机的点灯电路，采用的是透镜式色灯信号机。整个电路从上到下分成三部分：最上一个实线框内的电路为室内电路，中间实线框内电路为室外信号机处的信号变压器箱（XB）内电路，最下一个实线框内电路为信号机内部的灯丝电路。室内电路和室外信号变压器箱之间通过电缆连接，进站信号机室内与室外之间由 8 根电缆相连接，左边 5 根为去线，右边 3 根为回线。从图中可以看出，点灯电路所使用的交流电源（XJZ220 和 XJF220，由室内电源屏供出）和控制条件均放在室内，同时把控制条件设置在电源和被控制对象之间，因而很好的实现混线防护。

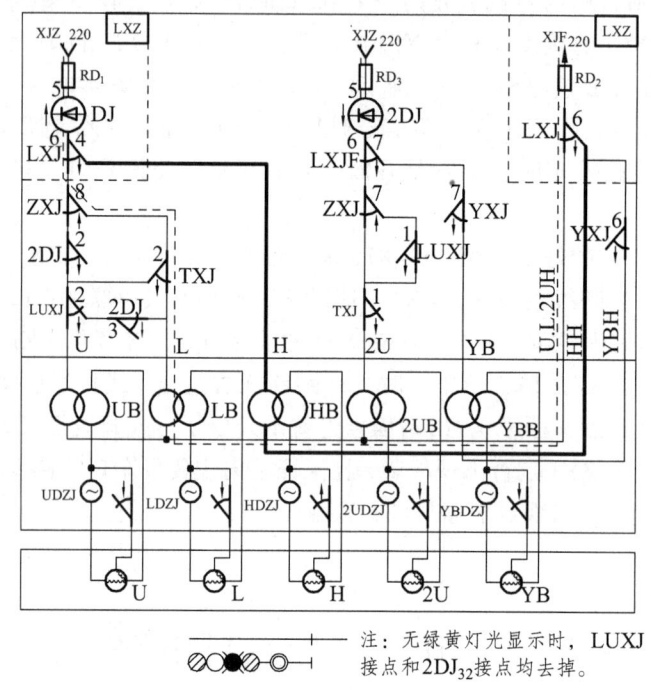

图 4-29　进站信号机点灯电路

室外信号机点灯用的灯泡采用 12 V/25 W 或 12 V/15 W，而由室内供出的电源是 220 V，因此在信号机附近或信号机构内设置了一个信号变压器（降压型 BX-30），它的次级电压可调至 13～14 V。这种供电方式可减少联系线路中的能耗，使单芯电缆控制距离达到最远。

信号灯泡采用双灯丝，在主灯丝电路中串接一个灯丝转换继电器 DZJ，如果是监督红灯主灯丝的则叫做 HDZJ。平时进站信号机由于 LXJ 落下而接通红灯的室内点灯电路，如图中粗线所示，通过信号变压器 HB 次级线圈给室外点灯电路提供电源，在室外红灯主灯丝完好的情况下 HDZJ 将处于励磁吸起状态，接通主灯丝电路，使室外亮红灯。当红灯主灯丝发生断丝故障时 HDZJ 电路被切断而失磁落下，以 HDZJ 后接点把副灯丝所在电路接通，使室外的红灯继续点亮。如果主、副灯丝均断丝，则信号机处于灭灯状态。

进站信号机有 5 个灯位，需要 5 个灯泡，自上而下为黄、绿、红、二黄（下黄）、月白，它们分别表示为 U、L、H，2U 和 YB。这 5 个灯泡中，U、L 和 H 不会同时亮灯，2U 和 YB 也不会同时亮灯，只有 1U 和 2U、L 和 U、H 和 YB 能同时点灯。不能同时点灯的灯泡用一个灯丝继电器进行检查，检查当前正在点灯的灯泡是否断丝，能同时点灯的两个灯泡必须各用一个灯丝继电器进行灯丝检查，以便在灯泡出现主、副灯丝都断丝时，能根据灯丝继电器来判定是哪个灯泡的灯丝发生断丝故障。据此，如图 4-29 所示，1U、L 和 H 共用一个灯丝继电器 DJ 进行监督。而对 2U 和 YB 也共用一个灯丝继电器，叫第二灯丝继电器 2DJ。上述 DJ 和 2DJ 都采用 JZXC-H18 型继电器。

（二）进站信号机电路原理

进站信号机各种情况下的点灯电路如下：

（1）平时，LXJ 落下，进站信号机显示红灯，其电路为：

XJZ_{220}—RD_1—DJ_{5-6}—LXJ_{41-43}—HB_{11-12}—LXJ_{63-61}—RD_2—XJF_{220}。

（2）正线通过时，LXJ、ZXJ 和 TXJ 均吸起，进站信号机显示一个绿灯（在四显示自动闭塞区段，不一定通过车站），其电路为：

XJZ_{220}—RD_1—DJ_{5-6}—LXJ_{41-42}—ZXJ_{81-82}—TXJ_{21-22}—LB_{11-12}—LXJ_{62-61}—RD_2—XJF_{220}。

（3）正线接车时，LXJ 和 ZXJ 均吸起，进站信号机显示一个黄灯，其电路为：

XJZ_{220}—RD_1—DJ_{5-6}—LXJ_{41-42}—ZXJ_{81-82}—TXJ_{21-23}—$LUXJ_{21-23}$—UB_{11-12}—LXJ_{62-61}—RD_2—XJF_{220}。

（4）站线接车时，LXJ 吸起，显示两个黄色灯光，首先接通第二个黄灯电路，其电路为：

XJZ_{220}—RD_3—$2DJ_{5-6}$—$LXJF_{71-72}$—ZXJ_{71-73}—TXJ_{11-13}—$2UB_{11-12}$—LXJ_{62-61}—RD_2—XJF_{220}。

该电路中用 2DJ 吸起证明第二黄灯完好，之后接通第一黄灯点灯电路，其电路为：

XJZ_{220}—RD_1—DJ_{5-6}—LXJ_{41-42}—ZXJ_{81-83}—$2DJ_{21-22}$—$LUXJ_{21-23}$—UB_{11-12}—LXJ_{62-61}—RD_2—XJF_{220}。

在上述电路中接有 2DJ 第 2 组前接点，若第二黄灯灭灯，则用 2DJ 落下断开第一黄灯点灯电路，使第一黄灯灭灯、DJ 落下。DJ 落下后断开 LXJ 经 11 网路线的励磁电路，使 LXJ 落下，LXJ 落下后接通红灯点灯电路，使进站信号机点亮红灯，实现了允许灯光灭灯后自动改点红灯的技术要求。

（5）当进站列车通过第一个车场到另一个车场去时，或在四显示自动闭塞区段通过车站但同方向出站信号机显示黄灯时，进站信号机显示一绿一黄灯光，该点灯电路先接通第二黄灯电路，后接通绿灯电路，其第二黄灯电路为：

XJZ_{220}—RD_3—$2DJ_{5-6}$—$LXJF_{71-72}$—ZXJ_{71-72}—$LUXJ_{11-12}$—TXJ_{11-13}—$2UB_{11-12}$—LXJ_{62-61}—RD_2—XJF_{220}。

该电路中用 2DJ 吸起证明第二黄灯完好，之后接通绿灯点灯电路，其电路为：

XJZ_{220}—RD_1—DJ_{5-6}—LXJ_{41-42}—ZXJ_{81-82}—TXJ_{21-23}—$LUXJ_{21-22}$—$2DJ_{31-32}$—LB_{11-12}—LXJ_{62-61}—RD_2—XJF_{220}。

（6）引导接车时，LXJ 落下，YXJ 吸起，进站信号机显示一个红色灯光和一个月白色灯光，红灯电路和平时一样，月白灯电路为：

XJZ_{220}—RD_3—$2DJ_{5-6}$—$LXJF_{71-73}$—YXJ_{71-72}—YBB_{11-12}—YXJ_{62-61}—LXJ_{63-61}—RD_2—XJF_{220}。

（7）经18#及其以上道岔侧向位置时，进站信号机显示黄闪和黄色灯光，先接通二黄灯电路，后接通黄灯闪光电路。其简化点灯电路如图4-30所示。黄灯闪光利用1U点灯电路，当侧向通过信号继电器CTXJ吸起后，闪光继电器SNJ第3组前接点脉动，闭合时1U灯亮，断开时电路中串接2 kΩ电阻，使电流变小，1U灯不亮，实现了黄灯闪光。黄闪电路为：

XJZ_{220}—RD_1—DJ_{5-6}—LXJ_{41-42}—ZXJ_{81-83}—$2DJ_{21-22}$—$CTXJ_{21-22}$—SNJ_{31-32}—UB_{11-12}—LXJ_{62-61}—RD_2—XJF_{220}。

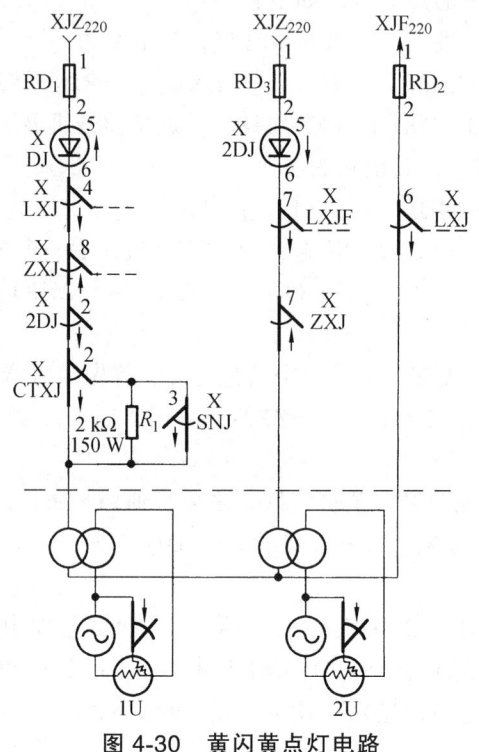

图4-30 黄闪黄点灯电路

二、出站兼调车信号机点灯电路

（一）两方向出站兼调车信号机点灯电路

图4-31是两方向出站兼调车信号机的点灯电路，用于三显示自动闭塞区段。位于正线上的出站兼调车信号机采用高柱信号机，设有三个信号机构5个灯位。灯光由上至下排列为U、L、H、2L和B。到发线出站兼调车信号机设置为矮柱型信号机，用两个信号机构，并排设置。靠近线路侧用一个两显示信号机构，从上至下灯光为B、H；并排设置另一个三显示信号机构，从上至下灯光为L、U和2L。

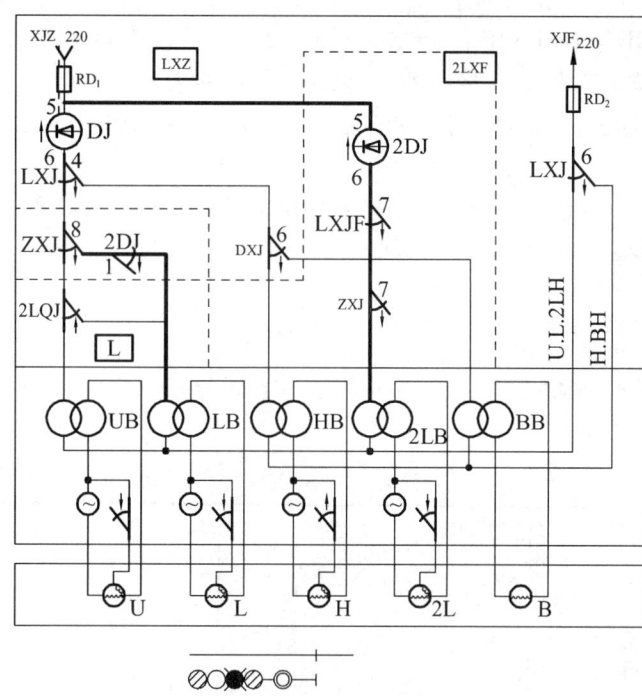

图 4-31 两方向出站兼调车信号机点灯电路

在图 4-31 中，用主信号继电器 ZXJ 的接点来区分点一个绿灯或两个绿灯；用于反映区间第二离去区段占用或出清情况的 2LQJ 用来区分一绿和一黄。当 ZXJ 在进路锁闭后靠 13 线网路励磁吸起后，其前接点接通一个绿灯的点灯电路，显示一个绿灯，说明向主要干线发车。如 ZXJ 不能励磁吸起，其后接点接通第二个绿灯的电灯电路，显示两个绿灯，说明向次要线路发车。第二离去继电器 2LQJ 励磁吸起配合 ZXJ 的接点选择出站信号机点绿灯还是点黄灯。2LQJ 吸起，说明发车进路方向有两个以上闭塞分区空闲，应点绿灯；2LQJ 落下，说明只有一个闭塞分区空闲，应点黄灯。注意，如果发车区段为半自动闭塞，出站信号机只有绿显示，而无黄灯显示了。

出站兼调车信号机在各种情况下接通的点灯电路如下：

（1）平时，LXJ 和 DXJ 均落下，出站兼调车信号机显示红灯，其电路为：

XJZ_{220}—RD_1—DJ_{5-6}—LXJ_{41-43}—DXJ_{61-63}—HB_{11-12}—LXJ_{63-61}—RD_2—XJF_{220}。

（2）向主要方向发车，前面有两个以上闭塞分区空闲时，LXJ、ZXJ 和 2LQJ 均吸起，出站兼调车信号机显示一个绿灯，其电路为：

XJZ_{220}—RD_1—DJ_{5-6}—LXJ_{41-42}—ZXJ_{81-82}—2LQJ 前接点—$1LB_{11-12}$—LXJ_{62-61}—RD_2—XJF_{220}。

（3）向主要方向发车，前面有一个闭塞分区空闲时，LXJ 和 ZXJ 均吸起，2LQJ 落下，出站兼调车信号机显示一个黄灯，其电路为：

XJZ_{220}—RD_1—DJ_{5-6}—LXJ_{41-42}—ZXJ_{81-82}—2LQJ 后接点—UB_{11-12}—LXJ_{62-61}—RD_2—XJF_{220}。

（4）向次要方向发车，LXJ 吸起，ZXJ 落下，出站兼调车信号机显示两个绿灯。2L 灯电路为：

XJZ_{220}—RD_1—$2DJ_{5-6}$—$LXJF_{71-72}$—ZXJ_{71-73}—$2LB_{11-12}$—LXJ_{62-61}—RD_2—XJF_{220}。

当 2L 灯亮灯、2DJ 吸起后,接通 1L 灯电路,其电路为:

XJZ_{220}—RD_1—DJ_{5-6}—LXJ_{41-42}—ZXJ_{81-83}—$2DJ_{11-12}$—$1LB_{11-12}$—LXJ_{61-62}—RD_2—XJF_{220}。

(5)办理调车进路时,DXJ 吸起,出站兼调车信号机显示月白灯光。其电路为:

XJZ_{220}—RD_1—DJ_{5-6}—LXJ_{41-43}—DXJ_{61-62}—BB_{11-12}—LXJ_{63-61}—RD_2—XJF_{220}。

(二)三方向出站兼调车信号机点灯电路

在双线双向四显示自动闭塞区段,用进路表示器区分三个发车方向时,出站兼调车信号机点灯电路如图 4-32 所示。

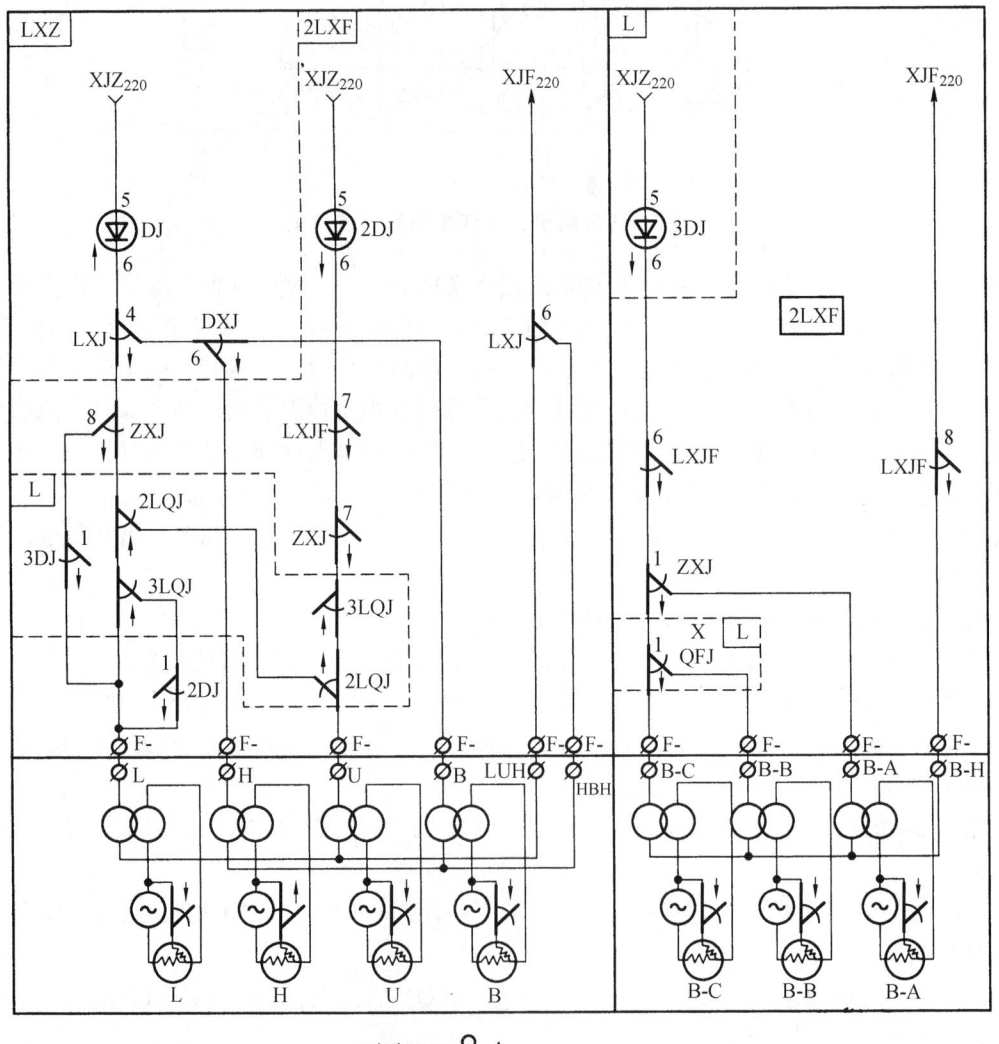

图 4-32 三方向出站兼调车信号机点灯电路

举例站场出站信号机有 H、U、LU 和 L 灯四种显示，上行有三个发车方向：即正方向、反方向和东郊方面。当正方向（X_F方向）发车时，主信号继电器 ZXJ 吸起。若二离去区段有车占用，2LQJ 落下，出站信号机亮黄灯；若二离去区段空闲，三离去区段被车占用，由于 2LQJ 吸起，3LQJ 落下出站信号机点亮绿黄灯；当二离去、三离去两个区段都空闲，2LQJ 和 3LQJ 均吸起则出站信号机点亮绿灯。此时进路表示器的 B-A 白灯点亮，指示向正方向发车。

向反方向（X 方向）发车时，主信号继电器 ZXJ 落下，区间反方向继电器 QFJ 吸起，进路表示器的 B-B 白灯亮灯指示反向发车。因区间采用自动站间闭塞，出站信号机没有绿黄显示和黄灯显示，此时绿灯电路检查了 3DJ 前接点，只有反向进路表示灯亮白灯，绿灯才能点亮。

向东郊方面发车时，主信号继电器 ZXJ 落下，区间为半自动闭塞，出站信号机也只有绿灯显示，进路表示器的 B-C 白灯亮灯，3DJ 吸起便接通绿灯电路。

在电路中，用主信号继电器 ZXJ 区分是否向正向发车，该方向为主发车方向。用 3DJ 监督进路表示器三个白灯灯丝的完好。用 2LQJ 和 3LQJ 区分四显示出站信号机灯亮黄灯、绿黄灯还是绿灯。用区间反方向继电器 QFJ 证明反向发车。

下行只有两个发车方向：正方向和反方向时，用主信号继电器 ZXJ 区分。主信号继电器 ZXJ 落下说明只是反方向发车，点亮进路表示器白灯，正方向发车时该白灯不点亮。

三、调车信号机点灯电路

调车信号机点灯电路如图 4-33 所示。平时调车信号机亮蓝灯，当调车信号继电器 DXJ 吸起后亮白灯。调车信号机一般采用矮柱型信号机，点灯用信号变压器 AB 和 BB 都可以设置在信号机构内，所以无需另设信号变压器箱。

四、主灯丝断丝报警电路

为了监督列车信号灯泡主灯丝断丝并及时报警，以防止因列车信号灭灯而影响接发列车作业，每个咽喉区设一套主灯丝断丝报警电路。列车信号采用双灯丝灯泡，当灯泡主灯丝断丝后虽然立即接通副灯丝保持继续亮灯，但副灯丝断丝后列车信号就会中断信号显示。因此，在列车信号的主灯灯丝断丝后就要及时换灯泡，确保列车信号的连续显示。

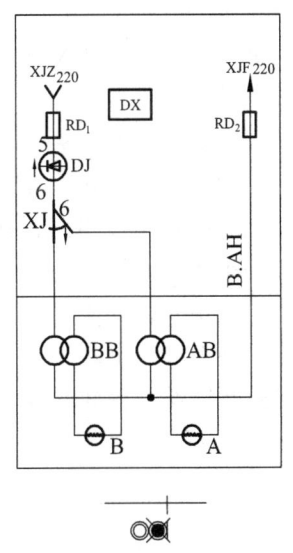

图 4-33 调车信号机点灯电路

图 4-34 所示为下行咽喉的主灯丝断丝报警电路。电路中设有断丝报警继电器 DSJ、灯丝断丝报警表示灯 DSD、灯丝断丝报警电铃 DSDL 和切断断丝报警按钮 DSA。电路组成原理是：将本咽喉每架进站信号机和出站信号机的灯丝转换继电器 DZJ 后接点串联，各架信号机串联支路并联，然后接入室内的 DSJ 电路中。如果该信号机同时点两个灯。再将第二个灯的

DZJ 后接点和监督其状态的 2DJ 前接点串接后接向 DSJ 电路。主灯丝断丝报警继电器 DSJ 采用时间继电器，平时落下。当任何一架信号机点亮的灯泡主灯丝断丝时，该架信号机的 DZJ 都落下，接通 DSL 电路，使 DSJ 延时 3 s 后吸起。DSJ 吸起后，控制台上的下行咽喉主灯丝断处表示灯 DSD 闪红灯，并使 DSDL 电铃鸣响。当确认是主灯丝断丝后，车站值班员按下非自复式的切断灯丝断丝报警按钮 DSA，使电铃停响。等维修人员更换信号机断丝的灯泡后，DZJ 吸起使 DSL 落下，断丝报警电铃再次鸣响，车站值班员拉出 DSA，电铃停响。至此，主灯丝断丝报警电路复原。

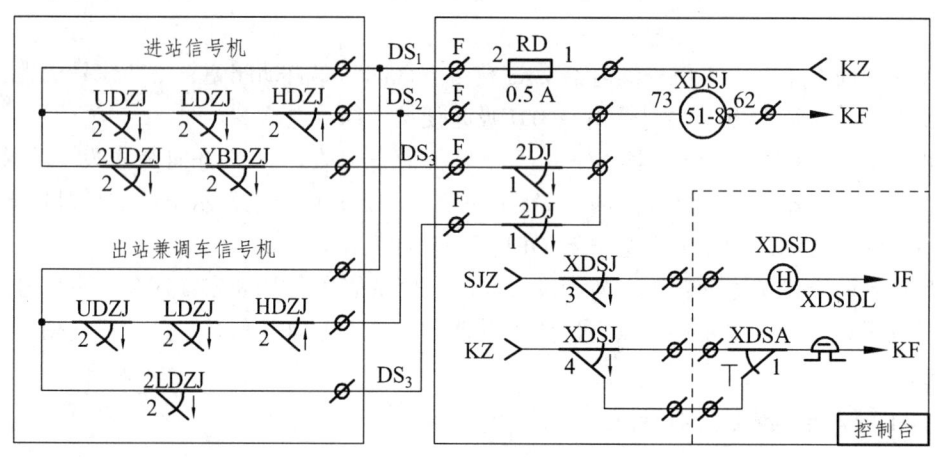

图 4-34　主灯丝断丝报警电路

例如，进站信号机 X 开放正线接车信号，黄灯灯泡主灯丝断丝，则 UDZJ 落下接通 DSJ 电路，其励磁电路为：

KZ—RD—$UDZJ_{21-23}$—$LDZJ_{21-23}$—$HDZJ_{21-23}$—$XDSJ_{73-62}$—KF。

对于同时点两个灯的信号机，例如，出站信号机点两个绿灯，当第二个绿灯灯丝断丝时 2LDZJ 落下接通 DSJ 电路，其励磁电路为：

KZ—RD—$2LDZJ_{21-23}$—$2DJ_{11-12}$—$XDSJ_{73-62}$—KF。

在电路中，第二绿灯主灯丝断丝后，副灯丝仍在点亮，2DJ 吸起。检查 2DJ 第 1 组前接点闭合后使 DSJ 吸起，发出第二绿灯主灯丝断丝报警。

主灯丝断丝报警继电器 DSJ 采用时间继电器是为了在信号机改变信号显示时，原点亮灯光的 DZJ 已落下，而即将点亮灯光的 DZJ 还未来得及吸起时，防止报警电路错误报警。

第十一节　进路锁闭与开放信号电路动作时序

进路锁闭与开放信号电路主要由道岔控制电路、开始继电器电路、信号检查继电器电路、进路锁闭电路和信号控制电路等电路组成，涉及 7 线至 11 线共五条网路线。

一、继电器电路作用及动作时机

（一）道岔控制电路

ZD6型四线制道岔控制电路设有四个继电器，分别是1DQJ、2DQJ、DBJ和FBJ。平时，如果道岔在定位，则1DQJ和FBJ落下，DBJ吸起，2DQJ处在定位吸起状态。若道岔在反位，1DQJ和DBJ落下，FBJ吸起，而2DQJ处在反位落下状态。

道岔控制电路由道岔启动电路和道岔表示电路构成。道岔启动电路采用三级电路，即1DQJ励磁电路、2DQJ转极电路和电机电路。道岔操纵方式有进路式操纵和单独操纵两种，单独操纵优先于进路式操纵。当选岔电路有关DCJ（或FCJ）吸起或单独操纵道岔时，使1DQJ励磁，2DQJ转极。2DQJ转极完成后，断开1DQJ的励磁电路，接通1DQJ的自闭电路（即电机电路），启动道岔转换。

道岔转换完毕，尖轨与基本轨密贴后，电动转辙机自动开闭器的动接点变位断开道岔启动电路，即断开1DQJ的自闭电路，使1DQJ缓放落下。1DQJ落下后接通道岔表示电路，使相应的DBJ（或FBJ）吸起。

由于执行组电路的7~15线网路上均连接有DBJ或FBJ的前接点，以区分电路的网路走向，因而，已经建立的进路上若道岔失去位置信息，则7~15线均不通，进路始端信号将关闭，位置信息恢复后，可通过重复开放信号手续使执行组电路重新开始工作，信号重新开放。在进路上道岔失去位置信息时，如果要接车进站，由于执行组各网路线都无法工作，只能以引导总锁闭方式开放引导信号来接车。

（二）开始继电器电路

开始继电器接在7线网路上，其作用是检查进路选排一致性、记录进路始端，同时起到承上启下作用，使执行组电路开始工作。

开始继电器KJ平时落下。当进路上无道岔转换时，利用始端JXJ后接点接通KJ励磁电路；当进路上有道岔转换时，则用最后转换到位的道岔DBJ或FBJ前接点接通其励磁电路。进路锁闭后，因SJ落下断开7线网路，使KJ的励磁电路断开，KJ通过自闭电路保持吸起，直至进路中第一个道岔区段解锁时才复原。

对长调车进路上的每一条调车基本进路，进路始端的KJ励磁电路中，在7线网路终端处均接入了下一条调车进路始端信号FKJ的后接点，以保证办理长调车进路时，只有远端调车信号开放，其FKJ落下后，近端调车进路始端的KJ才能励磁吸起，近端信号才能开放，实现了长调车进路由远及近开放信号的功能。

（三）信号检查继电器电路

信号检查继电器XJJ的主要作用是检查进路锁闭和开放信号的基本联锁条件，即进路空闲、进路上各道岔位置正确、本咽喉和迎面咽喉敌对进路未建立。取消进路或人工解锁时再次检查进路空闲，在人工解锁的延时过程中检查车列未冒进信号。

信号检查继电器 XJJ 平时落下。办理进路时，KJ 吸起将 XJJ 接入 8 线网路，使 XJJ 励磁吸起。对列车进路，XJJ 没有自闭电路；对调车进路，XJJ 有一条自闭电路，只要接近区段无车，XJJ 可由其 1-2 线圈构成自闭电路。

信号开放后，由于 XJ 吸起使 FKJ 落下断开信号开放前的 XJJ 励磁电路。同时用 LXJ 前接点为列车进路接通一条经由 XJJ 的 3-4 线圈励磁电路。用 DXJ 前接点为调车进路接通经由 XJJ 的 3-4 线圈自闭电路。

当列车进入进路内方时，由于进路内方第一个区段的轨道继电器 DGJ 落下，断开 8 线网路，使 XJJ 复原。调车车列进入接近区段时，JYJ 落下断开调车信号 XJJ 的 1-2 线圈自闭电路。

办理取消进路时，QJ 吸起，用其后接点断开 XJJ 的 3-4 线圈及 1-2 线圈自闭电路，并用 QJ 前接点接通 3-4 线圈另一条励磁电路，使 XJJ 先落下又吸起；当进路解锁后，KJ 或 ZJ 落下断开 8 线网路，使 XJJ 复原。

办理人工解锁时 QJ 吸起，在断开 XJJ 的 3-4 线圈自闭电路的同时，用 QJ 前接点接通经"KZ-RJ-H"条件电源的瞬间励磁电路，使 XJJ 瞬间落下又励磁，并经 XJJ 的 1-2 线圈保持自闭；进路解锁后，KJ 或 ZJ 落下使 XJJ 复原。

（四）进路锁闭电路

进路锁闭电路主要由 QJJ、GJJ、ZCJ、1LJ、2LJ、SJ 等继电器组成，其作用是实现进路的锁闭和解锁。

1. 区段检查继电器和股道检查继电器电路

每个道岔区段和设置区段组合的无岔区段均设置一个区段检查继电器 QJJ，区段检查继电器 QJJ 平时落下。办理进路时 XJJ 吸起，接通 9 线的 KZ 电源，使进路上各个区段的 QJJ 励磁吸起。信号开放后，进路上各区段 QJJ 自闭电路接通。为防止进路迎面错误解锁，对 QJJ 设置了 10 线网路的自闭电路。

为实现对迎面咽喉敌对进路的封锁，在能进行接车的股道口处设置一个股道检查继电器 GJJ。GJJ 平时落下，办理进路时，始端 XJJ 吸起向 9 线供 KZ，使 GJJ 经 3-4 线圈励磁。

2. 照查继电器电路

为实现对迎面咽喉敌对进路的封锁，在能进行接车的股道口处设置一个照查继电器 ZCJ。ZCJ 平时由自闭电路保持吸起，反映本咽喉未建立到股道（或发车口）的进路。当本咽喉办理向股道（或发车口）的进路时 GJJ 吸起，断开 ZCJ 自闭电路；当进路最末道岔区段的 SJ 落下时，断开 ZCJ 励磁电路，使 ZCJ 落下。当进路最末道岔区段解锁时，SJ 吸起使 ZCJ 励磁吸起并自闭。

3. 进路锁闭

当 9 线网路接通，进路中各区段的 QJJ 励磁吸起，QJJ 吸起后，各区段 1LJ 和 2LJ 因自闭电路断开而落下，1LJ 和 2LJ 的落下又断开该区段道岔 SJ 电路，SJ 落下，道岔锁闭。如果是排向股道的进路，则最靠近股道的道岔锁闭后，股道部位的 ZCJ 落下，以封锁迎面敌对进路。

（五）信号控制电路

信号控制电路主要包括信号继电器电路、信号辅助继电器电路、信号机点灯电路和引导接车用的 YXJ 电路，其作用是开放信号。

1. 信号继电器电路

对于列车进路设置有 LXJ，对于调车进路设有 DXJ，它们平时落下。办理进路时，11 线网路接通，XJ 励磁吸起并自闭。XJ 吸起后断开 FKJ 自闭电路，使 FKJ 落下，FKJ 落下后断开 XJ 的励磁电路。

对于列车进路，当列车进入信号机内方时，由于 XJJ 落下，断开 11 线网路，LXJ 随之缓放落下。

对于调车进路，因 DXJ 有一条经 XJJ 后接点接通的白灯保留电路，当调车车列出清接近区段时，因 JYJ 吸起，用其后接点切断白灯保留电路，使 DXJ 缓放落下；若接近区段留有车辆，则要待调车车列出清进路内方第一个轨道区段后，用进路内方第一个轨道区段的 DGJF 后接点断开白灯保留电路，使 DXJ 缓放落下。

2. 信号辅助继电器电路

为保证进站信号机和出站信号机实现多种显示的要求，需设置信号辅助继电器。

对进站信号机，设置有正线信号继电器 ZXJ、通过信号继电器 TXJ、引导信号继电器 YXJ 和绿黄信号继电器 LUXJ。对有 18# 及其以上道岔的，设置有侧线信号通过继电器 CTXJ 和闪光继电器 SNJ。

正线信号继电器 ZXJ 用来区分列车走正线还是侧线，即区分接车时进站信号机点亮一个黄灯还是点亮两个黄灯。

通过信号继电器 TXJ 平时落下。当办理正线通过进路时，进站信号机的 TXJ 和正线出站信号机的 LXJ 吸起，接车进路开通正线 ZXJ 吸起，使 TXJ 吸起。进站信号机关闭时，LXJ 落下使 TXJ 落下。

二、执行组组电路动作时序实例

（一）办理 D_3 至 I G 的长调车进路

办理 D_3 至 I G 的长调车进路时，采用一次办理时，应顺序按下进路始端按钮 D_3A 和终端按钮 S_1DA。该调车进路选路结束时，励磁吸起的继电器有 D_3FKJ、5/7 1DCJ、1/3 2DCJ、D_7ZJ、D_9FKJ、13/15 2DCJ、9/11 1DCJ、S_1ZJ。该长调车进路选路结束后，分成 D_3 至 D_7 的调车进路和 D_9 至 S_1 的调车进路。此两条调车进路从道岔转换到开放信号过程的时序逻辑，如图 4-35 所示。

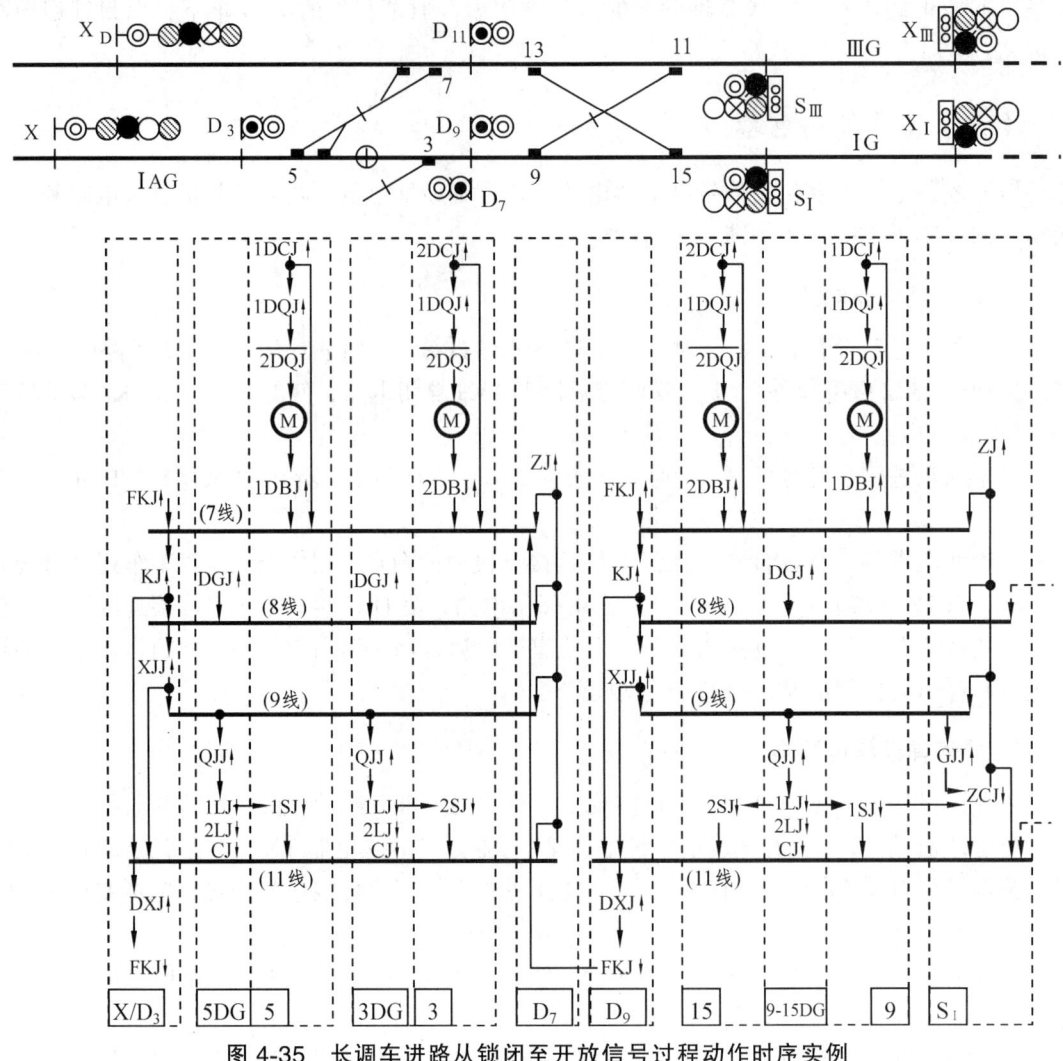

图 4-35 长调车进路从锁闭至开放信号过程动作时序实例

对 D_3 至 D_7 的调车进路，当 5/7 1DCJ 和 1/3 2DCJ 励磁吸起后，启动道岔 5/7 和 1/3 向定位转换。

对 D_9 至 S_1 的调车进路，当 13/15 2DCJ 和 9/11 1DCJ 励磁吸起并自闭后，启动道岔 13/15 和 9/11 向定位转换。当道岔 9/11 和 13/15 转换到定位后，进路选排一致，7 线网路接通，D_9KJ 励磁吸起。通过 8 线网路检查进路锁闭条件满足后，D_9XJJ 励磁吸起。D_9XJJ 吸起后为 9 线网路提供 KZ，使 9-15QJJ 励磁吸起、S_1GJJ 励磁吸起。对 9-15DG，其 QJJ 励磁吸起后，切断 1LJ、2LJ 和 CJ 自闭电路，1LJ、2LJ 和 CJ 落下；1LJ 和 2LJ 的落下断开 13/15 2SJ 和 9/11 1SJ 电路，13/15 2SJ 和 9/11 1SJ 落下并分别断开道岔锁闭 13/15 2DCJ 和 9/11 1DCJ 自闭电路，使 13/15 2DCJ 和 9/11 1DCJ 落下。S_1GJJ 的吸起和 9/11 1SJ 的落下分别断开 S_1ZCJ 的自闭电路和励磁电路，S_1ZCJ 落下，实现了对迎面敌对进路的封锁。进路锁闭后，通过 11 线网路检查开放信号条件满足后，D_9DXJ 励磁吸起并自闭，D_9 信号开放。D_9DXJ 吸起后 D_9FKJ 落下。

对 D_3 至 D_7 的调车进路,在进路选排一致、D_9FKJ 落下后,7 线网路接通,D_3KJ 励磁吸起,之后,该进路锁闭并开放信号。很明显,如果 D_9 信号不开放,则 D_9FKJ 无法落下,D_3KJ 就无法励磁,D_3 信号不会开放。

思 考 题

1. 名词解释。

(1) 预先锁闭　　　　(2) 接近锁闭

2. 简答题。

(1) 6502 电气集中电路中,7~11 网路线分别作何用途?

(2) 四线制道岔启动电路和表示电路应分别满足哪些技术要求?

(3) 在图 4-2 的道岔控制电路中,画出道岔由定位向反位转换时道岔的启动电路,及转换到反位后的道岔表示电路。

(4) KJ 的作用是什么?它是怎样检查选排一致性的?KJ 电路是如何实现长调车进路中的调车信号机由远及近顺序开放?

(5) 进路锁闭的联锁条件是什么?由哪个继电器电路来完成这些联锁条件的检查?

(6) 图 4-36 的 (a)、(b) 和 (c) 站场局部示意图中均有一处超限绝缘,如何进行联锁条件检查。

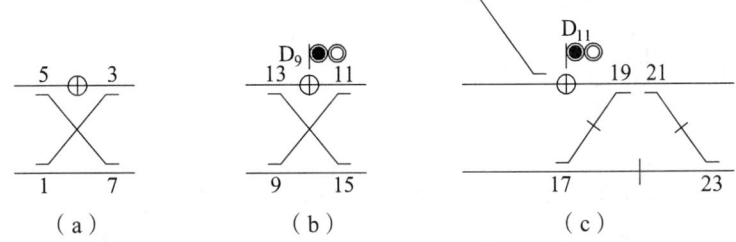

图 4-36　有超限绝缘的站场局部示意图

(7) JYJ 和 ZCJ 有何作用?为什么要求它们平时处于励磁吸起状态?

(8) 开放信号的基本联锁条件有哪些?在 11 线网路中是怎样检查的?

(9) 调车信号机的 DXJ 为什么要设白灯保留电路?它的励磁和复原时机如何?

(10) ZXJ 和 XFJ 的作用是什么?它们接在哪条网路线上?为什么能利用这条网路线作为励磁电路?

(11) 正线接车用的 ZXJ 作用是什么?它在什么情况下吸起?

(12) 8 网路线终端已经检查了 ZCJ 前接点,9 网路线终端为什么还要检查一次 ZCJ 的前接点?

(13) 8 线上已经检查了道岔位置和敌对进路未建立,11 线为什么要再检查一次,且要求连续检查？8 线为什么不要求连续检查？

（14）针对进站信号机的点灯电路，在图中画出侧线接车且一黄主灯丝断丝时的点灯电路。办理侧线接车时，若一黄的主副灯丝均断丝，则信号机应该亮什么灯，结合该电路原理和 11 线网络简要说明点亮该灯的原因？

（15）列车经 18# 道岔弯股进站通过时，进站信号显示与一般进站信号显示有何不同？

3. 填空题。

（1）四线制道岔控制电路中：1DQJ 采用的是_____型继电器，2DQJ 采用的是_____型继电器，DBJ 和 FBJ 采用的是_____型继电器（其工作电压为_____V）；道岔启动电路采用的电源是_____，道岔表示电路所采用的电源是_____；与转辙机接口的四根线中，道岔在定位时用到_____线，道岔在反位时用到_____线，道岔由定位向反位转换时用到_____线，由反位向定位转换时用到_____线。

（2）长调车进路要实现由远至近开放，必须在进路始端_____继电器的终端处接入下一条进路始端信号机中_____继电器的后接点。

（3）对 XJJ，其局部电路中"KZ-RJ-H"支路的作用是_____，在取消进路过程中 XJJ 处于_____状态，在人工解锁延时过程中，XJJ 又处于_____状态。

（4）8 线检查进路上的道岔位置正确是靠_____来实现的，检查本咽喉敌对进路未建立是靠_____来实现的。

（5）在图 2-1 中，对出站信号机 X_1，办理正线通过进路时其接近区段范围是_____，仅办理发车进路时其接近区段的范围是_____，办理调车进路时其接近区段的范围是_____。

（6）列车信号开放后又因故关闭，随后列车驶入接近区段，此时进路实现的锁闭是_____。进路锁闭后，该进路应该显示_____色光带。

（7）DXJ 的励磁电路涉及的网络线有_____，LXJ 的励磁电路涉及的网络线有_____，对进路上的道岔位置正确是靠_____来检查的，调车信号机设置白灯保留电路的原因是_____。

（8）对进站信号机及其继电器 LXJ、YXJ、ZXJ、TXJ 和 LUXJ，当建立好正线接车进路时信号机开放_____色灯光，继电器状态为_____；当建立好侧线接车进路时信号机开放_____色灯光，继电器状态为_____；当建立好正线通过进路时信号机开放_____色灯光，继电器状态为_____；当建立好引导进路或引导总锁闭手续后开放_____色灯光，继电器状态为_____。对进站信号机设置有两个灯丝继电器，其中 DJ 监督的灯位为_____，2DJ 监督的灯位为_____，DJ 和 2DJ 的工作电压为_____V。对五显示的进站信号机，其与室外的信号机的联系电缆有_____根，室外灯泡的工作电压为_____V。

（9）对出站信号机（或出站兼调车信号机），若站间采用半自动闭塞，只有办理好半自动闭塞手续，KTJ 和 XZJ 分别处于_____、_____状态时，已经建立好的发车进路才能开放信号；若向双线单向三显示自动闭塞区间发车，则 2LQJ 处于_____状态时已经建立好的发车进路开放绿色灯光，2LQJ 处于_____状态时已经建立好的发车进路开放黄色灯光；对 LXJ 和主信号继电器 ZXJ 吸起和落下在时序上有要求，即_____，XFJ 是通过_____线网络励磁吸起的，起作用是_____。

（10）列车进路和调车进路的始端信号机关闭时机不同，不同处在于_____。如果按照正常取消进路（或人工解锁）手续无法关闭信号，可以通过办理_____手续来关闭信号。

（11）下列继电器中，用于检查本区段是否空闲的继电器是_____，用于反映道岔是否锁闭的继电器是_____，用于封锁迎面咽喉敌对进路的继电器是_____，反映信号开放后接近区段是否有车占用的是_____，进路始端信号开放后立即落下的继电器是_____。

① DBJ ② DGJ ③ JYJ ④ QJJ ⑤ GJJ
⑥ SJ ⑦ FKJ ⑧ ZCJ ⑨ XJJ

4. 判断正误。 从 6502 联锁逻辑上判断下列各题正确还是错误，正确的在后面打√，错误的在后面打×。

（1）四线制道岔控制电路中，如果将 1、2 线接反了，则总定道岔时其 FBJ 会吸起，总反道岔时其 DBJ 会吸起。（ ）

（2）7 线检查选排一致性是通过检查 DCJ 前接点与 DBJ 前接点（或 FCJ 前接点与 FBJ 前接点）是否一致来实现的。（ ）

（3）对长调车进路，只有远端调车进路始端信号开放了，其近端信号才能开放。（ ）

（4）由于调车的 XJJ 电路有 1-2 线圈脱离 8 线的自闭电路，11 线又不检查轨道继电器的前接点，故调车进路内方道岔区段占用不会关闭调车信号。（ ）

（5）对正线接车进路，如果该进路在股道部位的 GJJ 出现局部故障，无法通过 9 线吸起，则该接车进路始端信号将无法开放，且迎面咽喉向该股道的敌对进路也能够建立。（ ）

（6）接车进路始端信号开放后，采用紧急关闭信号手段——区段故障解锁股道区段，则进站信号关闭。（ ）

（7）对正线接车进路始端的五显示进站信号机，在信号开放后，若该进站信号机 2U 的主、副灯丝均断丝，则该进站信号机改点红灯。（ ）

（8）进路始端信号开放且车未进入进路时，进路上任一道岔失去表示，则进路始端信号关闭。（ ）

（9）进路始端信号开放且车未进入接近区段时，进路上任一轨道电路故障占用，则进路始端信号关闭。（ ）

（10）信号开放后，只要车压入进路，则进路始端 XJJ 落下。（ ）

5. 根据图 1-5 所示的信号平面布置图， 从 6502 联锁逻辑上判断下列各题正确还是错误，正确的在后面打√，错误的在后面打×。

（1）当 5DG 上有车占用时，X 到 4G 的接车进路将无法建立。（ ）

（2）道岔 1 在反位时拔出该道岔按钮 CA，不影响 X 到 4G 接车进路的建立。（ ）

（3）对 S 到 2G 的接车进路，若进路上道岔 2/4 和 6/8 均需转换，则道岔 2/4 启动电路比道岔 6/8 启动电路先工作。（ ）

（4）X 到 4G 的接车进路上道岔在进行转换时，如果将道岔 3 向定位单独操作，则道岔 3 转换到定位后又会向反位回转。（ ）

（5）建立好 X_1 至 S 的发车进路，此时 X_1 开放单黄灯，再建立 X 至 I G 的接车进路，该接车进路建立好之后，X_1 会改变为单绿显示。（ ）

（6）建立 D_2 到 2G 的长调车进路，在各基本进路始端信号开放后，如果 4-6DG 故障占用，则只有 D_6 信号关闭，D_2 和 D_{14} 的信号不会关闭。（　　）

（7）X 到 S 的正线通过进路信号开放后，如果 2-8DG 故障占用，则 X_1 信号关闭，X 信号显示不变。（　　）

（8）D_1 至 2G 的调车进路开放信号后，如果 5DG 故障占用，则 D_1 信号关闭。（　　）

6. 根据图 1-7 所示的信号平面布置图解答下列各题。

（1）建立好 X 到 S_F 的正线通过进路，在 X 和 X_1 信号都开放后：如果 12DG 故障占用，则 X 应该亮_____色灯光；如果 1DG 故障占用，则此时 X 亮_____色灯光；如果 22DG 故障占用，X 亮_____色灯光。

（2）X 到 ⅡG 的接车进路信号开放后，如果该进路上 3-5DG 处 8 线断线则 X 点亮_____色灯光，如果该进路上 3-5DG 处 9 线断线则 X 点亮_____色灯光，如果该进路上 3-5DG 处 10 线断线则 X 点亮_____色灯光，如果该进路上 3-5DG 处 11 线断线则 X 点亮_____色灯光。

（3）建立 X_1 至于 S_F 的正向发车进路时，其进路表示器_____亮白灯，X_1 在_____情况下亮绿灯，_____情况下亮绿黄灯，_____情况下亮黄灯。建立 X_1 至于 S 的反向发车进路时，X_1 亮_____灯，其进路表示器_____亮白灯。建立 X_1 至于 S_H 的发车进路时，X_1 亮_____灯，其进路表示器_____亮白灯。

（4）写出建立 D_9 至 ⅡG 调车进路时，7~11 线工作过程中各继电器动作时序。

（5）写出建立 X 至 ⅠG 正线接车进路时，7~11 线工作过程中各继电器动作时序。

第五章 执行组电路——进路解锁与引导接车

第一节 进路解锁用的继电器及故障解锁电路

进路锁闭并开放信号，列车或调车车列按信号显示通过进路后，进路就必须正常解锁。办理进路后因故要求取消该进路时，根据不同情况有取消进路和人工解锁。此外，对调车作业还存在调车中途返回解锁。无论哪种解锁方式，对进路解锁都是有条件的，满足解锁的条件，进路才会解锁。为实现进路的锁闭与解锁，在区段组合里设置有轨道反复示继电器 FDGJ、传递继电器 CJ、进路继电器 1LJ 和 2LJ，在道岔组合里设有锁闭继电器 SJ，在 F 组合供出的条件电源"KZ-GDJ"。这些继电器和条件电源是实现进路锁闭与解锁的必要条件。

一、轨道反复示继电器

对每个道岔区段或者设置有区段组合的无岔区段，均设置一个轨道反复示继电器 FDGJ。设置轨道反复示继电器 FDGJ 的目的之一，是使列车或车列出清区段后延迟一段时间（3~4 s）才解锁。以防止轻车尾部"跳动"造成轨道电路分路不良，使区段提前错误解锁。

FDGJ 的励磁电路如图 5-1 所示。平时 DGJ 吸起，FDGJ 处于落下状态。当排列好进路后 QJJ 励磁吸起，在列车或调车车列没有驶入本区段之前 DGJ 处于吸起状态，所以 FDGJ 仍然处于落下状态。

当列车或调车车列驶入该区段后，DGJ 失磁落下，通过 DGJ 第 4 组后接点和 QJJ 第 5 组前接点使 FDGJ$_{1-4}$ 线圈的励磁电路接通。由于与 FDGJ 并联了一个 RC 支路，所以 FDGJ$_{1-4}$ 线圈接通后，首先是给并联在 FDGJ 上的电容 C 进行充电，充电过程完成后 FDGJ 励磁吸起并通过自闭电路自闭。

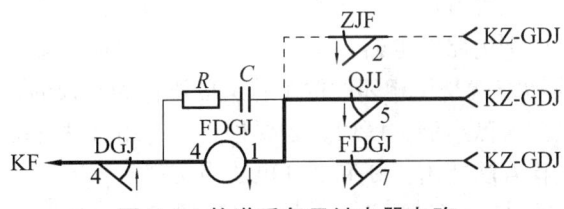

图 5-1 轨道反复示继电器电路

当列车或调车车列出清本区段时，DGJ 吸起，切断 FDGJ 的励磁和自闭电路，FDGJ 经电容 C 的放电，经 3~4 s 缓放后落下。由于区段的解锁只能在 FDGJ 落下时才能进行，这就保证了列车出清本区段 3~4 s 后才解锁的要求。

需要说明的是，列车压入区段，区段的 FDGJ 吸起时，该区段的 QJJ 将落下，为该区段的解锁准备条件。例如，图 4-18 中 X 至 ⅠG 的进路，列车压入 5DG 时，其 DGJ 落下、FDGJ 励磁吸起。5FDGJ 吸起后切断 5QJJ 经 1-2 线圈的自闭电路，使得 5QJJ 落下。总之，车压入进路中某区段时，该区段的 DGJ↓→FDGJ↑→QJJ↓。

在 FDGJ 的励磁电路中接入 QJJ 第 5 组前接点的目的有两个，一是用来检查 RC 支路的完整性，如果这条支路断线或电容被击穿，则车压入时 FDGJ 将不能励磁吸起；二是检查 10 线网路的完整性，即检查 10 线网路是否断线。这两个目的都和 10 线网路上 QJJ 的自闭电路有关，将在 10 线网路电路中详细介绍。

此外，在图 5-1 中，FDGJ 还有一条经 ZJF 前接点的虚线励磁电路，该励磁电路只对无岔区段设置，用于保证车压入无岔区段时该无岔区段的 FDGJ 能励磁吸起。例如，在图 1-2 中，希望将 ⅡG 上的车列调到 4G 上去，由于车列较长，拟先建立 $S_Ⅱ$ 至 D_1 的长调车牵出进路，将车列牵出到 D_{15} 前方，再建立 D_{15} 至 4G 的调车折返进路，将车列折返进入 4G。其中，牵出进路由 $S_Ⅱ$ 至 D_5 和 D_5 至 D_1 的两条调车基本进路构成。对 $S_Ⅱ$ 至 D_5 的牵出进路，在车列通过 19-27DG 后，19-27DG 以正常解锁方式自动解锁。对 D_5 至 D_1 的调车进路，由于车列是以与牵出进路方向相反的方式折返退出进路，只能待车列退出进路时以中途折返解锁方式来解锁，而该进路中途折返解锁的条件是车列已经从该进路退出且 1/19WG 的 FDGJ 先吸起（证明车列压入了 1/19WG）再落下（证明车列离开了 1/19WG）。对 1/19WG 而言，由于它处在两条调车进路中间，其 QJJ 无法励磁（因为 $S_Ⅱ$ 至 D_5 的调车进路在 D_{15} 处通过其 ZJ 前接点将 9 线网路断开，而后续进路 D_5 至 D_1 又是从 D_5 处开始接通 9 线网路），因而 1/19WG 的 FDGJ 无法根据该无岔区段 QJJ 的前接点来励磁。为了保证 1/19WG 的 FDGJ 在车列进入时能励磁吸起，所以其 FDGJ 的励磁电路中必须接入 $D_{15}ZJ$ 的前接点。同理，如果存在经过 D_5 的折返进路，则 1/19WG 的 FDGJ 中也必须接入 D_5ZJ 的前接点。图 5-1 中所接的 ZJF 是无岔区段两端差置信号机的 ZJ 的总复示继电器。

上述 FDGJ 的励磁和自闭电路中均接有条件电源"KZ-GDJ"，它平时是接通的，在轨道停电时断开，使 FDGJ 落下，防止了停电恢复时该区段错误解锁。

二、进路继电器和锁闭继电器电路

（一）进路继电器 1LJ、2LJ 电路

对应每个道岔区段和设置有区段组合的无岔区段，均设置两个进路继电器 1LJ 和 2LJ。在一个组合中之所以设两个进路继电器，主要是为了正常解锁时实现解锁条件检查，即实现"三点检查"功能。三点检查就是用相邻的两个轨道区段作为解锁的检查条件。一个区段的解锁不仅要检查车占用过并且已出清本区段，还要检查车占用过并且已出清前一区段，而且已经进入后一区段。三点检查功能由 1LJ 和 2LJ 电路来实现。

图 5-2 所示为进路继电器电路原理图。图中 b 区段的两个进路继电器 1LJ 和 2LJ 平时都

是由其 3-4 线圈接通自闭电路而保持吸起,1LJ 自闭电路为:KZ—QJJ$_{71-73}$—1LJ$_{3-4}$—1LJ$_{22-21}$—KF,2LJ 自闭电路为:KZ—QJJ$_{71-73}$—2LJ$_{3-4}$—2LJ$_{22-21}$—KF。当利用该区段建立进路时,在该区段的 QJJ 吸起后,1LJ 和 2LJ 的自闭电路断开,两个进路继电器都落下。

在图 5-2 中,假定车列由 a→c 方向运行,当车列离开区段 a 时,区段 a 的 1LJ 和 2LJ 励磁吸起,此时,区段 b 的 1LJ 经 1-2 线圈的粗线励磁电路接通,使 b/1LJ 励磁吸起,并接通 b/1LJ$_{3-4}$ 线圈的自闭电路。该 b/1LJ 励磁电路中,b/QJJ 在车列压入 b 区段时已经落下,传递继电器 a/CJ 和 b/CJ 在进路锁闭时已经落下。当车列继续前行压入区段 c 时,区段 c 的 DGJ 落下、FDGJ 励磁且 QJJ 落下。车列继续前行,离开 b 而完全进入 c 时,b/2LJ 经 3-4 线圈的粗线励磁电路接通,使 b/2LJ 励磁吸起并自闭。1LJ 和 2LJ 的 1-2 线圈接入的条件电源"KZ-GDJ",用来防止轨道电源停电后恢复供电时,造成进路继电器错误吸起。上述 b/1LJ 和 b/2LJ 励磁电路中,b/1LJ 的吸起证明了车列完整离开前一区段 a(通过 a/1LJ 和 a/2LJ 来证明)并进入本区段 b,而 2LJ 的吸起证明车列离开本区段 b 并进入了下一区段 c(通过 b/DGJ 前接点证明车列离开了 b 区段,通过 c/FDGJ 前接点证明车列压入了 c 区段)。

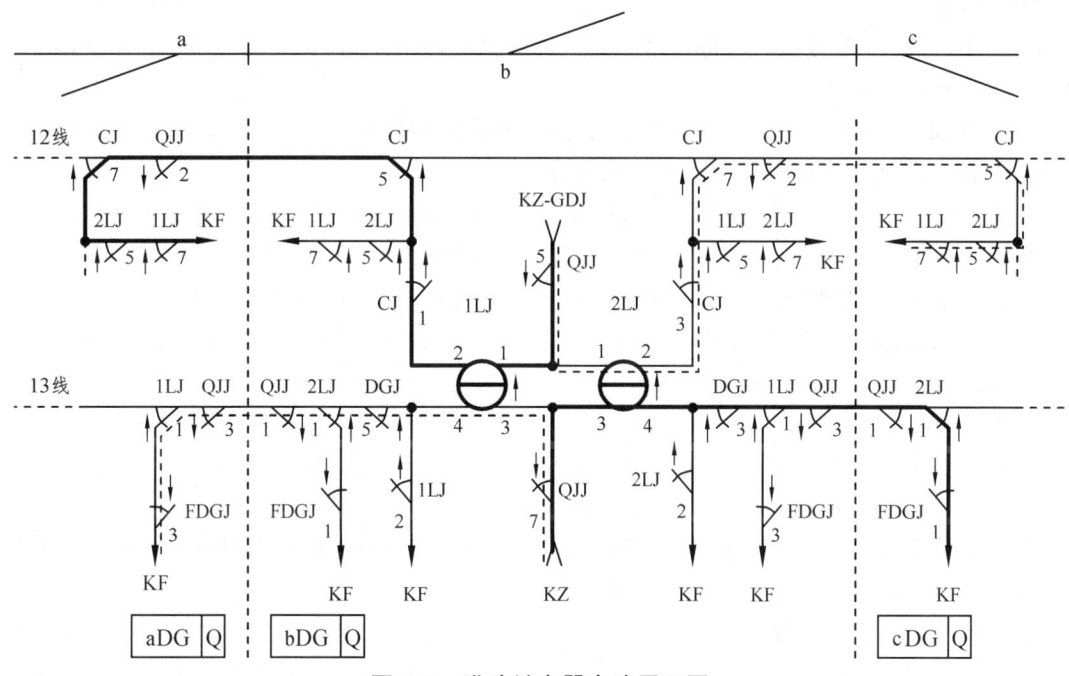

图 5-2 进路继电器电路原理图

图 5-2 中,进路继电器 1LJ 和 2LJ 的电路结构左右完全对称。左边为 1LJ,右边为 2LJ,2LJ 的 1-2 线圈通过右侧区段 c 的 1LJ 和 2LJ 前接点接到 KF;而 1LJ 的 3-4 线圈则通过左侧区段 a 的 1LJ 和 2LJ 前接点接到 KF,如图中虚线所示。2LJ 的 3-4 线圈向右侧通过 c/2LJ 后接点和 c/FDGJ 前接点接入 KF,而 1LJ 的 3-4 线圈向左侧通过 a/1LJ 后接点和 a/FDGJ 前接点接入 KF,如图中虚线所示。这样一种左右完全对称的电路结构是为了适应两个不同方向进路的解锁,可以使进路的各种解锁方式具有规律性,即当车列从左向右运行时,1LJ 先吸起 2LJ 后吸起,当车列从右向左运行时,2LJ 先吸起 1LJ 后吸起,通过 1LJ 和 2LJ 的动作来实现正常解锁的"三点检查"功能。

（二）锁闭继电器 SJ 电路

图 5-3 所示为锁闭继电器 SJ 电路。设置 SJ 是为了锁闭道岔和敌对进路，因此对应每组单动道岔设一个 SJ，对双动道岔设置两个锁闭继电器，即 1SJ 和 2SJ。平时 SJ 吸起，道岔处于解锁状态，可对道岔单独操纵或经该道岔办理进路；当 SJ 落下后，道岔处于锁闭状态，断开道岔启动电路中 1DQJ 的励磁电路，从而达到锁闭道岔的目的。

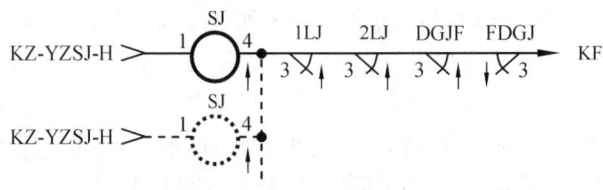

图 5-3　锁闭继电器电路

SJ 电路中接有 1LJ 和 2LJ、DGJF 和 FDGJ 继电器接点及条件电源"KZ-YZSJ-H"。这些接点的作用如下：

（1）1LJ 和 2LJ 前接点。当进路建立后，进路继电器 1LJ 和 2LJ 落下，断开 SJ 电路，使 SJ 落下，实现进路锁闭。

（2）DGJF 前接点。当道岔区段有车占用或轨道电路故障时，由于 DGJF 落下，断开 SJ 电路，SJ 落下，实现区段锁闭，防止道岔动作。

（3）FDGJ 后接点。防止轻车跳动或轨道电路瞬间分路不良而使 SJ 吸起，造成进路提前错误解锁。有时会出现这样的情况，当列车高速运行快要离开道岔区段时，由于轻车的跳动引起轨道电路瞬间分路不良，使 DGJ 瞬间吸起。因为此时车尚未出清道岔区段，SJ 的提前错误吸起可能会造成道岔中途转换。由于 FDGJ 有 3~4 s 的缓放时间，当轻车跳动时，由于 FDGJ 的缓放，经 3~4 s 后 SJ 才能吸起，此时车已经出清道岔区段，不会危及行车安全。

（4）条件电源"KZ-YZSJ-H"。平时"KZ-YZSJ-H"有电，当需要办理引导总锁闭方式引导接车时，按下引导总锁闭按钮 YZSA，使引导总锁闭继电器 YZSJ 吸起，断开条件电源"KZ-YZSJ-H"，使全咽喉的 SJ 都落下，实现对全咽喉道岔总锁闭。

当一个道岔区段包括几个道岔（一般不超过 3 个）时，应将这些道岔锁闭继电器 SJ 的线圈并接在一个共用电路环节上，如图中虚线部分所示。

对正常解锁，在列车完全离开某区段时，正常情况下该区段的 1LJ 和 2LJ 都会励磁吸起并自闭，然后 FDGJ 延时 3~4 s 后落下，之后该区段所有道岔的 SJ 将励磁吸起，该区段将解锁。这样，随着列车的运行，列车每离开一个区段，该区段将延时 3~4 s 后解锁。

三、10 线网路和区段检查继电器自闭电路

前面介绍过，当进路锁闭条件满足后，进路上各区段的 QJJ 都通过 9 线网路励磁吸起，进路转入锁闭状态。如果 QJJ 只有 9 线的励磁网路线，则列车或调车车列压入进路后，由于进路始端 XJJ 的落下使进路中各区段的 QJJ 都落下，而 QJJ 落下是进路解锁的必要条件，对进路上列车或调车车列运行前方没有进入的区段，QJJ 的落下在特定情况下将可能引起该区段提前解锁，非常危险。为了防止列车或调车车列前方区段不发生迎面进路解锁，设置 10

线网路来实现 QJJ 的自闭，保证只有列车或调车车列压入的区段的 QJJ 落下，而列车或调车车列没有压入的区段的 QJJ 保持吸起。

（一）10 线网路结构和 QJJ 自闭电路

图 4-18 中的 10 线网路结构的特点如下：

（1）站场形网路的区分条件用道岔表示继电器 DBJF 或 FBJF 的接点完成。

（2）本咽喉的所有 QJJ_{1-2} 线圈都并接在 10 线网路上。

（3）由网路的进路始端部位，经 KJ 前接点接入电源 KF 直至进路的终端。调车进路的终端在网路中间部位，用调车 ZJ 前接点将 10 线网路从中间断开。

因 QJJ_{1-2} 线圈是经由自己的前接点闭合电路的，因此 10 线网路是 QJJ 的自闭网路线。QJJ 能否自闭，关键在于 10 线网路是否有电和车列是否占用该区段。为了保证 QJJ_{1-2} 线圈的自闭电路可靠导通，向 10 线网路接入 KF 电源的电路环节较为复杂，但主要是从两个方面接入的：一是经由进路始端部位的 KJ 前接点接入，二是经由各道岔区段的 FDGJ 前接点接入的。

下面以图 4-18 中下行 X 至 I G 的接车为例，对 10 线网路接入 KF 电源的条件及其接通和断开的先后顺序进行分析。按 10 线网路上接入负极性电源 KF 的条件及其接通与断开的先后顺序，向 10 线网路供出 KF 电源的处所有①~⑧共八处：

① 处是在信号开放后，在列车没有进入进路时，于进路始端经 LXJ 前接点（对 D_3 为始端的调车进路，经 DXJ 前接点）送出的。此时，由于列车没有进入进路，X/D_3XJJ 在励磁吸起状态，所以进路中各区段的 QJJ 经由 9 线网路的励磁电路也处于接通状态。

② 处是列车在 I AG 区段上运行时，经 I AGJF 后接点送出的。在列车压入 I AG 后，由于 1AGJ 的落下使得 8 线网路断开、X/D_3XJJ 落下，进路中各个区段的 QJJ 经由 9 线网路的励磁电路均断开，GJJ 也随着落下，此时各区段的 QJJ 通过②处供出的 KF，经 10 线网路的自闭电路保持吸起。由于①处 LXJ 和 DXJ 均采用了缓放型继电器，从而保证了②接通电源后①处电源才断开，确保了列车在 I AG 上运行过程中 10 线网路不断电。

③ 处是列车压入 5DG 时，经 5/1LJ 前接点和 5FDGJ 前接点送出的。列车压入 5DG 时，5DG 的 DGJ 落下、FDGJ 励磁吸起且 1LJ 吸起，而 5/2LJ 仍然保持在落下状态，通过这些继电器相应接点使 KF 继续供出。②处采用的是 I AGJF，使断电时间延时一步，从而保证了③接通电源之后②处电源才能断开，保证了列车在压入 5DG 时 5DG 前方的 10 线网路不断电。②处 KF 随着列车出清 I AG 区段后断开。

④ 处 KF 是保证列车离开 5DG 瞬间 10 线网路不断电而设置的。列车出清 5DG 区段后，5/2LJ 将励磁吸起，如果不接入④处 KF，则③处的 KF 支路将由于 2LJ 的吸起而断开，致使列车运行前方的 10 线网路断电。接入了④后，在列车完整出清 5DG 时，可以通过 5DGJ 的前接点为 10 线网路继续提供 KF。由于 5DG 的 2LJ 是在其 DGJ 吸起之后才励磁吸起的，这样就保证了④处电源接通之后③处电源才断，保证了列车运行前方的 10 线网路不断电。当列车完整出清 5DG 后，其 DGJ 吸起，经 3~4 s 延时后，FDGJ 落下，所以④处的 KF 电源只能提供 3~4 s，为了保证 10 线网路不断电，在④断开之前必须接通⑤。

⑤ 处 KF 是保证列车离开 5DG 后的 3~4 s 内 10 线不断电而设置的。列车完整出清 5DG（即列车完整进入 3DG）时，5DG 的 1LJ、2LJ 将励磁吸起，3DG/1LJ 随后励磁吸起，3DG/1LJ

吸起后⑤处接通。很显然，⑤处电源接通之后④处电源才断开，保证了列车运行前方的 10 线网路不断电。

⑥处 KF 的作用和④处 KF 的作用类似，是保证列车离开 3DG 区段的瞬间 10 线网路不断电而设置的，⑦处 KF 的作用和⑤处 KF 的作用类似，⑧处 KF 的作用和⑥处 KF 的作用类似。

注意，③、⑤、⑦三处 KF 电源是接车方向用的，与它们相关联的另外三处 KF 电源，是发车方向用的，都是必不可少的。发车时，进路中各区段 1LJ 和 2LJ 的励磁顺序刚好和接车时 1LJ 和 2LJ 的励磁相反：列车完整进入某区段时该区段的 2LJ 吸起，而列车完整出清某区段时该区段的 1LJ 励磁吸起，所以与③、⑤、⑦相关联的另三处 KF 电源接的都是 1LJ 的后接点和 2LJ 的前接点。

（a）处 KF 的作用是，当列车进入接近区段后，因某种原因需要关闭信号，但无法使用人工解锁方式关闭信号（如 QJ 因故无法吸起），于是值班人员可通过按压区段故障按钮盘上的事故按钮 SGA（如 5DG 的 SGA）强制切断 X LXJ 的励磁电路，使信号关闭。此时，该进路中 5DG、3DG 和 9-15DG 的区段检查继电器 QJJ_{1-2} 线圈经①处的 KF 电源会随着 X LXJ 前接点的断开而断开，导致进路内各区段的 QJJ 落下，随时有解锁的可能。由于接近区段有车，而这条进路的解锁应实施延时解锁。为了保证此时进路不会随时解锁，必须让进路中各 QJJ 保持吸起，所以通过 JYJ 后接点和 QJ 的后接点又接入了一条送入 10 线网路的 KF 电源支路，保证此时 10 线网路不断电。办理人工解锁时，用 QJ 前接点断开此支路，使 10 线网路断开、进路上各区段 QJJ 落下，做好延时解锁准备。同理，对出站兼调车信号机和调车信号机也都考虑了这个问题。

总之，10 线网路是为防止迎面进路解锁用的，如果 10 线网路发生断线故障，则上述功能就不起作用了，因此对 10 线网路的完整性检查是十分必要的。如发现 10 线网路断线，则禁止进路中故障所在的区段正常解锁，以便故障排查。对 10 线网路完整性检查通过进路上各区段的 FDGJ 电路来实现。

（二）10 网路线完整性检查

在图 5-1 中的 FDGJ 电路中接入了 QJJ 前接点，其作用之一就是实现 10 线网路的完整性检查。例如，对图 4-18 中 X 至 ⅠG 的下行接车进路，如果其 10 线网路在 3DG 处断线，则列车进入进路上 ⅠAG 后，8 线网路断开、X/D_3XJJ 落下、9 线网路断开，切断了进路上各区段 QJJ 的励磁电路，5QJJ 通过 10 线网路左端供出的 KF 电源接通自闭电路而保持吸起，而 3DG 和 9-15DG 的 QJJ 则由于 10 线网路在 3DG 处断线而无法得到 KF 电源，两区段的 QJJ 自闭电路断开，QJJ 落下。这样，当列车通过 3DG 和 9-15DG 时，由于 3DG 和 9-15DG 的 QJJ 都处于落下状态，两区段的 FDGJ 将无法励磁吸起，这两区段将无法解锁（区段的 FDGJ 不吸起，该区段将无法解锁），从而能及时发现 10 线网路的断线故障，保证了 10 线网路不致因断线而失去其应有的防护功能。

前面 FDGJ 电路中已介绍过，在 FDGJ 的励磁电路中接入 QJJ 前接点还有第二个作用，即检查 RC 支路的完整性，以保证列车离开时，FDGJ 延时 3~4s 才落下的延时时间。在列车或调车车列驶入进路中某区段时，该区段 DGJ 落下、FDGJ 励磁吸起瞬间，断开该区段 QJJ

自闭电路，QJJ 落下，即 QJJ 和 FDGJ 之间的动作时序是：QJJ↑→FDGJ↑，FDGJ↑→QJJ↓。为了保证 FDGJ 可靠吸起，要求 FDGJ 必须具有缓放特性，而 FDGJ 本身不是缓放型继电器，QJJ 落下瞬间 FDGJ 能够保持吸起是通过电容 C 的暂时放电来保证的，之后由于 FDGJ 的自闭电路接通而使 FDGJ 能稳定的处于吸起状态。如果 RC 支路断线或电容 C 被击穿，就没有放电功能了，列车压入时 FDGJ 将无法励磁吸起，该区段将无法正常解锁，从而能够及时发现 RC 支路的故障。

四、传递继电器电路和区段故障解锁

（一）传递继电器 CJ 电路

传递继电器 CJ 的作用主要是传递解锁电源，另外用于实现故障解锁和紧急情况下关闭信号。

CJ 电路如图 5-4 所示，平时 CJ 经其 3-4 线圈保持吸起。进路建立后，在进路锁闭时，由于 1LJ 和 2LJ 的落下使 CJ 的 3-4 线圈断开，CJ 落下。

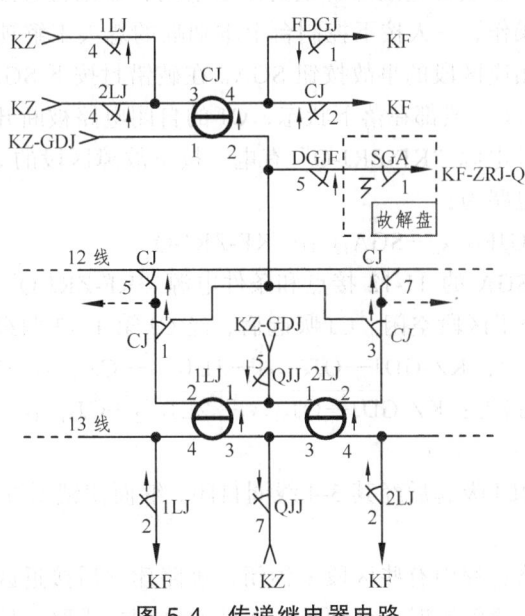

图 5-4　传递继电器电路

在 CJ 的 3-4 线圈励磁电路中接有 FDGJ 第 1 组后接点，它控制 CJ 的励磁时间，使 CJ 具有两个特性：

1. 滞后励磁特性

在进路上有车通过时，当车列离开区段时，区段的 1LJ 和 2LJ 随着 DGJ 的吸起而吸起，FDGJ 需延时 3~4 s 之后才能落下，随后 CJ 才能经 FDGJ 后接点励磁吸起。CJ 这种滞后 3~4 s 吸起的特性称为 CJ 的滞后励磁特性，也称慢动特性。CJ 的滞后励磁特性用于进路的正常解锁。

在正常解锁时，在区段有车占用的情况下，由于该区段的 FDGJ 吸起，所以 CJ_{3-4} 线圈的电路不通。当车出清该区段后，两个 LJ 都吸起，FDGJ 经 3～4 s 缓放落下。由 FDGJ 第 1 组后接点接通 CJ_{3-4} 线圈电路，使 CJ 吸起。

2. 及时励磁特性

在进路上无车时，由于区段 FDGJ 落下，所以只要有一个 LJ 吸起，CJ 会立即吸起的特性称为 CJ 的及时励磁特性，也称快动特性。CJ 的及时励磁特性用于取消进路、人工解锁和调车中途返回解锁。

在取消进路、人工解锁和调车中途返回解锁时，因为进路上无车，FDGJ 一直在落下状态，当两个 LJ 中的任何一个吸起，就能立即接通 CJ_{3-4} 线圈电路，使 CJ 立即吸起。

传递继电器 CJ_{1-2} 线圈电路将在区段故障解锁及紧急情况下关闭信号时起作用。

（二）区段故障解锁

区段故障解锁电路是由 CJ 和 1LJ、2LJ 的局部电路构成，不涉及 12、13 线解锁网路。

故障解锁的条件是：必须检查故障解锁的区段空闲，必须检查故障解锁的手续已办好。故障解锁要由两人协同操作，一人按下控制台上本咽喉的总人工解锁按钮 ZRA，另一人按下区段人工解锁按钮盘上相应区段的事故按钮 SGA。在破铅封按下 SGA 前要确认列车的动态。

故障锁闭时，两个 LJ 一般都在落下状态，CJ 的自闭电路被断开，处在落下状态。按下 ZRA 后，ZRJ 吸起，条件电源 "KF-ZRJ-Q" 有电。按下故障区段的 SGA 后，图 5-4 中 CJ_{1-2} 线圈电路接通，其励磁电路为：

KZ-GDJ—CJ_{1-2}—$DGJF_{51-52}$—SGA_{12-11}—KF-ZRJ-Q。

该励磁电路中，由 SGA 的 11-12 接点和条件电源 "KF-ZRJ-Q" 检查办理了故障解锁手续，由 DGJF 前接点检查了区段空闲。CJ 吸起后，经 CJ 第 1、3 两组前接点使 1LJ 和 2LJ 励磁吸起，1LJ 励磁电路为：KZ-GDJ—QJ_{51-53}—$1LJ_{1-2}$—CJ_{11-12}—$DGJF_{51-52}$—SGA_{12-11}—KF-ZRJ-Q。2LJ 励磁电路为：KZ-GDJ—QJ_{51-53}—$2LJ_{1-2}$—CJ_{31-32}—$DGJF_{51-52}$—SGA_{12-11}—KF-ZRJ-Q。

故障区段的 1LJ 和 2LJ 吸起后经其 3-4 线圈自闭，继而使锁闭继电器 SJ 吸起，故障区段解锁。

应注意，在办理进路过程中有些区段未锁闭，进路建立后接近区段故障或接近区段有车占用等情况下，在办理故障解锁时，必须首先取消原办理的进路，使进路始端的取消继电器 QJ 吸起，使已锁闭区段的 QJJ 落下，然后办理故障解锁。

办理故障解锁时，如果按错了事故按钮，例如，按下的是已经锁闭且信号开放，但车列还没有进入的进路上的区段事故按钮时，虽然该区段 CJ 在 SGA 和 ZRA 按下时能经 1-2 线圈吸起，但由于该区段的 QJJ 在励磁吸起状态，1LJ 和 2LJ 经 1-2 线圈的上述励磁电路无法接通，不会导致该区段错误解锁。同样，如果按错了事故按钮，对车列正在其上运行的区段（或车列运行前方的区段）办理了区段故障解锁时，由于该区段的 DGJ 处于落下状态（或 QJJ 处于吸起状态），所以也不会导致该区段错误解锁。

在紧急情况下关闭信号的方法，也和上述故障解锁的手续相同，只不过按下的是进路中任意一个区段的 SGA。当 CJ 经 1-2 线圈吸起时,用 CJ 的第 4 组后接点断开 11 线网路,使信号继电器落下,从而达到关闭信号的目的。

五、条件电源 KZ-GDJ

6502 电气集中电路采用分段解锁制,列车或调车车列是否驶过进路是通过进路上各区段的轨道继电器 DGJ 的顺序落下和吸起来证明的。就是说,列车或调车车列从进路上驶过,使得进路上各区段的 DGJ 顺序动作,该进路便分段解锁。

假如建立了某一条接车进路,在进路锁闭信号开放后,由于某种原因,轨道电路的电源突然中断,使进路上的 DGJ 均落下,进站信号机关闭。当轨道电路电源恢复供电时,由于继电器参数的差异,使得各个 DGJ 的吸起有快有慢,若其动作顺序恰好和列车通过该进路时的动作顺序一致,这时已经锁闭的进路可能错误解锁,这是很危险的。

为了防止轨道电路电源停电故障后又恢复造成进路的错误解锁,可采取以下措施:

(1)对轨道电路的供电装置设置监督设备。

考虑到供电安全及缩小轨道电路停电故障影响范围,大站电气集中一般采用四束干线供电,每个咽喉两束。为了监督其供电情况,在每束供电干线上并接一个监督继电器(设置在电源屏中)。并在各咽喉设置一个受本咽喉两束轨道电路监督继电器控制的轨道停电继电器 GDJ,用它来监督供电情况,其电路如图 5-5 所示。

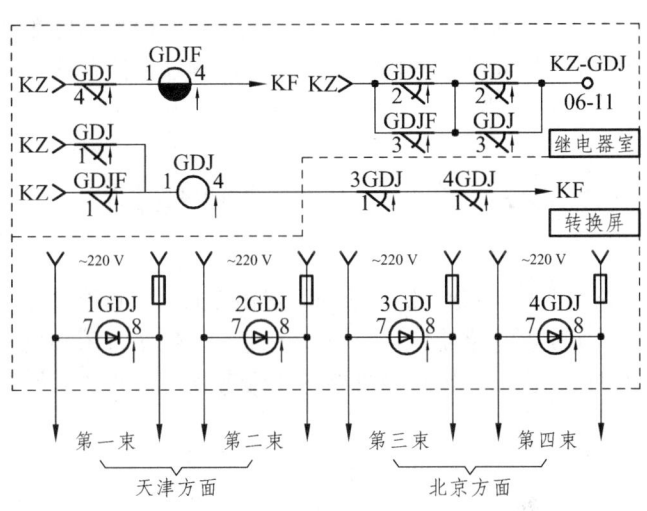

图 5-5 轨道停电继电器电路

轨道供电干线有电时,其监督继电器吸起。同咽喉的两束供电干线的监督继电器的前接点接通该咽喉的 GDJ 励磁电路,使它吸起。当供电干线发生故障(如电源停电、熔断器熔断、断线等)时,由于监督继电器失磁,通过它的前接点切断 GDJ 励磁电路,使它落下,此时条件电源 KZ-GDJ 无电。排除了故障,恢复供电时,监督继电器吸起,使 GDJ 励磁,KZ-GDJ 即有电。

(2)用条件电源 KZ-GDJ 来控制与解锁有关的进路继电器 1LJ 和 2LJ、轨道反复示继电器 FDGJ、股道检查继电器 GJJ 和传递继电器 CJ。

在轨道电路发生停电故障时，上述与解锁有关的继电器迅速断电落下。停电恢复后，轨道继电器 DGJ 先吸起后，条件电源 KZ-GDJ 才向上述解锁用的继电器供电，从而使已经锁闭的进路不会错误解锁。

由图 5-5，KZ-GDJ 是通过 GDJ 与它的复示继电器 GDJF 前接点串联而形成的电路。GDJ 采用 JWXC-1700 型，而 GDJF 采用 JWXC-H340 型。这样条件电源 KZ-GDJ 就有以下特点：

① 断电，发生轨道电路供电干线故障时，它马上断电，过程是：

断电 ──→ DGJ↓
     └──→ 电源屏内的 GDJ↓ ──→ GDJ↓ ──→ KZ-GDJ 无电

② 停电恢复后，有电较慢，需经过三个继电器顺序吸起后才有电，过程是：

恢复供电 ──→ DGJ↑
       └──→ 电源屏内的 GDJ↑ ──→ GDJ↑ ──→ GDJF↑ ──→ KZ-GDJ 有电

根据以上电路动作顺序，当轨道电路供电干线停电时，监督继电器先落下，其前接点切断 GDJ 的励磁电路，使 GDJ 和 GDJF 相继落下，KZ-GDJ 无电。恢复供电时监督继电器先吸起，GDJ、GDJF 相继吸起，由于 GDJF 为缓放型继电器（也具有缓吸特性），所以经 GDJ 和 GDJF 前接点送出的条件电源 KZ-GDJ 要比监督继电器的吸起滞后一段时间才有电。这样，上述与解锁有关的继电器（1LJ、2LJ、FDGJ、GJJ 和 SJ）必须在一个轨道继电器 DGJ 吸起后，接入的 KZ-GDJ 才有电。所以对已经锁闭的进路不会因轨道电路停电恢复而产生错误解锁。

当轨道电源停电后，控制台上各区段点亮红光带，以引起车站值班员的注意。对已经锁闭的进路，如果在停电期间车尚未驶入进路，则可重复开放信号，等车经过进路后，进路正常解锁。如果车已经在停电期间驶过进路，则可按故障解锁方法，使进路中各区段解锁。

第二节　正常解锁电路

6502 电气集中进路的正常解锁一般采用分段解锁方式。当进路锁闭后，防护进路的信号机开放，列车或调车车列驶入进路使信号机自动关闭，在顺序占用和出清进路上的轨道电路区段后，各区段自动解锁，这种解锁称为进路的正常解锁。进路的解锁是有条件的，符合解锁条件进路才能解锁。

一、正常解锁的条件

为了保证行车安全，正常解锁必须满足以下条件：
（1）信号自动关闭；
（2）用三点检查法来证明列车确实通过了本区段。

进路锁闭后，列车或调车车列驶入进路，进路在正常解锁前首先应关闭信号，以防止后续列车或调车车列驶入正在解锁的进路，危及行车安全。

采用分段解锁方式时，解锁的对象是进路上的轨道电路区段。因此，可以用轨道电路区段的 DGJ 一度落下后又吸起作为车顺序占用和出清区段的证明。用一段轨道电路的 DGJ 落下后又吸起证明车曾占用过并已出清区段的方法，叫做一点检查。用一点检查作为轨道区段解锁的条件是不安全的。因为轨道电路故障后又恢复正常，或轨道电路人工短路时，也会使该区段DGJ一度落下后又吸起，而无法与一点检查相区别。用相邻的两个轨道区段的DGJ落下后又吸起证明车占用过进路的方法叫做两点检查。用两点检查作为轨道区段解锁的条件也存在问题，因为轨道电路采用极性交叉来防护绝缘破损，当相邻轨道电路之间的绝缘破损时，使得两个DGJ同时落下，此后因邻线行车振动可能使破损的绝缘恢复正常，又会使两个DGJ重新吸起，从而造成区段错误解锁。显然，两点检查的方法不安全，一般也不采用。

采用三点检查使轨道区段解锁，是安全有效的方法。三点检查通过两个进路继电器1LJ和2LJ电路来实现。例如，从左向右解锁进路，当车占用过并已出清前一区段且占用本区段时，1LJ吸起，做好检查第一点的占用和出清以及第二点占用的记录；当车出请本区段并占用后一个区段时，2LJ吸起，做好第二点出清和第三点被占用的记录。这样1LJ和2LJ都吸起，就完成了被解锁区段的三点检查。反之，从右向左解锁进路时，用2LJ先吸起作为车占用过并已出清前一区段且占用本区段的记录，用1LJ后吸起作为车出清本区段并占用后一区段的记录。

在进路的正常解锁中，也存在着两点检查和一点检查后轨道区段就解锁的情况。例如，对于由股道办理的调车进路和列车进路以及由尽头线或无岔区段办理的调车进路，由于股道、尽头线及无岔区段都允许停有车辆，所以进路内方第一个轨道区段的解锁不能检查其前一区段的车辆出清情况，此时只能实现两点检查。例如，图1-2中D_{15}至ⅡG的进路，在ⅡG上停留有车辆时由1/19WG往ⅡG调车，在1/19WG上不预留车辆的情况下，由1/19WG往ⅡG调车，此时19-27DG的解锁只能实现两点检查。

对于调车进路中仅有一个道岔区段，其接近区段是股道或尽头线，最后一个区段是无岔区段的情况时，该道岔区段的解锁只能实现一点检查。例如，图1-2中D_{15}到ⅡG的进路，在ⅡG上停留有车辆且1/19WG上预留车辆的情况下由1/19WG往ⅡG调车，此时19-27DG解锁只能实现一点检查。

二、列车进路的正常解锁

（一）接车进路的正常解锁

下面以X至ⅠG的接车进路为例，通过图5-6的12、13线电路来介绍列车进路正常解锁的工作过程。先介绍电路正常情况下进路的正常解锁过程，然后对故障情况下进路的解锁过程进行说明。

1. 正常情况下

列车进入进路，压入ⅠAG时，ⅠAGJ失磁落下，8线网路由于进路不空闲而断开，使得进路始端信号X/D_3XJJ落下，X/D_3XJJ的落下断开9线网路和11线网路。9线网路的断开使进路中各区段的QJJ励磁电路断开，同时断开股道部位的S_1GJJ励磁电路，S_1GJJ落下。11线网路的断开使进路始端信号XLXJ落下而关闭信号。列车压入ⅠAG时的时序：

$$IAGJ\downarrow \longrightarrow X/D_3XJJ\downarrow \longrightarrow S_1GJJ\downarrow$$
$$\longrightarrow X/D_3LXJ\downarrow（信号关闭）$$

列车压入 5DG 时，5DGJ 落下使得 5FDGJ 励磁吸起并自闭，5FDGJ 的吸起断开 5QJJ 经 10 线网路的自闭电路，5QJJ 落下。5QJJ 的落下和进路始端 X/LXJ 的落下，使得 5DG/1LJ 经 1-2 线圈和 12 线网路的励磁电路接通，如图 5-6 中粗线①所示。5DG/1LJ 吸起后，其经 3-4 线圈自闭电路接通。需要说明的是，在粗线①的电路中，用 ⅠAGJ 后接点证明列车压入了 ⅠAG，用 5FDGJ 前接点证明列车压入了 5DG，实现了三点检查的前两点检查。在粗线①的电路同时接了 X/D₃LKJ 和 X/D₃LKJF 的前接点，其主要目的是检查 LKJ 和 LKJF 的状态是否一致，如果二者状态不一致，则禁止 5DG/1LJ 励磁吸起，将禁止进路的解锁。此外，在 X/D₃LXZ 组合内还有经过 LXJ 前接点（或 DXJ 前接点）到 13 线网路的接通电路，该电路是在没有 ⅠAG 情况下（即进路内方第一个区段为道岔区段 5DG 时），5DG/1LJ 接往 13 线网路的励磁电路，此时 5DG/1LJ 是在 LXJ 缓放（或 DXJ 缓放）的时间内接通的，之后随着 LXJ（或 DXJ）的落下使该励磁电路断开，5DG/1LJ 将由自闭电路保持吸起。很明显，在进路内方第一个区段为道岔区段时，第一个道岔区段的解锁只能实现两点检查，即只检查了本道岔区段和本区段的下一区段的占用和出清情况。列车压入 5DG 时的继电器动作时序为：
$$5DGJ\downarrow \longrightarrow 5FDGJ\uparrow \longrightarrow 5QJJ\downarrow \longrightarrow 5DG/1LJ\uparrow 。$$

列车前行压入 3DG 时：$3DGJ\downarrow \longrightarrow 3FDGJ\uparrow \longrightarrow 3QJJ\downarrow$。

列车前行压入 9-15DG 时：$9\text{-}15DGJ\downarrow \longrightarrow 9\text{-}15FDGJ\uparrow \longrightarrow 9\text{-}15QJJ\downarrow$。

列车前行离开 ⅠAG 时，由于 ⅠAGJ 的吸起而使 5DG/1LJ 经粗线①的励磁电路断开，5DG/1LJ 由自闭电路保持吸起。

列车前行离开 5DG 时，5DGJ 励磁吸起，使得 5DG/2LJ 经 3-4 线圈的励磁电路接通，如图中粗线②所示，5DG/2LJ 吸起，随后其经 3-4 线圈的自闭电路接通。在粗线②的励磁电路中，5DGJ 前接点证明车列离开了 5DG，3FDGJ 前接点证明车列压入了 3DG，实现了三点检查的后两点检查。对进路始端信号 X，在 5DG 的 QJJ 落下、1LJ 和 2LJ 吸起后，X/D₃KJ 自闭电路被切断而落下复原，X/D₃LKJ 自闭电路随着 X/D₃KJ 的落下而断开，X/D₃LKJ 复原。对 3DG，在 5DG/2LJ 励磁吸起后，3DG/1LJ 经粗线③的励磁电路接通而吸起，并经过其经 3-4 线圈的自闭电路保持吸起。对 5DG，5DGJ 吸起，经 3～4 s 延时之后 5FDGJ 落下复原。在 5DGJ 吸起、5DG/1LJ 吸起、5DG/2LJ 吸起和 5FDGJ 落下后，5CJ 经 3-4 线圈的励磁电路被接通而吸起并自闭，恢复为初始状态，同时 5DG 内的道岔 5 的 1SJ 励磁吸起而复原，5DG 解锁。其中，5CJ 的吸起使得 3DG/1LJ 经粗线③的励磁电路断开。列车离开 5DG 时的动作时序：

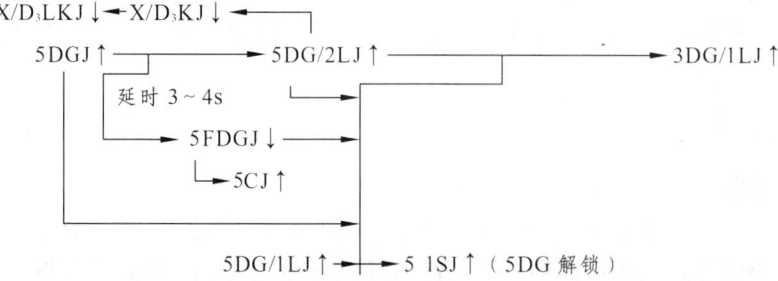

列车离开 3DG 时，3DGJ 励磁吸起，3DG/2LJ 经 3-4 线圈的励磁电路接通，如图中粗线④所示，3DG/2LJ 吸起，随后其经 3-4 线圈的自闭电路接通。对 5DG，3DG/2LJ 的吸起使得

5DG/2LJ 经粗线②的励磁电路断开。对 9-15DG，在 3DG/2LJ 励磁吸起后，9-15DG/1LJ 经粗线⑤的励磁电路接通而吸起，并经过其经 3-4 线圈的自闭电路保持吸起。对 3DG，在 3DG/DGJ 励磁吸起后，经 3~4 s 延时后 3FDGJ 落下复原。在 3DGJ 吸起、3DG/1LJ 吸起、3DG/2LJ 吸起和 3FDGJ 落下后，3CJ 经 3-4 线圈的励磁电路被接通而吸起自闭，恢复为初始状态，同时 3DG 内的道岔 1/3 的 2SJ 将励磁吸起而复原，3DG 解锁。3CJ 的吸起使得 9-15DG/1LJ 经粗线⑤的励磁电路断开。列车离开 3DG 时的动作时序：

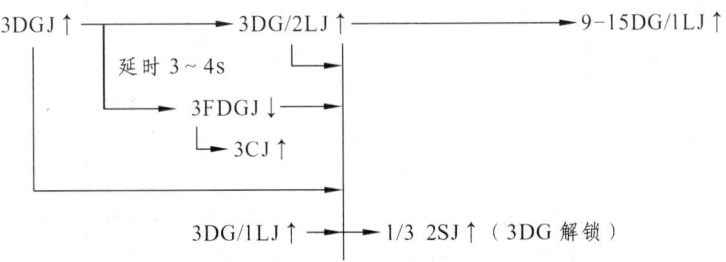

列车离开 9-15DG 而完全进入ⅠG 时，9-15DGJ 励磁吸起，9-15DG/2LJ 经 3-4 线圈的励磁电路接通，如图中粗线⑥所示，9-15DG/2LJ 吸起，随后其经 3-4 线圈的自闭电路接通。对 3DG，9-15DG/2LJ 的吸起使得 3DG/2LJ 经粗线④的励磁电路断开。对 9-15DG，其 DGJ 励磁吸起后经 3~4 s 延时，FDGJ 落下复原。在 9-15DG 的 DGJ 吸起、1LJ 吸起、2LJ 吸起和 FDGJ 落下后，9-15DG/CJ 经 3-4 线圈的励磁电路接通而吸起并自闭，恢复为初始状态，同时 9-15DG 内的道岔 9/11 1SJ 和 13/15 2SJ 励磁吸起，9-15DG 解锁。9-15DG/2LJ 经粗线⑥的励磁电路中接入了 9-15FDGJ 前接点，在列车完整进入ⅠG 后，随着 9-15FDGJ 的落下而断开。在进路中最后一个道岔区段解锁，道岔 9/11 的 2SJ 吸起时，股道部位 S_1ZCJ 励磁吸起而复原，解除对迎面咽喉敌对进路的封锁。至此，整条进路完全解锁。列车离开 9-15DG 时的动作时序：

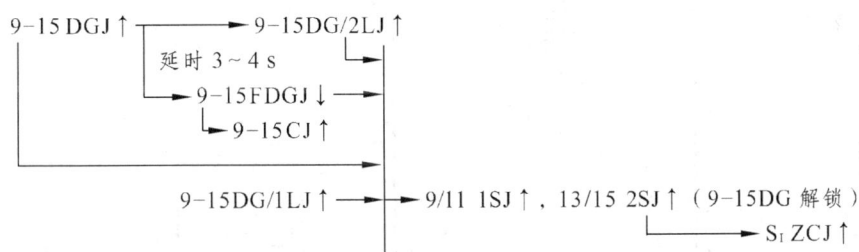

通过对上述进路中各区段 1LJ 和 2LJ 励磁电路进行分析可知，在列车压入与其相邻的前一区段和本区段，并出清前一区段时，本区段的 1LJ 励磁吸起（对进路内方第一区段例外），而从本区段离开并列车压入后一区段时，本区段的 2LJ 励磁吸起。很明显，通过本区段的 1LJ 和 2LJ 电路实现了对区段及其相邻区段的占用和出清情况进行了完全检查，从而从电路上实现了三点检查功能。进路中各区段 1LJ 和 2LJ 的励磁吸起具有如下顺序：

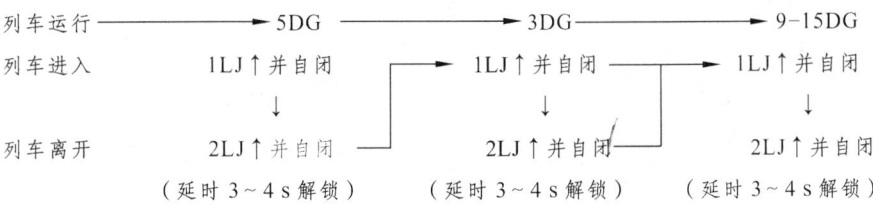

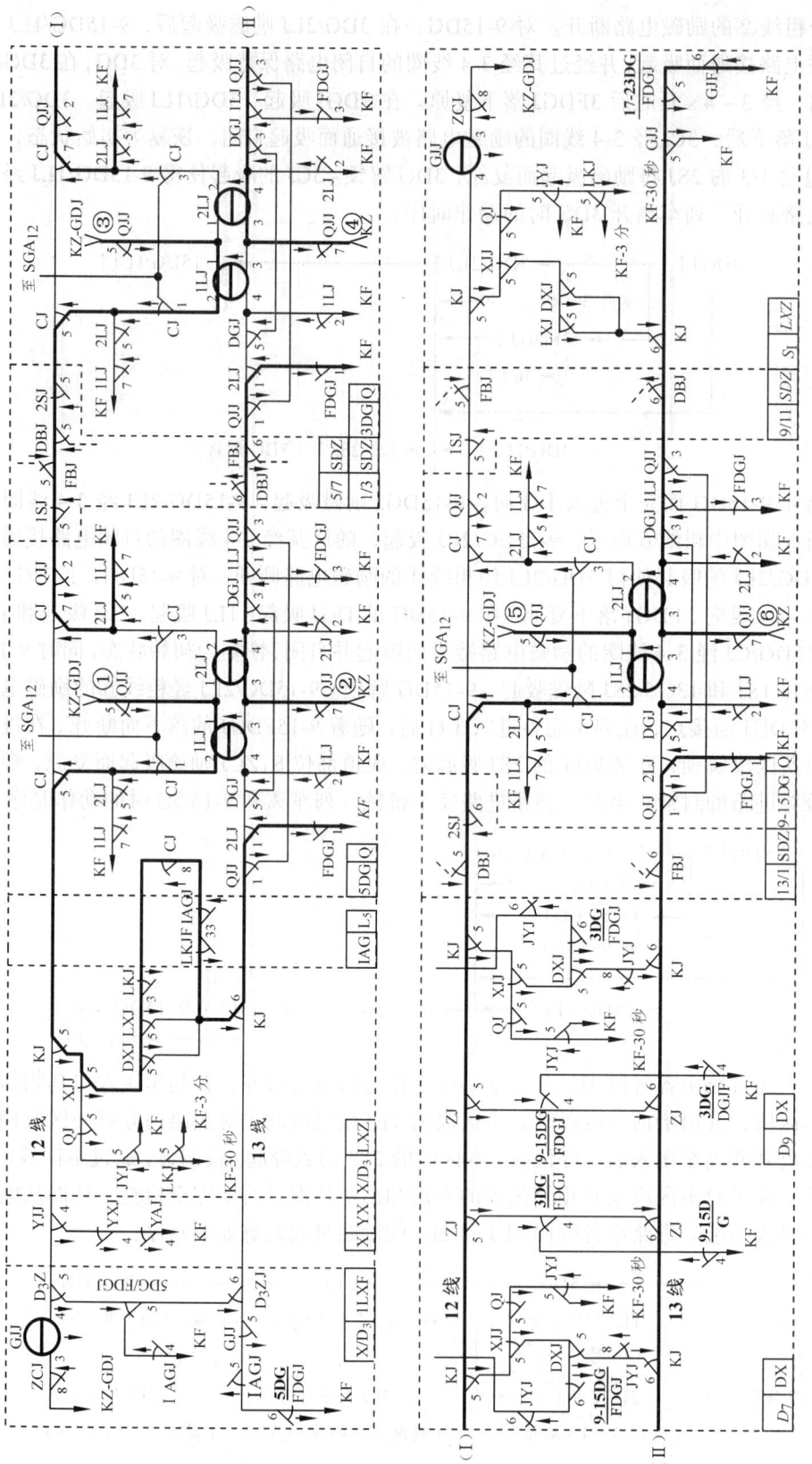

图 5-6 接车进路正常解锁电路举例

上述进路中各区段 1LJ 和 2LJ 励磁吸起顺序，适合从左至右方向的列车进路的正常解锁过程，对从右向左方向的列车进路和调车进路而言，由于 1LJ 和 2LJ 电路上的对称性，进路上 1LJ 和 2LJ 的励磁吸起顺序与上述顺序刚好相反，即列车完全进入本区段时本区段的 2LJ 励磁先吸起，而列车离开本区段时本区段的 1LJ 后励磁吸起，之后经 3~4 s 的延时，本区段才正常解锁。

2. 故障情况下

6502 继电电路正常工作情况下，随着列车通过进路，进路将逐段正常解锁。当列车在进路上运行时，如果电路出现故障，则进路中部分或全部区段将无法正常解锁。

列车在进路上运行时，如果列车所在区段或列车运行前方区段道岔出现故障（包括瞬时故障），失去位置信息，则从故障道岔所在区段开始（包括故障道岔所在区段），其运行前方各区段均不能正常解锁。例如，对图 5-6 中 X 至 ⅠG 的接车进路，当列车在 5DG 上运行时，如果道岔 1/3 失去位置信息，即 1/3 DBJ 和 1/3 FBJ 均落下，则 10 线网路从故障处断开，进路上 3DG 和 9-15DG 的将 QJJ 提前落下。列车通过进路后，3DG 和 9-15DG 的 FDGJ 无法励磁，因而无法正常解锁。对不能正常解锁的 3DG 和 9-15DG，在列车通过后可办理区段故障解锁来依次解锁。

列车在进路上运行时，如果进路上轨道电路出现故障占用，在列车通过后故障不消失，则从故障区段开始（包括故障区段），列车运行前方各区段均不能正常解锁。例如，对图 5-6 中 X 至 ⅠG 的接车进路，当列车在 5DG 上运行时，如果 3DG 故障占用，列车通过进路后 3DG 依然故障占用，则 3DG 的 2LJ 无法励磁，3DG 无法正常解锁，3DG 不能解锁时，其前方的 9-15DG 也无法正常解锁。对故障占用的 3DG，在其故障修复好，DGJ 吸起后，采用区段故障解锁方式解锁。对 9-15DG，在列车经过后可直接采用区段故障解锁方式来解锁。

列车在进路上运行时，如果列车运行前方区段出现瞬时故障，则从故障区段开始（包括故障区段），列车运行前方各区段均不能正常解锁。例如，对图 5-6 中 X 至 ⅠG 的接车进路，当列车在 5DG 上运行时，如果 3DG 出现瞬时故障占用，随后故障消失，之后列车通过进路，则 3DG 和 9-15DG 均无法正常解锁。3DG 瞬时故障占用时 DGJ↓→FDGJ↑→QJJ↓，故障恢复后 DGJ↑→FDGJ↓。列车通过时，由于 3QJJ 在落下状态，3FDGJ 将无法励磁，3DG 无法正常解锁，3DG 不能解锁时，其前方的 9-15DG 亦无法正常解锁。在列车经过后可直接采用区段故障解锁方式来解锁两区段。

列车在进路上运行时，如果本咽喉区轨道电路停电，则从轨道电路停电时刻开始没有解锁的区段，列车通过后均不能正常解锁，停电恢复后这些没有解锁的区段亦不能正常解锁。例如，对图 5-6 中 X 至 ⅠG 的接车进路，当列车经过 5DG 后，5DG 解锁，列车在 3DG 上运行时轨道电路停电，列车完全进入 ⅠG 后，该进路中没有解锁的区段 3DG 和 9-15DG 均无法解锁。停电恢复后，3DG 和 9-15DG 也无法正常解锁，此时可以采用故障解锁方式将两区段解锁。

（二）发车进路的正常解锁

发车进路的正常解锁与接车进路的正常解锁基本相同。以图 1-2 中上行 ⅡG 发车进路为例，在进路建立，$S_Ⅱ$ 出站信号机开放，列车出发驶入进路，当列车第一轮对越过 $S_Ⅱ$ 时，8 线网路断开、$S_{II}XJJ$ 落下，断开 9 网路和 11 线网路，使 S_{II} 信号机自动关闭。进路的第一区段实现两点检查，即本区段 19-27DG 被车占用使 19-27DG/2LJ 吸起作为第一点检查，下一区段 1/19WG 被占用和本区段的出清使 19-27/1LJ 吸起作为第二点检查。19-27DG 的解锁，使得 $S_{II}KJ$ 和 $S_{II}LKJ$ 复原。

1/19WG 是无岔区段，不设锁闭继电器，但为了锁闭列车进路和实现进路正常解锁三点检查的连续进行，在无岔区段的区段组合中也设有 LJ 和 CJ。

发车进路的最后一个道岔区段 1DG 区段也能实现三点检查，1DG/2LJ 在列车出清 1/19WG 区段和本区段被占用时吸起，1DG/1LJ 在列车出清本区段和 II AG 区段被占用时吸起。

由于发车进路列车运行方向是从右向左的，各区段的 1LJ 和 2LJ 的励磁顺序也是从右向左进行的。发车进路的进路继电器动作顺序为：19-27DG/2LJ↑→19-27DG/1LJ↑→1/19WG/2LJ↑→1/19WG/1LJ↑→1DG/2LJ↑→1DG/1LJ↑。发车进路和接车进路一样，进路也是由始端向终端逐段解锁的。

对发车进路，列车在进路上运行过程中，进路上出现道岔失去位置故障、区段故障占用和轨道电路停电故障时，进路解锁情况和接车进路出现上述故障情况的解锁情况完全相同。

三、调车进路的正常解锁

下面以图 5-7 中 D_7 至 D_3 的调车进路为例，简要介绍调车进路的正常解锁情况。

当车列由 9-15DG 进入 3DG 时，使 8 线网路断开，D_7XJJ 落下，D_7XJJ 的落下断开 9 线网路，并使 D_7XJ 转入白灯保留电路。同时，3DGJ 落下使得 3DG 的 FDGJ 励磁吸起、QJJ 落下。

车列前行并出清 9-15DG、完全进入 3DG 时，9-15DGJ 吸起使得 D_7JYJ 吸起、D_7DXJ 落下复原，D_7 关闭信号。在 D_7XJ 缓放的时间内使 3DG/2LJ 经由粗线①的励磁电路接通并自闭。在 3DG/2LJ 励磁电路中，用进路始端 D_7XJJ 后接点和 D_7JYJ 前接点（断开 DXJ 白灯保留电路）来间接证明调车信号已经关闭，并实现两点检查。用 D_7XJJ 的落下和 D_7JYJ 的吸起间接反映出清接近区段 9-15DG 为第一点检查，3FDGJ 的吸起反映车列进入 3DG 为第二点检查。

车列前行进入 5DG 时，5DG 的 DGJ 落下、FDGJ 吸起、QJJ 落下。

车列前行并完全出清 3DG 时，3DGJ 励磁吸起、3DG/1LJ 经由粗线②的励磁电路接通并自闭。3DG/1LJ 的励磁电路中检查了两点，3DGJ 吸起证明车列出清 3DG，为第二点检查，5FDGJ 吸起证明车列压入 5DG，为第三点检查。至此，3DG/2LJ 和 3DG/1LJ 的吸起实现了三点检查，即车列依次占用 9-15DG、3DG 和 5DG，并依次出清 9-15DG 和 3DG，完全进入 5DG。

在 3DGJ 吸起时，经 3～4 s 延时后，其 FDGJ 落下、CJ 自闭。3DG 的 DGJ 吸起、2LJ 吸起、1LJ 吸起、FDGJ 落下后，3DG 内道岔 1/3 2SJ 励磁吸起，3DG 解锁。道岔 1/3 2SJ 吸起后断开 D_7KJ 自闭电路，D_7KJ 落下复原。

在 3DG 的 DGJ 吸起、FDGJ 缓放期间，5DG/2LJ 经由图中粗线③的励磁电路接通并自闭。该励磁电路中，用 3DG/2LJ 和 3DG/1LJ 前接点证明前一区段 3DG 被占用并出清，本区段 5DG 被占用。

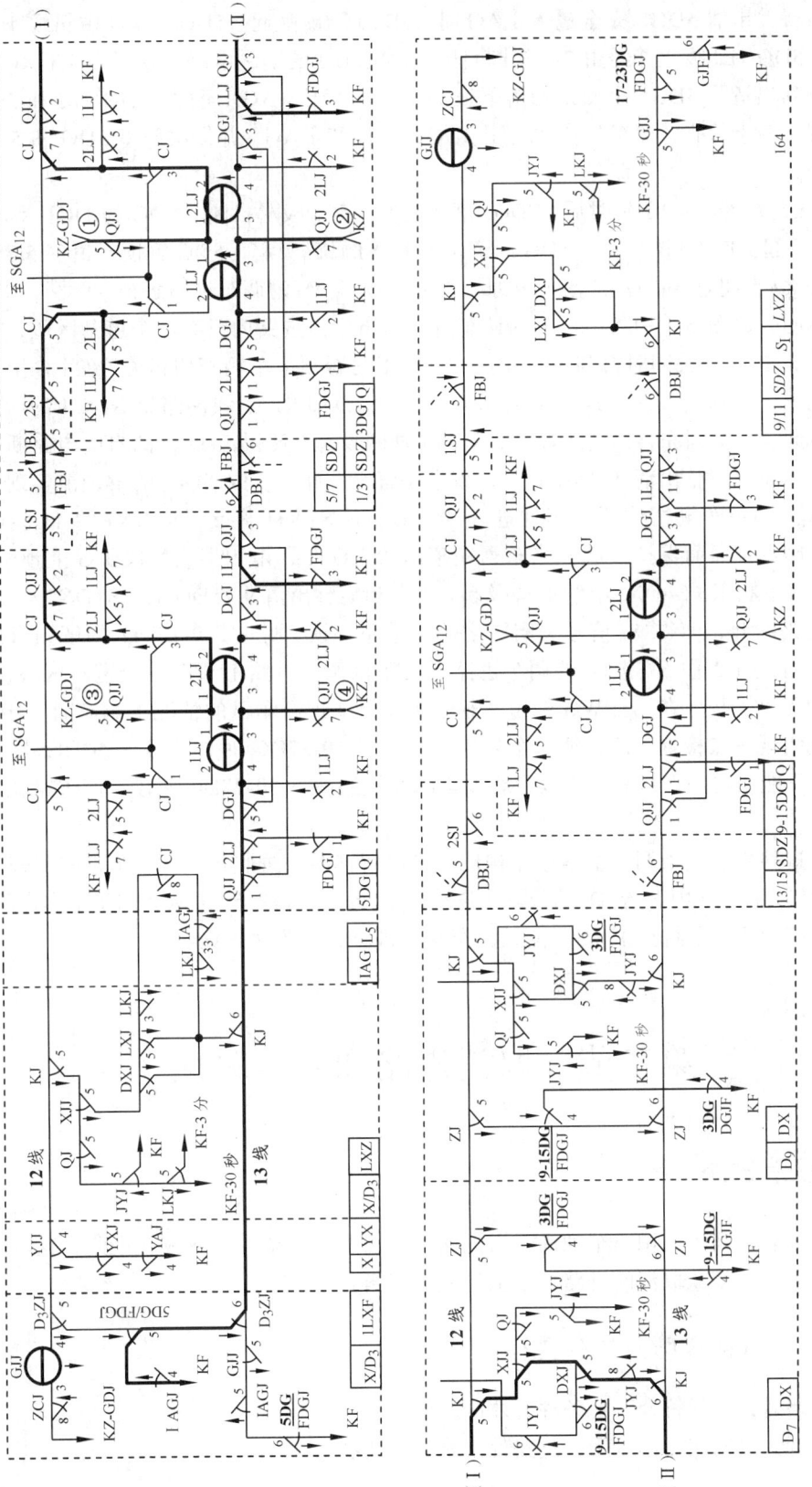

图 5-7 调车进路正常解锁电路举例

车列前行并出清 5DG、完全进入 ⅠAG 时，5DGJ 励磁吸起、5DG/1LJ 经由粗线④的励磁电路接通，5DG/1LJ 吸起并经由 3-4 线圈自闭。5DG/1LJ 的励磁电路实现了两点检查，5DGJ 吸起证明车列出清了 5DG，ⅠAGJ 的落下证明车列压入了 ⅠAG。至此，5DG/2LJ 和 5DG/1LJ 的吸起实现了三点检查，即车列依次占用 3DG、5DG 和 ⅠAG，并依次出清 3DG 和 5DG，完全进入 ⅠAG。

5DGJ 吸起，经 3~4 s 延时后 5FDGJ 落下复原、5CJ 吸起自闭。5DG 的 DGJ 吸起、2LJ 吸起、1LJ 吸起、FDGJ 落下后，5DG 内道岔 5/7 1SJ 励磁吸起，5DG 解锁。道岔 5/7 1SJ 吸起后断开 D_3ZJ 自闭电路，D_3ZJ 落下复原。至此，D_7 至 D_3 的调车进路解锁。

顺便说明，对图 5-7 中 S_1 至 D_9 的调车进路，由于该进路内只有一个道岔区段，所以进路始端信号 S_1 的信号关闭时机与调车作业时 ⅠG 上是否预留车辆密切相关。在 ⅠG 上不预留有车辆情况下，车列进入 9-15DG 时 S_1XJJ 落下，S_1DXJ 的 11 线网路经 $S_ⅡXJJ$ 的后接点接通而保持吸起，当车列完整出清 ⅠG 时，S_1JYJ 励磁吸起，使得 S_1DXJ 的自闭电路断开，S_1 信号关闭；当车列完整出清 9-15DG 时，该进路解锁。此时，9-15DG 的解锁能实现三点检查。在 ⅠG 上预留车辆情况下，车列进入 9-15DG 时 S_1XJJ 落下，S_1DXJ 的 11 线网路经 $S_ⅡXJJ$ 的后接点接通而保持吸起；当车列完整出清 ⅠG 时，由于接近区段 ⅠG 上预留车列，S_1JYJ 处于落下状态，S_1DXJ 继续保持吸起；当车列完整出清 9-15DG 时，S_1DXJ 经 11 线网路的自闭电路断开，使得 S_1 信号关闭，之后该进路解锁。此时，9-15DG 的解锁只能实现两点检查。对图 1-2 中 $S_Ⅱ$ 至 D_5 的调车进路，由于该调车进路上只有一个道岔区段，且 D_5 接近区段为无岔区段，在 1/19WG 停留车辆、ⅠG 上又预留车辆的情况下调车时，19-27DG 的解锁只能实现一点检查，即，调车车列压入并出清 19-27DG 时，信号 $S_Ⅱ$ 关闭，随后进路解锁。由于只能实现一点检查，所以只要人工瞬间短路一下 19-27DG 区段，该进路就会自动解锁。

长调车进路由若干条调车基本进路构成，进路解锁时，按照各条调车基本进路来独立进行解锁。例如，图 5-7 中 S_1 至 D_3 的长调车进路由 S_1 至 D_9 和 D_7 至 D_3 两条调车基本进路构成，随着调车车列由 ⅠG 前行至 ⅠAG，两条调车基本进路各自依次解锁。

第三节 取消进路和人工解锁

一、取消进路

信号开放后，列车或调车车列尚未占用接近区段时，想要取消或改变进路，这时就要办理取消进路手续，使欲取消的进路按取消进路方式解锁。

（一）取消进路时的解锁条件

取消进路时，必须符合下列条件，才准许解锁：
（1）接近区段确实无车占用，进路处于预先锁闭状态。

（2）防护进路的始端信号机随着办理取消进路手续而关闭。
（3）列车或车列没有驶入进路，即进路始终处于空闲状态。

（二）列车进路的取消进路

下面以图 5-8 中 X 至 I G 的接车进路为例，通过 12、13 网路线电路来介绍取消列车进路时进路的解锁过程。

取消该进路时，按下总取消按钮 ZQA 和进路始端 X 处列车按钮 X LA，X/D_3QJ 将励磁吸起，X/D_3QJ 励磁吸起后切断该接车进路的 9 线网路和 11 线网路，使股道部位的 S_1GJJ 和进路始端 X LXJ 相继失磁落下。其中，X LXJ 的落下一方面关闭信号，另一方面切断 10 线网路，使进路上各 5DG、3DG 和 9-15DG 的 QJJ 通过 10 线网路的自闭电路断开，QJJ 都失磁落下。各继电器动作顺序为：

按下 ZQA → ZQJ↑ → KF-ZQJ-Q 有电 → QJ↑ → LXJ↓
按下 X LA → X LAJ↑ → XJJ↓↑ → QJJ↓

如果此时接近区段无车（X/D_3JYJ 吸起）、进路空闲（X/D_3 XJJ 吸起），则 5DG/1LJ 经图中粗线①的励磁电路接通，使 5DG/1LJ 吸起并自闭。由于列车没有压入进路，5FDGJ 始终处于落下状态，当 5DG/1LJ 励磁吸起之后，5CJ 经由 3-4 线圈的励磁电路立即接通，5CJ 吸起并自闭。

5CJ 吸起之后，一方面切断 5DG/1LJ 经由粗线①的励磁电路（5DG/1LJ 靠自闭电路保持吸起），另一方面将进路始端的解锁电源继续往右传递，使得 3DG/1LJ 经由粗线②励磁吸起并经由 13 线网路上 3-4 线圈电路自闭。3DG/1LJ 励磁吸起之后，3CJ 经由 3-4 线圈的励磁电路立即接通而吸起并自闭。

3CJ 吸起后，一方面切断 5DG/1LJ 经由粗线②的励磁电路（3DG/1LJ 靠自闭电路保持吸起），另一方面将进路始端的解锁电源继续往右传递，使得 9-15DG/1LJ 经由粗线③励磁吸起并 13 线网路上 3-4 线圈电路自闭。9-15DG/1LJ 励磁吸起之后，9-15CJ 励磁吸起并自闭。

9-15CJ 吸起后，一方面切断 9-15DG/1LJ 经由粗线③的励磁电路，另一方面将进路始端的解锁电源继续往右传递，使得 12 线上进路终端处的 S_1GJJ 经由粗线④再次吸起。

当 12 线网路工作正常，其进路终端处的 S_1GJJ 励磁吸起后，为 13 线网路提供了解锁电源：9-15DG/2LJ 经由粗线⑤励磁吸起并通过自闭电路保持吸起。由于 9-15DG 的 DGJ 在吸起状态、FDGJ 在落下状态，在该区段的 1LJ 和 2LJ 都吸起后，9/11 1SJ 和 13/15 2SJ 立即吸起，9-15DG 区段解锁。9/11 1SJ 的吸起使得 S_1ZCJ 吸起并自闭，S_1ZCJ 的吸起一方面使得 S_1GJJ 失磁落下，12 线网路停止工作，另一方面解除了对迎面敌对进路的封锁。

在 9-15DG/2LJ 励磁吸起后，3DG/2LJ 将经由图中粗线⑥的电路励磁吸起并自保，3DG 区段解锁。

3DG/2LJ 励磁吸起后，5DG/2LJ 将经由图中粗线⑦的电路励磁吸起并自保，5DG 区段解锁。5DG 解锁后，进路始端信号 X/D_3KJ 的自闭电路断开，X/D_3KJ 落下而复原。X/D_3KJ 的落下又使得 X/D_3LKJ、X/D_3XJJ、X/D_3QJ 相继落下，至此该进路全部解锁。

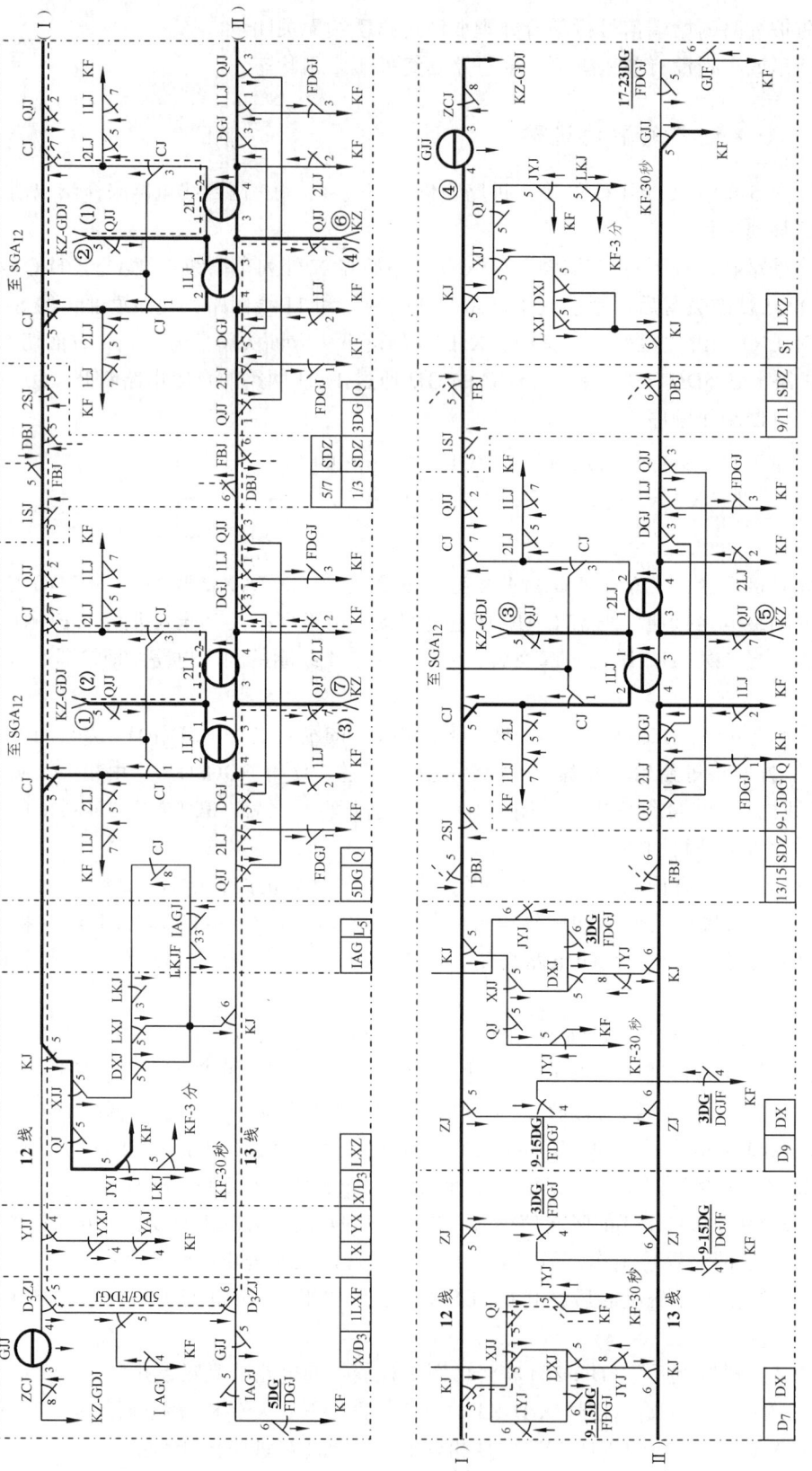

图 5-8 取消进路和人工解锁电路举例

通过对上述进路中各区段 1LJ 和 2LJ 励磁吸起顺序进行分析可知，取消进路时进路中各区段 1LJ 和 2LJ 的励磁吸起具有如下顺序：

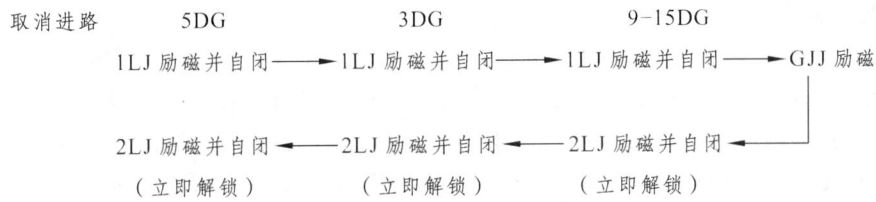

上述进路中各区段 1LJ 和 2LJ 励磁吸起顺序，不仅适合于从左至右方向的列车进路的取消进路过程，同样适合于从左至右方向的调车进路的取消进路。而对从右向左的列车进路和调车进路而言，由于 1LJ 和 2LJ 电路上的对称性，进路上 1LJ 和 2LJ 的励磁吸起顺序与上述顺序刚好相反，即先经由 12 线网路使进路上各区段 2LJ 励磁吸起，然后通过 13 线网路使进路中各 1LJ 励磁吸起。

将上述取消进路时进路中各区段 1LJ 和 2LJ 励磁吸起顺序，和前面正常解锁时进路中各区段 1LJ 和 2LJ 励磁吸起顺序进行对照，可以明确：

① 两种解锁方式下，各区段 1LJ 和 2LJ 励磁吸起顺序不同。正常解锁时，对进路中每个区段，都是 1LJ 吸起后 2LJ 再吸起（对从右向左的进路是，2LJ 吸起后 1LJ 再吸起）；而对取消进路，则是进路中所有区段的 1LJ 吸起后进路中的 2LJ 才依次吸起（对从右向左的进路是，进路中所有区段的 2LJ 吸起后进路中的 1LJ 才依次吸起）。

② 两种解锁方式下，各区段解锁的顺序不同。对正常解锁，按照从进路始端→进路终端的顺序，随着列车或调车车列的运行，进路中各区段由近及远分段解锁。而对取消进路，列车或调车车列没有进入进路，进路按照从进路终端→进路始端的顺序，进路中各区段由远及近分段解锁。

③ 各区段解锁时间要求不同。正常解锁时，在列车或调车车列已经通过区段后，要延时 3~4 s 才能解锁。对取消进路，由于列车或调车车列没有进入进路，所以在区段 1LJ 和 2LJ 都吸起后，该区段立即解锁。

（三）调车进路的取消进路

下面以 D_7 至 D_3 的调车进路为例，通过图 5-8 的 12、13 线网路来介绍取消调车进路时的解锁过程。

取消该进路时，按下总取消按钮 ZQA 和进路始端 D_7 处调车按钮 D_7A，D_7QJ 将励磁吸起，D_7QJ 励磁吸起后切断该接车进路的 9 线网路和 11 线网路，使 D_7DXJ 失磁落下。其中，D_7DXJ 的落下一方面关闭信号，另一方面切断 10 线网路，使进路上 3DG 和 5DG 的 QJJ 经由 10 线网路的自闭电路断开，QJJ 都失磁落下。

如果此时接近区段无车（JYJ 吸起）、进路空闲（D_7XJJ 吸起），则 3DG/2LJ 经图中（1）处虚线的励磁电路接通，使 3DG/2LJ 吸起，并接通其 3-4 线圈上自闭电路。由于调车车列没有压入进路，3FDGJ 始终处于落下状态，当 3DG/2LJ 励磁吸起之后，3CJ 经由 3-4 线圈的励磁电路立即接通而吸起并自闭。

3CJ 吸起之后，一方面切断 3DG/2LJ 经（1）处虚线的励磁电路（3DG/2LJ 靠自闭电路保持吸起），另一方面将进路始端 D_7 处的解锁电源继续往左传递，使得 5DG/2LJ 经由（2）处虚线励磁吸起并由 13 线网路上 3-4 线圈自闭。同样，在 5DG/2LJ 吸起、5FDGJ 落下状态下，5CJ 励磁吸起并自闭。

5CJ 励磁吸起后，将进路始端 D_7 处电源进一步往左传递，并通过进路终端 D_3ZJ 前接点向 13 线网路传递，使 13 线网络上 5DG/1LJ 经 3-4 线圈的励磁电路接通，如图中虚线（3）所示，5DG/1LJ 励磁吸起并自闭。之后，3DG/1LJ 经（4）处虚线的励磁电路接通而吸起。对 5DG，在其 2LJ 和 1LJ 均励磁吸起后，5/7 1SJ 励磁吸起并自闭，5DG 解锁，而 5/7 1SJ 的励磁吸起使进路终端 D_3ZJ 落下而复原，D_3ZJ 的落下切断 8 线网路，使进路始端 D_7XJJ 落下而复原。对 3DG，在其 2LJ 和 1LJ 都励磁吸起后，1/3 2SJ 励磁吸起并自闭，3DG 解锁，1/3 2SJ 的吸起切断了 D_3KJ 的自闭电路，D_3KJ 落下而复原，至此这条进路全部解锁。

长调车进路的取消进路是以短调车进路为单元来进行的。办理手续是在按下 ZQA 的同时，分别按下各短调车进路的始端按钮。向 13 网路线接入 KF 解锁电源是由短调车进路终端处分别由 ZJ 第 5、6 两组接点或 GJJ 前接点接入，以便各条短调车进路分别按照取消进路方式进行解锁。

二、人工解锁

（一）人工解锁的解锁条件

人工解锁必须满足以下技术条件：
（1）防护进路的信号机必须随着办理人工解锁手续而关闭。
（2）从信号关闭时算起，接车进路和正线发车进路要延时 3 min 解锁，站线发车进路和调车进路要延时 30 s 解锁，用以保证在解锁前车已经停住。
（3）在整个延时过程中，证明车没有冒进信号，才准许解锁。

人工解锁电路由延时电路和解锁电路构成。延时电路检查信号关闭后的延时过程中，是否有车冒进进路。延时结束后，如果车没有冒进进路，则接通解锁电路，由解锁电路通过 12、13 线网路完成进路解锁。

（二）人工解锁的解锁电路

虽然取消进路和人工解锁的办理手续不同，但是二者通过 12、13 线网路的解锁过程几乎完全相同，不同的只是在进路始端部位供出的解锁电源方式不一样，即是延时供出还是不延时供出的区别，其他解锁条件，如关闭信号、对进路空闲的检查等都完全一样。例如，图 5-8 中 X 到 ⅠG 的正线接车进路，在接近占用情况下进行人工解锁时，所用的条件电源是 X/D_3 LXZ 组合内经 JYJ 第 5 组后接点的 "KF-3 分"，其中，JYJ 后接点证明进路处于接近锁闭状态，条件电源 "KF-30 秒" 是人工解锁以 D_3 为始端的调车进路时所使用的条件电源。

办理 X 到 ⅠG 接车进路的人工解锁时，按下总人工解锁按钮 ZRA 和进路始端按钮 XLA，X/D_3 QJ 励磁吸起，断开 9 线网路和 11 线网路。11 线网路的断开使得 X LXJ 落下复原，信号机 X 关闭信号。X LXJ 的落下一方面使 10 线网路断开，进路上各区段的 QJJ 落下，另一方面，启动 3 min 延时电路。3 min 延时过程中如果列车没有冒进入进路，则延时结束后供出 "KF-3

分"的条件电源。"KF-3 分"的条件电源供出后给 12、13 网路线供电，使得进路上进路继电器 1LJ、2LJ 按照和取消进路时的吸起顺序一样，依次吸起：5DG/1LJ↑→3DG/1LJ↑→9-15DG/1LJ↑→S_1GJJ↑→9-15DG/2LJ↑→3DG/2LJ↑→5DG/2LJ↑，进路由远及近分段解锁。

对调车进路进行人工解锁时，调车信号关闭后启动延时电路，延时结束后如果调车车列没有冒进进路，则供出"KF-30 秒"有电，接通解锁电路，进路解锁。解锁电路动作时序和该调车进路取消进路时的动作时序相同。对长调车进路进行人工解锁时，应对长调车进路上的第一条短调车进路按人工解锁办理，对其余的短调车进路分别按取消进路方式来办理。

（三）人工解锁的延时电路

在人工解锁关闭信号之后，需要进行延时，且在整个延时过程中需要检查列车或调车车列是否冒进进路。在延时结束时如果列车或调车车列没有冒进入进路，则对该进路按照取消进路方式由远及近依次解锁，其中，延时过程中列车或调车车列是否冒进入进路的检查，通过人解延时电路来完成。

人工解锁时，为了确保行车安全，必须从关闭信号起延迟一定的时间进路才能解锁。为此对应每一咽喉设置一套时间继电器电路，如图 5-9 所示。其中，人工解锁继电器 1RJJ 和限时继电器 1XCJ 供接车进路和正线发车进路用，用于实现 3 min 的延时。而 2RJJ 和 2XCJ 则专为侧线发车进路和调车进路用，用于实现 30 s 的延时。由继电器 1RJJ 和 1XCJ（或 2RJJ 和 2XCJ）前接点供出解锁电源"KF-3 分"（或"KF-30 秒"），为全咽喉各条进路所共用。因此，在它们各自的励磁电路中分别并联接入了有关人工解锁的条件。

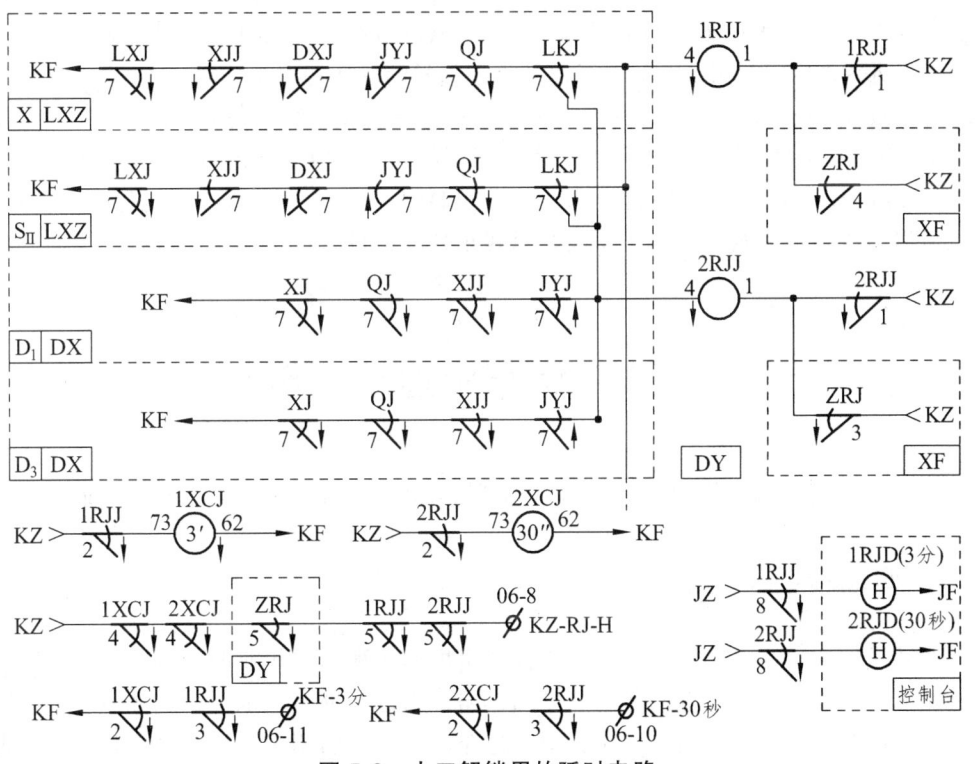

图 5-9 人工解锁用的延时电路

对于 X/D$_3$，在办理好以 X 为始端的接车进路，接近区段有车占用的情况下（JYJ 处于落下状态），办理人工延时解锁时按下 ZRA 和进路始端的 XLA 后，ZRJ 和 X/D$_3$QJ 均励磁吸起，在列车没有压入进路（XJJ 将保持吸起）和信号关闭（LXJ 落下）后，1RJJ 励磁吸起并自闭。1RJJ 吸起之后，1XCJ 电路接通。由于 1XCJ 是 3 min 限时的限时继电器，所以只有在电路接通 3 min 之后 1XCJ 才能励磁吸起。1XCJ 励磁吸起之后，供出"KF-3 分"的条件电源，该条件电源供出后，接通 12 线和 13 线的解锁网路，进路将由远及近解锁。

如果在人工解锁延时过程中列车冒进入进路，则进路内区段的Ⅰ AGJ 落下，8 线网路断开使 X/D$_3$XJJ 落下，上述 1RJJ 因自闭电路断开而落下，1XCJ 电路将断开，"KF-3 分"的条件电源将无法供出，人工解锁将无法执行，确保了列车冒进入进路后不会把进路给解锁了。

如果 X/D$_3$ 排列的是以 D$_3$ 为始端的调车进路，则对该进路进行人工延时解锁时，在人解条件成立时通过 LKJ 的后接点接通 2RJJ 电路，经 30 s 延时后使 2XCJ 励磁吸起，接通"KF-30 秒"的条件电源，以实现调车进路的人工解锁。

需说明的是，人解延时过程中如果车冒进入进路，由于进路上各区段的 QJJ 都在落下状态，所以即使车通过了进路，进路将无法正常解锁。可在车通过进路后，以区段故障解锁方式来解锁。

由于一个咽喉区只有一套人解延时电路，这使得在一个咽喉区一次只能办理一条 3 min（或 30 s）的进路的人工解锁，当一条进路的人工解锁没有完成时，本咽喉其他进路的人工解锁是不能办理的，否则无法满足延时时间要求。所以，为了安全起见，对每条人工解锁的进路，都必须要检查延时是否从零开始（即本咽喉是否有其他进路正在人解延时），这是通过条件电源"KZ-RJ-H"来实现的。如果有一条进路正在人解延时，则由于 1XCJ 与 1RJJ 处于吸起状态（或 2XCJ 和 2RJJ 处于吸起状态），使得条件电源"KZ-RJ-H"无法接通。这时，如果办理第 2 条进路的人工解锁，则第 2 条进路始端信号的 XJJ 将由于"KZ-RJ-H"不通而落下，而 XJJ 处于吸起状态（证明车列没有压入进路）是人工解锁必须具备的条件，所以第 2 条进路将无法进行人工延时解锁的。顺便说明的是，错误的办理了第 2 条进路的人工解锁后，虽然不能使该进路解锁，但由于 QJ 的吸起会使 LXJ（或 DXJ）落下，导致第 2 条进路始端信号关闭。这时，可以通过办理重复开放信号手续，只要车列没有进入进路，该信号将会重新开放。

第四节　调车中途返回解锁

调车中途返回解锁是调车进路的一种自动解锁方式。通常在转线调车作业时涉及这种解锁。

一、调车转线作业过程

调车转线作业时，整个调车作业过程包括牵出作业和返回作业两个阶段：为牵出作业建立的进路称为牵出进路；为返回作业建立的进路称为返回进路，也叫折返进路。牵出进路可能是一条短调车进路，也可能是一条长调车进路。当转线的调车车列被牵出时，往往走不完牵出进路的全程，就根据反向的调车信号折返了。例如，在图 1-2 中，由Ⅰ G 转线到Ⅲ G 去的调车作业，因为调车车列较长，牵出时开放了调车信号机 S_1 和 D_7，调车车列牵出越过反向的调车信号机 D_{13} 后停车，其占用了 3DG 区段，但没有占用 5DG 区段。停车后，建立 D_{13} 到 S_{III} 的折返进路，根据 D_{13} 的白灯显示转线到ⅢG去。在牵出作业过程中，无论牵出进路是短调车进路还是长调车进路，只要被调车车列占用过而又没有沿牵出方向通过，就不符合正常解锁的条件，不能按照正常解锁方式解锁，需要采取特殊解锁方式，这种特殊解锁方式称作调车中途返回解锁。

牵出进路不能正常解锁时可能有两种情况：一是牵出进路全部区段都没有解锁；二是牵出进路有一部分区段已经解锁，还留有一部分区段没有解锁。在上例中，由ⅠG牵出作业时，办理的牵出进路是一条长调车进路，包括 S_1 至 D_9 和 D_7 至 D_3 的两条短调车进路。中途返回解锁的两种情况是按短调车进路来分析的。由ⅠG向ⅢG的转线调车作业中，S_1 所防护的牵出进路有两个区段，17-23DG 和 9-15DG。调车车列牵出时只有 17-23DG 区段正常解锁，而 9-15DG 上的车列是退出去的，不符合三点检查时的时序，无法正常解锁，这属于牵出进路的第二种情况，即牵出进路中一部分区段解锁，另一部分区段没有解锁。D_7 所防护的牵出进路也有两个区段，3DG 和 5DG 区段，对 3DG 区段来说，因为车没有占用过 5DG 区段，缺少第三点检查，当车退出后不能正常解锁。就 5DG 区段而言，车根本就没有占用过，第二点和第三点检查都没有，更不能正常解锁，这是牵出进路不能正常解锁的第一种情况，即牵出进路全部区段都没有解锁。对 D_{13} 至 S_{III} 的折返进路，随着车列的前行，以正常解锁方式解锁。

对第一种情况和第二种情况下没有解锁的部分，采用调车中途折返解锁时，都要利用 8 线网路，通过 8 线网路来证明调车车列确实牵出了进路。下面对两种情况下的调车折返进路解锁过程分别进行介绍。

二、第一种情况的调车中途返回解锁电路

上述的第一种情况，即 D_7 所防护的牵出进路在调车车列按照 D_{13} 的信号显示折返后，进路的全部区段都不能正常解锁，需要由调车中途返回解锁电路使其自动解锁。凡是咽喉区的单置、并置或差置调车信号机，都有可能遇到这种情况。

（一）解锁条件

第一种情况的调车中途返回解锁应满足下列条件后，牵出进路才能自动解锁：
（1）证明牵出进路在调车车列折返后，全部区段都没有解锁。
（2）牵出调车车列曾占用过进路并确实已退出了牵出进路。
（3）防护牵出进路的信号机已经关闭。

第一种情况的调车中途返回解锁的电路，如图 5-10 所示。为了实现对解锁条件的检查，调车中途返回解锁电路不仅涉及 12 线和 13 线解锁网路，还涉及 8 线网路。必须用接在 8 线及解锁网路中的牵出进路始端的 D_7KJ 前接点和牵出进路终端的 D_3ZJ 前接点，证明牵出进路在调车车列折返后没有正常解锁；用接在 8 线网路上的牵出进路各区段的 DGJ 前接点检查车退出了牵出进路；在 8 线和 12 线网路转接电路上，用 D_7XJJ 后接点证明牵出调车车列曾占用过进路；用 D_7DXJ 后接点证明信号关闭。

190 车站信号控制系统

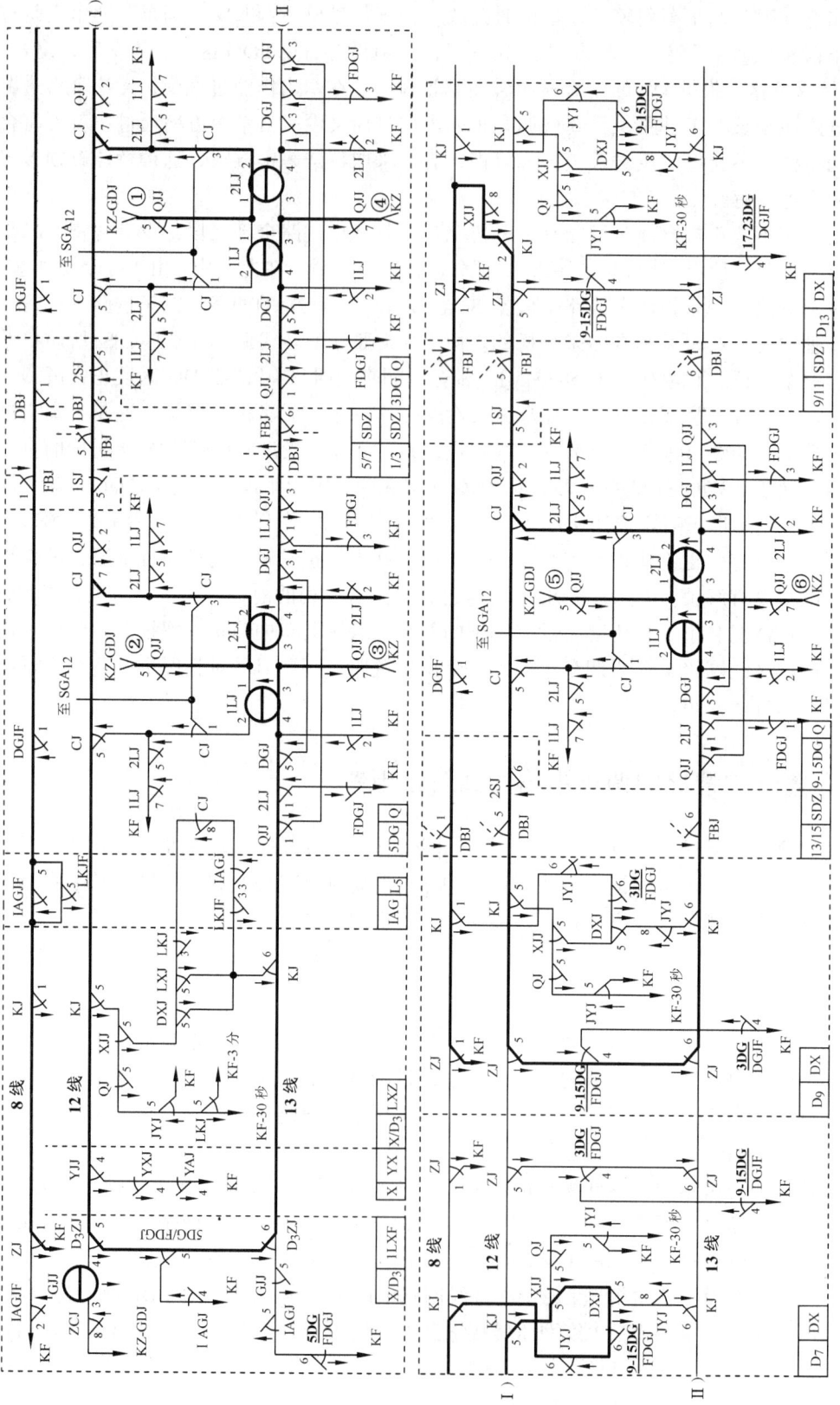

图 5-10 调车中途返回解锁电路举例

（二）电　路

下面以上述 D_7 防护的牵出进路为例，说明第一种情况下该调车进路的中途返回解锁情况。

当车列根据以 S_1 为始端的牵出进路牵出，压入 9-15DG 时，9-15DG 的 DGJ↓→FDGJ↑→QJJ↓。车列前行离开 17-23DG 时，17-23DG 以正常解锁方式解锁。

车列前行进入 3DG 时，对 D_7 至 D_3 的进路，由于车列的压入而使得 3DGJ 落下、8 线网路断开、D_7XJJ 落下。D_7XJJ 的落下切断 9 线网路，并使 3DG 的 FDGJ 吸起、QJJ 落下。此时 D_7DXJ 通过自闭电路而保持在吸起状态。

当车列根据 D_{13} 为始端的折返进路前进而退出 3DG 时，3DGJ 吸起，切断 11 线网路上 D_7DXJ 的自闭电路，D_7 信号关闭。D_7DXJ 落下后切断 10 线网路，使 D_7 至 D_3 进路上 3DG 和 5DG 的 QJJ 自闭电路断开而落下。

车列继续折返前进而离开 9-15DG 时，D_7JYJ 励磁吸起，同时 9-15FDGJ 开始缓放。在 9-15FDGJ 缓放期间，3DG/2LJ 经由图 5-10 中粗线①的励磁电路接通，并通过 3-4 线圈的自闭电路保持吸起。3DG/2LJ 吸起后 3CJ 经 3-4 线圈励磁吸起并自闭，3CJ 的吸起断开粗线①的电路并接通 5DG/2LJ 经由粗线②的励磁电路，5DG/2LJ 吸起、自闭。随后，图中粗线③和粗线④依次接通 5DG/1LJ 和 3DG/1LJ 的励磁电路，5DG/1LJ 和 3DG/1LJ 依次吸起并自闭。当 5DG 的 2LJ 和 1LJ 励磁吸起后，5DG 解锁并使 D_3ZJ 复原。3DG 的 2LJ 和 1LJ 励磁吸起后，3DG 解锁并使 D_7KJ 复原。至此，D_7 至 D_3 的整条进路全部解锁完成。上述粗线①和②励磁电路中，8 线网路用于检查车列完全离开了本条进路，即整条进路确实空闲。

需要说明的是，在车列以 S_1 为始端牵出过程中，在 9-15DG 还没有占用的情况下，即使 3DG 或 5DG 出现瞬时故障（DGJ 落下），然后故障消失（DGJ 吸起），D_7 至 D_3 的进路也不会提前解锁。因为 D_7XJJ 有一条脱离 8 线的自闭电路，在轨道电路瞬时故障时使其保持吸起，从而保证了牵出进路的安全性。当车列牵出而进入 9-15DG 时如果 3DG 或 5DG 出现瞬时故障然后恢复，由于这时 D_7JYJ 处于落下状态，所以图 5-10 中 3DG/2LJ 经由粗线①的励磁电路将无法接通，D_7 至 D_3 的进路依然不会提前错误解锁，从而也保证了牵出进路的安全性。

三、第二种情况的调车中途返回解锁电路

上述第二种情况，只有在牵出进路上设有反向的单置调车信号机时才有可能，而反向的并置或差置调车信号机都不会使牵出道路一部分区段正常解锁、一部分区段不能正常解锁。

（一）解锁条件

第二种情况下调车中途返回解锁应满足下列条件后，牵出进路中没有解锁的区段才能自动解锁：

（1）应证明牵出进路部分区段已解锁，部分区段未解锁。

（2）应证明车列已进入折返进路，退出原来牵出进路。

对于第二种情况的调车中途返回解锁，因为牵出进路部分区段已解锁，牵出进路始端 S_1KJ 已落下，防护进路的信号机已经关闭。对牵出进路内未解锁的部分区段实施中途返回解锁时，不再需要检查信号关闭的条件。

第二种情况的调车中途返回解锁的电路，如图 5-10 所示。与第一种情况调车中途返回解锁一样，其解锁条件也接在 8 线网路及 8 线与 12 线网路的转接电路上。因牵出进路始端 S_1KJ 已落下，而牵出进路终端的 D_9ZJ 仍吸起，说明牵出进路部分区段已解锁，而部分区段未解锁。利用 8 线网路的接通证明车列已全部退出牵出进路。与第一种情况不同的是，在转接电路中接有折返进路始端的 $D_{13}XJJ$ 第 8 组后接点和 $D_{13}KJ$ 第 2 组前接点，用这两组接点证明车列已根据 D_{13} 的信号显示进行折返。因为调车车列折返时 D_{13} 必须开放，它的 KJ 及 DXJ 都应当吸起。在正常情况下，$D_{13}KJ$ 的吸起、$D_{13}XJJ$ 的落下，证明了车列已进入 D_{13} 防护的折返进路。若在开放 D_{13} 信号的过程中，在 $D_{13}KJ$ 吸起后，$D_{13}XJJ$ 因故不吸起，则 D_{13} 信号不能开放，车列无法折返，因而 8 线网路是接不通的。

（二）电　路

下面以上述 S_1 防护的牵出进路为例，说明第二种情况下该调车进路的中途返回解锁情况。

当调车车列牵出而完全进入 9-15DG 后，17-23DG 按照正常解锁方式解锁。随后，办理 D_{13} 至 ⅢG 的折返进路，车列根据 D_{13} 的允许信号前进。当车列离开 9-15DG 后，9-15DGJ 励磁吸起，9-15/2LJ 经由图中粗线①的励磁电路接通，并通过其 3-4 线圈接通自闭电路，该励磁电路中，8 线网路用于检查调车车列离开了 9-15DG（即 9-15DG 空闲）；$D_{13}XJJ$ 在车列折返压入 17-23DG 时已经落下；折返进路中 17-23DG 没有解锁使得 $D_{13}KJ$ 保持在吸起状态。在车列折返离开 9-15DG，9-15DG/DGJ 吸起后，经 3～4 s 延时 9-15FDGJ 落下，接通 9-15CJ 经 3-4 线圈的励磁电路并自闭，9-15CJ 吸起后断开 9-15DG/2LJ 励磁电路⑤，同时接通经粗线⑥的 9-15DG/1LJ 励磁电路，使 9-15DG/1LJ 吸起并自闭。9-15DG 因 DGJ 吸起、FDGJ 落下、1LJ 和 2LJ 吸起而使 9/11 1SJ 和 13/15 2SJ 吸起，9-15DG 解锁。其中，13/15 2SJ 的吸起使得 D_9ZJ 落下复原。至此，整条牵出进路 S_1 至 D_9 就全部解锁了。

上面对调车中途返回解锁第一种情况和第二种情况下的解锁电路分别进行了介绍，从两种情况下解锁过程中各区段 1LJ 和 2LJ 动作时序上可以看出，其解锁过程与前面所介绍的取消进路和人工解锁时 1LJ 和 2LJ 的工作时序基本相同。不同处在于，取消进路和人工解锁时，由于车列没有进入进路，所以通过进路始端的 XJJ 可以直接检查进路的空闲情况，而中途折返解锁时，由于难以判断车列是否会进入进路，所以不能用 XJJ 来检查进路的空闲，而只能通过 8 线网路直接检查进路的空闲情况。

第五节　引导信号电路

列车进站时，一般通过办理接车进路将列车接入站内股道上，但是，如果接车进路上出现故障（如进站信号机允许灯光断丝了而无法正常开放、接车进路上轨道电路或道岔出现故障等）时，接车进路将无法建立。这时，要将列车接入到站内股道上，就必须办理引导接车。办理引导接车时，将开放引导信号，引导列车低速进站。

办理引导接车时，为了确保列车运行安全，也要对道岔和敌对信号进行锁闭。根据具体情况，在 6502 电气集中系统中，把引导锁闭分为两种：一种是按进路锁闭方式，叫引导进路锁闭；另一种是把全咽喉所有的联锁道岔都锁住，即全咽喉锁闭，叫引导总锁闭。

为了实现引导锁闭（不管是引导进路还是引导总锁闭）并开放引导信号，对应每一架进站信号机或接车进路信号都需配置一个引导信号组合 YX。引导信号组合中设有四个引导信号用的继电器：引导按钮继电器 YAJ；引导信号继电器 YXJ；引导解锁继电器 YJJ 以及引导总锁闭继电器 YZSJ。为了提高组合架的利用率，该组合中还放置了进站信号机点灯用的信号辅助继电器：ZXJ、TXJ、LXJF、LAJ、DJ 和 2DJ。为了配线方便并节省节点、简化电路，把 YZSJ 放在电源 DY 组合里，由其侧面端子引出的引导总锁闭用的条件电源"KZ-YZSJ-H"，供全咽喉所有联锁道岔的锁闭继电器 SJ 励磁电路用。

一、引导进路的锁闭与解锁

（一）引导进路建立

当进站信号机故障（如，允许灯光的主、副灯丝都断丝）或轨道电路故障，不能正常开放进站或接车进路信号时，应采用引导进路锁闭方法开放引导信号。

办理引导进路的手续是：先单独将进路上的道岔操纵到规定位置，同时把故障的轨道电路区段所属道岔操作按钮拉出，以防止故障修复后该区段的道岔解锁。最后破铅封按下引导按钮 YA，开通引导信号。如果确认是信号机灯泡断丝而不能正常开放进站信号时，先按下该接车进路的始、终端按钮，选通进路，然后将进路取消，最后破铅封按下引导按钮，开放引导信号。引导进路的解锁是人工确认列车全部进入股道后，由车站值班员按下本咽喉的总人工解锁按钮 ZRA 和该进站信号机或接车进路信号机的列车按钮 LA 后，不延时进行解锁。

在控制台上设有带铅封的自复式引导按钮，对应每个引导按钮设置一个对应的引导按钮继电器 YAJ，如图 5-11 所示。引导按钮继电器 YAJ 平时处于落下状态，当按下引导按钮

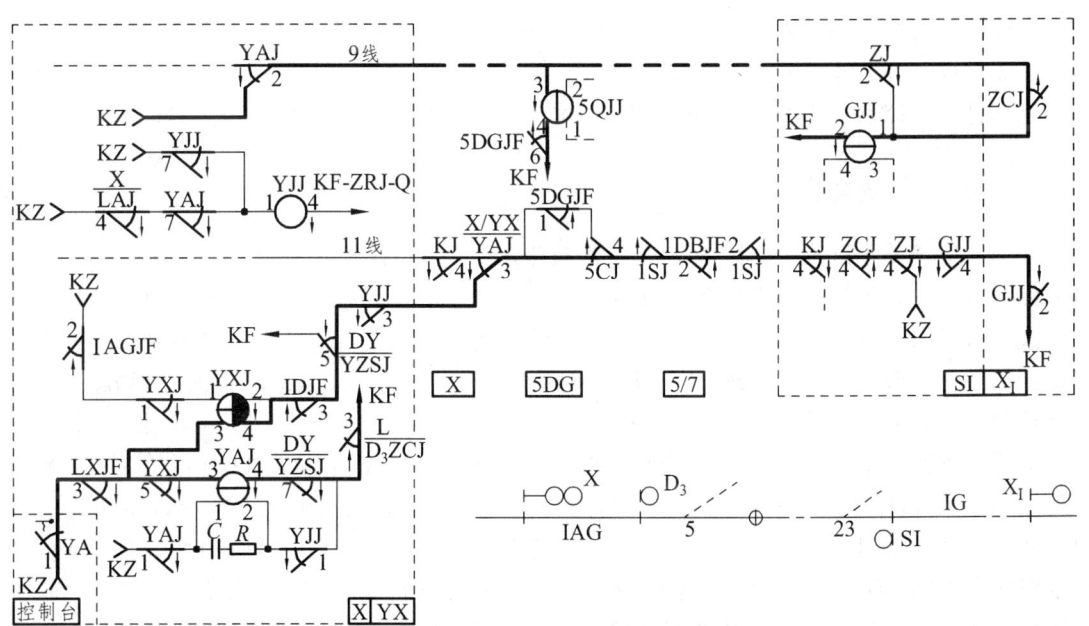

图 5-11 引导按钮和引导信号继电器电路

YA 后，只要进站信号机或接车进路信号机在关闭状态（用 LXJF 的后接点来证明）、没有办理引导总锁闭手续（用 YZSJ 的后接点来证明）、没有排列以发车口为终端的发车方向的调车进路（用 D_3ZJ 的后接点来证明，如果是单线双向运行，则用发车口处 ZCJ 的前接点证明），则引导按钮继电器 YAJ 经由图中 3-4 线圈的粗线励磁电路接通，使 YAJ 吸起。YAJ 吸起后由 1-2 线圈的自闭电路自闭，直到办理引导进路解锁时，使引导解锁继电器 YJJ 吸起，断开 YAJ_{1-2} 线圈电路，YAJ 才落下。在 YAJ 吸起过程中，引导按钮的白色表示灯亮灯。

引导按钮继电器 YAJ 吸起后，如图 5-11 所示，在 9 线上经由 YAJ 前接点为 9 线网路供出 KZ 电源，使进路中各个区段的 QJJ 和股道部分的 S_1GJJ 励磁吸起。QJJ 吸起后切断相应的进路继电器 1LJ、2LJ 和 SJ 电路，把进路中的有关道岔和本咽喉区的敌对进路锁住。故障区段（DGJ 处于落下状态）的 QJJ 因为励磁电路中接有 DGJF 的前接点，所以无法励磁吸起，故障区段的 DGJF 和 1SJ、2SJ 都在落下状态。此外，只要另一个咽喉没有向ⅠG建立调车和接车的迎面敌对进路，则 X_1ZCJ 的前接点是闭合的，S_1GJJ 将能励磁吸起。S_1GJJ 励磁吸起的同时，将另一个咽喉向ⅠG的迎面敌对进路给锁住了。

继电器 X YAJ、QJJ、S_1GJJ 相继吸起，传递继电器 CJ、道岔锁闭继电器 1SJ（或 2SJ）和照查继电器 S_1ZCJ 相继落下，则经 YXJ_{3-4} 线圈和 11 线网路的励磁电路接通而吸起，随后 YXJ 经ⅠAGJF 前接点接通自闭电路，引导信号开放月白灯。YXJ 励磁电路随着松开引导按钮 YA 而断开。在 YXJ 的局部电路中，接了 1DJF 的前接点，用以证明红灯在点灯，因为红灯和月白灯同时点灯才是引导信号。在 YXJ 的励磁电路中接了 LXJF 的后接点，一者防止误按 YA 而使已经建立好的接车进路（或转场进路）遭到破坏，再者确保 YXJ 和 LXJ 不会同时吸起。由于 YXJ 的自闭电路中接的是进路内方第一个区段ⅠAG 的继电器ⅠAGJF 的前接点，当ⅠAG 轨道电路故障时，YXJ 将会落下使引导信号关闭，所以，在进路内放第一个区段的轨道电路故障时，要求在引导接车过程中一直按压引导按钮，以便 YXJ 能一直由励磁电路接通，确保引导信号一直开放。

引导进路通过 11 线检查本咽喉道岔位置正确且被锁在规定位置；另一咽喉的迎面敌对进路未建立且被锁在未建立状态。

列车进入进路后，ⅠAGJF 失磁落下，YXJ 自保电路断开而复原，使月白灯灭灯。

（二）引导进路解锁

在引导接车整个过程中，因 YAJ 一直保持吸起，9 线网路一直有电，各区段的 QJJ 和股道部位的 GJJ 一直吸起，所以列车经过后不会自动解锁，必须通过办理引导解锁手续来使进路解锁。由于引导进路一般是在轨道电路故障的情况下办理，所以值班员必须要确认列车确实是全部进入了股道后才能办理。引导进路解锁的办理方法和人工延时解锁的办理方法一样：按压控制台上总人工解锁按钮 ZRA 和进路始端列车按钮 LA，进路将不延时解锁。

按压列车按钮 LA 后 LAJ 励磁吸起，按压总人工解锁按钮后 KF-ZRJ-Q 供出 KF 电源，于是如图 5-11 电路中的 YJJ 励磁吸起并自闭，在 YJJ 的励磁电路中接入的 YAJ 的前接点，用于证明办理的是引导解锁，而不是接车进路的人工解锁。因为在引导解锁继电器 YJJ 的励磁电路接有 YAJ 前接点，而在 YAJ 的自闭电路中又接有 YJJ 的后接点，为使 YJJ 能可靠励磁并保持有 2~3 s 的时间，YAJ 的线圈并接有 RC 电路环节，以保证 YAJ 有一定的缓放时间。

YJJ 吸起后，一方面切断了 YAJ 的自闭电路，使 YAJ 落下，切断了 9 线网路和 11 线网路，为解锁做好了准备。另一方面，如图 5-12 所示，用 YJJ 前接点向 12 线网路供出解锁电源 KF，使解锁网路按照取消进路的动作程序工作（因进路上各道岔区段已经无车占用），即先使 12 线网路工作，后使 13 线网路工作，于是引导进路便可以解锁了。在向 12 线网路送解锁电源时，通过 YAJ 的后接点和 YXJ 的后接点检查了这两个继电器确实已经落下，即引导信号确实已经关闭，引导按钮继电器 YAJ 确实已经复原。在故障区段，由于 DGJ 落下而使得其 QJJ 无法励磁吸起，1LJ 和 2LJ 前接点仍处于吸起状态，CJ 仍然在吸起状态。这样，在解锁引导进路时，即使故障区段尚未修复，也能利用 12、13 线网路来进行解锁。故障的区段，当轨道电路修复后，拉出 CA 后，该区段就解除了锁闭。

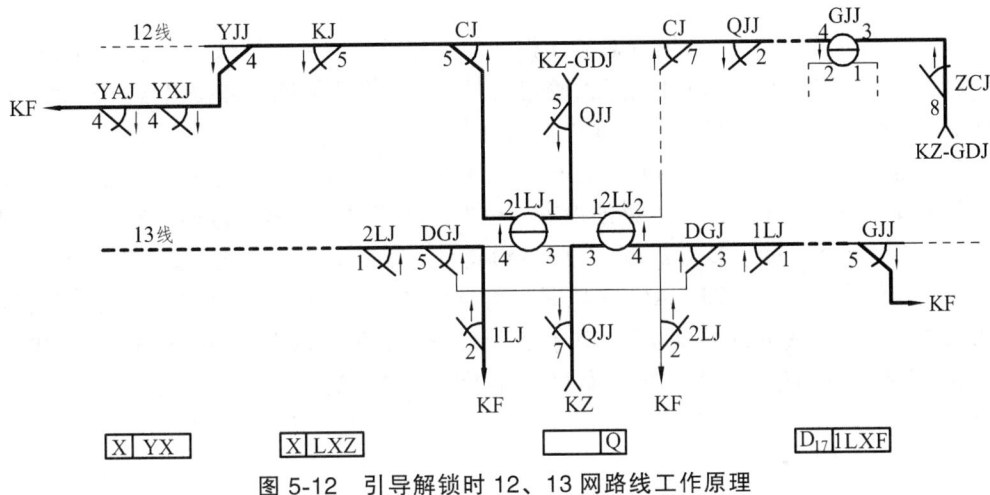

图 5-12 引导解锁时 12、13 网路线工作原理

二、引导总锁闭

由于执行组电路 8～13 网路线均通过 DBJ 前接点（或 FBJ 前接点）来区分站场形状，并接通网路。这样，当进路内某一道岔的表示继电器（DBJ 或 FBJ）因故不能励磁吸起时，进路中 8～13 网路线将无法接通，此时，不能通过办理引导进路来进行接车，而只能采用引导总锁闭方式办理接车。此外，向非接车线路上接车时，也只能用引导总锁闭方式引导接车。引导总锁闭电路如图 5-13 和 5-11 所示。

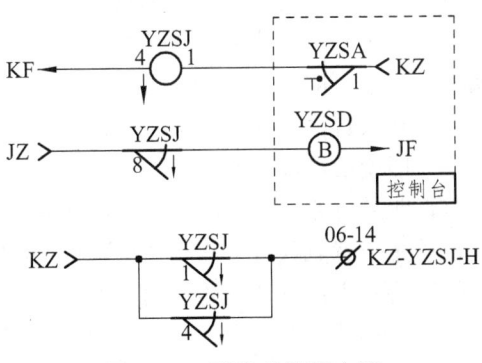

图 5-13 引导总锁闭电路

在控制台上每个咽喉区均设置一个带铅封非自复式引导总锁闭按钮 YZSA。在办理引导总锁闭方式接车时，对于道岔失去表示的引导接车，除故障道岔需用手摇把将该道岔摇至所需位置外，可先将各道岔单独操纵至所需位置。确认引导进路正确后，破铅封按下引到总锁闭按钮 YZSA，使引导总锁闭继电器 YZSJ 吸起，其后接点便把条件电源"KZ-YZSJ-H"切断，使本咽喉区所有道岔的锁闭继电器 SJ 都失磁落下，把道岔和本咽喉敌对进路锁住。迎面敌对进路的锁闭则需要通过人工来保证。然后值班员再按下引导按钮 YA，YXJ 励磁电路将由 YA 的闭合接点和 YZSJ 的前接点接通，使 YXJ 吸起，开放引导信号。对于单方向运行的正线股道的反向接车，也可以用按下进路始、终端按钮，以进路方式选出进路，再按下接通光带按钮 TGA，确认引导进路正确后破铅封按下 YZSA，将全咽喉道岔锁闭，然后按下 YA 开放引导信号。

为了提醒值班员的注意，在引导总锁闭按钮的上方设一白色表示灯。当按压 YZSA 按钮，YZSJ 吸起后，其前接点接通白灯电路，使它点亮，直至进路解锁，即拉出 YZSA 后，YZSJ 失磁落下白灯熄灭。引导总锁闭时，进路不亮白光带。

应该指出的是，办理引导总锁闭方式引导接车时，在 YXJ 的励磁电路中不能实现对进路中的道岔位置、进路空闲和敌对进路的检查，也不能实现对另一咽喉迎面敌对进路的检查和对其锁闭，任何网路线都不参与工作。此时联锁关系由车站值班员确认，安全性由人工保证。

列车驶入信号机内方，即 I AG 区段时，引导信号关闭。待列车全部安全接至股道后，经确认无误时，值班员可将引导按钮 YA 拉出，使 YZSJ 失磁落下，表示灯熄灭，同时供出条件电源"KZ-YZSJ-H"，使本咽喉各道岔锁闭继电器 SJ 励磁，电路全部复原。

第六节　执行组表示灯电路

一、轨道光带表示灯电路

轨道光带表示灯电路的主要作用是：

（1）办理进路时，用轨道光带来反映进路是否开通和锁闭。即在进路锁闭以后，在控制台站场模拟盘上点亮一条与所排进路意图相符的白光带，表示进路已开通且处于锁闭状态。

（2）列车在进路上运行时，用轨道光带反映列车所处的位置，即随着列车运行到哪个区段，那个区段轨道光带就由白灯转为红灯，当列车出清本区段后轨道光带灯便熄灭。

（3）用轨道光带来反映各种解锁电路工作是否正常。在正常解锁时，每当列车出清一个区段，这个区段的轨道光带由红转灭灯，说明该区段正常解锁了；其他几种解锁方式时，只要区段轨道光带灯由白转为熄灭即说明区段已经解锁了。

（4）用轨道光带还可以监督轨道电路的工作状态。平时光带处于灭灯状态，哪个区段轨道电路一旦发生故障，则该轨道光带就点红灯，表示该区段的 DGJ 因故失磁落下。

（5）当需要了解全咽喉的道岔开通位置及进路开通情况时，可按下该咽喉的接通光带表示按钮 TGA，使各道岔区段轨道光带点白灯，以便于直观地了解道岔开通位置和进路开通方向。办引导接车时，要了解进路情况更需接下此 TGA。

进路上的光带是由各区段轨道光带组合而成。轨道光带电路是以道岔区段为单元构成的电路。即每一个区段的轨道电路都互相独立的。

（一）道岔区段轨道光带表示灯电路

图 5-14 所示为道岔区段的轨道光带表示灯电路。它是按照 19-27DG 区段进行绘制的，对应区段中的每一道岔辙叉一侧的反位和定位部位都设置白色和红色光带，定位处的光带分别用 DB 和 DH 来表示，反位处的则以 FB 和 FH 来表示。为了形成连续的光带，在道岔的岔前部位分别设置 QB 和 QH 表示灯（一个道岔区段中有两个岔尖相对的道岔，其岔前灯可共用，如道岔辙叉根有另一道岔的岔尖时，可共用前一道岔的定位或后一道岔的岔前灯）。

6502 电气集中系统里用 14 线网路和 15 线网路分别控制光带的白灯和红灯电路。平时光带不点灯，当道岔区段锁闭后，通过 1LJ、2LJ 的后接点和 DGJF 的前接点、FDGJ 的后接点，如道岔锁在定位时，则通过 14 线网路点白光带 QB、DB 灯；如道岔在反位时，则通过 14 线网路点白光带 FB、QB 灯。当车列驶入该区段后，通过 FDGJ 的前接点经 15 线网路点相应的红光带。平时未经过该区段排列进路时，如轨道电路发生故障或有车占用时也点红光带以引起注意。但这时红光带是通过 DGJF 后接点经 15 线网路点红灯。因为这时 FDGJ 不能励磁吸起。当正常通过该区段后，由于 FDGJ 落下，DGJF 吸起切断了 14 线网路上的红光带，而 14 线网路的白光带也因 1LJ、2LJ 皆励磁吸起后被切断，故这时该区段全部光带都熄火，表示区段已正常解锁。如果列车通过进路中的道岔后，轨道光带又由红灯自动改点白灯，则说明该区段未解锁，如果整条进路又都出现白光带，则说明整条进路全未解锁。

在建立进路时，若进行取消进路和人工解锁时，随着进路上各个道岔区段顺序逐段解锁后，各区段的 1LJ、2LJ 后接点切断了 14 线网路光带表示灯电源 JZ，相应的光带熄灭。这时，进路中各道岔区段光带熄灭顺序是自进路终端向始端逐段熄灭的。

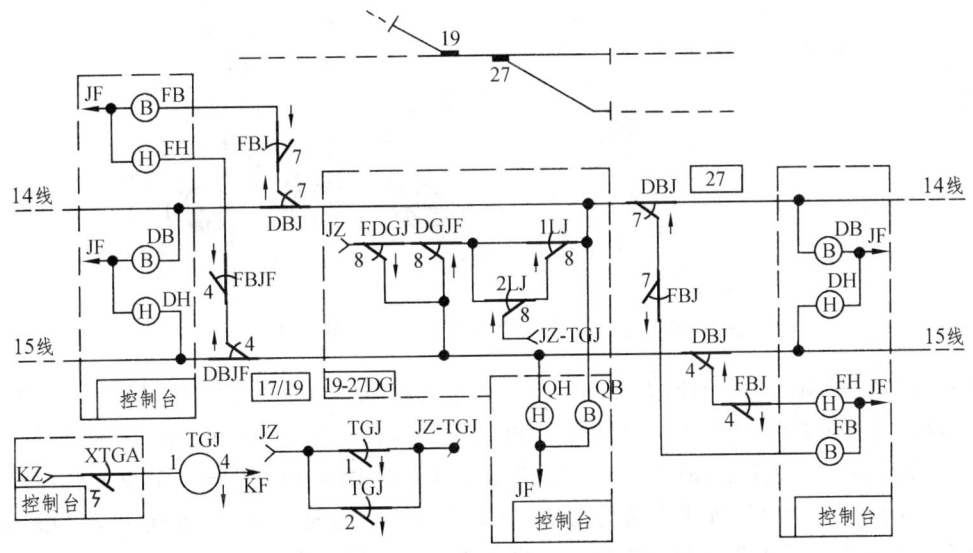

图 5-14　道岔区段轨道光带表示灯电路

注意，调车中途返回时，当车列出清 DG 区段后，白光带又会更新点亮一下然后再灭灯。这是因为当车列退出区段后，两个进路继电器尚未马上吸起，待中途返回解锁后，区段上的光带也是由牵出进路终端向始端逐段熄灭光带。当需要了解全咽喉各道岔所处的位置及进路开通方向，值班员可按下 TCA，使 TCJ 吸起而接通了条件电源 JZ-TCJ，经由 1LJ、2LJ 前接点通过 14 线网路点亮相应的轨道光带表示点。14、15 线网路既然靠道岔位置点灯的，必须用道岔表示继电器的前接点来选择点灯。这样一来 14、15 线网路必然采用站场形网路结构。

（二）无岔区段轨道光带表示灯电路

图 5-15 所示为无岔区段的轨道光带表示灯电路。它是根据 1/19WG 进行设计的。它与道岔区段的不同点在于：

（1）因无岔区段不包括道岔，故其光带形状是固定的。它没有 DB、DH 和 FB、FH 光带，仅有直线上的白灯和红灯。

（2）控制白光带点灯电路是用 14 线网路和另外一条注有 a 的线来进行的。红光带点灯电路直接由 FDGJ 前接点和 DGJ 后接点进行控制，不需要用 15 线网路。

（3）值班员需要了解全咽喉道岔位置和进路开通情况时，道岔区段的光带可不点亮，因为它总是直线开通，故在电路中不接入 JZ-TGJ 电源。

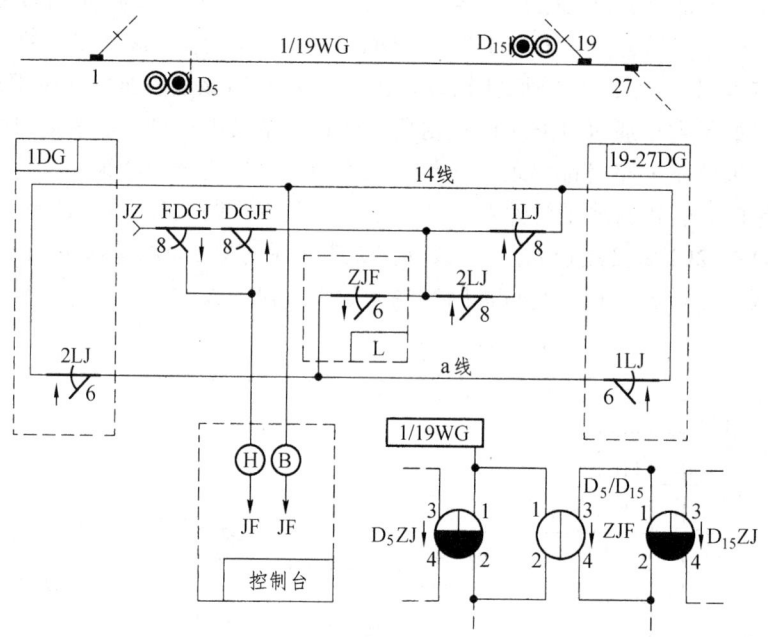

图 5-15　无岔区段轨道光带表示灯电路（Ⅰ）

其他还应该指出的是，当向无岔区段排列调车进路时，由于 7、8、9、10、11、12、13、14、15 等网路线全被终端处 ZJ 的前接点切断，无岔区段不能实施进路锁闭。因此经由两个进路继电器后接点接向 14 网路线上的光带表示灯电路的 JZ 电源被切断。故其光带白灯应经由图中所示的 a 线来点亮。a 线中接有 ZFJ（终端总复示）的前接点，说明向无岔区段排列了调车进路，该区段是否处于锁闭状态则靠左右相邻的两个道岔区段的锁闭情况来反映。例如，以 D_{15} 为终端向无岔区段排列调车进路，19-27DG 区段一定处于锁闭状态。但用其 1LJ 还是 2LJ 的后接点来说明呢？看该区段正常解锁时谁后吸起，说明该道岔区段已解锁，这时进路是由右向左的方向排列的，因此对 19-27DG 区段来说，1LJ 是最后吸起的，故应接入 19-27DG/1LJ 的后接点，而以 D_5 为终端排列调车进路时，则电路中应接入 1DG/2LJ 后接点。另一方面这种接法还防止了当车列还尚未进入无岔区段时，无岔区段的白光带提前灭灯。

车站还有一种无岔区段，不设区段组合，这有两种情况：一是没有列车通过的区段，一是进站信号机内方的无岔区段皆可不设区段组合。它们的光带点灯电路与上述电路有些不同，它们相对的光带表示灯电路如图 5-16 和 5-17 所示。

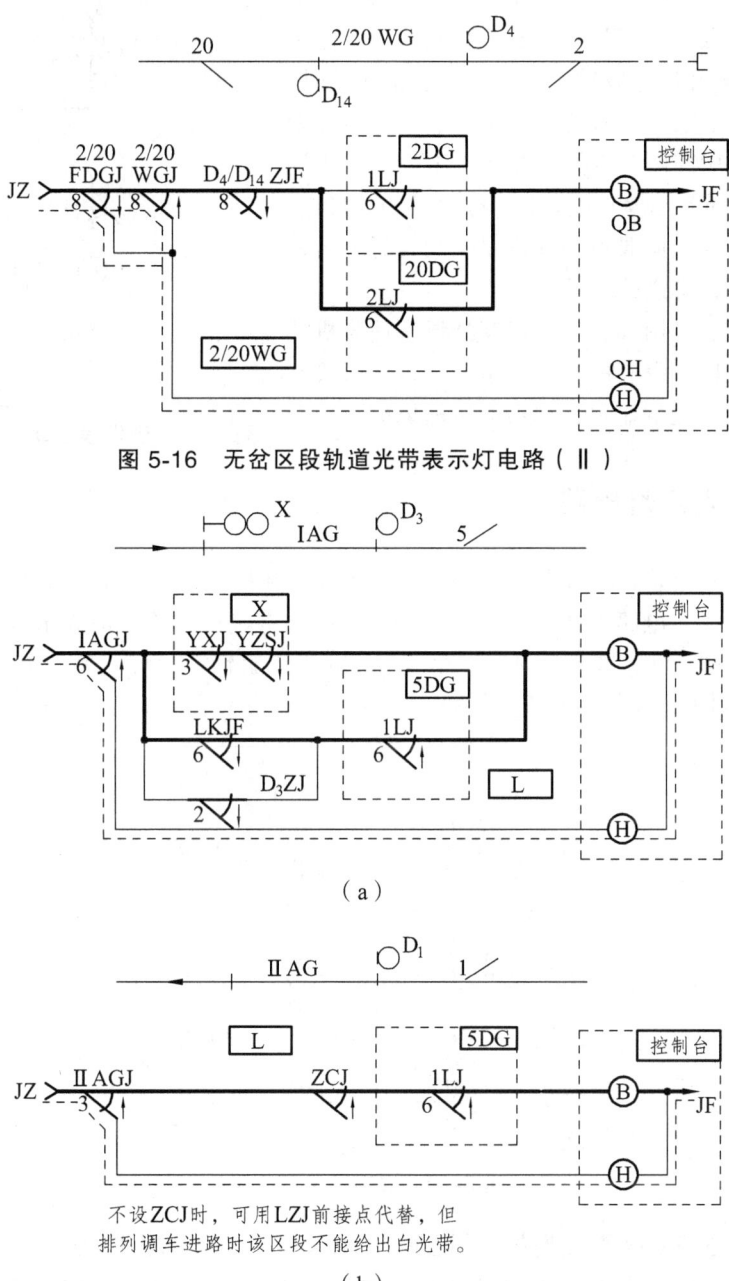

图 5-16 无岔区段轨道光带表示灯电路（Ⅱ）

（a）

（b）

图 5-17 无岔区段轨道光带表示灯电路（Ⅲ）

（三）股道光带表示灯电路

图 5-18 所示为股道的光带表示灯电路，与上述几种光带表示灯电路均不相同。它的光带有两种：反映进路有车占用的红色光带（H），反映进路无车占用且锁闭的白光带（B）。

向股道办理进路时，在进路锁闭后，ZCJ 落下，经 ZCJ 第 1 组后接点和股道区段的 GJ 第 1 组前接点点亮股道上的白光带（B）。车进入股道，白光带熄灭，然后经 GJ 后接点点亮整条股道上的红光带（左边 H 和中间 H）。车全部进入股道，进路最后道岔解锁时，ZCJ 吸起，使一个中间的 H 光带熄灭。车在股道停留期间，只有股道中间两节点亮红光带（H），当车出清股道后中间的红光带熄灭。电路中接有两组 ZCJ 接点，其中一组是上行咽喉向股道办理进路用的，另一组是下行咽喉向股道办理进路用的。

对于牵出线、专用线、尽头线等处调车信号机外方的轨道电路区段，没有白光带显示，在这些区段有车占用时，给出红光带显示，车出清后即熄灭。

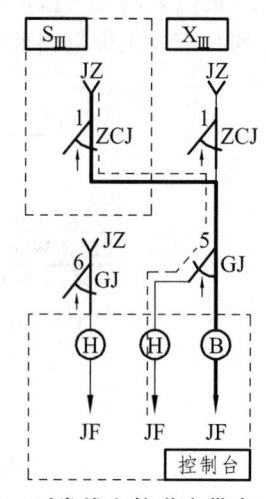

图 5-18 到发线上轨道光带表示灯电路

二、解锁表示灯电路

解锁表示灯主要是指办理取消进路和人工解锁时在控制台盘面上给出的表示灯，帮助值班员了解办理手续，电路动作以及进路解锁等情况。它包括：总取消表示灯——红色，总人工解锁表示灯——红色。这两个灯，一个是 3 min 人工解锁表示灯，另一个是 30 s 人工解锁表示灯，如图 5-19 所示。

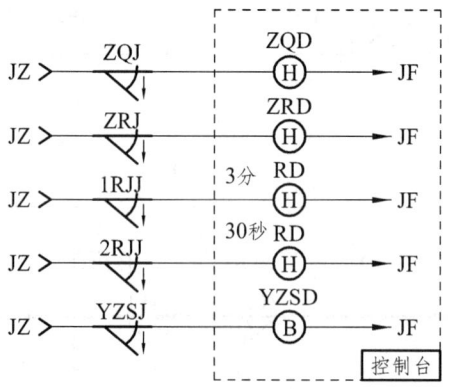

图 5-19 解锁表示灯电路

在办理取消进路或取消误碰按钮的记录时，必须按压总取消按钮 ZQA，使 ZQJ 励磁吸起。这时，经由 ZQJ 的前接点点亮 ZQA 上方的红色表示灯，至于是否达到取消的目的，还要确认信号复示器、轨道光带以及进路按钮表示灯。松开 ZQA，ZQJ 失磁，总取消表示红灯熄灭。

在办理人工解锁时，必须按压总人工解锁按钮 ZRA 使总人工解锁继电器 ZRJ 吸起，以其前接点点亮总人工解锁按钮上方的红色表示灯。该表示灯点灯时间很短暂，松开 ZRA 后，ZRJ 失磁落下而使该表示灯熄灭。为了在整个延时过程中能给出表示，故在 ZRA 的上面左右分设两个延时解锁表示灯：一个是 3 min 的在右方；另一个是 30 s 的在左方。3 min 表示灯是 1RJJ 前接点接通电路的，而 30 s 则是通过 2RJJ 的前接点接通的。当人工解锁完毕后，相应的解锁表示灯因 1RJJ 或 2RJJ 失磁落下而熄灭。

第七节　进路解锁电路动作时序

一、继电器电路作用及动作时机

（一）进路继电器电路

进路继电器 1LJ 和 2LJ 平时都吸起。锁闭进路时，QJJ 吸起断开两个 LJ 的自闭电路，使之落下，点亮该区段的白光带。

正常解锁时，列车或调车车列经过进路。对从左至右的进路，总是 1LJ 先吸起，2LJ 后吸起；对从右至左的进路总是 2LJ 先吸起，1LJ 后吸起。先吸起的 LJ 总是经 1-2 线圈从 12 线网路上的始端方向得到 KF 解锁电源而励磁，并经 3-4 线圈自闭；后吸起的 LJ 总是经 3-4 线圈从 13 线网路上的终端方向得到 KF 解锁电源而励磁，并经 3-4 线圈自闭。

正常解锁时，1LJ 和 2LJ 用于实现三点检查功能，即一个进路继电器通过 12 线网路励磁吸起，证明列车或调车已经出清前一个区段并完整进入本区段，另一个进路继电器通过 13 线网路励磁吸起，证明列车或调车已经出清本区段并完整进入下一个区段。正常解锁时，总是一个区段的两个 LJ 均吸起后，下一个区段的 LJ 才能吸起，从而实现了进路由近及远分段解锁。在差置信号机的 ZJ 电路中接入了 LJ 的前接点，用来证明调车车列已经完整离开本区段，以防止调车尾追列车情况的出现。

取消进路和人工解锁时，列车或调车车列不通过进路。对从左至右的进路，进路上各个区段的 1LJ 由左向右经 12 线网路依次励磁自闭，之后接通 13 线网路，使各个 2LJ 由右向左依次励磁吸起自闭，进路上各区段由远及近依次解锁。对从右至左的进路，进路上各个区段的 2LJ 由右向左经 12 线网路依次励磁自闭，之后接通 13 线网路，使各个 1LJ 由左向右依次励磁吸起自闭，进路上各区段由远及近依次解锁。

对引导进路，在确认列车完整进入股道后办理人工解锁，进路上各区段由远及近依次解锁，进路继电器 LJ 励磁自闭顺序和取消进路时的时序相同。

（二）锁闭继电器电路

每个道岔均设置有锁闭继电器 SJ，SJ 平时吸起，反映道岔处于空闲状态。办理进路时

1LJ 和 2LJ 落下，断开 SJ 励磁电路使 SJ 落下。SJ 落下后断开 DCJ 和 FCJ 的自闭电路，使得道岔启动电路无法工作，从而实现了对进路上道岔区段的锁闭。如果是排向股道的进路，则进路上最后一个道岔锁闭后 ZCJ 落下，实现了对迎面敌对进路的封锁。

进路解锁时，随着车列的离开区段（DGJF 吸起、FDGJ 落下、1LJ 和 2LJ 均吸起），本区段内各道岔的 SJ 励磁电路均接通，使 SJ 吸起。

区段有车占用或故障占用时 DGJF 落下，使 SJ 落下，实现区段锁闭。

办理引导总锁闭接车时，按下 YZSA 使 YZSJ 吸起，KZ-YZSJ-H 条件电源断电，本咽喉所有道岔的 SJ 全部落下，实现全咽喉道岔总锁闭。值班员确认列车进入股道后，拉出 YZSA 使 YZSJ 落下，SJ 吸起。

（三）传递继电器电路

传递继电器 CJ 平时吸起。办理进路时，当 1LJ 和 2LJ 都落下时，断开 CJ 的 3-4 线圈励磁电路和自闭电路，使 CJ 落下。

故障解锁道岔区段时，随着故障解锁的办理，使 CJ 经 1-2 线圈励磁吸起，1LJ 和 2LJ 吸起后接通其 3-4 线圈自闭电路，该道岔区段解锁。当紧急关闭信号而办理故障解锁时，随着故障解锁的办理，CJ 经 1-2 线圈励磁吸起，断开 11 线网路，使 XJ 落下而达到紧急关闭信号的目的。

正常解锁时，利用 FDGJ 缓放，用其后接点接通 CJ 的 3-4 线圈励磁电路并自闭，使其只有滞后励磁特性。

取消进路、人工解锁、调车中途返回解锁或引导道路解锁时，因 FDGJ 一直处于落下状态，只要 1LJ 或 2LJ 吸起，CJ 便经 3-4 线圈立即励磁并自闭，使其具有及时励磁特性。

（四）轨道反复示继电器电路

轨道反复示继电器 FDGJ 平时落下。信号开放后，列车顺序进入轨道区段，利用 DGJ 的后接点与 QJJ 前接点相配合接通 FDGJ 励磁电路，首先向 RC 支路充电，而后使 FDGJ 励磁吸起并自闭。FDGJ 吸起后断开本区段 QJJ 自闭电路，使 QJJ 落下，而 QJJ 的落下又会反过来断开 FDGJ 励磁电路，此时 RC 支路通过向 FDGJ 的 1-4 线圈放电，使 FDGJ 维持接通自闭电路。

当车出清轨道区段时，DGJ 吸起，切断 FDGJ 自闭电路，使 FDGJ 缓放 3~4 s 后落下，反映车列出清本区段。

FDGJ 励磁电路中接入的 QJJ 前接点起到检查 10 线网路完整性的目的。10 线网路断线时，在车列压入进路时，9 线网路断开，断线处所与进路终端之间的各个区段 QJJ 均落下，车列压入时 FDGJ 均无法励磁吸起，这些区段都将无法正常解锁。

（五）区段检查继电器的 10 线自闭电路

为防止进路迎面错误解锁，对 QJJ 设置了 10 线网路的自闭电路。信号开放后，通过 XJ

的前接点向 10 线送 KF 电源，接通 QJJ 的第一条自闭电路。当车进入接近区段，JYJ 落下后经其后接点又接通 QJJ 的第二条自闭电路。

对于列车，列车进入信号机内方，因 XJJ 落下断开 9 线的 KZ 电源，断开了 QJJ 的励磁电路，同时由于 LXJ 落下，断开第一条自闭电路。对于调车，必须等 DXJ 白灯保留电路断开，才能使 DXJ 落下而断开第一条自闭电路。车出清接近区段使 JYJ 吸起，断开第二条自闭电路。

为防止进路迎面错误解锁，列车驶入那个区段，那个区段的 FDGJ 吸起，使那个区段的 QJJ 因自闭电路断开而复原。对车列未驶入的区段，由于 FDGJ 落下，接通运行前方区段的 QJJ 第三条自闭电路，当车驶入时使 QJJ 复原。

在办理引导进路锁闭时，按下 YA，使 YAJ 吸起，向 9 线供出 KZ 电源，使进路中各个区段的 QJJ 励磁吸起。办理引导进路解锁时，YAJ 落下断开 9 线 KZ 电源，使 QJJ 落下。

（六）股道检查继电器电路

股道检查继电器 GJJ 平时落下。办理进路时，始端 XJJ 吸起向 9 线供 KZ，使 GJJ 经 3-4 线圈励磁。当列车进入信号机内方时，XJJ 落下断开 9 线，GJJ 随之落下。

办理引导进路锁闭时，YAJ 吸起向 9 线供 KZ，使 GJJ 吸起。办理引导进路解锁时，YAJ 落下断开 9 线使 GJJ 随之落下。

办理取消进路、人工解锁或引导进路解锁时，在 12 线接通后 GJJ 经 1-2 线圈励磁，将 KF 解锁电源由 12 线转到 13 线。当进路最末道岔区段解锁后，因 SJ 吸起断开 12 线使 GJJ 落下。

在 1～13 线网路的 5 线、11 线和 13 线上，在设置有 GJJ 的地方均连接有 GJJ 的接点。其中 5 线网路上接入 GJJ 的后接点，用于保证敌对进路不能同时建立；11 线网路上接有本咽喉 GJJ 前接点和迎面咽喉 GJJ 后接点，前者保证 GJJ 故障时不能开放列车信号并证明进路锁闭，后者证明迎面咽喉没有建立敌对进路；13 线上接入 GJJ 前接点，保证取消进路、人工解锁或引导进路解锁时，只有 12 线接通后才能让 13 线工作，以保证进路由远及近解锁。

（七）引导信号继电器电路

引导信号继电器 YXJ 平时落下。办理引导接车而按下引导按钮后，YAJ 吸起，进路锁闭后，YXJ 经 11 线励磁并自闭。松开 YA，断开 YXJ 励磁电路，YXJ 经自闭电路保持吸起。列车进入进站信号机内方第一个轨道区段时，因 DGJ 落下断开 YXJ 自闭电路，使其缓放落下。当进路内方第一个区段故障，办理引导接车时，需长时间按下引导按钮 YA，保证 YXJ 吸起开放引导信号。

二、进路解锁过程动作时序

（一）正常解锁

图 5-20 所示为 X 至 I G 接车进路正常解锁时，进路上各组合内部继电器的动作时序图。

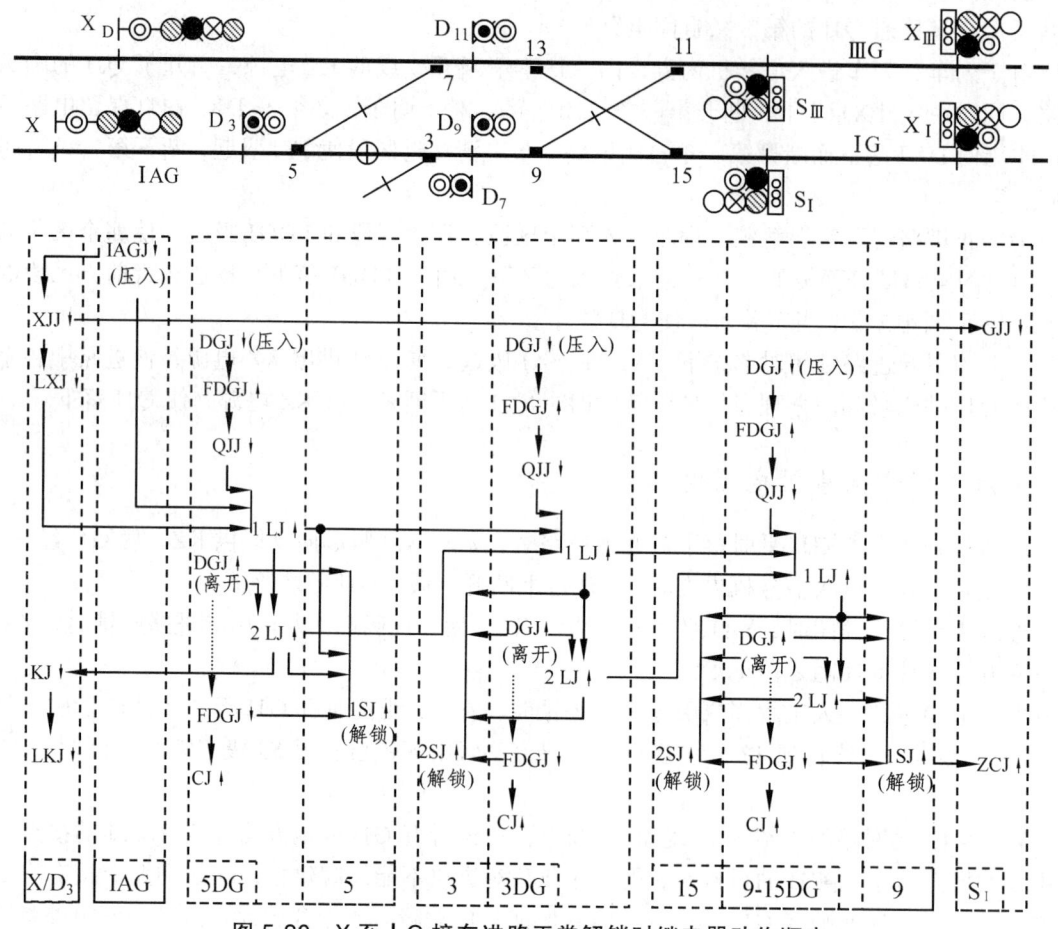

图 5-20 X 至 ⅠG 接车进路正常解锁时继电器动作顺序

列车压入 ⅠAG 时，ⅠAGJ 落下，断开 8 线网路，使进路始端 X/D_3XJJ 落下，X/D_3XJJ 的落下断开 9 线网路，使 S_1GJJ 落下，同时 X/D_3XJJ 的落下断开 X LXJ 的电路，X LXJ 落下信号关闭。

列车压入 5DG 时，5DG 的 DGJ 落下→FDGJ 吸起→QJJ 落下。随后 5DG/1LJ 励磁吸起并自闭。列车压入 3DG 时，3DG 的 DGJ 落下→FDGJ 吸起→QJJ 落下。列车压入 9-15DG 时，9-15DG 的 DGJ 落下→FDGJ 吸起→QJJ 落下。

列车离开 5DG 时，5DG 的 DGJ 吸起使得 5DG/2LJ 吸起自闭，5DG/FDGJ 经 3~4 s 延时后落下。在 5DG 的 DGJ 吸起、FDGJ 落下、1LJ 吸起和 2LJ 吸起后，道岔 5/7 1SJ 吸起，5DG 解锁。5DG/2LJ 吸起时，一方面，切断 X/D_3KJ 自闭电路，使得 X/D_3KJ 和 X/D_3LKJ 相继落下，另一方面，使 3DG/1LJ 励磁吸起并自闭。

列车离开 3DG 时，3DG 的 DGJ 吸起使得 3DG/2LJ 吸起自闭，3DG/FDGJ 经 3~4 s 延时后落下。在 3DG 的 DGJ 吸起、FDGJ 落下、1LJ 吸起和 2LJ 吸起后，道岔 1/3 2SJ 吸起，3DG 解锁。3DG/2LJ 吸起时使 9-15DG/1LJ 励磁吸起并自闭。

列车离开 9-15DG 时，9-15DG 的 DGJ 吸起使得 9-15DG/2LJ 吸起自闭，9-15DG/FDGJ 经 3～4 s 延时后落下。在 9-15DG 的 DGJ 吸起、FDGJ 落下、1LJ 吸起和 2LJ 吸起后，道岔 9/11 1SJ、13/15 2SJ 吸起，9-15DG 解锁。道岔 13/15 2SJ 吸起后接通 S_1ZCJ 励磁电路，S_1ZCJ 吸起，解除了对迎面敌对进路的锁闭。至此，该进路正常解锁结束。

（二）取消进路和人工解锁

图 5-21 所示为取消 X 至 IG 接车进路时，进路上各组合内部继电器的动作时序图。

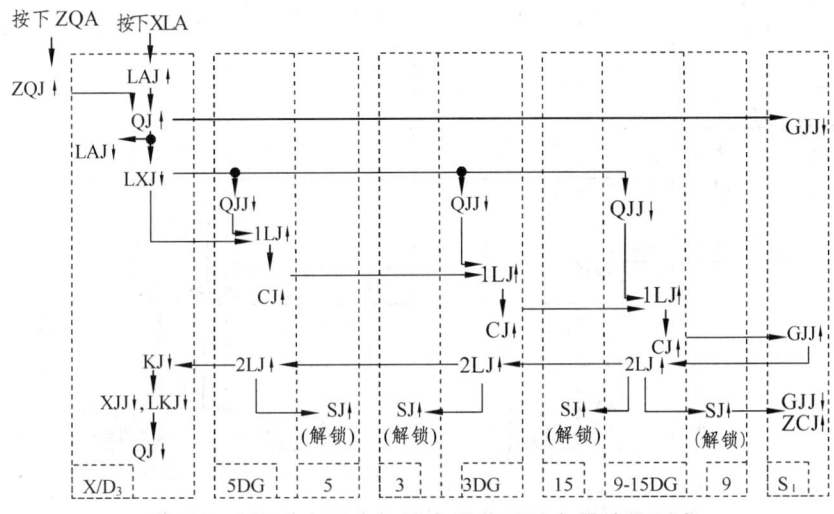

图 5-21　取消 X 至 I G 接车进路时继电器动作顺序

取消 X 至 IG 的接车进路时，值班员按下 ZQA 和 XLA 后，使得 X/D_3QJ 吸起，X/D_3QJ 的吸起，一方面，切断 9 线，使得 S_1GJJ 落下，另一方面，切断 X/D_3LXJ 励磁电路，使得 X/D_3LXJ 落下，关闭信号。

X/D_3LXJ 落下后，断开 10 线，进路上各区段的 QJJ 落下，同时，为 12 线网路提供 KF 电源，依次使进路上各区段 1LJ 相继励磁并自闭，并使 S_1GJJ 再次励磁线圈。S_1GJJ 吸起后为 13 线网路供电，使得进路上各区段 2LJ 相继吸起并自闭，进路由远及近依次解锁。

（三）引导进路

图 5-22 所示为 3DG 故障占用情况下办理 X 至 S_1 的引导进路接车时各继电器的动作时序图。3DG 故障占用情况下，3DG 的 DGJ 落下、QJJ 落下、1LJ 吸起、2LJ 吸起、CJ 吸起，道岔 1/3 2SJ 处于落下状态。

引导进路接车时，按下进路始端引导按钮 X YA，YAJ 励磁吸起且自闭，通过 YAJ 前接点，接通 9 线网路，使 5DG、9-15DG 按照正常锁闭进路方式锁闭，同时 S_1GJJ 吸起、S_1ZCJ 落下，实现了对迎面咽喉敌对进路的锁闭。对故障区段 3DG，其组合内部继电器状态不发生变化。进路锁闭后 11 线网路接通，使 X YXJ 吸起并自闭，引导信号开放。

列车进入 I AG 后，I AGJ 落下，切断 X YXJ 的自闭电路，X YXJ 落下，引导信号关闭。

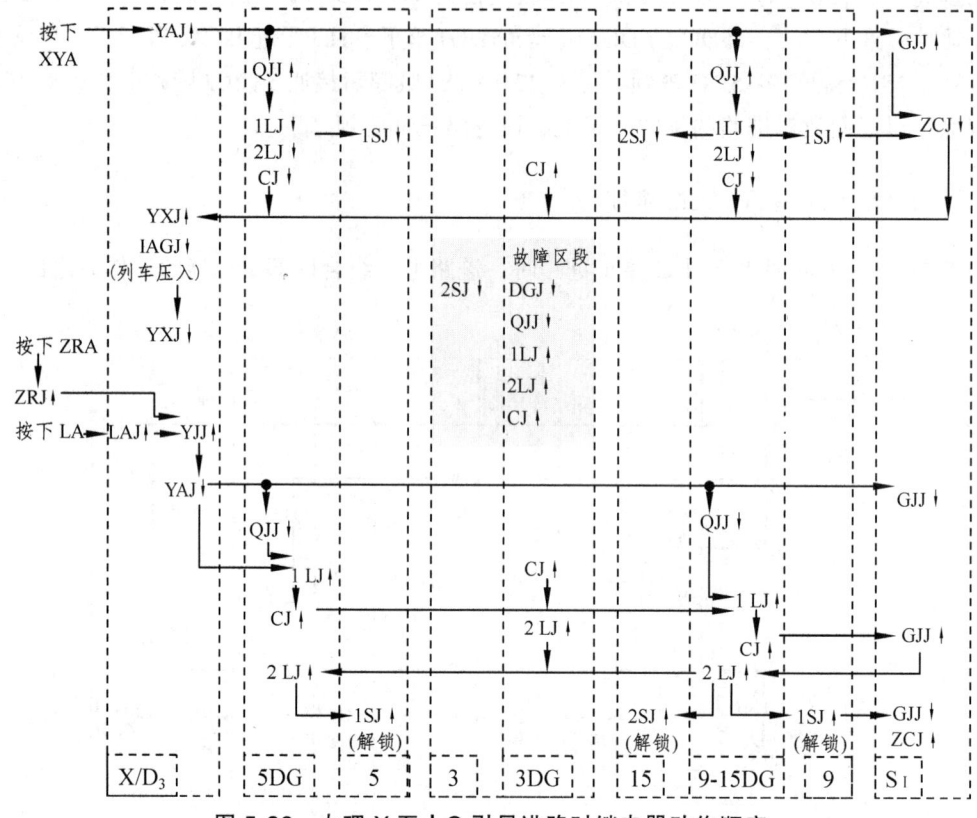

图 5-22 办理 X 至 I G 引导进路时继电器动作顺序

值班员确认列车完整进入 I G 后，对该进路办理引导解锁。办理引导解锁时，值班员按下总人解按钮 ZRA 和 XLA 后，使得 XYJJ 吸起。XYJJ 吸起后，断开 X YAJ 自闭电路使 X YAJ 落下，XYAJ 落下后断开 9 线网路，使得 5DG/QJJ、9-15DG/QJJ、S_1GJJ 落下。随后进路按照由远及近顺序，以取消进路方式依次使 9-15DG 和 5DG 解锁。9-15DG 的解锁使得 S_1GJJ 落下、S_1ZCJ 吸起，从而解除了对迎面敌对进路的锁闭。至此，引导进路解锁过程结束。

在 X 允许灯光不能开放的情况下往 I G 办理引导进路进行接车时，由于此时 3DG 没有故障占用，所以其 Q 组合内部继电器变化和 5DG 的 Q 组合内部继电器变化相同。

思 考 题

1. 填空题。

（1）正常解锁、取消进路、人工解锁和调车中途返回解锁这四种解锁方式，都必须等到进路始端信号关闭后才能解锁，其中列车进路正常解锁情况下_____时关闭信号，取消进路和人工解锁情况下_____时关闭信号，调车中途折返解锁情况下，对车列压入了但没有任何区段解锁的调车进路，在_____时关闭信号。此外，四种解锁方式下进路中各区段解锁顺序有差异，采用由远及近解锁的有_____，采用由近及远解锁的是_____。

（2）在车站出现_____故障时要求接车进站，可以办理引导进路来接车，办理引导进路接车时，1～13网路线上参与工作的网路线有_____，解锁引导进路一般通过办理_____手续来完成。在车站出现_____故障时要求接车进站，只能通过办理引导总锁闭来接车，办理引导总锁闭时，1～13网路线上参与工作的网路线有_____，办理好引导总锁闭时控制台上应点亮_____色警示灯，解锁引导总锁闭时可通过办理_____手续来完成。

（3）下列继电器中，用于反映人工解锁时车列是否冒进进路的继电器是_____，用于实现三点检查的继电器是_____，用于反映车列是否完整出清本区段的继电器是_____，用于防止迎面错误解锁的继电器是_____。

① DGJ　　　　② FDGJ　　　　③ 1LJ　　　　④ 2LJ　　　　⑤ GJJ
⑥ SJ　　　　　⑦ ZCJ　　　　 ⑧ XJJ　　　　⑨ JYJ

（4）下列条件电源中，与取消进路有关的条件电源是_____，与人工解锁有关的条件电源是_____，反映人工解锁延时是否从零开始的条件电源是_____，1LJ和2LJ励磁电路中接入的条件电源是_____。

① KF-ZRJ-Q　　　　② KZ-RJ-H　　　　③ KF-30秒　　　　④ KF-ZQJ-Q
⑤ KZ-共用-H　　　　⑥ KZ-GDJ　　　　⑦ KF-3分

2. 简答题。

（1）为什么要设置FDGJ，在FDGJ电路接入QJJ前接点有何作用？

（2）在SJ电路中，各接点及条件电源"KZ-YZSJ-H"有何作用？

（3）条件电源"KZ-GDJ"有何特点？用在哪些继电器电路中？

（4）向10线网路供电的各支路分别起何作用？

（5）正常解锁、取消进路和人工解锁时各自的联锁条件分别是什么？

（6）正常解锁、取消进路和人工解锁时，进路中各区段1LJ和2LJ动作顺序有何不同？

（7）简要说明正常解锁、取消进路、人工解锁和调车中途返回解锁时QJJ的复原时机。

（8）在第一种调车中途返回解锁电路中，为什么要检查JYJ和FDGJ的前接点？

（9）在图1-2中，如果9-15FDGJ并联的电容被击穿，分析在X至ⅠG接车进路的正常解锁过程中，哪些区段能正常解锁，哪些区段不能正常解锁，为什么？

（10）引导接车有哪两种方式？各在什么条件下采用？分别用到1～13网路线中的哪些网路线？

（11）在图1-2中，办理X至4G接车进路，分别写出正常解锁和人工解锁时，进路中各区段LJ的动作时序。

（12）在图1-2中，办理X至ⅠG接车进路，在列车进入接近区段时发生信号关闭故障，当列车驶过进路后，该进路能否正常解锁，为什么？当办理X_D至ⅢG接车进路时，同样发生上述情况，此进路能否正常解锁，为什么？

（13）在图1-2中，在由ⅠG至ⅡG的转线作业中，牵出进路是S_1至X_D内方，折返进路是D_{13}至ⅡG。调车车列牵出时，出清9-15DG完全进入11-13DG后，再按照D_{13}显示返回ⅡG，试分析7DG和11-13DG两个区段能否按调车中途返回解锁方式进行解锁？为什么？

（14）在图 1-2 中，在由ⅠG 至ⅡG 的转线作业中，牵出进路是 S_1 至 D_3，折返进路是 D_{13} 至ⅡG，若牵出车列越过 D_{13} 后并未驶入 D_7 内方，而按 D_{13} 信号显示折返至ⅡG，试分析 D_7 防护的进路能否按调车中途返回解锁方式进行解锁？若能解锁，请说明原因；若不能解锁，怎样才能解锁？

（15）在图 1-2 中，办理 X 至ⅠG 接车进路后，若 3DG 发生故障引起信号关闭造成机外停车。此时办理重复开放信号是否有效？办理人工解锁是否有效？办理引导进路接车是否有效？办理故障解锁是否有效？

（16）在图 1-2 中，9-15DG 故障占用情况下办理 X 至ⅠG 的引导进路，信号开放后，在接近区段无车的情况下办理人工解锁手续，进路是否会解锁？在接近区段占用的情况下办理人工解锁手续，进路是否会解锁？在列车进入并占用 5DG 和 9-15DG 时，人工解锁进路，进路是否会解锁？

（17）当办理引导接车，开放引导信号时，如果发生引导信号白灯灯丝断丝，控制台有何表示？

3. 判断正误。从 6502 联锁逻辑上判断下列各题正确还是错误，正确的在后面打√，错误的在后面打×。

（1）不设置接近区段的调车进路内方第一区段的正常解锁最多只能实现两点检查。
（　　）

（2）人工解锁是为了解决接近锁闭后的延时解锁问题。调车信号开放后，接近轨空闲，由于没有实现接近锁闭，故人工解锁进路，进路不能解锁。
（　　）

（3）人工解锁接车进路，则延时 3 min 后信号关闭，进路解锁。
（　　）

（4）引导进路开放引导信号后，取消进路，信号关闭，进路不能解锁。
（　　）

（5）办理引导进路，引导信号开放后，占用接近轨，人工解锁引导进路，进路将延时解锁。
（　　）

（6）YZSJ 励磁实现本咽喉道岔锁闭，YZSJ 落下实现本咽喉道岔解锁，所以是"故障-安全"电路。
（　　）

（7）接近区段占用情况下办理进路，如果进路始端信号因断丝而无法开放，则可以通过办理取消进路手续将该进路解锁。
（　　）

（8）对正常解锁、取消进路和人工解锁，只要进路内方一个道岔区段无法自动解锁，则与其相邻的还未解锁的区段也无法自动解锁。
（　　）

4. 根据图 1-5 所示的信号平面布置图，从 6502 联锁逻辑上判断下列各题正确还是错误，正确的在后面打√，错误的在后面打×。

（1）对 X 到 3G 的接车进路上的 11DG，正常解锁时只能实现两点检查。
（　　）

（2）对 X 到 3G 的接车进路，开放信号后，如果 5DG 出现瞬时故障，在 XJG 无车情况下，可以通过办理取消进路手续来将该进路完全取消。
（　　）

（3）对 X 到 3G 的接车进路，开放信号后，列车随后进入进路，当列车进入 1DG 时如果道岔 1 失去表示，则 1DG、5DG 和 7DG 均无法正常解锁。　　　　　　　　　　（　　）

（4）对 X 到 3G 的接车进路，开放信号后，列车随后进入进路，当列车进入 1DG 时如果 1DG 故障占用，列车离开后其 DGJ 仍然落下，则 1DG、5DG 和 7DG 均无法正常解锁。
　　　　　　　　　　　　　　　　　　　　　　　　　　　　　　　　　　　（　　）

（5）对 X 到 ⅠG 的接车进路，开放信号后，如果 1-3DG 故障占用，则 X 关闭信号，此时可直接办理引导进路，开放引导信号，将列车引导进站。　　　　　　　　　（　　）

（6）对 X 到 ⅠG 的接车进路，当 11DG 出现故障占用，此时可通过办理下行引导进路接车到 ⅠG，但必须不停的按压引导按钮，否则 X 的引导信号会关闭。　　　（　　）

（7）以引导总锁闭方式下行往 ⅠG 正线接车时，本咽喉所有的其他进路均无法建立。
　　　　　　　　　　　　　　　　　　　　　　　　　　　　　　　　　　　（　　）

（8）以引导进路方式下行往 ⅠG 正线接车时，不影响 D_8 至 ⅠG 进路的建立。　（　　）

（9）5DG 故障占用时，只能以引导方式下行往 2G 接车。　　　　　　　　　　（　　）

（10）下行引导总锁闭方式往 ⅠG 接车时，D_{12} 到 ⅠG 的进路无法建立。　　　（　　）

5. 根据图 1-6 所示的信号平面布置图，从 6502 联锁逻辑上判断下列各题正确还是错误，正确的在后面打√，错误的在后面打×。

（1）对 D_{19} 至 D_{23} 的调车进路，调车车列跨压在 D_{19}G、13DG，此时 17DG 出现故障占用，则 D_{19} 信号立即关闭。　　　　　　　　　　　　　　　　　　　　　　（　　）

（2）对 D_{19} 至 D_{23} 的调车进路，调车车列跨压在 D_{19}G、13DG，此时 17DG 出现故障占用，则调车车列驶过进路后，该进路无法正常解锁。　　　　　　　　　　　（　　）

（3）办理 X 至 ⅠG 的正线接车进路时，在进路锁闭后由于电路故障使信号 X 无法开放，此时对 3-5DG 办理区段故障解锁，则该区段能够解锁。　　　　　　　　　（　　）

（4）对 X 至 ⅠG 的正线接车进路，信号开放且列车没有压入进路时，对 3-5DG 办理区段故障解锁，则该区段不能解锁。

（5）仅排列 D_7 至 D_{27} 的调车进路，车列先后占用 3-5DG、15DG，再顺序反向退出 15DG、3-5DG 并完全停留在 ⅠAG 上，此时该进路不能正常解锁。　　　　　　　（　　）

（6）先办理 X 至 ⅠG 正线引导进路，之后 3-5DG 故障占用，列车驶过进路后该进路不会自动解锁。　　　　　　　　　　　　　　　　　　　　　　　　　　　　（　　）

（7）办理好 X_F 至 ⅡG 的正线接车进路，区段故障解锁 1-7DG，1-7DG 将解锁。　（　　）

（8）3-5DG 故障占用情况下办理 X 至 ⅠG 的正线引导进路，引导信号开放后，在列车没有进入进路时，人工解锁该进路，该进路将延时 3 min 后解锁。　　　　　　（　　）

（9）在 33-35DG 和 ⅡG 上均有车占用的情况下建立 D_{29}→$S_Ⅱ$ 的调车进路，该进路建立并开放信号后，在车列还没有进入进路时，43-49DG 出现故障（DGJ 落下）并随后故障恢复，则该进路将自动解锁。　　　　　　　　　　　　　　　　　　　　　　（　　）

（10）建立好 X 到 ⅠG 的正线接车进路，列车进入 3-5DG 时道岔 1/3 失去表示信息，则列车出清 3-5DG 时 3-5DG 无法正常解锁，且可以用故障解锁方式将该区段解锁。（　　）

（11）对 D_3 到 $\mathrm{II}G$ 的长调车进路（道岔 19/21 在定位），调车车列通过时如果 1-7DG 无法正常解锁，则该进路中 1-7DG 前方的所有道岔区段都无法正常解锁。（　　）

（12）建立好 X 到 $\mathrm{I}G$ 的正线接车进路，列车离开 3-5DG 时 3-5DG/DGJ 因故障而无法励磁，当车列离开 3-5DG 还在 15DG 上运行时故障消失使 3-5DG/DGJ 又励磁吸起了，则整条进路仍然能正常解锁。（　　）

（13）D_{17} 至 S_3 的调车进路接近锁闭时，用人工解锁手续将该进路取消后，改排 D_{17} 至 S_1 的进路，在本进路锁闭后 D_{17} 灯丝断丝了，此时可用取消进路手续将本进路取消。（　　）

（14）建立好 X 至 $\mathrm{I}G$ 的正线接车进路，列车在 3-5DG 上运行时，$\mathrm{I}G$ 出现瞬时故障，随后故障消失，则列车完整进入 $\mathrm{I}G$ 后，该进路不能完全解锁。（　　）

（15）3-5DG 故障占用情况下办理好 X 至 $\mathrm{I}G$ 的引导进路，列车未进入进路时，如果 3-5DG 出现故障恢复（DGJ 吸起），则 X 的引导信号会关闭。（　　）

第六章 计算机联锁系统

第一节 计算机联锁系统概述

一、概　述

（一）定　义

计算机联锁系统是以计算机技术为核心，综合采用通信、控制、容错、故障-安全等技术来实现车站联锁逻辑控制功能的，具有较高可靠性和故障-安全性要求的实时控制系统。

首先，计算机联锁系统必须实现车站联锁控制功能。具体而言，必须能满足各种车站（场）规模和运输作业的需要，保证行车安全，提高运输效率。

其次，计算机联锁系统具有较高的可靠性、安全性要求和故障-安全性要求。

就可靠性而言，计算机联锁系统在技术指标上，必须保证其平均故障间隔时间（MTBF）必须大于或等于 10^6 h。为了达到该可靠性指标，硬件结构上必须采用冗余结构来实现。冗余结构指采用多台设备并行运行来完成单台设备所完成的功能，以保证系统中单台设备故障或停机时不影响整个系统的正常运行。计算机联锁系统通常采用的冗余结构有双机热备、三取二或二乘二取二等硬件结构形式。计算机联锁设置有两路独立电源供电，并且有自动转接功能，以保证不间断供电。计算机和电子设备的直流电源具有不间断供电和有效去除脉冲及浪涌干扰的性能。

就安全性而言，在技术指标上，计算机联锁系统必须保证平均危险侧输出间隔时间大于或等于 10^{11} h；技术上，与安全有关的接口与通道必须采用光电隔离，与室外基本信号设备之间必须采用防雷设备，以保证在规定严酷性等级的运用环境中，设备都能正常工作。

就故障-安全性而言，计算机联锁系统中使用的涉及安全的电路、接口及通道必须符合故障-安全原则且具有故障检测和定位能力，当故障会危及行车安全时，能切断系统的危险侧输出。计算机联锁的各种接口与通道能保证长期使用的高稳定性和高可靠性。

再次，计算机联锁系统建立在计算机等电子设备及其软件基础上的实时控制系统。从硬件上，计算机及其电子设备必须具有防电磁干扰能力，其直流电源必须具有不间断供电和有效去除脉冲及浪涌干扰的性能。从软件上，系统中程序都需模块化、结构化和标准化，执行联锁逻辑功能的联锁软件必须通过相关认证部门认证或验收，在其功能满足要求之后才能投入使用。由于是基于计算机技术上的控制系统，所以，必须提供传统继电联锁系统所不具有的联网及信息管理等功能。如具备与其他自动化或管理系统，像 CTC、TDCS 等连接，与之进行信息交换的能力，为维护使用部门提供监测、报警、统计、分析、管理、远程诊断及维护等功能。

（二）计算机联锁系统的主要技术条件

计算机联锁的主要技术条件如下：

（1）计算机联锁能满足各种车站（场）规模和运输作业的需要，保证行车安全，提高运输效率，并具备大信息量和联网能力。

（2）计算机联锁采用硬件冗余结构，如双机热备用、三取二或二乘二取二的结构。可靠度指标：平均故障间隔时间（MTBF）大于或等于 10^6 h；安全度指标：平均危险侧输出间隔时间大于或等于 10^{11} h。

（3）计算机联锁使用的涉及安全的电路符合故障-安全原则；电路故障能及时发现，当故障会危及行车安全时，能切断系统的危险侧输出。

（4）计算机硬件体系结构为层次结构，如分为人机对话层、联锁运算层和执行表示层。

（5）计算机联锁具有通过通信前置处理机和通信网与其他系统实现通信能力，与调度指挥系统的数据通信符合有关规定。

（6）计算机联锁的软件系统达到软件制式检测要求的可靠性和安全性，所有程序都具有模块化、结构化和标准化的特点。

（7）计算机联锁的各种接口与通道能保证长期使用的高稳定性和高可靠性。与安全有关的接口与通道符合故障-安全原则，还采取了光电隔离、动态冗余编码、参数限界冗余、故障检测及其他特殊方法以防止危险后果的发生。

（8）计算机联锁能通过外部数据通道或计算机网络与其他自动化或管理系统，如 CTC、TDCS 等连接，与之信息交换。

（9）计算机联锁采取了必要的防电磁干扰和防雷措施，以保证在规定严酷性等级的运用环境中，设备都能正常工作。

（10）信号设备的接地电阻值不大于 10 Ω。用于防护电子设备的安全保护地线的接地装置，其接地电阻值不大于 4 Ω。对于重雷害地区，地线设置还采取了特殊措施。

（11）监测子系统作为系统的基本组成部分，为维护使用部门提供监测、报警、统计、分析、管理、远程诊断及维护功能。

（12）根据需要设应急盘，在计算机联锁失效时控制道岔和引导信号。

（三）计算机联锁系统基本结构

根据计算机联锁系统各主要部分的功能和设置位置的不同，硬件上一般采用分层结构形式，分为人机对话层、联锁运算层、执行表示层，其结构如图 6-1 所示。

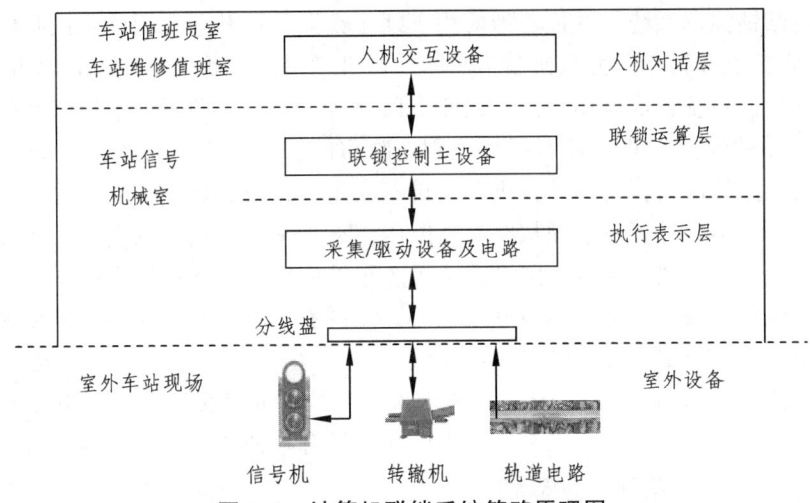

图 6-1 计算机联锁系统简略原理图

人机对话层的设备一部分设置于车站值班员室，另一部分设置于车站维修值班室内。人机对话层的功能是接收车站值班员下达的进路操作命令，并将操作命令传送到联锁运算层，接收联锁运算层输出的反映信号设备工作状态和行车作业情况的表示信息，进行车站站场的动态实时显示。此外，对车站联锁设备的运行情况和故障情况进行显示、记录和回放，以便车站维修人员根据设备故障对故障设备进行及时维修。

联锁运算层是车站联锁系统的核心，联锁运算层设备设置在车站信号楼的机械室内。联锁运算层实现联锁逻辑控制功能。联锁运算层接收来自人机对话层下达的操作命令，依据从执行表示层接收到的反映室外信号机、道岔和轨道电路实时状态的信息，并结合内部的中间信息，进行联锁逻辑运算，根据运输结果产生相应的输出信息，以实现联锁逻辑控制功能。

执行表示层为联锁运算层和室外设备层的中间层，在二者之间起信息交互、硬件电路的转换等作用，同时在硬件上进行隔离，以保证室内设备的安全性。例如，接收从联锁层来的操纵道岔到定位的信息后，控制继电器动作，为室外转辙机电路提供电源以接通转辙机电路，驱动室外道岔向定位转换；并实时检测道岔是否转换到定位，转换到定位后向联锁运算层反馈相应的道岔位置信息。联锁运算层和执行表示层是联锁控制的实际执行机构，必须具有故障-安全性。

室外设备层包括室外的信号机、转辙机和轨道电路等设备及其相应的动作电路，用于驱动室外信号设备的直接动作。例如，信号机的室外点灯电路，转辙机的电缆盒及转辙机内部接点电路等，这些电路和 6502 继电联锁系统的室外电路基本相同。

二、我国计算机联锁系统的发展

随着电子技术的飞速发展，20 世纪 60 年代人们已经开始尝试采用电子器件取代继电器来构成铁路信号电子联锁控制系统。1978 年，由瑞典研制的世界上第一套计算机联锁控制系统在瑞典哥德堡车站的成功应用，掀开了车站联锁控制系统研究与应用的新篇章。

20 世纪 80 年代，铁道部科学研究院、通信信号总公司研究设计院等单位相继展开了计算机联锁控制系统的研制工作。1984 年，通信信号总公司研究设计院研制生产出了国内第一个车站计算机联锁控制系统,并成功地应用于地方铁路,填补了我国计算机联锁控制系统的空白。1989 年,铁道部科学研究院研制生产的计算机联锁控制系统在郑州北编组站开通使用,使计算机联锁控制系统首次应用于国有铁路。1994 年,铁道部科学研究院、通信信号总公司研究设计院研制的计算机联锁控制系统分别在哈尔滨铁路局平房站和上海局交通站开通使用,这是我国铁路首次将国有的计算机联锁设备应用于铁路客货列车通过的车站。

二十余年来,国内计算机联锁从路外到路内,从小站到大站,从支线到干线,从中间站到编组站,发展十分迅速。至今全路已有上千个车站使用各种计算机联锁系统。目前,在我国国家铁路上应用比较广泛的计算机联锁系统,主要有:铁道部科学研究院研制的 TYJL-II 型双机热备系统和 TYJL-TR9 型三取二系统;中国通信信号集团公司研究设计院研制的 DS6-11 型双机热备系统和 DS6-K5B 型二乘二取二系统;北京交通大学研制的 JD-1A 型双机热备系统和 EI32-JD 型二乘二取二系统;卡斯柯信号有限公司研制的 CIS-1 型双机热备系统和 iLOCK 型二乘二取二系统。

三、计算机联锁系统的优点

与传统继电集中联锁系统相比,计算机联锁具有以下显著优点:

1. 进一步提高了安全性和可靠性

继电集中联锁系统只能在元器件的可靠性上下工夫,系统的可靠性就受到限制。例如,轨道电路不良,只能对轨道继电器提出种种要求,而系统仅能做到三点检查。而计算机联锁系统更灵活,它能连续检查列车头部和尾部的位置,可以防止由于轨道电路分路不良造成的错误动作和漏解锁。计算机联锁系统采用二乘二取二或三取二表决技术冗余技术,增加了系统的可靠性。再如,采用软件冗余技术,对每台联锁主机设置两组程序,两组程序数据结构不同、在存储器中的区域不同以及联锁处理过程和步骤等的不同,使得对硬件的故障很容易发现,从而有助于提高系统的可靠性。

2. 增加和完善了联锁系统的功能

继电集中联锁系统虽然不断改进和完善,但受到继电器电路的限制或由于费用昂贵等原因,在联锁功能方面仍然存在不足。例如,由于轨道电路的误动而造成进路错误解锁的可能性仍然存在,以至于妨碍进路的预排。再如,当一条进路在人工解锁延时时,本咽喉其他进路就无法进行人工解锁,即使对正在延时解锁的进路,实时的延时时间也无法显示在控制台上,只能靠值班人员自己看表来掌握。这些不足,在计算机联锁系统中,可以用较少的硬件投资和发挥软件的作用来得到完善。

因为计算机联锁具有工作速度快、信息量大的特点,所以计算机联锁系统很容易实现自动控制功能,还能安全地实现自动选路、储存进路、平面溜放等继电集中联锁无法完成的功能。计算机联锁不仅适合于中、大规模车站,而且可以扩大控制范围实现区域联锁,即将本站周围的一个或几个小站纳入本站来实现集中控制。同时,还可以利用计算机进行站内行车业务管理,以提高工作效率。

计算机联锁系统还能简化操作手续和减少人工直接干预,以减少和防止操作失误,提高作业效率。例如，继电联锁系统在预排进路后，进路道岔在一定时间内转换不到位情况下，值班人员想反转该道岔时必须先办理取消该进路的手续，然后才能反转该道岔，而在计算机联锁系统中则可以简化该手续。

在行车信息管理和运营调度方面，计算机联锁系统可以向旅客服务系统（如广播、车次到发显示牌等）、列车运行监视系统以及行车指挥系统提供信息。由于这类系统日趋计算机化，系统之间很容易结合。

计算机联锁系统还能很方便地进行自身的管理。例如，可以对操作人员的操作、设备工作情况实现实时记录、打印等，可以对系统中的电子器件、信号设备进行故障检测、诊断和定位等，并具有保存、查询、打印记录信息和站场历史运行的再现等功能，有助于站内信号设备的维护和维修，借助于广域网后能实现远程诊断功能。

3. 方便设计和站场的改建和扩建

计算机联锁系统一般采用模块结构，同时引入各种联锁辅助软件，这些都使得联锁设计标准化程度高，设计方便。同时，投入使用的计算机联锁系统在执行表示层上大多有一定的预留空间，在站场进行小规模的改建和扩建时，对系统中硬件和软件只需做少量扩充即可满足联锁要求，使得站场改造更为方便。

4. 省工省料且降低了造价

继电集中联锁全部采用继电器，组合间配线复杂，而计算机联锁采用微机及其电子器件取代了继电集中联锁中的大量继电器，其价格趋下降趋势。计算机联锁室内设备的体积小于继电联锁，可大大节约占地面积，也降低了工程造价。计算机联锁减少了设计、施工和维修的工作量，也降低了造价。计算机联锁易于实现标准化，可缩短设计和施工周期，降低了设计、施工和维护费用，且由于施工、改建和故障修复时间的缩短，也有助于减少对运输的干扰。

最重要的是，计算机联锁系统将计算机信息技术引入到车站信号控制中来，使得它为铁路信号向网络化、信息化和智能化方向发展创造了条件。例如，通过与调度集中系统的接口和信息交互，为调度指挥系统的实现提供了可能。再如，通过与区间闭塞设备、调度集中系统和列车运行控制系统的接口和信息交互，为调度集中、车站联锁、区间闭塞和列车运行控制的一体化综合管理和控制提供了发展空间。

第二节　计算机联锁系统结构和功能

一、计算机联锁系统硬件结构

由前面对计算机联锁系统基本工作原理的简要介绍可知，计算机联锁系统包括人机对话层、联锁运算层、执行表示层和室外设备层，各层的详细结构，如图 6-2 所示。

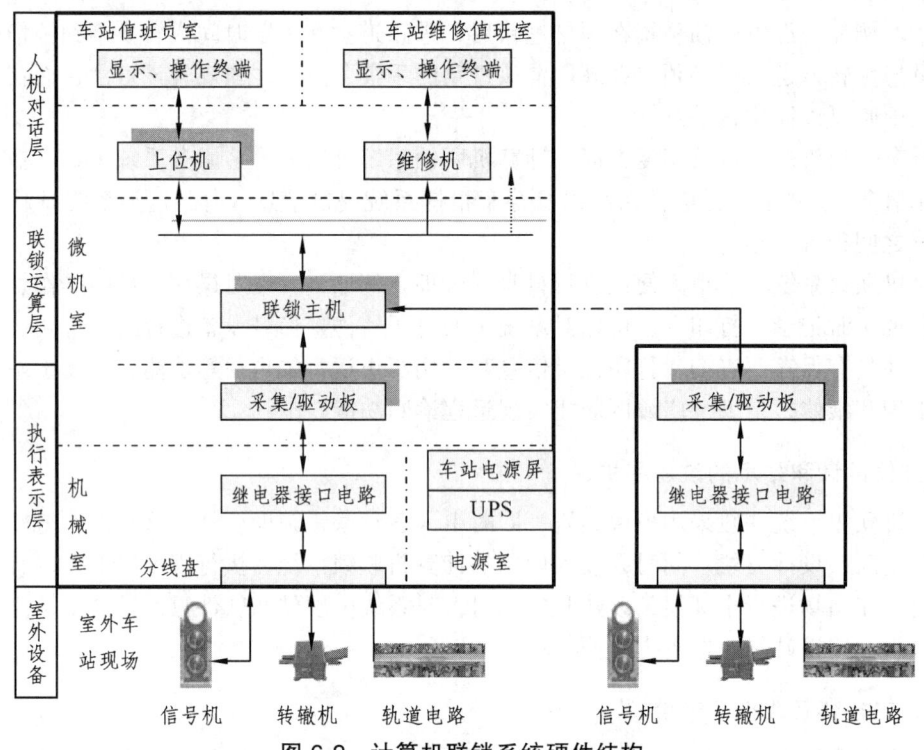

图 6-2 计算机联锁系统硬件结构

（一）人机对话层设备

人机对话层由微机室内的双机冗余上位机、电务维修机、车站值班员室内的显示操作终端和车站维修值班室内的操作显示终端构成。联锁运算层主要由微机室内的联锁主机构成。采集驱动层包括微机室内的采集/驱动板、机械室内的继电器接口电路和用于室内外电缆交接的分线盘。人机对话层与联锁运算层之间、联锁运算层与执行表示层之间、执行表示层与室外设备层之间各自采用不同的通信方式相互连接和通信，构成一个具有三个层次的实时控制系统。此外，电源室内还包括给计算机联锁系统室内和室外信号设备供电的车站电源屏和不间断电源 UPS。

联锁系统的上位机和维修机分别供车站操作人员和维修人员使用，一般都采用工业控制计算机制式。工业控制计算机是指作为工业现场监测和控制用的微型计算机，运行时比普通商用计算机更可靠更稳定，能适应长期不间断的运行。这类计算机是依赖于某种标准总线，按工业标准设计，包括主机板在内的各种 I/O 接口功能模板而组成的计算机。工业控制计算机与普通商用 PC 机相比较，主要区别在于：

（1）为提高维修性，采用分离式钢板机壳结构。为了提高增加工业控制计算机上各个模板的抗振动和抗冲击能力，在模板上方增加了横向压条对各模板进行固定。

（2）取消了计算机系统母板，将其功能集中到一块插卡（ALL-IN-ONE）上。

（3）采用开放式总线结构，将标准总线印制在一块公共底板（即系统母板）上，并在板上装设若干个多芯插座，各种 I/O 功能模板可以直接插在总线槽上，便于系统的维护和扩充。

（4）在机箱前面增加了一个带过滤网的强力风扇，不仅加强了散热，而且使机内形成正风压，增强了抵抗环境粉尘的能力。

（5）选用工业化电源。

显示、操作终端由显示终端和操作终端构成。

1. 信息显示的硬件

在计算机联锁系统中，要求将计算机联锁系统采集的信号设备状态（如站场中信号机显示的颜色、道岔实际位置和轨道占用情况等信息）以及其他相关信息显示出来。常用的显示方式有 CRT 显示和 LED（或 LCD）方式。

（1）CRT 方式。这种显示方式下，将站场及其动态信息显示在 17 英寸以上显示器上，一般采用 21 英寸的平面直角显示器。对于中、大型站场，常常采用多个 21 英寸显示器进行并排或竖排来完成整个站场的动态显示。

（2）LED（或 LCD）方式。采用 CRT 显示方式时，由于单个显示屏所显示的尺寸还是不够（21 英寸），对中、大型站场进行动态显示时往往过于密集，采用多屏又显示时不够直观。所以，对中、大型站场，常常会采用 LED（或 LCD）方式来实现大屏显示。

采用 LED 显示方式，对同一个点一般只有红、绿、黄和不显示等四种显示状态，因而显示效果较差，但成本低且显示尺寸可以做到很大，因而，一般作为对 CRT 显示的一个补充。采用由多个液晶显示屏直接拼接而成的 LCD 显示方式，其效果与 CRT 显示方式一样好且显出尺寸可以做到很大，但这种显示方式所需投入的硬、软件费用较高，不够经济。

2. 系统操作终端

在计算机联锁系统中，系统操作终端可以通过多种类型的设备来实现。

（1）控制台。

控制台由绘制了站场图的金属板和按钮构成。控制台通过配线和上位机的开关量输入板相连，这样上位机通过程序扫描方式读取开关量输入板的状态，就可以知道哪一个按钮被按下，并将该按钮被按下的信息通知联锁机，实现上位机的按钮发送任务。采用控制台方式时，当站场需要改建时必须重新绘制新站场的金属板，开关量输入板和配线也必须做相应改动。

（2）鼠标方式。

该方式实际是数字化仪方式的简便实现方法。与数字化仪不同的是，它是通过显示屏上的站场图来定位的，而不像数字化仪那样必须通过面板上的站场图来实现定位。与数字化仪相比，鼠标方式具有成本更便宜、站场改建时修改量较少等优点，因而得到了更广泛的应用。

（3）数字化仪方式。

数字化仪由各种标准尺寸（如 A2、A3 等）的面板和控制定位工具组成。它与 PC 机之间通过标准串口连接，无需控制台的金属板、配线以及开关量输入板等硬件设备，只要编制通用的程序即可实现上位机的按钮发送任务。

在不同的站场设计中，只需通过绘图软件绘制相应的站场图并输入相应数据即可完成控制台设计，站场改建时只需改动站场图和相应数据即可。数字化仪方式在很多车站得到应用。

（4）键盘方式。

键盘方式和鼠标方式一样，具有通用性强、价格便宜等优点，但对于车站值班员来说，这种方式操作不直观，故很少采用。

需要说明的是，上面所介绍的各种显示和操作终端，主要是对车站值班员室内的显示和操作而言。对车站维修值班室的显示和操作而言，由于其不涉及联锁操作命令的下达，而主要用于设备维护和维修，所以一般采用 CRT 显示和鼠标操作方式。

（二）联锁主机

联锁主机一般由电源板、CPU 板和各种通信板构成，且都采用冗余结构形式。联锁主机一般采用单片机或可编程逻辑控制器（PLC）等制式，并采用冗余结构形式。冗余的电源板接收来自车站电源屏提供的工业电源，转换成 CPU 板和各种通信板所能使用的低压电源供联锁主机使用。各种通信板用于实现与人机对话层和执行表示层之间的通信交互。CPU 板通过通信板接收来自上位机下达的联锁命令，根据来自执行表示层的反映室外信号机、道岔和轨道电路的状态的继电器信息，进行联锁逻辑运算，并根据运算结果来下达动作室外信号设备的控制命令到执行表示层，如道岔的操纵、信号开放/关闭等。

图 6-3 和图 6-4 分别是二乘二取二和三取二冗余结构的联锁主机的基本结构图。对二乘二取二的联锁主机，Ⅰ系和Ⅱ系的 CPU 板之间通过内部（或外部）总线实现高速实时通信，以达到两系之间同步执行，确保一系出现故障时能快速自动切换到另一系。对三取二的联锁主机而言，三块 CPU 板之间也必须通过内部总线高速实时通信，以达到三者之间的同步执行和输入数据、中间数据以及最终结果的三取二校核，保证一块 CPU 板出现故障时能够不影响整个系统的运行。

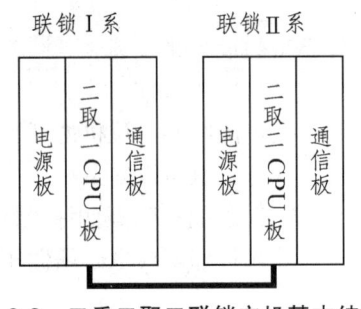

图 6-3 二乘二取二联锁主机基本结构

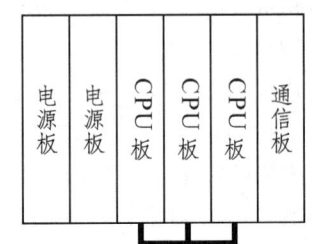

图 6-4 三取二联锁主机基本结构

（三）采集/驱动设备

采集/驱动层一般由具有采集/驱动功能的电路板和继电器电路两部分硬件构成。继电器电路一般采用 6502 电气集中电路中信号机、道岔的室内外接口电路，实现与室外信号机、转辙机、轨道电路等信号设备进行硬件连接。具有采集/驱动功能的电路板在联锁机和继电器电路之间起着信息转换和信息传递的作用，它从联锁机实时接收信号开放/关闭、道岔操纵等操作命令来驱动继电器电路工作，继电器电路工作后将接通/断开室外信号机、转辙机等控制电路的工作。具有采集功能的电路板通过周期性地采集继电器电路中各个继电器的接点来得到室外信号设备的当前状态，将其提供给联锁运算层的联锁机。采集板的采集周期一般应不大于 250 ms。

用于实现驱动的继电器信息主要有：

（1）信号继电器。对进站信号机，一般需要驱动的继电器包括 LXJ、YXJ、ZXJ、TXJ、LUXJ；对出站兼调车信号机，一般需要驱动的继电器包括 LXJ、DXJ、ZXJ（有两个发车方向时）；对调车信号机，主要有 DXJ。

（2）道岔操纵继电器。包括 DCJ、FCJ 和道岔锁闭防护继电器 SFJ（或允许操纵继电器 YCJ）。其中 SFJ（或 YCJ）平时处于落下状态，当操纵道岔时，SFJ 和 DCJ（或 FCJ）同时吸起。

需要采集的继电器信息，主要有：

（1）反映信号开放情况的信号继电器前接点。即上述实现驱动功能的信号继电器前接点。

（2）反映信号是否断丝的 DJ，对进站信号机还要采集 2DJ 前接点；主、副灯丝转换报警继电器 X（S）DSZHJ 前接点。

（3）反映道岔位置的 DBJ 和 FBJ 前接点。

（4）反映轨道占用情况的 DGJ。

（5）反映场间照查情况的 ZCJ 前接点。

（6）反映主、副电源工作情况的主电源继电器 ZDYJ 前接点和副电源继电器 FDYJ 前接点。

（7）熔丝报警继电器 RBJ 的前接点。

（8）反映轨道停电情况的轨道停电继电器 GDTDJ。

（9）如果站间采用半自动闭塞，需要 KTJ 前接点和选择继电器 XZJ 的后接点并联，KTJ 后接点和 XZJ 前接点并联。

（10）如果站间采用自动闭塞，JGJ 和 LQJ 的前接点和改变运行方向电路的有关继电器接点。

下面以进站信号机开放信号为例，简要说明联锁机、采集板、驱动板和继电器电路的工作过程。图 6-5 所示为进站信号机的结合电路原理图。平时进站信号机点红灯，灯丝继电器 DJ 处于吸起状态，该信息通过采集板发送到联锁主机。当排列侧线接车进路，在进路锁闭、

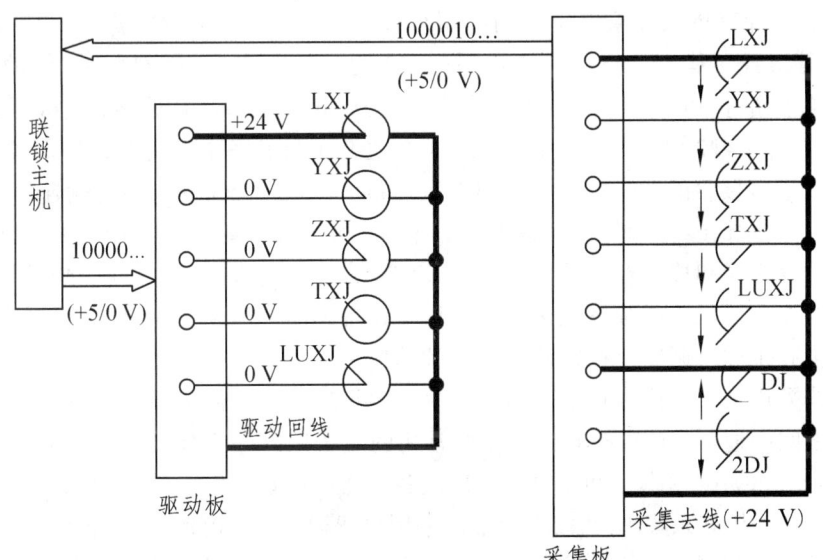

图 6-5 计算机联锁进站信号机结合电路原理图

开放信号条件满足后，联锁主机向驱动板发送 LXJ 励磁吸起的信息"1"（+5 V），驱动板接收到该信息后，向对应的 LXJ 驱动点输出 +24 V 的电源，使 LXJ 励磁吸起，LXJ 的吸起将接通进站信号机的信号点灯电路。计算机联锁系统所采用的信号点灯电路和 6502 电气集中系统所采用的点灯电路完全相同。LXJ 的吸起，一方面使室外点灯电路工作而点灯，另一方面，LXJ 的励磁吸起，又使采集板上通过 LXJ 前接点的对应采集点接收到 +24 V，即采集到 LXJ 吸起的信息，该信息通过采集板反馈到联锁主机，联锁机据此知道 LXJ 处于吸起状态。

道岔驱动的结合电路和图 6-5 类似，不同的是驱动的是 DCJ（或 FCJ）和 SFJ。道岔控制电路与 6502 电气集中的道岔控制电路基本相同。图 6-6 所示为四线制单动道岔控制电路，图 6-7 所示为五线制提速道岔启动电路。不同的是用锁闭防护继电器 SFJ（或道岔允许操作继电器 YCJ、道岔防护继电器 CFJ）和轨道继电器 DGJ 作为道岔电路的控制条件。只有接收到该道岔的驱动命令 SFJ 吸起和该道岔所在的轨道区段空闲（双动道岔所在的两个轨道区段都空闲）、DGJ 吸起时，才允许操纵道岔转换。这里不存在单独操纵道岔的有关接点，在计算机联锁中，单独操纵和进路操纵都作为操纵命令进入计算机联锁中，由计算机联锁通过软件来进行逻辑判断，允许该道岔转换，就发出驱动命令，使 SFJ 和 DCJ（或 FCJ）吸起。

此外，一些计算机联锁系统具有区域控制功能，即将周围相邻一些小站的车站联锁功能，纳入到一个中心车站来实现集中控制。具体实现时，将相邻小站所需要的执行表示层设备仿真在该小站内，然后通过专用线（如光纤）将其采集信息传送到中心车站，并接收来自中心车站的驱动信息，由中心车站执行对该小站的联锁逻辑控制功能。

（四）通信通道

计算机联锁系统采用分层结构形式，不同厂商和不同型号的计算机联锁系统，各层之间采用的通信方式会有一定的差异。计算机联锁系统中常用的通信方式，主要有：串行通信方式、局域网（LAN）、工业总线和电缆（或光纤）专线方式。

串行通信方式指用于往一个方向传送数据的数据线只有 1 根（或 2 根），数据在数据线上按位串行传输。计算机联锁系统中常用的串行接口形式有 RS-232C 接口、RS-422 接口和 RS-485 接口等形式。其中，RS-232 串口是点到点之间的通信，在不外加 MODEM 的情况下传输距离短（不超过 15 m）且传输速率低（不大于 20 kBit/s），主要用于主机与其键盘、鼠标之间的通信。RS-422 串口是一点到多点之间的通信（只有一个发送器，但有多个接收器），用于实现单发送多接收的场合，传输距离较远（最大距离 1 200 m）且传输速率较高（15 m 距离时可达到 10 MBit/s）。RS-485 接口在传输速率和传输距离方面与 RS-422 接口相当，但它可以有多个发送器和接收器（总数可达 63 个），适合于多发送多接收的使用场合。计算机联锁系统中，上位机（或维修机）与显示操作设备之间一般采用串口方式通信，联锁主机上一般也提供有供程序调试、在线测试使用的串口。

工业总线采用并行传送方式，其传输速率较串行通信高，但传输距离更短，适合于主机与其接口卡之间的通信。计算机联锁系统中常用的总线接口标准有 CAN（控制器局域网）总线、STD 总线、PC/104 总线、PCI 总线，以及各设备厂商自己定义的各种总线等。计算机联锁系统中，联锁主机和采集/驱动板之间常常采用总线通信，将电源板、CPU 板、通信板、采集板和驱动板插在相同的总线标准的插槽上，实现几者之间的通信交互。

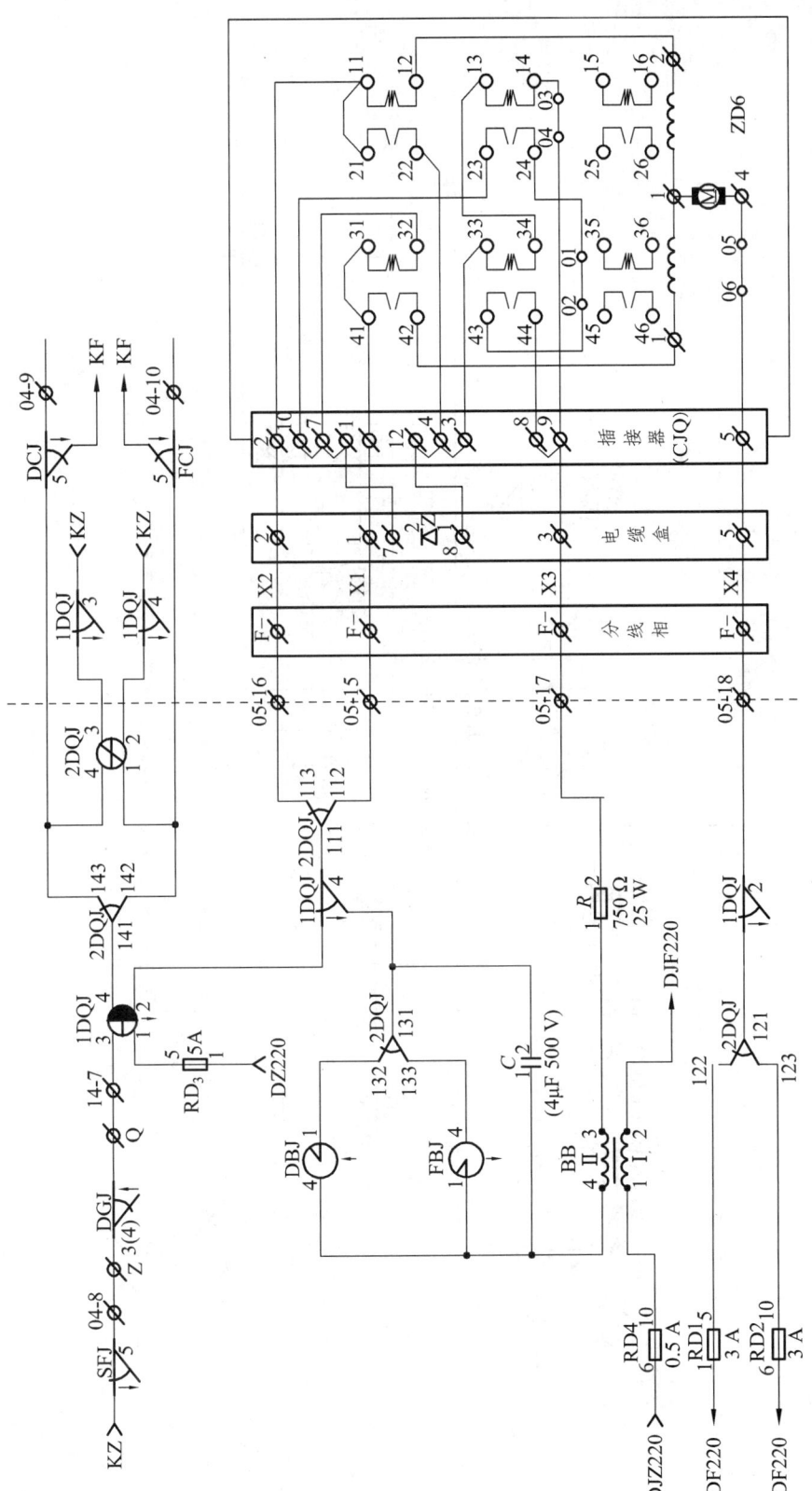

图 6-6 计算机联锁四线制单动道岔控制电路

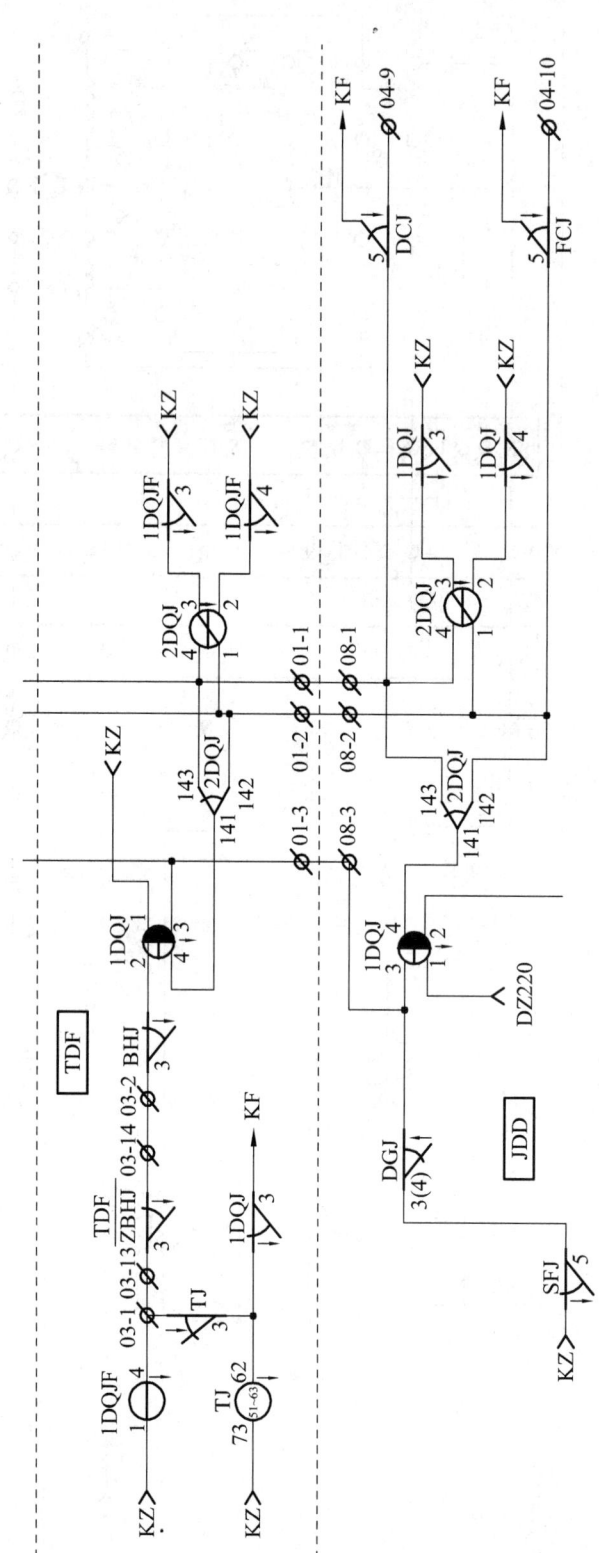

图 6-7 计算机联锁五线制单动道岔控制电路

光纤传输速度极快，不受外界电磁干扰，适用于对传输速度要求极高（或传输数据量很大）且要求数据传输高度可靠的场合。在计算机联锁系统中，联锁主机的冗余 CPU 板之间，为保证高速的数据交换和执行上的同步，大多采用光纤通信；实现区域联锁时，为保证计算机联锁系统的高实时性，主站和被控的邻站之间一般也采用光纤通信。

计算机联锁系统中，继电器电路到分线盘之间、分线盘与室外信号设备之间常常采用电缆连接来实现信息交互。人机接口层和联锁运算层之间，大多采用局域网方式通信，也存在一些用串口方式或光线传输方式来实现二者之间通信的计算机联锁系统。

二、计算机联锁系统功能

采用分层结构的计算机联锁系统中，每层设备所实现的功能不同。上位机主要接收操作员的操作命令并下发给联锁主机，同时实现站场显示功能。联锁机接收到来自上位机的命令后，依据从执行表示层接收到的室外设备的动态信息，进行联锁运算，根据联锁运算结果下发驱动命令。执行表示层中的采集板用于接收。各层设备通过相互作用来完成整个联锁逻辑控制功能。

（一）上位机

上位机是车站操作人员与计算机联锁系统的接口，实现操作人员与联锁系统之间的人机交互功能，即接收操作员的按钮操作、形成操作命令并下发给联锁主机，同时实现站场显示功能。具体而言，上位机主要完成下列四项功能：

（1）实时接收操作命令。

它接收操作人员按下的按钮，根据所按下按钮的不同，分别形成不同类型的操作命令。形成的主要操作命令有：选排进路命令、取消进路命令、人工解锁命令、区段故障解锁命令、引导进路命令、引导总锁闭命令、总定（反）道岔命令、道岔的封闭和解除封闭命令等。

（2）实时下发操作员的操作命令到联锁主机。

对（1）中形成的操作命令进行简单的命令判定，例如，定操道岔时检查该道岔是否已经锁闭，命令判定条件成立后将该操作命令下发到联锁主机，通过联锁主机来进行命令的联锁处理。

（3）实时接收来自联锁主机的信息。

来自联锁主机的信息主要包括三类。第一类是反映室外设备当前状态的继电器信息，即上一节所介绍的需要采集的继电器信息。第二类是反映室内设备是否出现故障的故障信息。例如，联锁主机是否出现通信故障或同步故障、采集/驱动板是否出现故障等信息。第三类是反映联锁执行情况的中间信息。例如，当前联锁主机接收到的操作命令信息；当前正在处理的进路中各个信号设备是在选路状态、道岔转换状态、进路锁闭状态还是在其他某种状态，以便实现进路的光带显示；当前正在进行人工解锁延时的进路，人工解锁的实时延时时间；联锁条件不成立时的提示信息；挤岔报警信息、停电报警信息等。

（4）实现进行站场实时显示和报警功能。

根据从联锁主机接收到的各种信息，对站场进行实时动态显示和报警，例如，各个信号机的动态显示和断丝情况、道岔的位置、轨道电路的占用情况、进路状态的光带显示、各种表示灯的显示、采集/驱动板故障报警显示、挤岔语音报警等。与6502继电控制比较，计算机联锁的站场显示功能更加完善，例如，增加了进路选择时的进路光带显示，人工解锁延时的实时延时时间显示，联锁条件不成立时的提示信息显示，室内设备故障信息显示，站场中各信号机、道岔名称显示，按下按钮时的特殊显示，当前日期时间的显示等。

需要说明的是，对具有调度指挥远程控制功能的车站联锁，车站联锁系统一般通过联锁上位机与车站调度分机的接口，实时接收调度中心调度人员操作的命令按钮，形成相应的操作命令下达到联锁主机执行，同时，将从联锁主机接收到的联锁信息反馈到调度指挥中心，以实现调度指挥中心中车站站场的实时显示。对同时具有远程控制功能和本站值班员控制功能的车站联锁，需实现本地控制和远程控制的交接过程并进行相应的权限设置，保证远程控制和本地控制不发生冲突。

（二）电务维修机

电务维修机是车站电务维修人员与计算机联锁系统的接口，实现维修人员与联锁系统之间的人机交互功能，即电务维修机为车站维修人员提供站场动态变化、设备故障等信息的显示、存储、打印和再现等功能。具体而言，电务维修机主要完成四项功能，其中的两项功能和上位机的（3）、（4）两项功能相同，即实时接收联锁主机信息，并进行站场动态显示和报警功能，另两项功能是：

（1）对从联锁主机接收到的信息的实时存储。电务维修机在接收联锁主机信息，进行站场显示的同时，将从联锁主机接收到的信息实时存入电务维修机的硬盘。为了避免受到硬盘存储空间限制而出现溢出，数据的存储期限为1个月，即电务维修机中只保存从联锁主机接收到的近一个月的信息，对超过一个月的信息进行删除。

（2）对历史操作的回放、再现和打印功能。根据上述（1）中记录的历史信息，可以抽取出近一个月中任意一个时段的信息，对该时段内车站作业运行情况进行再现和回放，对该时段内站场作业情况、操作命令执行情况、继电器动作情况及设备故障情况等进行动态显示和打印输出。此功能对于维修人员判断系统故障，进行室内外设备的维护和维修具有重要作用，同时，对事故后的调查和事故原因分析也具有重要作用。

（三）联锁机

联锁机是计算机联锁系统的主要执行设备，它接收从上位机下发的操作命令，根据从采集板接收到的反映室外设备状态的继电器信息来执行联锁逻辑运算。此外，由于联锁机是计算机联锁系统的核心设备，一般采用安全型计算机（如三取二冗余结构或二乘二取二结构），因而还涉及冗余管理和调度等功能。具体而言，联锁机的主要功能包括：

（1）与上位机（有的联锁系统也包括电务维修机）实时通信功能。此功能包括，从上位机实时接收来自操作员的合法操作命令，向上位机实时发送接收到的操作命令信息、反映室外信号设备状态的继电器信息、联锁执行信息及设备故障信息等。上位机和电务维修机通过这些信息实现站场动态显示，此外，电务维修机还要对这些信息进行存储，以实现站场历史操作的回放、再现和打印功能。

（2）与执行表示层中采集板和驱动板之间的实时通信功能，如果对相邻小站具有联锁控制任务（即实现区域联锁），则还要执行与邻站采集板和驱动板之间的实时通信。通过与采集板之间的通信，可以了解室内继电器设备的当前状态和故障情况，通过与驱动板之间的通信，可以将驱动信息发送到驱动板，通过驱动板来驱动继电器电路动作。此外，为保证联锁机的输出和驱动板的输出完全一致，还可以对驱动板的输出进行回采，既监测驱动板是否故障，又可对故障即时进行故障处理。

（3）完成联锁逻辑运算功能。联锁机根据从上述（1）和（2）接收到的信息，执行联锁逻辑运算，并将联锁执行情况反馈给上位机，将联锁执行中涉及的驱动命令下发给驱动板。联锁逻辑运算功能主要包括三个方面：一是对进路的处理，例如，进路建立和正常解锁、取消进路、人工解锁、中途返回解锁、引导进路和引导总锁闭、重复开放信号等的联锁处理；二是对站场中单个设备的处理，例如，道岔的总定和总反、单锁与单解、封闭和解除封闭（道岔封闭和单锁的区别在于，道岔封闭后不能利用该道岔排列进路，必须等到解除封闭后才能排列进路，而道岔单锁后，只要道岔锁闭的位置和进路选排的位置一致，就可以建立进路）的联锁处理、区段故障解锁的联锁处理；三是对一些特殊联锁及联系电路的处理，例如，半自动闭塞情况下的闭塞联锁处理、场间联锁的联锁处理、与机务段联系的联锁处理、非进路调车的联锁处理、接车 0.6% 坡道的联锁处理、股道间岔的联锁处理等。

（4）冗余管理功能。由于联锁机一般采用三取二或二乘二取二制式的安全型计算机，因而涉及冗余管理功能。例如，要保证系统的安全运行，必须实现冗余设备间的高速实时同步，三取二中一块 CPU 板故障或二乘二取二中一套系统故障时，必须进行故障报警、故障隔离，当故障模块修复好并加入系统中时必须进行系统的重组。此外，对执行表示层的采集板和驱动板必须进行故障监测和报警。

综合计算机联锁系统各设备功能，可得计算机联锁系统的联锁处理过程，如图 6-8 所示。

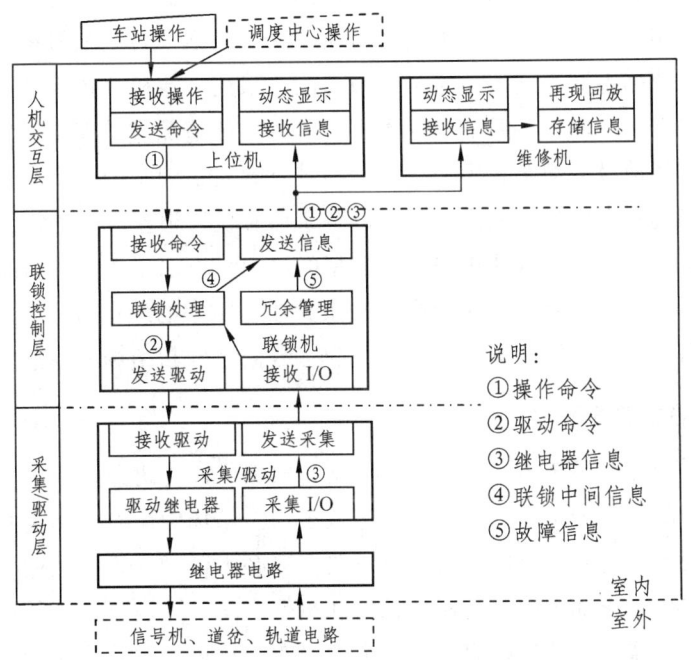

图 6-8 计算机联锁处理过程

第三节　计算机联锁系统软件

一、联锁数据及其数据结构

联锁数据是指在联锁计算机中，所有参与联锁运算的数据。在计算机联锁系统中，参与联锁处理的数据量是很大的。这些数据，根据其在联锁处理过程中是否发生变化，可以分为静态数据和动态数据。

静态数据在配置初始值之后，在整个联锁处理过程中其数值均不发生变化。静态数据一般用于描述信号设备的一些固定特性，例如，对道岔，其名称、类型、其各个继电器在采集板和驱动板上的对应位置等，这些数据都是固定不变的，都属于静态数据。

动态数据在联锁处理过程中，随着程序的执行或外部条件的变化而发生相应的变化。动态数据一般用来描述设备的一些变化的特性，例如，对道岔，其各个采集和驱动继电器的实际取值、锁闭情况、当前的转换时间等，这些数据都随着系统的执行而发生相应变化，都属于动态数据。

（一）静态数据及其结构

计算机联锁系统中涉及大量的静态数据，这些静态数据主要有两类：一类是各个基本信号设备（如各个信号机、道岔、轨道电路等）所对应的静态数据；另一类是进路静态数据。对信号基本设备的静态数据，为了便于统一管理，以方便联锁程序的处理，通常，将同一个信号设备的静态数据集中在一个数据块中，将相同类型的数据块集中在一起存放在内存中固定的区域。例如，图6-9（a）中所示的信号模块，其中包括了各个信号机的静态信息。对这些静态数据，可以依据不同车站的信号平面布置图，采用计算机联锁辅助设计软件来直接生成，对于其中一些有特殊联锁关系的静态数据，需要具体情况进行人工编制。

不同的车站站场信号平面布置图中所包含的进路数目是固定的，每条具体进路的进路性质、进路方向、该进路中所包括的具体信号设备（信号机、道岔、轨道电路等）也都是确定的，都属于进路静态数据。对这些进路静态数据的组织，可以采用和信号基本设备的相同的组织方式，如图6-9（b）所示。为了获得某一条具体进路中的所包含的全部信号设备情况，通常采用两种数据结构来组织站场：进路表型静态数据结构和站场型静态数据结构。

1. 进路表型静态数据结构

在进路表型联锁控制系统中，信号机、道岔、轨道区段与进路之间的联锁关系是通过联锁表（即进路表）的形式表示的，进路表中包含了一个站场中所有进路及其联锁条件。

当车站规模较大、进路数量较多时，总进路表势必十分庞大，占用内存ROM的容量很大，这就意味着增大了ROM检测程序的长度和执行时间，不利于系统的可靠性。另外，当车站改建和扩建时，需要对总进路表进行较大的修改，这也是进路表结构的不足之处。

第六章 计算机联锁系统   **227**

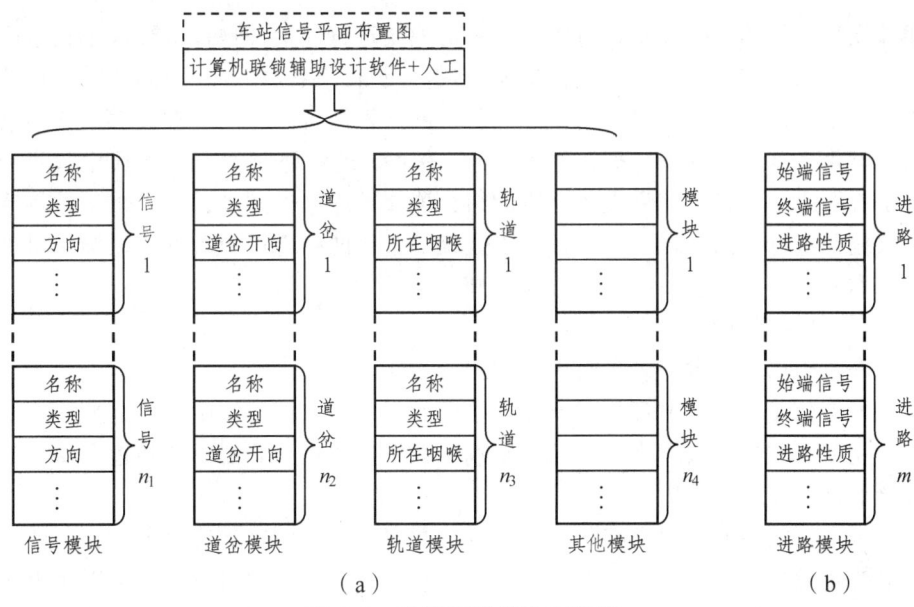

图 6-9 计算机联锁静态数据

为了提高系统的可靠性，通常采用站场型静态数据结构。

2. 站场型静态数据结构

由人工编制总进路表，特别是编制大型的总进路表，不仅十分烦琐，而且容易出错，可以采用计算机辅助设计方法生成总进路表。如果将进路生成软件纳入联锁软件中，当办理进路时，由进路操作命令调用该进路生成程序，自动生成一个与进路操作命令相符合的进路表，供联锁软件使用。把这种生成进路表的程序称做进路搜索程序。

图 6-10 所示为站场型数据结构的实例。构建站场型数据结构时，对站场中每个信号机、道岔等信号设备，构建一个图 6-9 中的数据模块，然后依据 6502 电气集中组合排列中顺序构

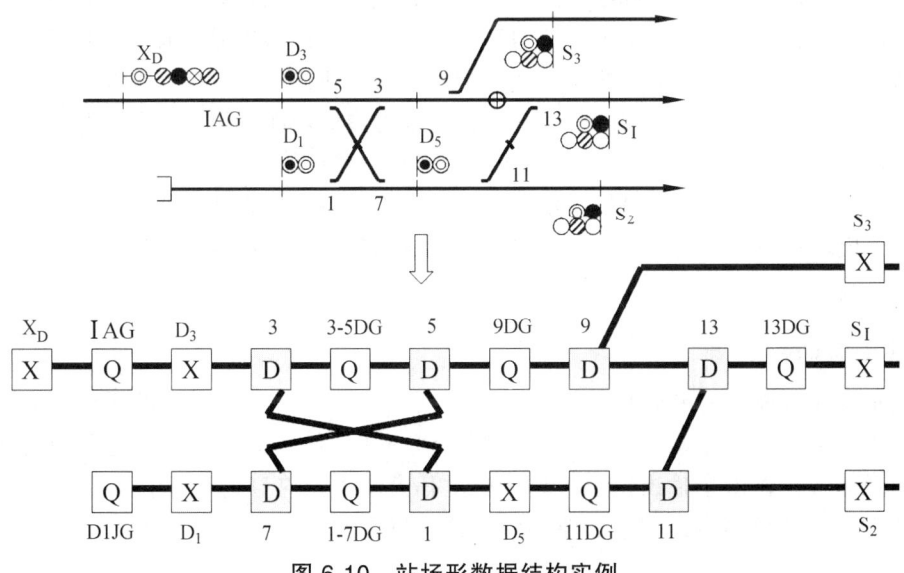

图 6-10 站场形数据结构实例

建各个相邻模块之间的连接关系，将图中相邻的模块进行连接，这样就形成了相应的站场型数据结构。为了获得一条具体进路包括的所有信号设备，只需根据进路的始端、终端和进路性质等内容，依据该数据结构对各个模块进行进路搜索即可。该站场型数据结构不仅有利于通过进路搜索来得到进路静态数据，更重要的是有利于进路处理。由于6502电气集中电路中进路处理是按照进路中各个信号设备对应的组合连接顺序来处理的，所以采用站场型数据结构来组织数据并进行进路处理，使得计算机联锁对进路的处理过程和继电联锁中对进路的处理过程能基本保持一致，从而有助于进路处理。

采用站场型数据结构有以下优点：

（1）该静态数据库所占存储空间小，有利于检测。

（2）站场型数据结构是由各数据模块连接而成的，在数据结构中任何地方增加或减少数据模块时，仅涉及左右连接的修改，而不影响各数据模块在存储器中的物理存储区，修改容易，所以这非常适应站场的改建或扩建。

（3）各个数据模块的类型是有限的，且各个数据模块的内容和容量不变，各数据模块之间的连接只是在逻辑上是有序的，但是每个数据模块在存储器中具体区域可以是无序的（即相互连接的节点在存储器中可以不相邻），利用这种性质可用计算机辅助设计生成数据结构。

根据站场型静态数据结构所生成的进路表需存于RAM中。对于一个具体站场而言，能同时办理的进路是有限的，并且，这些进路表随着进路解锁而消失，所以占用RAM空间不大。

（二）动态数据

计算机联锁系统中涉及的动态数据非常多，其中，参与进路控制的动态数据主要包括图6-8中的操作命令、驱动命令、采集的继电器信息、联锁中间信息和故障信息等。

1．操作命令

操作命令是指把车站值班员操作按钮、键盘、鼠标或光笔等形成的操作信息接收到计算机形成的命令信息。在计算机联锁系统中，为了防止由于误操作或误碰输入器件而形成有效的操作命令，原则上需由两个或两个以上的操作信息才能构成一个操作命令。当然，即使有两个操作信息，仍不一定是正确的。因此，该模块的主要功能是记录操作信息，分析操作信息是否能构成合法的操作命令。不合法时则向操作人员提示。

操作输入量是很大的，形成的操作命令的种类也很多，例如，进路操作命令、进路取消命令等。该模块一般由上位机完成。上位机将形成的操作命令传送到联锁机中，并存储在一个操作命令表中。

2．驱动信息

驱动信息是控制信号和转辙机的变量。对于任何一个控制对象都由两套（或三套）程序产生双份（或三份）驱动输出信息，只有双份（或三份）驱动输出信息一致时才可形成驱动输出命令并经由安全输出通道输出。驱动信息可存放在动态数据模块中，而区段输出命令存放在专辟的控制命令表中。驱动输出命令的逻辑地址与驱动板上的输出通道必须一一对应。

驱动信息和驱动输出命令都应周期性地刷新，以保证数据的实时性。

3. 采集的继电器信息

采集的继电器信息反映监控对象状态的变量，如轨道区段状态、道岔定位状态、道岔反位状态、信号状态、灯丝状态以及与进路有关的其他设备状态等。采集的继电器信息应周期性地及时刷新，以保证变量能确切反映监控对象的实际状态。

采集的继电器信息除了参与联锁运算外，还作为表示信息和监测系统的原始数据。

4. 联锁中间信息

联锁中间信息是指联锁程序执行过程中产生的一些变量信息。这些变量有的存放在动态数据模块中，有的另辟专区存放。在存储区中中间变量一般应按一定规则存放。这些联锁中间信息，一部分被发送到人机对话层，以便于实现站场部分显示功能，如进路各种光带的显示、人解时剩余延时时间的显示等。联锁中间信息也必须周期性地反馈到人机对话层，以便于实现实时显示。

5. 故障信息

故障信息反映联锁处理的故障情况及联锁硬件设备的故障情况。联锁处理的故障情况反映联锁处理程序执行过程中的不正常情况，而联锁硬件设备的故障情况由冗余管理程序通过实时监测而产生，反映室内出现的各种硬件故障，如采集电路板或驱动电路板出现故障等。同样，故障信息也必须周期性地反馈到人机对话层，以保证故障报警和设备故障维修的顺利进行。

二、联锁软件

前面介绍过，联锁机软件实现与人机对话层通信、与执行表示层通信、联锁逻辑运算和冗余管理等功能。图 6-11 给出了联锁机的一种处理过程。联锁机所实现的各种功能中，与人机对话层通信、与执行表示层通信、冗余管理等功能与具体计算机联锁系统所采用的具体硬件结构、通信方式和系统软硬件工作环境有关，不同的计算机联锁系统在具体处理时会有所不同。以下仅对联锁逻辑运算功能进行介绍。

联锁逻辑运算，主要包括命令处理和进路处理两个模块，如图 6-12 所示。命令处理模块判定是否接收来自到上位机的操作命令，一旦接收到操作命令，则对简单的操作命令进行命令的判定和处理，对一些与进路有关的复杂的操作命令，如选排进路、取消进路、人工解锁等，由于涉及多个信号设备且处理时间较长，所以在命令处理部分一般只进行简单的命令判定和设置，即设置一个能存储该条进路的动态进路表，将该进路的始端、终端等状态信息存储在该表中，并设置该进路状态为准备选路，具体的进路处理在进路处理模块完成。

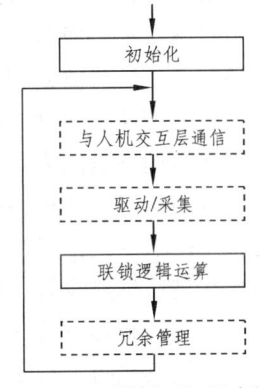

图 6-11 联锁机处理过程

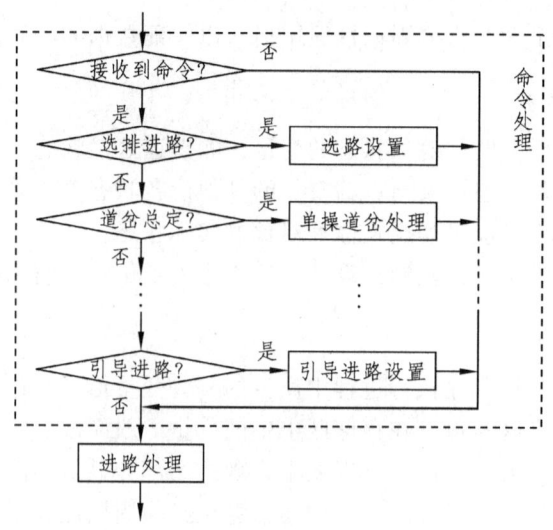

图 6-12 联锁逻辑运算的处理

由于车站站场中，同时执行的进路可能有多条，所以进路处理模块实际是对多条进路的处理，具体处理的进路条数是一个随作业情况而变化的动态数据。对多条进路的处理，常见有两种情况，一种是设计一个调度模块，调度多条进路进行并行处理，即多条进路同时执行，如图 6-13（a）所示；另一种是根据进路状态对多条进路进行顺序执行，如图 6-13（b）所示。

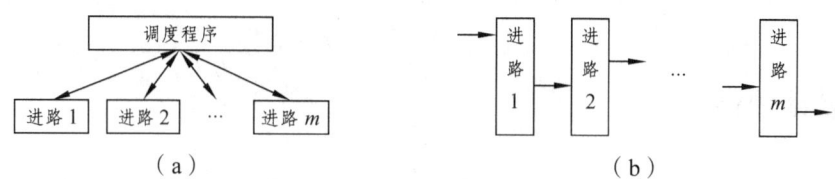

图 6-13 多条进路的处理

当采用顺序方式处理多条进路时，对存储在动态进路表中的各条进路依据该进路所处的状态来进行处理。某一条具体进路的处理过程如图 6-14 所示。图中是进路正常处理过程的一个实例。对单条进路进行处理时，为了方便进路过程的处理，可以依据 6502 电气集中电路原型，将进路过程分成若干个相关联的进路状态，进路处理时按照进路表中该条进路当前所处的进路状态，从进路始端（或终端）开始，按进路顺序（或反向进路顺序）对参与进路的各个信号设备依照站场型数据结构，分别调用相应的操作模块逐个进行处理，并根据进路执行情况来实时调整进路表。例如，对从上位机接收到的一条选路命令，根据命令处理部分设置的准备选路状态，在进路处理部分对该进路中的各个信号机、道岔、轨道电路等信号设备分别进行选路检查。如果选路检查成功，则设置进路状态为选路设置，对该进路上的各个信号设备依次进行选路设置，并对不在规定位置的道岔下达驱动命令来驱动道岔转换。选路设置完成后将进路状态设置为锁闭检查，并检查进路上各个信号设备是否满足锁闭条件，锁闭条件满足则继续执行，锁闭条件不满足则退出本条进路的处理，转向动态进路表中下一条进路的处理，而本条进路的下一次执行则从锁闭检查状态开始执行。

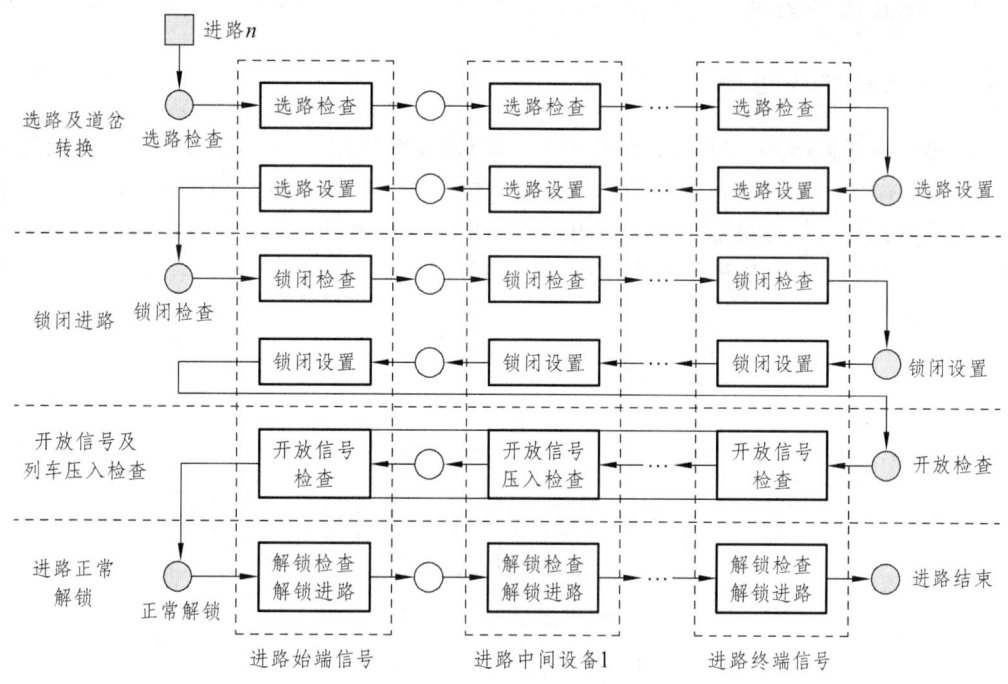

图 6-14 单条进路的处理过程

当动态进路表中的所有进路各处理一遍后，进路处理模块执行完成，转到其后续程序模块的处理，例如，转到冗余管理和输出模块的处理。总之，由于联锁程序具有循环性质，所以联锁程序每循环一次，则对进路表中的所有进路分别处理一遍，直至各条进路处理完成。

第四节 计算机联锁系统可靠性和故障-安全性

计算机联锁系统是保证列车或车列在站内运行的一个实时控制系统，列车或车列在站内是否能安全运行与计算机联锁系统是否能正确的执行密切相关，因而，计算机联锁系统是一个安全-关键系统（安全-关键系统，指系统的运行直接涉及安全性，也叫安全-相关系统），因而，对计算机联锁系统而言，除了要保证其功能的正确以外，还必须保证其具有高度的可靠性和故障-安全性。

为了保证计算机联锁系统的高度可靠性，计算机联锁系统的上位机和联锁机一般都采用冗余结构形式。例如，现行的各种计算机联锁系统中上位机一般采用双机热备的冗余结构形式。联锁机是整个计算机联锁系统的控制核心，对其可靠性和故障-安全性要求更高，目前，使用得比较多的冗余方式主要有 3 种：双机热备制式、三取二冗余制式和二乘二取二制式。

一、系统冗余方式

（一）双机热备冗余

双机热备制式如图 6-15 所示，它由 2 台计算机同时进行逻辑运算，仅仅有一台能向输出电路输出控制命令。双机热备系统中，一台为主机，另一台为备机。平时由主机工作，备机处于待机状态，主机执行故障检测、逻辑运算和系统的输出，当主机出现故障时，通过人工或自动方式切换到备机，备机将升为主机（原来的主机降为备机），继续执行故障检查、逻辑运算并进行输出。

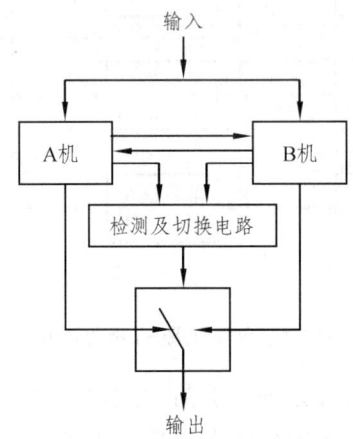

图 6-15 双机热备结构

具有双机热备冗余结构虽然能保证系统的不间断运行，有助于提高系统的可靠性，但主机必须频繁地进行故障检测，尤其是要检测自身是否出现故障，而要完全检测出所有部件是否出现故障则是一件非常困难的事情。

（二）三取二冗余

图 6-16（a）是三取二冗余的基本硬件结构，三取二冗余制式是用 3 台计算机组成联锁机构，各台计算机中同时执行同样的联锁软件，并对执行结果进行多数表决，即三台计算机中只要任何两台计算机的运行结果一致，则认为联锁机构的工作是正常的。当任何一台计算机发生故障时，它将从系统中被隔离出来（之后，系统将采用双机表决）进行维修，维修好之后重新加入到系统中，系统又会重组成三取二形式，从这个意义上讲，三取二制式是一种提高可靠性的措施。但 3 台计算机中若任何 2 台同时发生了故障，则必须满足故障-安全要求，不允许联锁机构有危险侧输出。

在三取二冗余制式中，可在三个计算机之间利用硬件实现 bit 级表决，这种方法在日本早期的新干线信号系统中使用过，但因硬件结构复杂而未推广使用。目前，很多三取二冗余系统一般采用图 6-16（b）的软件表决方式，即三台计算机通过内部总线进行信息交互，然后对各自的运算结果比较输出。

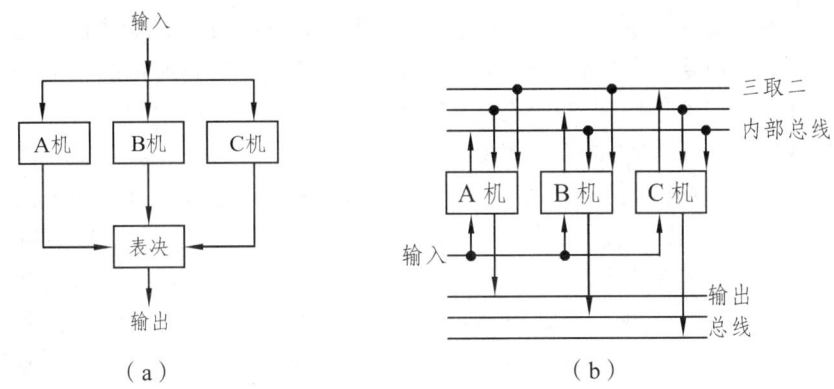

图 6-16 三取二冗余结构

(三) 二乘二取二冗余

2乘2取2制式是指实现联锁功能的联锁机由4台计算机A、A′、B、B′组成,其中A和A′相结合,B和B′相结合,构成了2套硬件相同的结构。每套结构中的2台计算机分别执行同样的联锁软件并对联锁运算的结果相互进行比较以完成故障检测任务,称这样的双机结构为二取二子系统(简称子系),由两套二取二子系统构成的联锁机称做二乘二取二制式。由于二乘二取二制式中的一个子系统类似于双机热备制式中的一个单机,所以又可称二乘二取二制式为双"系"热备制式。

二乘二取二联锁系统是由两套二取二的子系统组成的双系热备系统。当处于主用地位的子系统发生故障时,备用的子系统自动地顶替故障的子系统。其替换机理与双机热备系统基本相同。

最后需要说明,这里所提到的双机热备系统、双系热备系统以及三取二冗余系统,均是就联锁层的联锁机而言的。实际上,对联锁系统中的其他层次中的计算机(如上位机、执行表示层)也有必要采用冗余技术,来保证系统的高可靠性。

二、输入/输出接口的故障-安全技术

(一) 故障-安全输入接口

目前,在计算机联锁系统中,信号机、道岔、轨道电路等监控对象的状态信息多是用安全型继电器的接点状态来反映,通常用继电器的吸起状态表征危险侧,如轨道电路区段空闲;用失磁落下状态表征安全侧,如轨道电路区段占用。这是一种电平形式的二值逻辑数据,输入接口要将这些数据安全地采集到联锁机,为此故障-安全输入接口必须做到以下两点:

(1) 采用光电隔离技术,以便有效地抑制接点输入电路的电磁干扰。
(2) 采用静态输入或动态输入方式,以便有效地实现故障-安全原则。

1. 静态故障-安全输入接口

静态故障-安全输入接口采用编码方式,将反映监控对象状态的二值开关量用多元代码来表示。假定取码长度为 n,则可组成 2^n 个代码,若取其中的一个代码表示危险侧信息,另取

其补码作为安全侧信息，称这两个代码为合法码，那么余下的 2^n-2 个代码为非法码。当 n 足够大时，一个合法码错成危险侧代码的概率极小，而错成非法码的可能性很大。利用这种非对称的出错性质，就可以实现二值信息在存储、传送和处理过程中的故障-安全性。

静态故障-安全输入接口的结构如图 6-17 所示，以继电器的前接点（危险侧）接通 4 个光电耦合器（$G_1 \sim G_4$）中的发光二极管，光电耦合器的输出通过并行接口输入到联锁机，当联锁机读入的代码为全"1"时，说明继电器在吸起状态，否则为落下状态或者输入电路发生了故障。只有当 4 个耦合器的输出级同时发送短路故障才会产生全"1"的危险码，但出现这种情况的概率极小，因此该电路是故障-安全的。理论上讲，代码的码元越多就越安全，但相应的电路也越复杂，如果通过不同的并行接口输入联锁机，还可对并行接口电路本身进行检测。

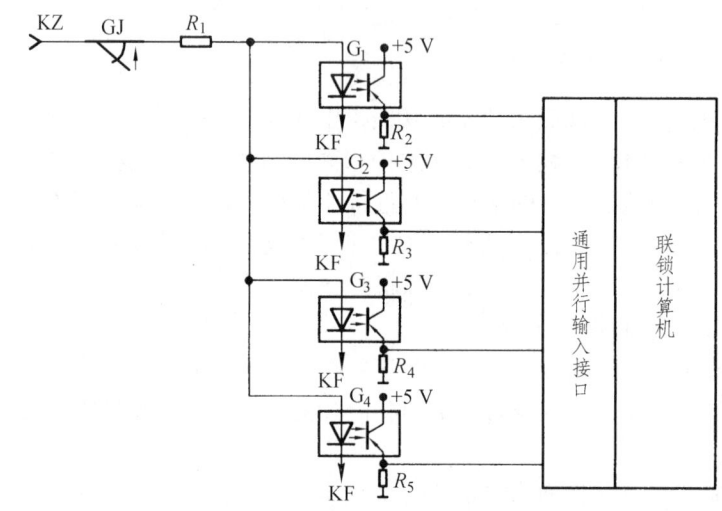

图 6-17　静态故障-安全输入接口

2. 动态故障-安全输入接口

如图 6-18 电路，图（a）中光电耦合器 G_1 的输出级和 G_2 的输入级并联连接组成安全性校核电路，由来自于继电器接点的电平信号控制电源的通和断。在继电器前接点闭合且电路无故障情况下，计算机输出脉冲序列，则在输入端必然收到反向的脉冲序列信号，从而实现了高电路与脉冲串的变换。在继电器落下或电路发生故障时，G_2 的输出端必然呈现稳定电平（1 或 0）信号，计算机读到稳定信号则表明收到了安全侧信息。这个电路采用两个光电耦合器，以防电路故障时计算机的输出脉冲窜到输入端，另外还取到了电源隔离和一定的抗干扰作用，能确保输入信息的安全性。

但是，当接点输入电路发生故障而输出稳定电平时，联锁系统不能发现，将输入的安全侧信息应用于联锁运算，虽然联锁运输的控制输出安全，但影响了整个系统效率。为此，可采取冗余工作方式，分别用两个通道同时输入一个接点的状态信息，当某一路发生故障而输出稳定电平时，可及时发现并排除。同时，从计算机角度看，该电路是闭环的，利用闭环原理还能检测输入输出接口的正确性。在图（b）中，G_1 的输出级与 G_2 的输入级串联连接，构成安全校核电路，其工作原理与图（a）基本相同。

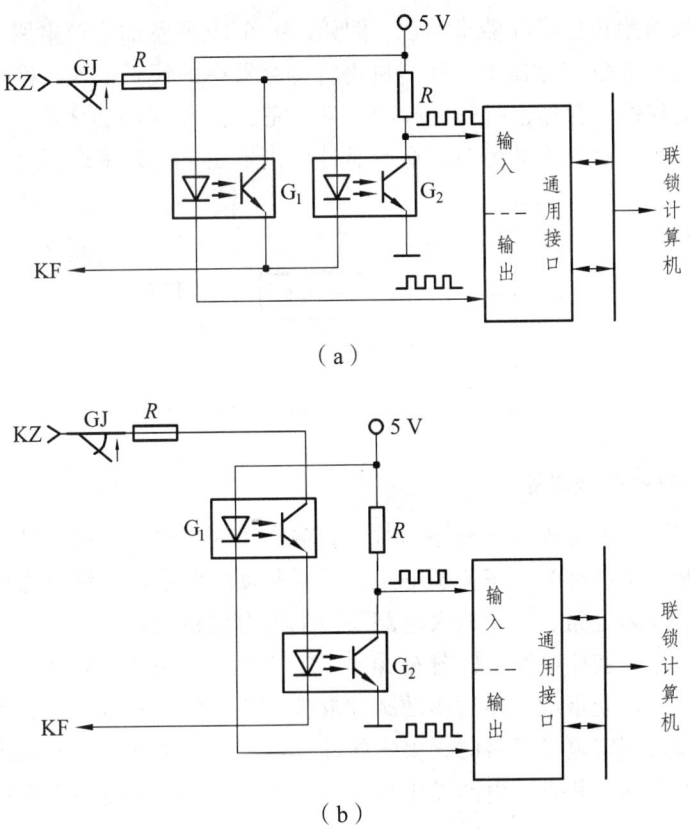

图 6-18 动态故障-安全输入接口

（二）故障-安全输出接口

目前国内的计算机联锁控制系统中，广泛采用继电联锁系统中的信号机控制电路和道岔控制电路，该控制电路经长期实践检验是可行的故障-安全电路。计算机联锁系统只需要在此基础上设计出相应的驱动电路，带动继电器动作，通过继电器控制电路控制现场设备，即可满足系统对输出接口的各项技术要求。而联锁机输出的控制信息通常是代码形式（一般为TTL电平），信号电平低，一般不足以驱动继电器工作。为此，输出接口的任务是将控制信息从代码形式转换成电平形式，并将该电平放大到足以驱动继电器工作，同时要求在变换过程中满足故障-安全原则。为了达到上述要求，在输出接口设计中，一般采用代码→动/静态和动/静态→电平两级变换电路来实现，第一级变换用于将计算机输出的代码转换成脉冲序列，第二级变换将第一级变换产生的脉冲序列转换成稳定的高电平来带动继电器动作。

1. 代码→动/静态变换电路

代码→动/静态变化电路是联锁机输出控制信息所必须经历的过程。这种变换可分成软件变换和硬件变换两种实现方式。

软件变换是根据逻辑运算结果（代码形式），在需要输出诸如"开放信号"或"转换道岔"等这类危险侧控制命令时，借助软件的执行使计算机不断输出脉冲序列。一旦输出电路的任一点发生固定型故障，脉冲序列就自动地变成稳定输出，从而达到了故障导向安全目的。

硬件变换可以采用移位寄存器来实现。例如，图 6-19 所示的变换电路，计算机先将危险侧控制代码并行送入移位寄存器中，计算机再将寄存器中的代码读入，检查代码正确后，启动控制时钟，推动移位寄存器串行输出脉冲序列，完成代码→动/静变换。该变换电路，利用了闭环检测方法，当电路发生故障时不会有脉冲序列输出，所以是故障-安全的。

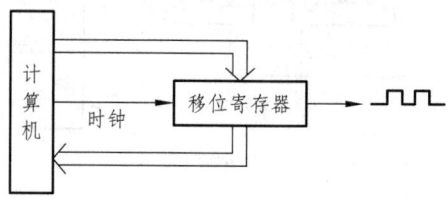

图 6-19　代码→动/静态变换电路

2. 动/静态→电平变换电路

这是一种只有当输入为规定脉冲序列时，其输出才为高电平，而在其他任何情况下输出均为低电平的电路，所以称为动态鉴别电路、动态驱动电路或动态继电器电路。它一般是由控制命令输出光电隔离电路、驱动放大电路及继电器电路组成。

采用脉冲变压器的变换电路，如图 6-20 所示，它由光电隔离、脉冲放大电路和电磁继电器组成。脉冲序列经由光带耦合器后驱动脉冲放大电路工作，其输出经整流器后使继电器励磁吸起，当电路输入固定电平信号时，由于脉冲变压器的隔离作用，其输出端不会有电压信号产生，继电器处于落下状态。电路发生故障时，变压器也不会有高电平输出，所以该电路是安全电路。

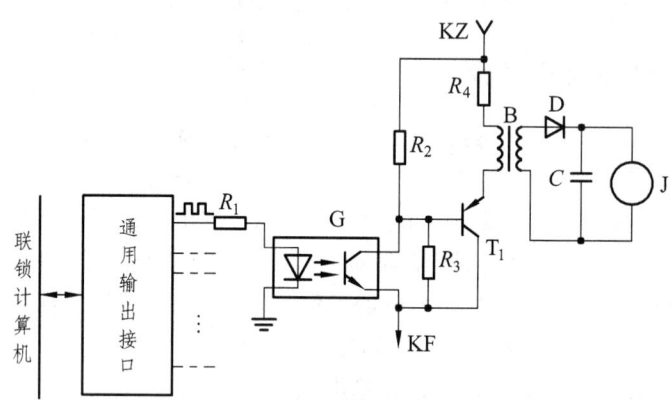

图 6-20　采用脉冲变压器的变换电路

由于动/静态→电平变换电路是将脉冲序列变换成高电平来驱动相应的继电器动作，所以常常会将该变换电路和继电器做在一起，这样的继电器称为动态继电器。动态继电器的类型有很多中，如图 6-21 所示，便是采用通过电容 C 实现充放电来完成动/静→电平变换的动态继电器电路。该电路由动态驱动电路和偏极继电器组成，动态驱动电路安装在接点组上方。该电路在静态（无脉冲序列输入）时固态继电器 H_1 处于截止状态，电容 C_1 充电，C_1 两端电压充至电源电压时充电结束，继电器 J 中无电流通过，继电器处于落下状态。

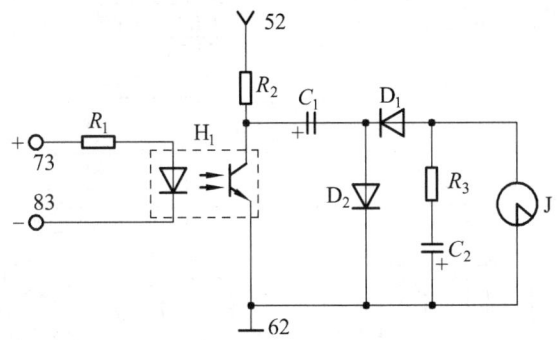

图 6-21 单门动态继电器的电路原理图

当控制端 73、83 有脉冲输入时，若为高电平则 H_1 导通，C_1 通过 H_1 向 C_2 放电，同时向继电器放电；若为低电平则 H_1 截止，C_1 恢复充电。这样，H_1 随着控制信号的高、低电平变换而不断的导通与截止，C_1、C_2 不断地充电和放电。但电容一次放电不能使继电器吸起，只有当两个以上脉冲输入并有一定的脉冲宽度使 C_2 两端电压达到继电器工作值并保持一定时间，继电器才能可靠吸起。直到控制端无控制信号输入，H_1 截止，C_2 得不到能量补充，其两端电压下降至继电器落下值，继电器才落下。

当控制端输入固定的高电平时，H_1 虽然能导通，但 C_1、C_2 没有反复充电和放电过程，继电器无法吸起。当控制端输入固定的低电平时 H_1 截止，继电器也无法吸起。

除了上述系统和输入、输出电路采用故障-安全性措施外，计算机联锁系统中还采用了很多其他的故障-安全性措施。例如，联锁系统的室内和室外设备之间采用了防雷单元，以防止雷击造成室内设备的瘫痪；对室内设备均进行安全接地；对采集/驱动电路板实现高压防护措施等。

第五节 计算机联锁系统举例

一、TYJL-Ⅱ型计算机联锁系统

TYJL-Ⅱ型计算机联锁系统采用双机热备冗余结构。系统中所有主要的功能模块均为双机互备，并采用了独特的双总线的切换方式，使主、备系统切换简便，且在物理层上完全相互独立，提高了系统的可靠性和维护维修性。

（一）系统结构和功能

TYJL-Ⅱ型计算机联锁系统结构，如图 6-22 所示。整个系统也分成控制管理层、联锁运算层和现场接口层。

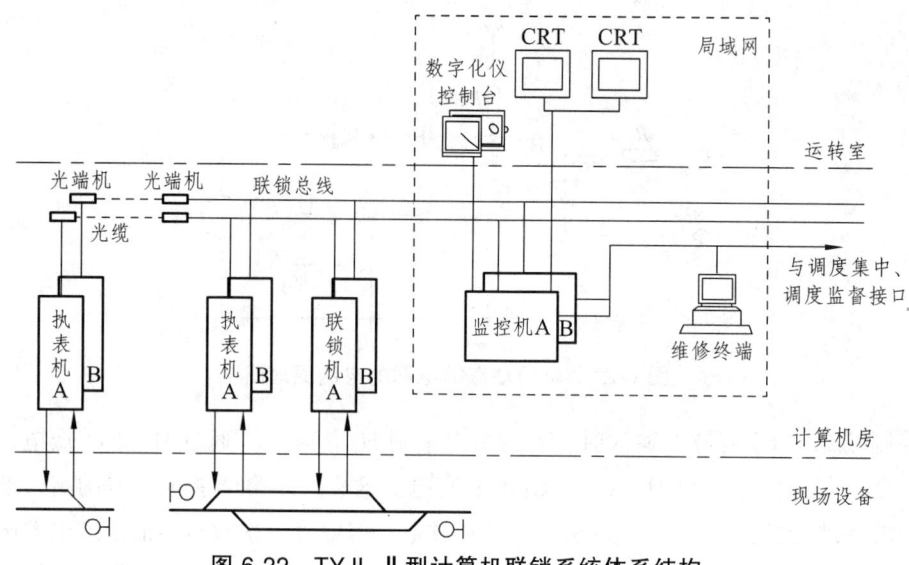

图 6-22 TYJL-Ⅱ型计算机联锁系统体系结构

1. 控制管理层

控制管理层主要由值班员控制台、监控（上位）机、维修机等组成，主要完成人机对话、记录储存、为微机监测子系统提供人机界面及与调度集中（监督）或信息管理系统联网等功能。

（1）值班员控制台。

控制台可提供鼠标加监视器、数字化仪加监视器或新型模块拼装式光带表示盘、按钮控制盘加监视器以及控制表示合一的模块拼装式等多种制式的控制台。根据车务人员的操作需要可分设控制台，每个控制台对现场既可分区局控，又可统一集中操作。对后台值班员可提供复示监视器。

（2）监控机。

采用工业控制 PC 机，完成值班员操作命令处理和现场信息图像处理以及语音报警功能。监控机还具有最少 4 h 的全部记录储存能力，即使在维修机脱线或故障的情况下仍可确保不会丢失信息记录，并可分类显示记录信息。监控机采用双机互为备用并可迅速切换的工作方式以保证系统不受任何单机故障的影响在监控机上附加安全信道后，还可实现枢纽或编组站各站或各场联锁系统之间的站联、场联信息的上网传输。

（3）维修机。

采用工业控制 PC 机，一般通过以太网与监控机相连（构成管理局域网）。采用先进先出的循环储存方式可自动储存多达 1 个月的站场信息、值班员操作信息以及联锁系统给出的提示信息和故障诊断信息的全部记录，并对以手动方式储存的记录永久保存。记录信息可以多种方式分类检索查询和打印，并可在线以图像方式再现。

维修机还可为微机监测子系统提供人机界面，为远程维修中心、调度监督等提供上网接口。在中小站的联锁系统中，维修机可与监控机合一，即由处于备用状态工作的上位机完成维修机的功能。

2. 联锁运算层

联锁机是联锁运算层的核心，完成现场信息采集并将采集信息与值班员的操作命令进行联锁运算对现场信号设备发出控制命令的功能。联锁机主要由联锁机柜、STD 工业控制计算机和具有安全性检查的光电隔离采集板和驱动板组成。

执行表示机（简称执表机）在结构和配置上与联锁机几乎完全相同，主要完成联锁机 I/O 扩展的作用，即当站场对象数目超过联锁机容量时就需要配置执表机。执表机通过专用的联锁总线与联锁机相连，将采集的站场表示信息发给联锁机并接收联锁机的控制命令控制站场设备。可根据站场的规模方便灵活地配置执表机的数目。执表机既可与联锁机安装在同一机房内，也可单独设置在远端咽喉区或邻近小站，通过光缆通道连接（见图 6-22 中框图），可节省大量干线电缆。

联锁机、执表机均采用双机全备用的热备工作方式，当工作机的通信、采集、驱动等任一环节发生影响已办进路的故障时，可导致自动切换并保证信号不会因主机故障而错误关闭。

3. 现场接口层

现场接口层主要由计算机联锁系统与现场信号设备的接口电路以及各种结合电路构成。

（二）系统技术特点

（1）TYJL-Ⅱ型的接口电路主要采用国内计算机联锁普遍采用的动态安全电路。其道岔和信号点灯等控制接口电源，采用基本保留原继电电路而将原定、反操和信号继电器等替换为可由计算机直接控制的动态安全型继电器的方式。动态继电器目前已普遍采用普通安全型继电器加分离的动态驱动组合的构成方式，这样既可以减少复示继电器，又有利于维护维修。为确保安全，每一个联锁或执表机柜均设一个事故继电器，控制该机柜所属全部动态继电器的电源，当计算机发现可能有危及安全的故障发生时即令事故继电器落下，切断其动态继电器的电源。

（2）联锁程序采用双软件结构，在控制命令级进行比较。每套程序的数据来自物理地址不同的存储空间，提高了联锁运算的安全性。而且，程序设计采用分层网络结构，进一步提高了软件的安全性。

（3）系统的采集电路和驱动电路采用动态脉冲工作方式，当电路中的任一部件发生故障时，均能导致信息脉冲中断，使设备导向安全。

（4）系统严格采用闭合控制原理，通过对输出控制命令分层双重回读的闭环控制，可对驱动混线、驱动板故障、I/O 板故障、各级译码器电路错误等故障进行有效检查，当发现可能危及安全的失控情况时，立即切断电源，导向安全。

（5）系统设置有切换校核电路对切换电路的一致性进行检查，校核有误时联锁机将停止输出，以保证系统安全。

二、DS6-Ⅱ型计算机联锁系统

DS6-Ⅱ型计算机联锁系统采用双机热备冗余结构，系统结构如图 6-23 所示。

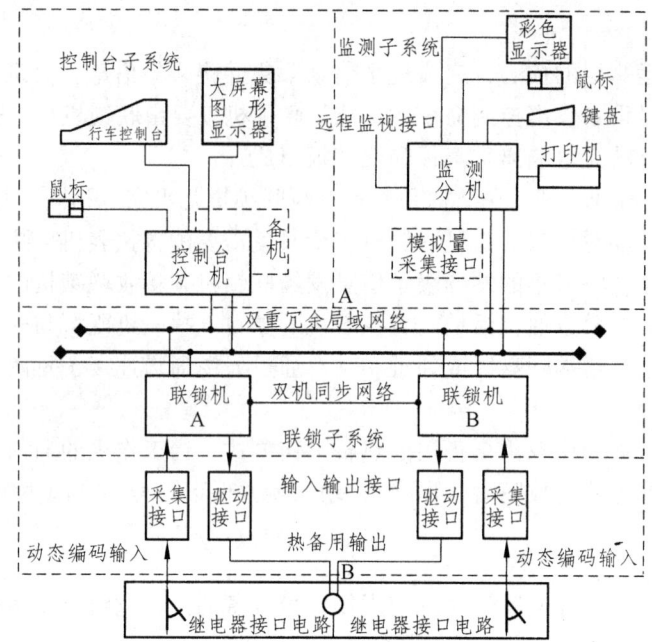

图 6-23　DS6-Ⅱ型计算机联锁系统体系结构

（一）系统结构和功能

DS6-Ⅱ型计算机联锁系统由控制台子系统、网络通信子系统、联锁子系统、监测子系统和输入/输出接口电路组成。各子系统采用计算机统一为 PC 总线工业控制微机，机箱和电源为整体结构，具有良好的适应工业现场环境和抗干扰性能。系统的所有输入/输出接口均经过光电耦合器件实现计算机设备与现场设备的电气隔离，能够有效地防止来自现场方面的电气干扰。

1. 控制台子系统

控制台子系统由控制显示计算机（简称控显机）、行车控制台、站场显示设备、控显转换箱组成。控显机采用 IPC-610 型工控机，采用 DOM 半导体盘取代硬盘，直接安装系统程序。控显机通过网络接收联锁机发送来的站场信息和操作命令，在显示器上实时显示站场图形、操作提示和报警信息；通过鼠标完成各种操作。

控显机转换箱是控制台操作、显示设备与控显机接口的转换装置。本系统控显机采用双机互为备用，但控制台的操作、显示设备只有一套。当控显机切换时，转换箱在人工操作下实现控制台显示器、数字化仪、鼠标、语音输出与控显机接口及控显机电源的自动转换，免去拔、插联机电缆插头的烦琐操作。

2. 监测子系统

监测子系统由监测分机和模拟量采集接口组成。监测分机通过网络通信从控显机接收控制台按钮操作信息，从联锁机接收信号设备状态、系统输出命令、输入/输出端口状态、系统故障报警信息等。监测子系统可实现与 TDCS 和远程监视系统联机通信。

模拟量采集接口完成模拟量信号的采集并完成 A/D 转换,通过串行接口将数字化的模拟量信息发送给监测分机。监测分机配备彩色监视器、鼠标、键盘、打印机,为系统维护人员提供查询、显示和打印各类检测信息的操作界面。

3. 联锁子系统

联锁子系统由联锁双机组成,联锁机采用 ICS-C4000 工控机,联锁双机除网络节点地址不同外,其他配置完全相同。联锁机通过开关量输入接口采集现场信号设备状态;通过网络接收控显机发来的控制台操作命令,进行联锁运算,产生输出命令;通过开关量输出接口驱动继电器,实现对通岔和信号机的控制。

(二)系统的主要特点

(1)联锁子系统采用动态冗余的双机热备结构,具有故障自动切换和人工切换功能,在切换过程中现场信号设备状态不会受到影响,满足系统高可用性要求。

(2)联锁软件采用双份编码、模块化和结构化设计。一套联锁程序按照进路联锁表的数据结构进行运算;另一套联锁程序按照信号设备的相互关系对与之对应的数据结构进行运算。两套程序执行的结果在输出命令级进行比较,比较一致时执行输出;比较不一致时,输出安全侧命令,同时给出报警标志。

(3)安全输出采用动态驱动方式,表示信息输入采用动态编码方式,满足故障导向安全要求。

(4)系统具有完善的自检测和故障诊断功能,并可提供远程监视,为设备维护提供有力的技术支持,并可以与其他信息系统联网交换信息。

三、CIS-1 型计算机联锁系统

CIS-1 型计算机联锁系统采用双机热备冗余结构,系统结构如图 6-24 所示。

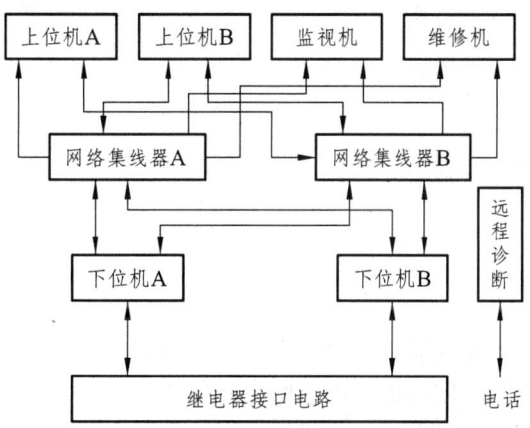

图 6-24 CIS-1 型计算机联锁系统体系结构

（一）系统结构和功能

系统包括 MMI 子系统（上位机）、联锁子系统（下位机）、电务维护子系统（电务维修机）、微机监测子系统、远程诊断子系统、计算机辅助设计子系统以及用于与 CTC/TDCS、微机监测、信息管理等系统联网的接口设备。两台网络集线器将上述所有设备连接起来，使其成为一个开放式的网络化计算机联锁系统。

1. 上位机

上位机采用两台高可靠性工业控制计算机构成动态冗余结构。上位机的主要任务是接收操作员的操作输入，判明操作输入能否构成有效的操作命令，并将操作命令转换成约定的格式，由网络传输给联锁处理计算机；同时，接收来自联锁处理计算机的表示信息及系统自检信息，将它们转换成屏幕显示信息。

2. 下位机

下位机采用双机热备冗余机制，具有联锁运算、信息采集、驱动命令的发出等功能。其结构是采用双套欧式标准机柜构成，自上而下为控制层、计算机层、输入层、输出层、倒机层、网络层。

3. 电务维修机

电务维修机是专门为电务人员设置的维护平台，能够实现对系统的故障诊断及信息的记录等功能，为电务维修人员对系统的维护提供这些信息及历史数据：站场显示、历史站场信息回放、系统拓扑图及故障显示报警、车务人员操作记录、系统状态信息记录、实时主备机码位表比较等，具有与远程诊断、微机监测接口的功能。

4. 远程诊断子系统

系统通过电务维护子系统、拨号调制解调器及维修工区既有的一对电话线与现场维修主管部门和联锁系统厂商的维修中心远程诊断系统相连，实现系统的远程诊断功能。

5. 网络通信子系统

系统各节点、上位机、下位机、电务维护子系统、现场信号设备工作状态监测子系统之间采用共享式网段隔离，用双以太网以 TCP/IP 协议进行信息传输。

6. 输入/输出子系统

输入/输出接口系统具有反映现场设备信息的情况及辅助联锁机驱动命令时转换电平的功能。

（二）系统主要特点

（1）系统采用高可靠工业控制计算机，以双机热备冗余结构组成联锁处理系统，可实现双套联锁系统的快速同步切换的功能，不影响车站值班人员的任何操作和现场显示。

（2）系统特有的联锁上位机并行工作机制，可以保证联锁上位机之间无需相互倒切即可同时进行车站的各种列、调车作业。

（3）系统独有的共享式网段隔离的双以太网互联结构，通过网络传输经过加密编码的安全信息，保证系统内各设备获得安全、可靠、稳定的信息。

（4）系统具有完善的现场维护功能，可以迅速准确定位故障设备和故障性质，能够实时监视和详细记录设备运行和操作情况，分析车站作业，具有历史回放、记录保存、归类整理、数据打印等功能。

（5）系统联锁逻辑计算机采用双机热备结构，主备机自动跟踪同步，主机故障时，系统自动倒切到备机，故障计算机自动脱机；备机故障时，备机自动脱机，不影响主机的任何工作；故障计算机修复后，系统自动联机，实现自动同步功能。

（6）系统作为网络互联系统，可以与各种控制管理系统（如 CTC、TDCS 等信息系统）在严格安全措施下实现接口联网。系统具有远程诊断功能，可以很方便地将现场状态传送到用户主管部门和设备厂商的联锁维修中心。

（7）系统配备有与微机监测设备的接口，可以和微机监测连接，功能满足微机监测技术要求。

四、TYJL-TR9 型计算机联锁系统

TYJL-TR9 型计算机联锁系统采取三取二的冗余方式，联锁机和采集驱动电路采用美国 TRICONEX 公司的第九代产品 TRICON V9（简称 TR9）。TYJL-TR9 型计算机联锁系统由容错联锁主机、监控机、控制台、电务维修机、系统电源、接口架及继电器组合架，以及配套的计算机监测系统（可选用）、远程诊断设备等组成，如图 6-25 所示。

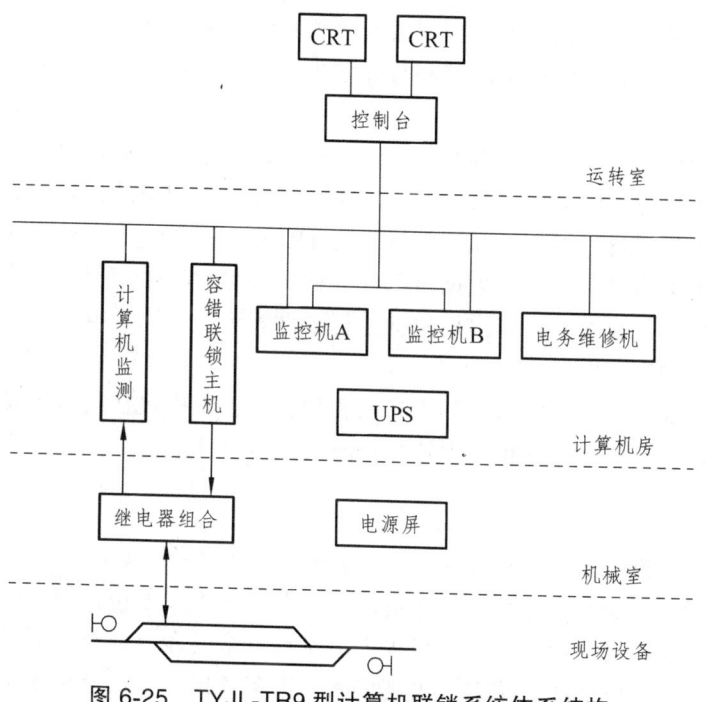

图 6-25　TYJL-TR9 型计算机联锁系统体系结构

（一）系统结构和功能

1. 容错联锁机

联锁机由主处理器模块、电源模块、采集、驱动和通信模块构成，三个主处理器之间通过 TRIBUS 内部总线进行通信。联锁机是车站计算机联锁系统中的核心部分。它主要对现场设备进行信息采集，通过监控机接收车站值班员发出的操作命令，通过联锁程序进行逻辑运算，根据不同的运算结果进行驱动输出，直接去动作继电器，控制现场的信号设备。并把现场的状态传递给监控机，以便在控制台上显示。

容错联锁主机原理图如图 6-26 所示。

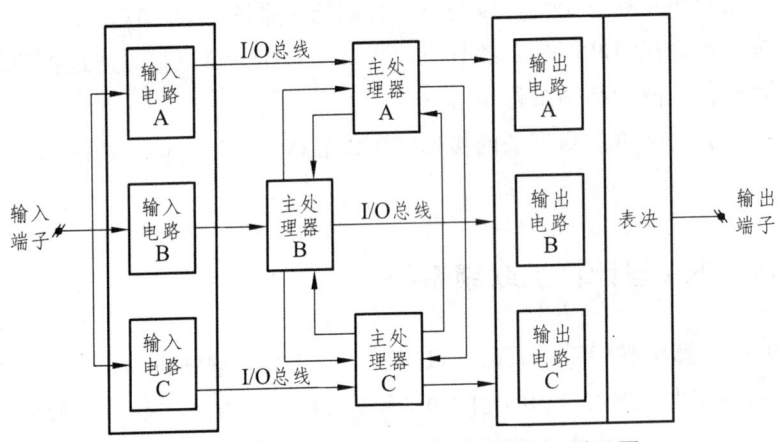

图 6-26　TYJL-TR9 型联锁系统联锁机原理图

TYJL-TR9 型容错计算机联锁系统的容错联锁机的容错能力是通过系统从输入模块、主处理器模块到输出模块三大部分的全面三重化结构来实现的，这样保证了系统中任何部件的单永久性故障或由于各种原因造成的瞬间故障发生时，容错联锁系统仍能无差错、不间断的工作。

容错联锁系统的每个 I/O 模块都有三条完全独立的分电路。输入模块上的每条采集分电路分别采集继电器接点并将采集结果经过三条 I/O 总线送入相应的主处理器，在每个联锁扫描周期，三个主处理器通过专门的高速总线系统 TRIBUS 进行同步通信，表决输入数据。每个主处理器模块根据表决后的输入数据执行联锁程序，然后将联锁程序产生的输出数据经过三条 I/O 总线送到输出模块，在输出模块上进行硬件表决，三取二或二取二（一路故障时）后输出，最后驱动相应继电器。

对每个 I/O 模块，容错联锁系统都支持热备功能，若主模块在运行中发生故障，容错联锁系统能立即将热备模块投入联锁，保证系统不间断运行。

2. 监控机

监控机又称上位机，硬件上采用高可靠性工业控制计算机。其主要功能是实现人机对话，操作人员利用鼠标进行操作，办理接发车进路，调车进路等。上位机根据操作人员不同的操作情况给联锁机发送不同的命令，联锁机根据上位机发来的命令，经过联锁运算，把站场进路状态信息发送给上位机，在监视器上表现出来，供车务操作人员分析现场情况。

3. 输入/输出接口电路

系统的输入接口电路是对现场信号设备信息的采集，输出接口电路是联锁机对有关的执行设备的驱动。采集信息通过输入模块进入联锁机，如图6-27所示。

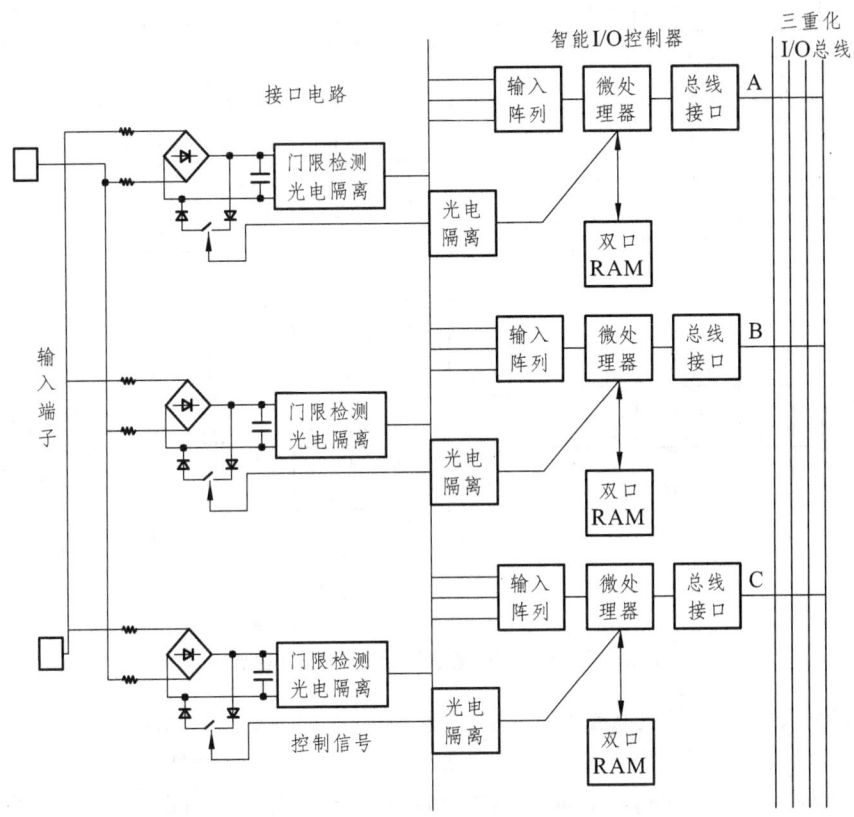

图 6-27　TYJL-TR9 型联锁系统输入模块原理图

每个输入模块都有三条相同的分电路（A、B 和 C）。虽然三条分电路在同一模块内，但是它们完全隔离并独立操作，一条分电路的故障不会扩散到另外的分电路。每条分电路都有一个八位的微处理器处理与相应主处理器间的数据交换。三条分电路中的每条分电路并行地采集输入信号，采集数据故在相应的 A、B 和 C 输入表中，每个输入表通过相应 I/O 总线用相应主处理器模块中的 I/O 通信处理器进行定期轮询取走，如主处理器 A 通过 I/O 总线 A 取走输入表 A。

例如，轨道电路，同时采集它的前接点和后接点，以做校核，如图 6-28 所示。

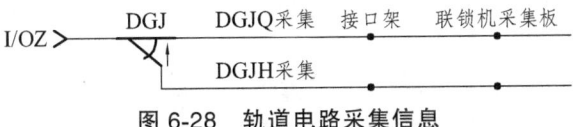

图 6-28　轨道电路采集信息

对于一送多受的轨道电路来说，系统只采集其总的复示继电器 GJF 的接点。如果在电化区段采用二元二位的轨道继电器，不能直接采集二元二位轨道继电器接点，应为其设复示继电器，再采集其复示继电器接点。

系统的输出是通过输出模块完成的，如图 6-29 所示。

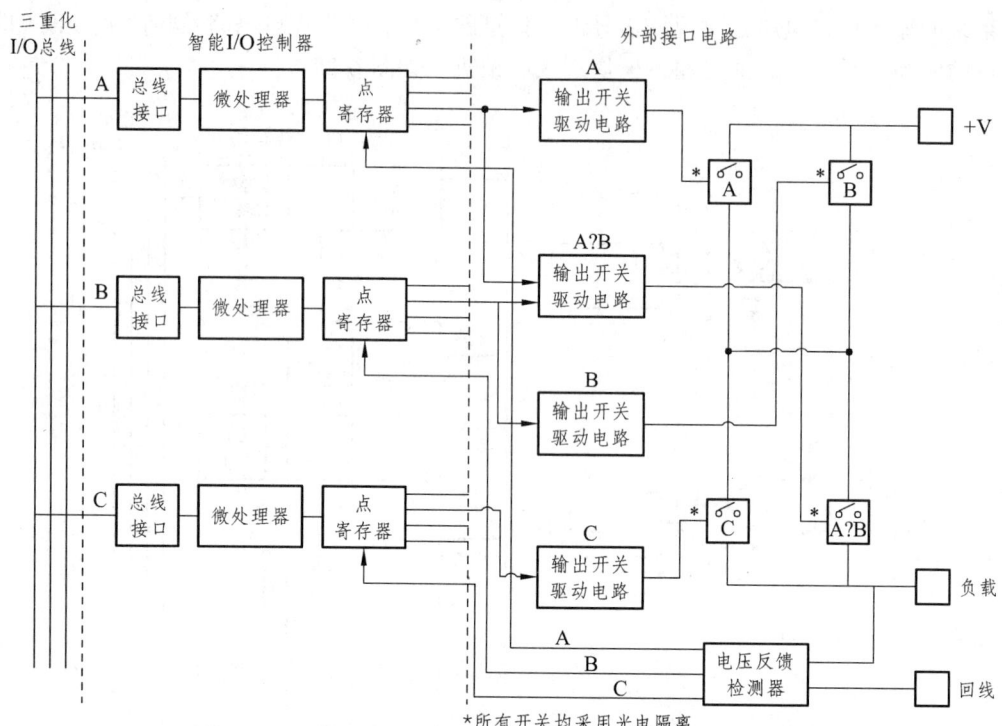

图 6-29　TYJL-TR9 型联锁系统输出模块原理图

TYJL-TR9 型容错计算机联锁系统有两类输出模块：三取二（TMR）型和二取二型。每个输出模块都有三条相同的隔离分电路。每条分电路有一个 I/O 微处理器通过相应的 I/O 总线从相应的主处理器中获取输出数据。TMR 型输出模块采用 H 型硬件三取二表决电路进行输出。二取二型输出模块采用串行硬件二取二表决电路进行输出。每类输出模块都对每个输出点执行专门的输出表决诊断。每个微处理器可通过模块上的回读电路读取每点的输出值以便判断输出电路内存在的隐蔽型故障。输出表决诊断的时间不超过 2 ms（典型值为 500 μs），不会对外部的继电器产生任何影响。

例如，出站信号机的驱动。在出站信号机的电路中，联锁机驱动的是信号防护继电器 XFHJ 和列车信号继电器 LXJ，如图 6-30 所示。在开放出站信号时，同时驱动 LXJ 和 XFHJ，只有 XFHJ 吸起，LXJ 才能吸起。这样防止了单点混电造成 LXJ 误动。同时确认 LXJ 驱动后是否吸起，又对 LXJ 继电器进行前接点采集。如果驱动后前接点采集不到，则在一定时间内将不再驱动，保证了室内室外的显示一致。

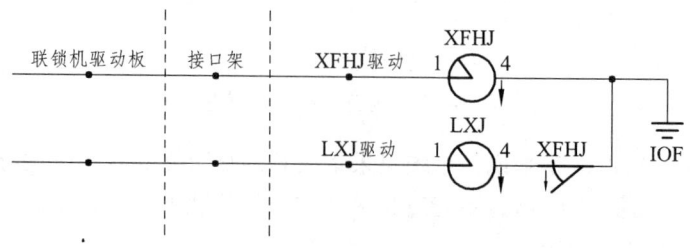

图 6-30　出站信号机 LXJ 的区段

如果此出站信号机可以作调车信号机用，则当其办理调车进路时，联锁机同时驱动其 DXJ 和 XFHJ，同样对 DXJ 前接点进行采集。

（二）系统主要特点

1. 高可靠性

车务人机接口部分可以以数字化仪为主，鼠标备用；上位监按机双机热备；联锁系统双路电源互为备用；联锁主处理器可三取二运行方式；I/O 板内各点都有三条独立分电路并进行三取二，有一电路故障仍可继续正常工作。容错联锁系统中任何单元件、单电路故障不会影响整个系统的正常运行。

2. 高安全性

由于具备三重冗余结构及极高的诊断覆盖率，因此可以保证系统的联锁主机和联锁软件具有高安全性。

3. 高可用性

上位监控部分的双机热备，容错联锁主机的主处理器有三取二的运行方式，故障模板可在不中断联锁系统允许的情况下在线替换。

4. 联锁软件库按 IEC—1131 标准编制

完全按照 IEC—1131 标准编制的联锁软件库的各模块具有很好的封闭性和通用性。具体站场的联锁软件建立在这个联锁软件库之上，采用计算机辅助自动生成，减少了联锁系统中的人为因素。

5. 设计与施工简单

尽管联锁系统是完整的三重化结构，但是其三重化完全在内部实现，对外界来讲只是一套系统，即外界没有复杂的切换电路，I/O 电缆也只有一套，数量比双机热备系统减少了一半，设计与施工的工作量大大减少，同时减少了整个系统的故障点，便于维修。

6. 现场维护简便

广泛的在线自诊断功能能迅速诊断、定位故障点，现场维护人员只需根据联锁系统的状态灯和电务维修机上的提示，简单地在线替换故障板即可。

7. 能带故障运行

由于单点故障不影响联锁系统的正常运行，因此若现场无备用模块或维修人员不在等情况下，联锁系统仍可带故障正常运行。另外若有热备用模块存在，联锁系统能自动完成切换功能，并作出故障报警停止故障模块工作。

五、DS6-K5B 型计算机联锁系统

DS6-K5B 型计算机联锁系统采取二乘二取二的冗余方式，联锁机和输入/输出电路采用

日本京三公司的 K5B 型产品，所有涉及安全信息处理和传输的部件均按照故障-安全原则采取了二重系结构设计。

（一）系统结构和功能

DS6-K5B 型计算机联锁系统由控制台、电务维护台、联锁机、输入/输出接口（在系统中，输入/输出电路称做"电子终端"，Electronic Terminal，ET）和电源五部分组成，如图 6-31 所示，分为人机界面层、联锁运算层和执行控制层三个层次。

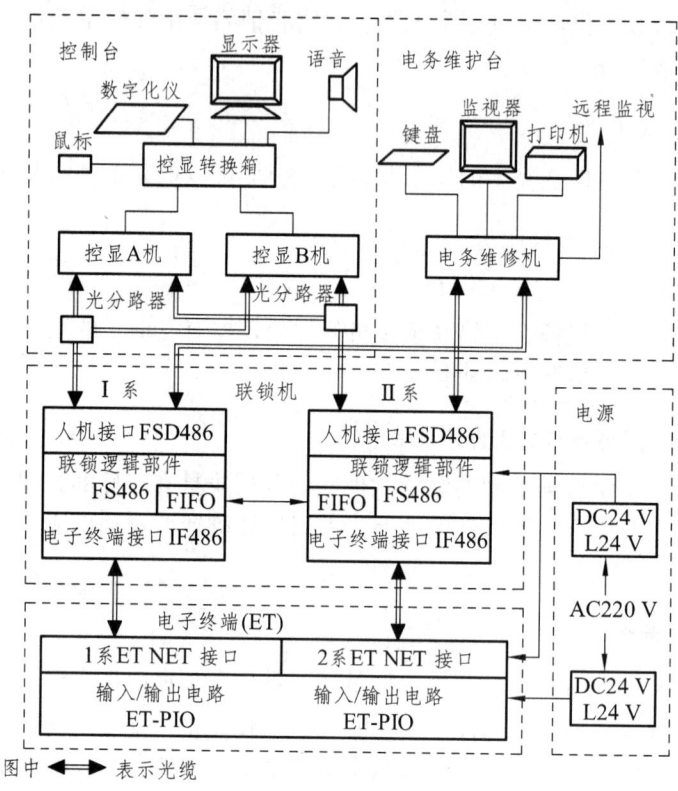

图 6-31 DS6-K5B 型计算机联锁系统体系结构

1. 人机界面层

人机界面层包括控制台分机和维修机。

控制台由控显双机、控显机转换箱和车站值班员办理行车作业的操作、表示设备组成。控制台的操作和表示设备只设一套，通过控显机转换箱与工作的控显机连接。操作设备可以选择按钮操纵盘、鼠标或数字化仪。显示设备可选用图形显示器或单元式表示盘。操作显示设备设在运转室。

控显机实现车站控制台操作，站场图形显示，系统设备故障监视灯功能和人机界面功能。控显机采用 PC 总线工控机，双机互为备用，控显双机切换需人工操作控显转换箱上的转换开关，将控制台操作和表示设备切换到备用机。每一台控显机的机箱内除安装连接操作显示设备的接口板外，还安装两块带有光电转换的串行通信接口板 INIO 卡，用于同联锁机的二重系通信。控显双机与联锁机的二重系，通过光分路器构成交叉互连的冗余关系。控显机和联锁机的连接如图 6-32 所示，其中，光分路器的作用是将一侧的输入信号分成两路输出，同时将另一侧两路输入的信号合并成一路输出。

电务维护台是为了帮助系统管理和维护人员分析事故原因和查找设备故障而设计的子系统，由监测机、显示器、键盘、打印机等组成。监测机采用 PC 总线工控机，机箱内安装两块带有光电转换的串行通信接口板 INIO 卡，用于同联锁机二重系通信，连接介质为光缆。通信管理软件对双路通信的工作状态自动监视，正常情况下，只要有一路通信正常就能保证通信不中断。

监测机为系统维护人员提供查询、显示和打印各类检测信息的操作界面。监测机通过网络通信从控显机接收控制台按钮操作信息，从联锁机接收信号设备状态、系统输出命令、输入/输出端口状态、系统故障报警信息等。监测机接收到的信息可以在监视器上实时显示，同时记录到数据库中，供事后查询、显示、再现、打印输出，并能够以图形方式再现信号设备的动作过程。监测机配备有通信接口，可以通过局域网、广域网或串行通信接口直接与 TDCS 相结合，监测机也可通过调制解调器连接到通信线路上，通过拨号连接方式将监测信息发送到集中监视管理系统和远程监视中心。

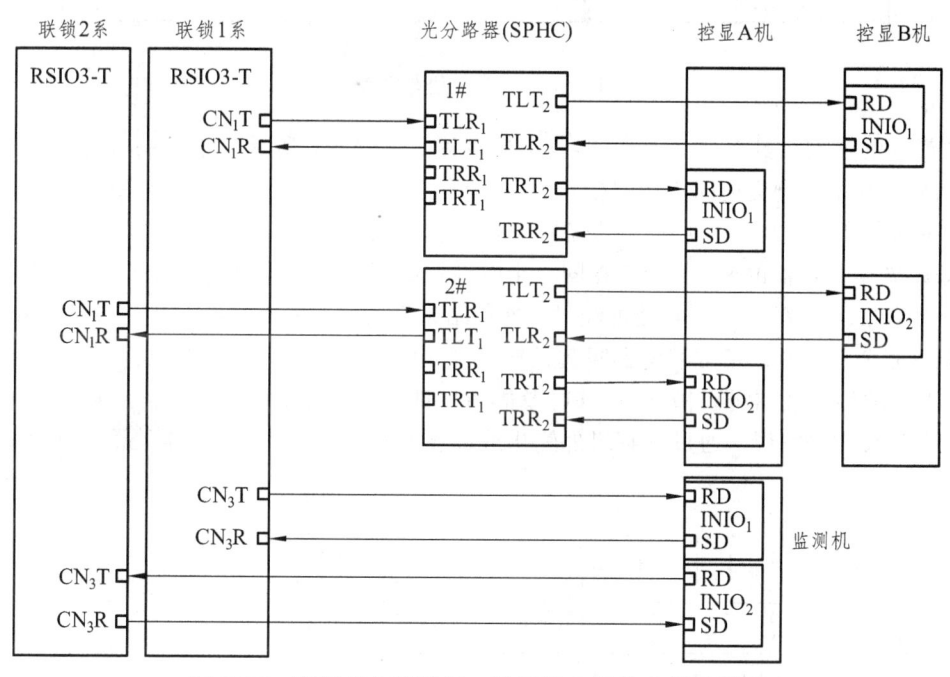

图 6-32 联锁机与控显机、监测机之间的光缆连接图

2. 联锁运算层

联锁运算层即联锁计算机，实现联锁逻辑运算，输入/输出控制、诊断信息处理及二重系管理等。

联锁机由并列两重系组成，以主从方式并行运行，每一系采用故障-安全的双 CPU 处理器 F486，用于完成联锁逻辑运算和联锁系统软件和硬件管理。二重系安装在一个机架的一个底板上，如图 6-33 所示，双机之间通过内部并行接口通道交换信息，实现二重系的同步和切换，双机切换由 CPU 板内的安全电路实现，不另设独立的切换电路。二重系之间没有经过外部连接的通道，从而保证了双机切换控制的高安全性和高可靠性。二重系的切换原理基于：联锁机主、从系各自执行全部处理功能；联锁机主系在每个处理周期的起始时刻向从系发出同步信号，令从系与主系保持周期同步；联锁机主、从系交换处理结果，从系取与主系一致的结果输出。

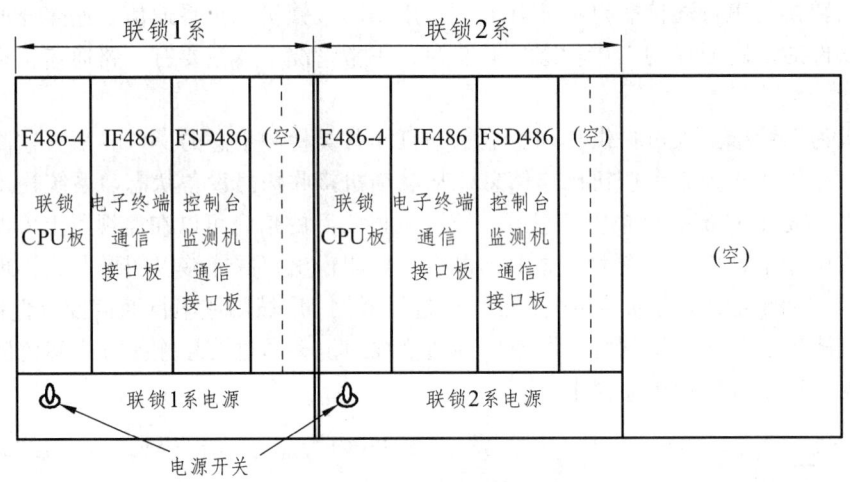

图 6-33 联锁机架前面

联锁机的二重系具有相同的故障-安全处理器。图 6-34 所示为单系的故障-安全处理器 F486 结构。两系通过交换同步定时信号，实现周期同步运行。当一系因故障停止输出时，另一系自动接替工作，保证现场信号设备控制不发生间断。

故障-安全处理器的两个 CPU 在同一个时钟控制下，实现总线级同步工作，总线比较器以时钟为单位，对双重 CPU 的处理经过、处理结果进行对照检查，经总线比较器比较，两个 CPU 运行完全一致时，正常继电器吸起，输出"光电转换电路"接通电源，输出有效。当发生故障时，总线比较器可以做到对 CPU 及周边器件故障，在最短的时间内（即一个 CPU 时钟周期内）及时地发现，通过屏蔽对外输出或停止 CPU 动作，使安全得到最有效的保证。

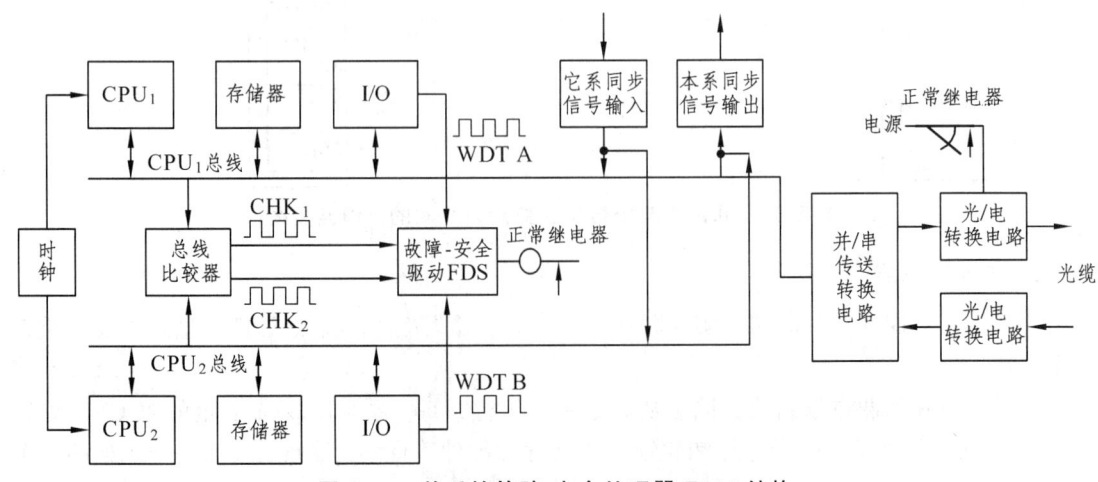

图 6-34 单系的故障-安全处理器 F486 结构

3. 执行控制层

执行控制层包括电子终端和继电器控制电路。

电子终端是采用故障-安全型双 CPU 构成的智能控制器。电子终端的输出电路按故障导向安全的原则设计，输入采集电路通过有效的自检测功能，能够检测出输入电路的故障，保证输入信息的安全性。输出驱动采用双 CPU 动态和静态信号比较校核，保证输出的安全性。电子终端采用并列二重系结构，单板的故障不影响系统的输入和输出。输出驱动和输入采集均采用静态方式。输出直接驱动安全型继电器。输入采集直流 24 V 信号。

DS6-K5B 系统联锁机和电子终端均采用了二重系设计。联锁每一系都要接收电子终端二重系的输入信息，经过"或"处理后，作为联锁运算的输入。联锁二重系的输出通过电子终端的二重系并联输出。联锁机与电子终端之间的物理连接通过光缆实现，联锁机的 IF486 模块是联锁机与电子终端的通信接口。

（1）输入接口电路。

电子终端的每一系都接收联锁机二重系的输出。电子终端每一系的输入都发送给联锁机的二重系。这种冗余的连接方式保证任何一部单系发生故障，系统都能正常运行。既保证故障-安全性又具有高可靠性。

图 6-35 所示为电子终端的输入电路原理图。ET-PIO 的输入电路是典型的"静态—动态"变换的故障-安全输入电路。从继电器的采集接点输入直流 24 V 的电压，在 ET-PIO 板内 CPU 产生的脉冲信号的控制下，输入回路工作在接通和断开交替变换的状态，使输入的静态（直流）信号转换成动态（脉冲）信号，实现故障-安全要求。

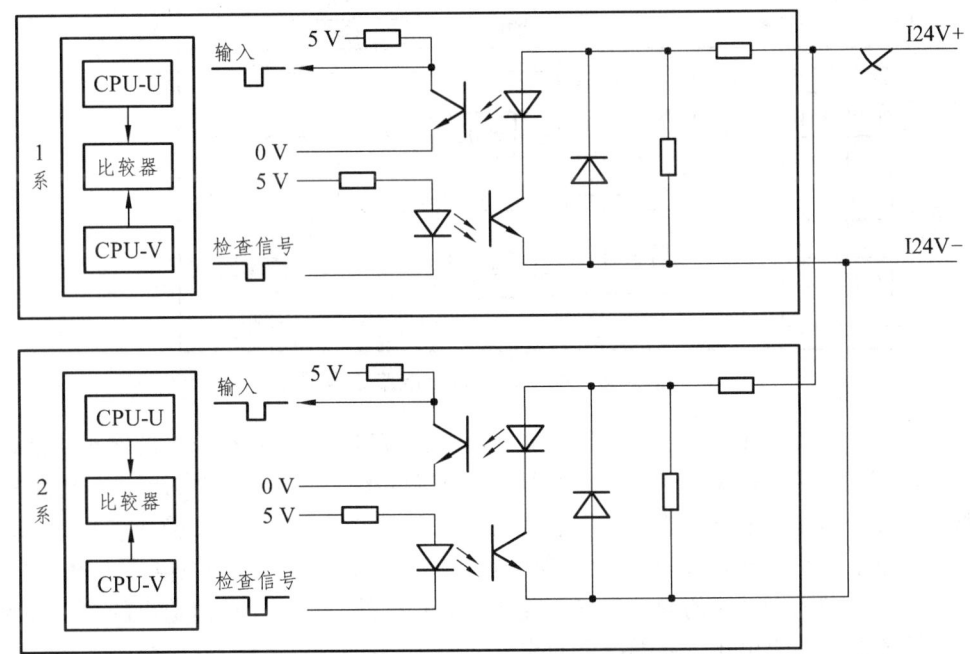

图 6-35 电子终端输入电路原理图

输入信号经过板内双 CPU 的同步处理后，通过光纤连接的串行通信将输入信息发送给联锁机。

输入采集的直流 24 V 电压,由计算机系统的"接口 24 V"(I 24 V+)电源提供,通过采集接点和输入回路,返回到"接口 24 V"负极(I 24 V-)。与组合架上的 KZ24 V 电源互相隔离,有利于提高输入的可靠性。

联锁机与电子终端间安全信息传送具有正/反码两次传送、CRC 校验、标志码检查等故障安全保证机制,发现任何一项错误,丢弃本周期的信息。两个周期没有接受正确信息,给出警告信息。4 个周期没有接收正确信息,全部信息按安全侧处理。

每个电子终端通过光电隔离的通信链路与联锁机独立通信。因此,任何一个电路板的故障不影响其他电路板工作。机架扩展也是通过光纤连接实现扩展,可靠性不受影响。

(2)输出接口电路。

图 6-36 所示为电子终端的输出电路原理图。ET-PIO 两重系的输出电路采取并联输出。每一系的输出电路均采取故障-安全设计,输出电压为直流 24 V,直接驱动安全型继电器。电源为计算机系统的"接口 24 V"。

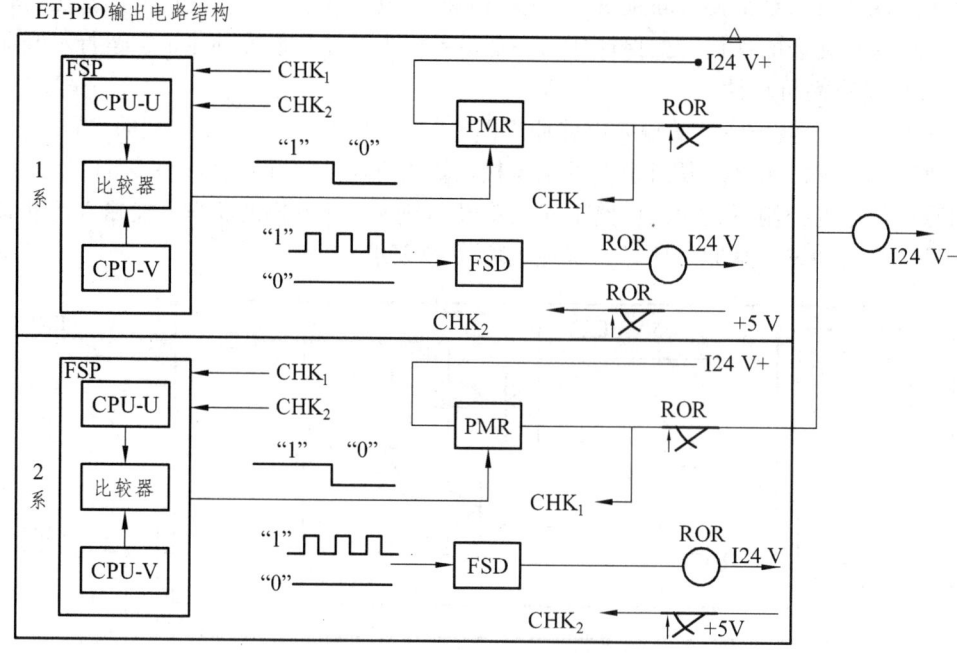

图 6-36 电子终端输出电路原理图

ET-PIO 板内的双 CPU 通过光纤连接的串行通信接口接收联锁机发来的输出信息,经过双 CPU 的同步运算处理,对有输出的端口同时生成两路输出信号。一路为静态(直流)信号,另一路为动态(脉冲)信号。静态输出信号经过光耦合器件(PMR)转换成 24 V 的直流输出电压。动态输出信号经过故障-安全驱动电路(FSD)驱动一个微型继电器(ROR)。ROR 的一组接点串联接入 PMR 的输出回路。因此,只有在静态和动态两路输出的电路均无故障的情况下才能对外输出电压,使继电器动作。

ET-PIO 板内的双 CPU 从 PMR 的输出回路取得 CHK_1 回读信号,从 ROR 的另一组接点取得 CHK_2 回读信号,对输出回路的状态实现实时在线监视,一旦发现错误,立即进行导向安全处理。

K5B 的 ET-PIO 电路采取了双 CPU 同步控制的智能化设计，使得输入/输出接口在信息传输、运算处理和电路动作的每一个环节都达到了高度的安全性和可靠性。

每个 ET-PIO 电路板都是具有双 CPU 故障-安全处理器的智能控制板，每块板通过串行通信接口与联锁机交换信息，并完成对本板的输入/输出数据的安全处理和对本板电路的故障检测，控制是分散独立的。

继电器控制电路主要有信号点灯电路、道岔控制电路、轨道电路、64D 半自动闭塞或自动闭塞电路以及其他场、站间联系电路。

4. 电　源

DS6-K5B 计算机联锁系统要求信号电源屏经隔离变压器单独提供一路单相交流 220 V 电源。如图 6-37 所示，从电源屏来的 220 V 电源送到 K5B 的电源柜，经过 UPS 后向计算机设备供电。

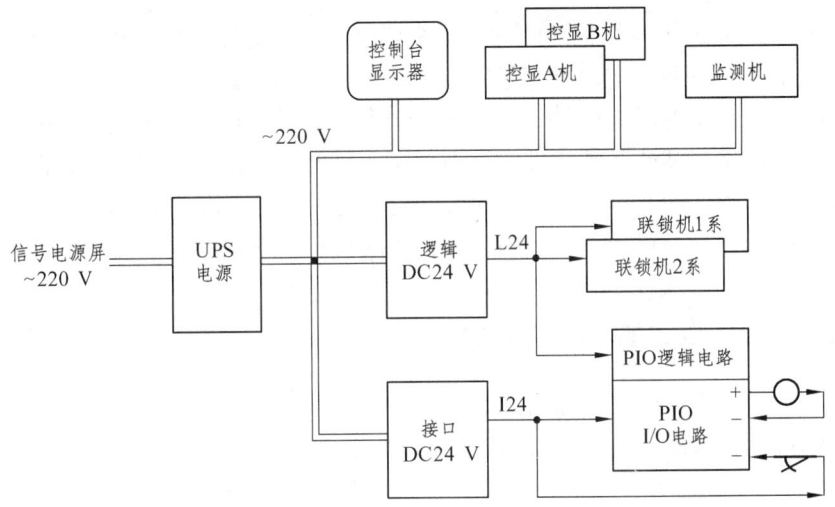

图 6-37　K5B 电源系统图

控显机、监测机及控制台显示器等设备使用 UPS 输出的 220 V 电源。联锁机电子终端等采用两路直流 24 V 电源供电。第一路称为逻辑 24 V 电源（L24），此电源经 K5B 内部的 DC-DC 变换，产生逻辑电路工作所需的 5 V 电源。第二路称为接口 24 V 电源（I 24 V），供输出接口驱动继电器和输入接口采集继电器状态。

在组合架上，所有受计算机控制的继电器用的 24 V 电源，均由计算机系统的 I 24 V 电源供电；在组合架上，不受计算机控制的继电器的电源仍使用信号电源屏电源。

计算机输出电路送出 24 V +，经过继电器线圈，形成公共回线，回到 I 24 V −。计算机采集的继电器接点组的中间接点连接到 I 24 V +，经过采集接点组的前接点或后接点回到计算机输入电路。

供 K5B 设备的两路 24 V 电源，安装在计算机系统的电源柜内。每一路 24 V 电源均由三个 AC-DC 开关稳压电源模块组成，其中两个模块在线工作互为热备，可自动切换。另一个模块为冷备份。

（二）系统技术特点

（1）系统的联锁机和输入/输出电路均采用日本京三公司的 K5B 型产品。该产品所有涉及安全信息处理和传输的部件均按照故障-安全原则采取了二重系结构设计。

（2）联锁处理部件采取双 CPU 共用时钟，对数据母线信号执行同步比较，发生错误时使输出倒向安全，具备了故障-安全性能。

（3）联锁二重系为主从式热备冗余，通过高速通道进行数据交换，实现周期同步运行。当一系因故障停止输出时，另一系自动接替工作，以保证现场信号设备控制不发生间断。

（4）输入/输出电路采用日本京三公司生产的电子终端，为二重系并行工作，即电子终端的每一系都接收联锁机两重系的输出、每一系的输入都发送给联锁机的两重系。这种冗余的连接方式保证任何一部分的单系发生故障，系统都能正常运行。这样系统不但具有故障-安全性能，而且又具有高可靠性。

（5）输入/输出均采取静态方式，省去了"静态—动态"变换电路，简化了继电器接口电路设计。

（6）DS6-K5B 系统内各微机之间的通信全部通过光缆连接，做到相互之间的电气隔离，提高了系统抗干扰能力和防雷性能，保证系统具有高的运行稳定性。

（7）DS6-K5B 系统的联锁软件，在 DS6 系统联锁软件基础上移植生成。保留了通过铁道部计算机联锁检验站测试的联锁软件的核心程序和数据结构，保证新系统的联锁功能满足我国计算机联锁技术条件的要求。控显机和监测机的应用软件，在 WIN NT 操作平台上重新进行了开发，使得操作界面得到进一步的改善，功能得到进一步的提高。

六、EI32-JD 型计算机联锁系统

EI32-JD 型计算机联锁系统采用二乘二取二冗余方式。联锁机和采集驱动电路采用日本株式会社研制的硬件系统（EI32 电子联锁系统硬件）。

（一）系统结构和功能

EI32-JD 型计算机联锁系统属于分布式计算机控制系统，也称集散型测控系统，其特点是分散控制、集中信息管理。系统包括人机对话层（也称操作表示层）、联锁运算层和执行层，其硬件结构如图 6-38 所示。

系统中包括的主要子系统有：操作表示机（即上位机）、联锁计算机、驱动采集机及驱动采集接口、控制台相关设备（包括站场屏幕显示器、鼠标器、数字化仪、语音提示报警音箱、显示驱动器等）、组合架、电务维修机及微机监测系统。

1. 操作表示机

操作表示机也称为人机对话机，简称为上位机，它和联锁计算机（包括驱动采集机）构成上下位控制的分层结构。操作表示机采用 PC 系列工业控制计算机，根据系统具体配置和要求的不同可插入不同的电路板。操作表示机为双机热备，系统运行时两条操作表示机同时工作，一台主用，另一台备用，当主用操作表示机发生故障时自动切换到备用操作表示机，设备的倒接无需人工干预，也不对正常行车造成干扰。操作表示机可支持单元拼装式控制台、数字化仪、鼠标器、显示器等多种操作显示工具。

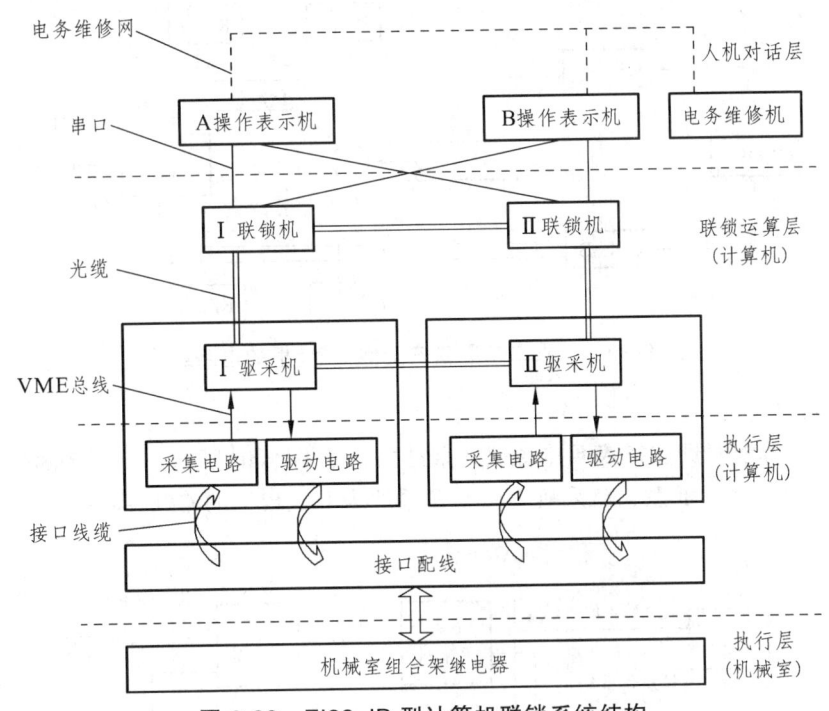

图 6-38 EI32-JD 型计算机联锁系统结构

操作表示机的主要作用是为车站值班员提供操作显示界面。操作表示机从联锁计算机取得站场当前状态、驱动站场屏幕显示器、采集操作信息传输给联锁计算机、将当前联锁状态信息传输给电务维修机和监测机。

2. 电务维修机

电务维修机用于电务人员查看电务维修信息、打印相关记录。电务维修机接收操作表示机传来的站场状态信息、操作信息、提示信息、故障信息等，监视、记录、再线车站运行情况、系统运行情况和故障情况。

3. 联锁计算机

联锁计算机简称联锁机，采用 EI32 型计算机联锁专用计算机，两套共 4 个 CPU 构成二乘二取二容错系统。联锁机接收来自操作表示机传来的操作命令、接收驱动采集机传来的室外信号设备状态、进行联锁运算，向驱动采集机传输室外信号设备动作命令，同时向操作表示机传输表示信息。

（1）二取二 CPU 电路。

图 6-39 所示为二乘二取二计算机联锁核心部件——二取二安全型 CPU 板的电路结构示意图。在该印制板上集成了完全相同的两套计算机系统，包括时钟、RAM、ROM 和必要的接口电路，还集成了实现双机校核的总线比较电路。CPU-A 和 CPU-B 硬件完全相同，所装软件包括系统软件和应用软件完全相同。正常情况下，A、B 两套 CPU 电路工作完全相同，此时由该板驱动一个继电器，称做正常继电器，只有正常继电器接点闭合，才能给该板输出部供电，形成真实的输出，从而在硬件上保证设备的安全。

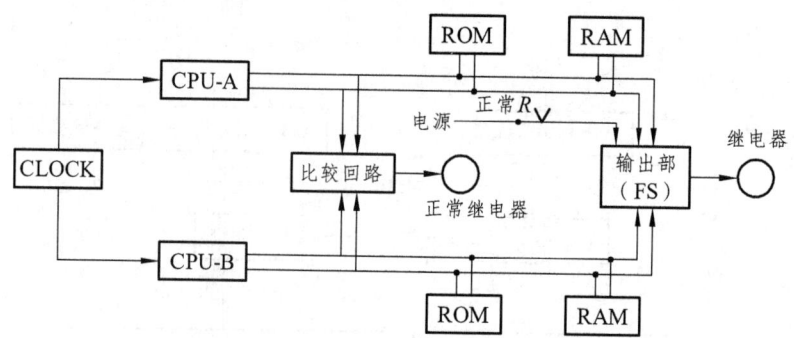

图 6-39 二乘二二取二安全型 CPU 板的电路结构

(2) 双系热备。

EI-32 型计算机联锁支持双系热备型冗余结构，如图 6-40 所示。每一系的任一处理部的单系——联锁机Ⅰ系、Ⅱ系、驱采机Ⅰ系、Ⅱ系即为双机校核的 CPU 系统。

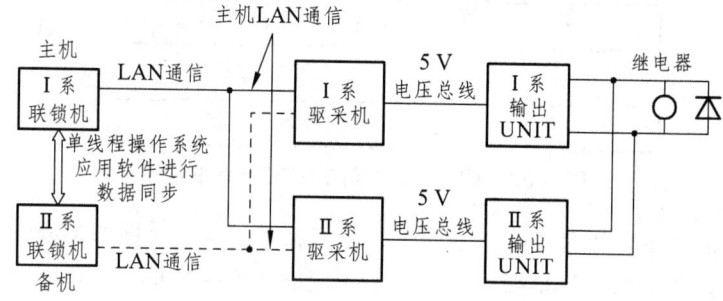

图 6-40 EI-32 型计算机联锁支持双系热备型冗余结构

双系热备方式的方式中，驱采机的Ⅰ系和Ⅱ系均仅接收同一联锁机计算机发来的输出信息，如联锁机Ⅰ系的输出或联锁机Ⅱ系的输出，而联锁机另一系的输出不予采纳。也就是说，联锁机的双系中存在主用系和备用系的区别。只有主系对外的输出才被驱采机采纳，备系的输出虽然也被送到局域网上，但不被驱采机取用，而仅用于联锁机双系之间的校验。当联锁机的主系发生故障时，自动地倒向备系。从这个意义上说，联锁机双系之间采用的是双系热备的方式。在双系热备方式中，联锁两系之间采用单线程操作系统实现应用软件的数据同步。

无论双系热备还是二重系方式，驱采机均同时工作，同时产生输出，并且均以线圈并联的方式连接到被驱动的继电器上。因此，双系热备或二重系工作方式均为仅对联锁机而言，对于驱采机，双系均以二重系并联方式运行。

EI32-JD 型计算机联锁采用了双系热备的工作方式。

4. 驱动采集计算机

采用 EI-32 型计算机联锁系统系列产品，同为二乘二取二容错结构。其作用为采集室外信号设备的状态，驱动室外信号设备动作。安全型驱动采集电路为驱动采集计算机（以下简称驱采机）的组成部分。其小型化的动态采集、输出电路为其电路特色。

(1) 采集电路原理。

联锁机通过采集机箱的接口电路采集组合架上的继电器接点状态，图 6-41 所示为 EI32-JD

型联锁系统安全性采集电路原理图。该电路从组合架引入接点闭合时的直流电压,由软件产生内部动态信号,形成对外部采集的开闭,形成采集的动态信号。该动态信号被采集到后分别送往 A、B 两条总线,即采用双套采集,分别通过 LAN 通信被 CPU 板的两个 CPU 读取,纳入联锁运算。

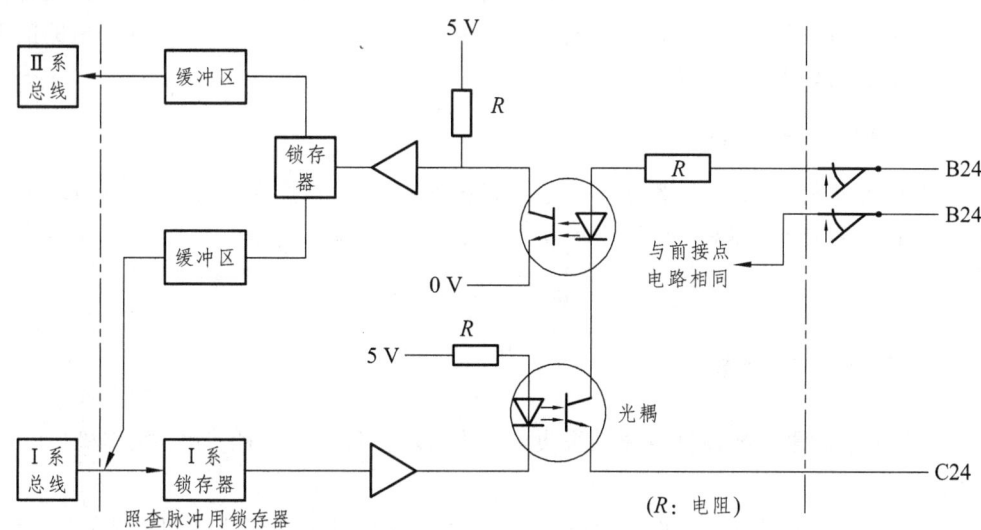

图 6-41　EI32-JD 型联锁系统安全性采集电路原理图

该系统采集板采集的动态信号的电压范围为 DC 21.6～26.4 V,由驱采 24 V 电源供出。
(2) 驱动电路原理。
图 6-42 所示为 EI32-JD 型联锁系统安全性输出电路原理图。

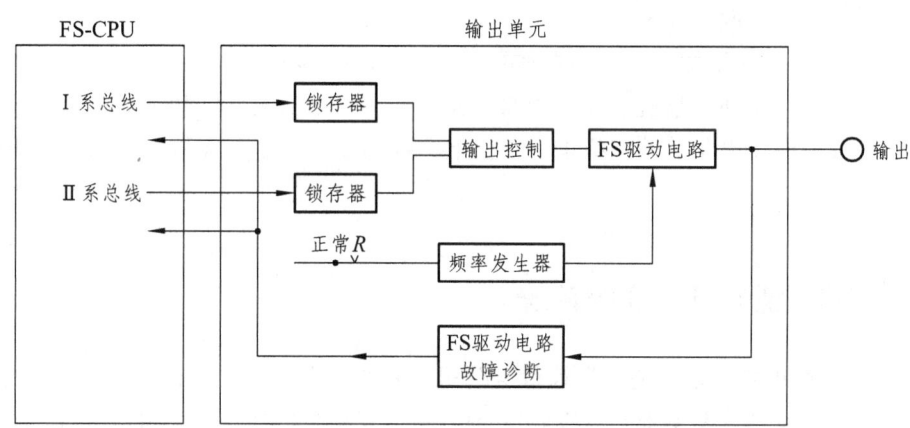

图 6-42　EI32-JD 型联锁系统安全性输出电路原理图

该驱动板同时挂在双 CPU 板的两条总线上,为双套驱动。只有在两条总线上对其进行的 I/O 操作完全一致时,才能对外产生真实的输出。动态驱动元件均在驱动机箱内,通过接口架驱动 JWXC-1700 型继电器。

继电器输出的基本原理仍为动态原理。在电路内部设一个频率发生器,通过动态转换将频率信号转变为 24 V 直流电平。频率发生器受 CPU 板正常继电器的控制，如果正常继电器接点断开，则频率发生器不工作，使故障导向安全。该系统驱动板输出的驱动电压范围为 DC 20~26 V，由驱动 24 V 电源供出，可在继电器线圈上测量。

输出电路每路提供两条引出线（+24 V、24 V 地）用以驱动继电器。输出电路和它所驱动的继电器相互并联，Ⅰ系输出的一对线和Ⅱ系输出的一对线在物理上并联。电路设计使得如果出现外界短路故障，不会烧毁输出电路。采用高频动态驱动采集技术，使得电路的驱动采集单元小型化，减少了输出延时。

5. 驱动采集计算机执行层

驱动采集计算机执行层为组合架，完成现场状态信息的输入和控制命令的输出。组合架上安装有信号点灯电路、道岔控制及表示电路、轨道继电器、其他结合电路等继电器电路。

（二）系统主要特点

（1）联锁机/驱动采集机硬件及驱动采集电路为日本信号株式会社产品，操作机（上位机）为工控机。

（2）联锁机为二乘二取二结构，分为Ⅰ、Ⅱ系，各系内部为二取二结构，双系互为热备；即联锁机及驱采机均为双系（双硬件体系）冗余工作，双系中每一单系均包括双套计算机实时校核工作。每一单系中必须双机工作一致才能对外输出，实现全系统的高安全性。任一单系检出故障均可立即导向备系工作，实现全系统的高可靠性。

（3）联锁系统中联锁功能和驱动采集功能分离，联锁系统由联锁层和执行层（驱动采集电路）组成。根据车站规模，每一冗余系可能包括一套驱动采集机或两套驱动采集机。每套驱动采集机均为二乘二取二冗余结构。

（4）单系为双 CPU 结构、双系各自独立、具备自律功能。

（5）各联锁机和驱动采集机之间采用双环光缆构成专用局域网，物理通道为双倍冗余。

（6）每一继电器输出驱动的末级采用独立电源隔离技术、驱动无极继电器，防止因线路混线使继电器误动。

七、iLOCK 型计算机联锁系统

iLOCK 型计算机联锁系统是卡斯柯信号公司研制的二乘二取二型计算机联锁系统，它是在一般的二取二安全结构基础上，再增加独立的故障-安全校验模块，采用 NISAL 专利技术，构成的智能安全型计算机联锁系统。

iLOCK 计算机联锁系统由人机界面子系统（MMI）、值班员台子系统（GPC）、诊断维护子系统（SDM，含微机监测——可选）、冗余网络子系统（RNET）、联锁处理子系统（IPS）、电源子系统（PWR）组成。iLOCK 系统基本结构如图 6-43 所示。

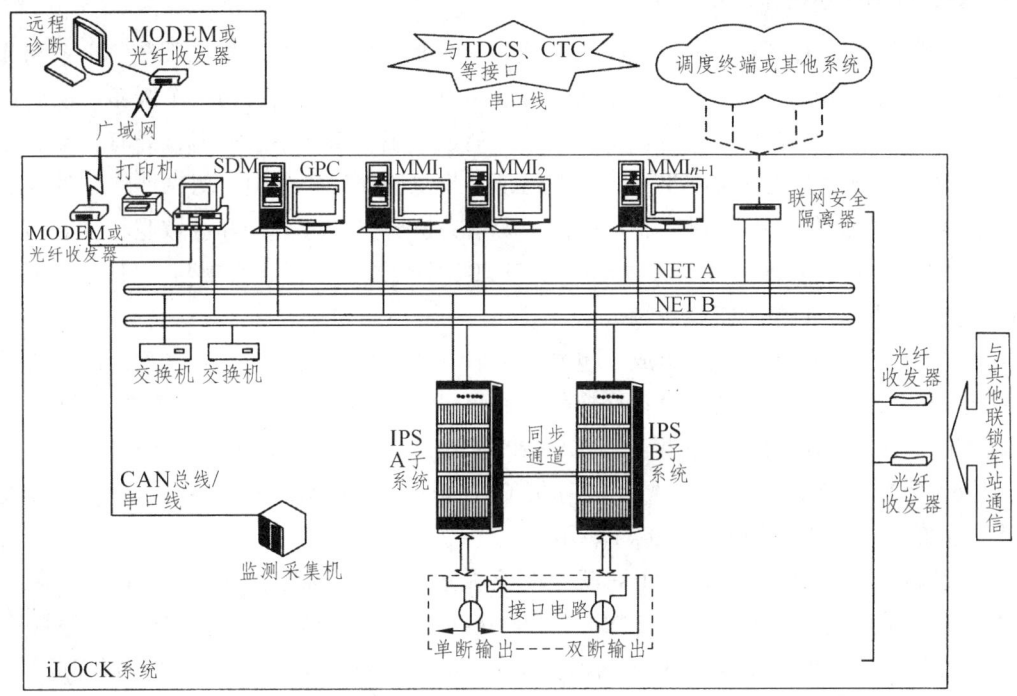

图 6-43　iLOCK 系统基本结构

1. 人机界面子系统（MMI）和值班员台子系统（GPC）

人机界面子系统是 iLOCK 系统与车站值班员之间的交互接口。一般以彩色显示器作为计算机联锁系统的人机交互界面，供车站值班员通过鼠标办理操作、实时显示站场信号设备并给以报警提示信息。对特殊要求的车站，也可采用数字化仪、控制台等作为人机交互界面。可以通过 MMI 的串口实现与 TDCS、CTC 等系统的信息交换。以联网方式，可以在任何地点接入任意数量的调度显示终端。根据距离远近和用户所能提供的通道情况，可以采用光缆方式，或专线（或拨号）MODEM 方式完成终端接入。

在较大车站，设置有 GPC，车站值班员监视站场内列车运行情况以及站场状态，GPC 的界面显示与 MMI 完全一致。

2. 诊断维护子系统（SDM）

诊断维护子系统由工业控制计算机、CRT 显示器、打印机、鼠标、键盘等组成，根据需要可提供双套设备。SDM 系统主要完成诊断维护及接口设备在线监测的功能，可以联网，提供远程诊断功能。

3. 冗余网络子系统（RNET）

iLOCK 系统采用基于高速交换机的以太网冗余网络结构，进一步加强了网络系统的可靠性。通过网络通信的各子系统均安装有两块以太网接口卡，将其接入冗余网络，一条网络故障，各子系统可以自动通过另一条网络通信，并在 SDM 子系统中给出故障诊断信息，便于及时维护。

4. 联锁处理子系统（IPS）

IPS 是整个 iLOCK 系统的核心，由一个或多个机柜组成的二乘二取二系统。Ⅰ系和Ⅱ系采集共享、并行输出，当一个系某一路采集或输出发生错误时，只要另一个系对应的码位不发生错误，即不会影响系统的运行。单系实行双通道采集、双断稳态输出，只有在双通道运算结果一致、双通道总线控制结果一致、双通道输出电路完好等各项二取二严格条件都满足以后，才使输出真正有效。IPS 根据需要可以分为中央逻辑控制（CLC）和区域逻辑控制（ZLC）的分层结构。iLOCK 系统也可以通过专用的 FSFB2 安全通信协议，实现与 ATP 等安全系统联网，构成全程全网的综合安全系统。

IPS 硬件由一个或多个机柜组成，包含一个以上的机箱，机箱中有一定数量的印制电路板连接它们的线路，以及与其他设备交换信息的接口。IPS 包括安全逻辑运算板 VLE、安全校验板 VPS、输入/输出总线扩展板 I/OBUS2 和 I/OBE2、安全型输入板 VⅡB 和 VⅠB、安全型驱动板 VOOB 和 VOB、安全型数据处理板 CPU/PD_1、母板 MB 等印制电路板。联锁处理子系统（IPS）的二取二结构如图 6-44 所示。

安全逻辑运算板（VLE）是整个联锁处理子系统的核心，具有通过 I/O 选址读取输入/输出信息，进行联锁运算，与 MMI、SDM、其他 iLOCK 系统通信等功能。对于大型联锁车站或有光通信的车站，为了缓解 VLE 板的通信压力，其中的安全通信由 CPU/PD_1 板完成。VLE 板通过总线与 VPS 板、CPU/PD_1 板通信。

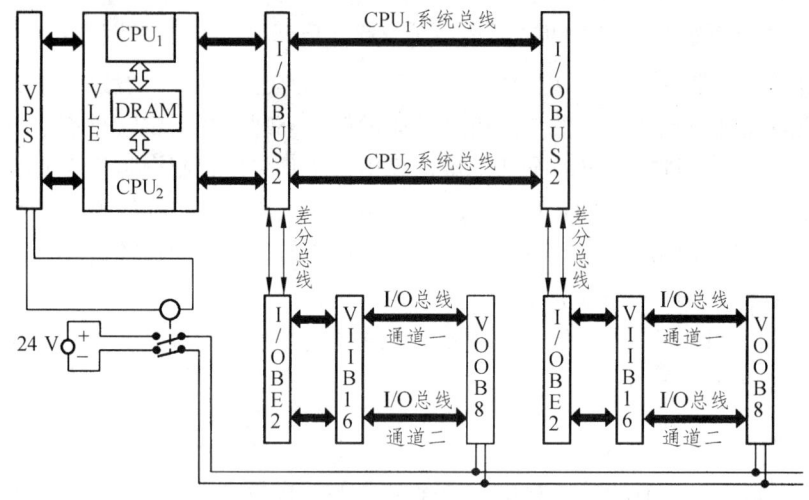

图 6-44 联锁处理子系统 IPS 的二取二结构

安全校验板（VPS）是 iLOCK 系统的安全型监视机构，独立于 VLE 板面对系统进行全面的安全检查。它以一定的间隔时间接收到一组编码检查信息，如经检查这组信息正确，则输出一个安全型数字信号，这个信号通过一个安全型滤波器滤波并且用于励磁一个安全型继电器 VRD，用以证明系统自检正常。所有通向 iLOCK 系统的安全型输出的电源都经过该继电器的前接点。当发现系统有错误时，VRD 继电器立即失磁，然后这个安全型继电器将会切断 iLOCK 所有的安全型输出的电源。VRD 继电器在 VPS 经过 7 个周期连续检查后，证明系统是正常时才能再度激励，以确保系统安全。

输入/输出总线扩展板（I/OBUS2）是 VLE 板和输入/输出板交换信息的通道。I/OBUS2 为输入板的测试数据和输出板的端口校验数据提供存储空间。同时也包含逻辑和时序电路，以控制输出端口的连续校验。I/OBUS2 板能与 I/OBE2 板交换信息，通过 I/OBE2 板实现差分驱动，驱动双断输出板。输入/输出总线扩展板（I/OBE2）与 I/OBE2 板交换信息，通过 I/OBE2 板实现差分驱动，驱动双断输出板。

安全型输入板根据实际应用可选用双采安全型输入板（VⅡB）或安全输入板（VIB）。VⅡB 板为 iLOCK 系统的两个 CPU 分别采集相同的接口。每块 VⅡB 板有 16 个输入端口，每个输入端口对应一个指示灯，当某端口有输入信息时，相应指示灯点亮。VIB 板为 iLOCK 系统提供采集接口，使 iLOCK 系统能安全地检测输入接口状态。每块 VIB 板有 16 个输入端口，每个输入端口对应一个指示灯，当某端口有输入信息时，相应指示灯点亮。

安全型输出板根据实际应用可选用安全型双断输出板（VOOB）或安全型单断输出板（VOB）。VLE 板通过 VOOB 板或 VOB 板产生输出信号，驱动接口设备，并且系统能实时检测 VOOB 板输出的正确性，输出与实际驱动的一致性。作为双断输出板，VOOB 板为二取二系统的两个 CPU 分别提供正负电控制对象。每块 VOOB 板有 8 对输出，每对输出设一个正电输出和一个负电输出对应一个有效输出。每对输出端口设一个指示灯，当正电和负电输出同时有效时，相应的指示灯点亮。作为单断输出板，VOB 板仅提供正电控制对象。每块 VOB 板有 16 个输出，每个输出端口设一个指示灯，当输出有效时，相应的指示灯点亮。

安全数据处理板（CPU/PD1）。对于大型联锁车站或有光通信的车站，为了缓解 VLE 板的通信压力，增加配置 CPU/PD1 板，通过 VLE 板通信。

母板（MB）是 iLOCK 联锁处理子系统中各印制电路板之间连接的桥梁，通过母板 VLE 板可以进行 I/O 选址，可以与 VPS 板交换信息，对于配置安全通信板的联锁车站还可以与 CPU/PD1 板交换信息，通过母板、I/OB 板可以与输入/输出板交换数据，从而达到整个联锁处理子系统之间的信息互通。

采用 CLC 和 ZLC 分层逻辑结构时，联锁运算和输入/输出板的逻辑控制交由两组 VLE 板来完成。CLC 进行联锁逻辑运算，ZLC 则接收 CLC 的控制命令，实施采集和驱动控制。同时，也可以在 CLC 于 ZLC 之间通信中断时，实现基本联锁（如基本列车进路、引导进路）的自律控制。IPS 的这种工作方式对区域计算机联锁驱动进行站场改造非常方便。

5. 电源子系统（PWR）

iLOCK 系统采用了双 UPS 热备的冗余供电方式。来自电源屏的单相交流电经过二级电源防雷后输入在线式 UPS，经 UPS 输出后，经电源柜配电端子排供给 iLOCK 各子系统。

正常情况下，整个系统由一个 UPS 供电，当工作 UPS 出现故障时，电源切换电路自动切换至备用 UPS 供电，当两个 UPS 均不能正常工作时，电源切换电路自动切换至由电源屏直接供电。两个 UPS 之间也可通过切换按钮实现人工切换。电源切换不影响系统的正常工作。iLOCK 系统电源配置如图 6-45 所示。

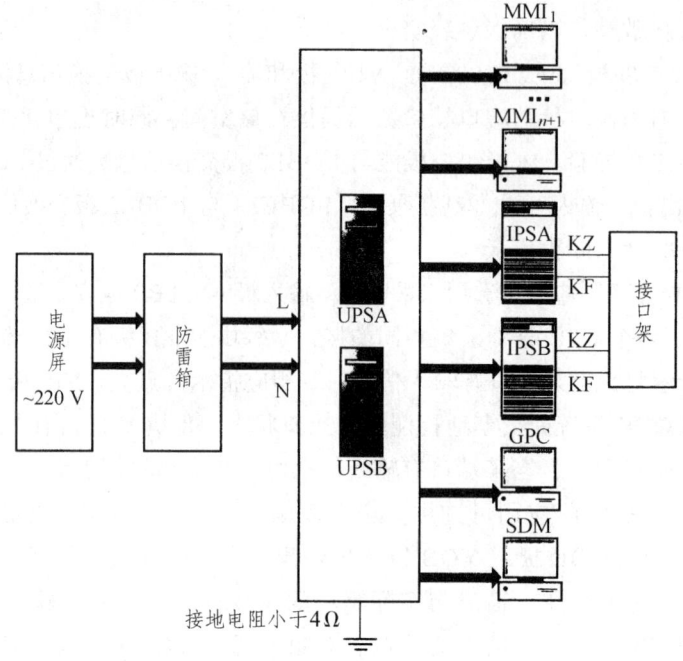

图 6-45　iLOCK 系统电源配置图

思 考 题

1. 名词解释。

① 三取二冗余　　② 二取二冗余　　③ 双机热备　　④ 动态驱动

2. 简答题。

（1）什么叫计算机联锁系统，计算机联锁系统有哪些优越性？

（2）计算机联锁系统按层次结构分为哪几层，各层分别实现哪些功能？

（3）计算机联锁系统中，上位机、维修机和联锁机分别执行哪些功能？

（4）计算机联锁系统上位机通常有哪几种输入方式，上位机一般采用何种冗余方式？

（5）计算机联锁系统中上位机、联锁机和维修机之间分别传送哪些数据，这些数据分别参与哪些功能的实现？

（6）何为联锁静态数据？联锁静态数据结构有哪两种，各有什么特点？

（7）何为联锁动态数据，在联锁机中哪些数据为动态数据？

（8）为了保证联锁系统的高可靠性，联锁主机一般采用哪几种冗余方式，各有何特点？

（9）联锁系统的故障-安全输入接口电路，通常有哪几种方式？

（10）联锁系统的故障-安全输出接口一般采用哪两级电路，为什么要采用两级电路？

（11）TYJL-II 型联锁系统采用哪种系统冗余方式，系统各层之间分别采用哪种通信方式，该系统有何特点？

（12）DS6-11 型联锁系统采用哪种系统冗余方式，系统各组成部分分别实现哪些功能，该系统有何特点？

（13）TYJL-TR9 型联锁系统采用哪种系统冗余方式，系统各组成部分分别实现哪些功能，该系统有何特点？

（14）DS6-K5B 型联锁系统采用哪种系统冗余方式？系统由哪几部分组成，各组成部分分别实现哪些功能，该系统有何特点？

（15）EI32-JD 型计算机联锁系统采用哪种系统冗余方式？系统主要包括哪些部件，各部件的作用有哪些？

专用名词汉英对照

矮柱信号机	dwarf signal
安全电路	vital circuit
安全接点	safety contact
按钮	push-in button
按钮表示	button indication
半自动闭塞机	semi-automatic block machine
半自动闭塞联系电路	liaison circuit with semi-automatic blocks
保护区段	overlap protection block section
备电源	stand-by power source
闭塞分区	block section
闭塞机	block instrument
变压器箱	transformer box
标准分路灵敏度	standard shunting sensitivity
表示	indication
表示灯	indication lamp
表示灯电源	power source for indication lamp
表示电路	indication circuit
表示杆	indication rod
表示连接杆	connecting rod for indication
表示盘	indicating panel
表示器	indicator
并联式轨道电路	multiply connected track circuit
并置信号点	double signal location
不限时人工解锁	manual non-time release
操纵台	operating console
侧撞	conering
插接不良	plug-in trouble
岔中绝缘	insulated joint within a turnout
场间联系电路	liaison circuit between yards
车挡表示器	buffer stop indicator
车站控制	station master control
出站信号机	starting signal

从属信号机	dependent signal
错误办理	wrong handling
错误关闭信号	false stopping of a signal
错误解锁	false release
错误开放信号	wrong clearing of a signal
错误锁闭	false locking
错误显示	wrong indication
大功率转辙机	heavy duty switch machine
大站电气集中联锁	relay interlocking for large station
带动道岔	switch with follow up movement
单独操纵作业	manual operation
单断	single break
单线继电半自动闭塞	single track all-relay semi-automatic block system
单向自动闭塞	single-directional running automatic block
单置信号点	single signal location
导向安全	failure to the safe side
到发线出岔电路	protection circuit with switch lying in receiving-
道岔表示	switch indication
道岔表示电源	power source for switch indication
道岔表示器	switch indicator
道岔错误表示	false indication of a switch
道岔定位表示	switch normal indication
道岔动作电源	power source for switch operation
道岔反位表示	switch reverse indication
道岔封锁	switch closed up
道岔控制电路	switch control circuit
道岔控制电源	power source for switch control
道岔密贴	switch point closure
道岔启动	switch starting
道岔区段	section with a switch or switches
道岔人工解锁	manual release of a locked switch
道岔失去表示	loss of indication of a switch
道岔顺序启动	sequential starting of switches
道岔顺序转换	sequential transiting of switches
道岔锁闭表示	switch locked indication
道岔中途转换	switch thrown under moving cars
灯光转移	to transfer of lighting indication
灯丝断丝	filament burn-out
灯丝断丝报警	alarm for burnout of filaments

敌对信号	conflicting signal
第二接近区段	second approach section
第二离去区段	second departure section
第一接近区段	first approach section
第一离去区段	first departure section
电气集中联锁	electric interlocking
电码轨道电路	coded track circuit
电码自动闭塞	automatic block with coded track circuit
电气锁闭	electric locking
电液转辙机	electrohydraulic switch machine
电源端子	terminals for power supplies
电源转换屏	power switching over panel
调车表示器	shunting indicator
调车表示器电路	shunting indicator circuit
调车区电气集中联锁	interlocking for shunting area
调车信号机	shunting signal
调度集中分机	field equipment of CTC
调度集中总机	control office equipment of CTC
调度控制	dispatchers control
调频轨道电路	frequency modulated track circuit
叠加轨道电路	overlap track circuit
定反位锁闭	normal and reverse locking
定期维修	periodical maintenance
定位接点	normal contact
定位锁闭	normal locking
动接点	contact heel
对向重叠进路	route with overlapped section in the opposite dire
发车表示器	departure indicator
发车表示器电路	departure indicator circuit
发车进路信号机	route signal for departure
发车线路表示器	departure track indicator
发车信号	departure signal
反位接点	reverse contact
反位锁闭	reverse locking
方向电源	directional traffic power source
防护道岔	protective turnout
防护区段	protected section
防止重复开放	prevention for repetitive clear of a signal
非安全电路	non-vital circuit

非集中道岔	locally operated switch
非进路调车	to hold route for shunting
非进路调车电路	circuit to hold a route for shunting
非联锁道岔	non-interlocked switch
非联锁区	non-interlocking area
非自复式按钮	stick button
分线盘	distributing terminal board
分线盘端子	terminals on distributing board
封锁	close up
复示信号	repeating signal
复示信号机	repeating signal
干线供电	main linely connected power supply
钢轨绝缘	rail insulation
钢轨绝缘不良	bad rail insulation
钢轨引接线	track lead
高柱信号机	high signal
股道空闲	track clear
股道占用	track occupied
故障-安全	fail-safe
故障办理	emergency treatment after failure
故障复原	restoration after a failure
故障修	corrective maintenance
光带	light strip
光带式表示	stript indication light
后接点	back contact
后圈	back coil
后退信号	backing signal
缓动继电器	slow-acting relay
缓放继电器	slow release relay
缓放时间	slow release time
缓吸继电器	slow pick-up relay
缓吸时间	slow pick-up time
混合电源	AC-battery power source
混合供电制	AC-battery power supply system
机车感应器	locomotive inductor
机车接近通知	approaching announcing in cab
机车设备	locomotive equipment
机车信号作用点	cab signaling inducter location
机务段联系电路	liaison circuit with a locodepot

基本进路	basic route
基本联锁电路	fundamental interlocking circuit
极性检查电路	polarity checking circuit
集中道岔	centrally operated switch
集中电源	centrally connected power source
集中供电	centrally connected power supply
挤岔报警	alarm for a trailed switch
挤切	dissectible
挤切销	dissectible pin
计算机联锁	computer-based interlocking
计轴自动闭塞	automatic block with axle counter
继电并联传递网路	successively worked parallel relay network
继电并联网路	parallel relay network
继电器控制电源	power source for relay control
继电器灵敏度	relay sensitivity
继电器释放	relay released
继电器吸起	relay energized
继电器箱	relay case
继电式电气集中联锁	all-relay interlocking
加封	sealing
交流电源屏	AC power supply panel
交流二元二位继电器	AC two element two position relay
交流供电制	AC power supply system
交流继电器	AC relay
交直流继电器	AC-DC relay
接车进路信号机	route signal for receiving
接车信号	receiving signal
接点闭合	contact closed
接点断开	contact open
接发车进路信号机	route signal for receiving-departure
接近表示	approach indication
接近区段	approach section
接近锁闭	approach locking
解除闭塞	block cleared
解锁按钮盘	manual release button panel
解锁电路	release circuit
解锁进路	released route
尽头信号机	signal for stub-end track
进路表	route sheet

进路表示器	route indicator
进路表示器电路	route indicator circuit
进路操纵作业	semi-automatic operation by route
进路储存器	route storaging devices
进路电路	route selecting circuit
进路分段解锁	sectional release of a locked route
进路继电式电气集中联	route type all-relay interlocking
进路解锁	route release
进路人工解锁	manual route release
进路锁闭	route locking
进路锁闭表示	route locking indication
进路信号机	route signal
进路一次解锁	route release at once
进站信号机	home signal
局部电源	locally supplied power source
局部控制	local control
局部控制电路	local control circuit
局部控制盘	local control panel
绝对信号	absolute signal
控制台单元	control desk element
离去表示	departure indication
离去区段	departure section
励磁电路	energizing circuit
连续式轨道电路	continuous track circuit
联锁表	interlocking table
联锁道岔	interlocked switch
联锁区	interlocking area
联锁图表	interlocking chart and table
联系电路	liaison circuit
两点检查	released by checking two sections
乱显示	false indication
排列进路	route setting
偏极继电器	polar biased relay
破封	break a seal
前接点	front contact
前圈	front coil
侵入限界绝缘	insulated joint located within the clearance limit
区段锁闭	section locking
区段占用表示	section occupancy indication

区间封锁	section closed up
区间空闲	section cleared
区间联系电路	liaison circuit with block signaling
取消闭塞	to cancel a block
取消进路	to cancel a route
去禁溜线信号	shunting signal to prohibitive humping line
人工解锁	manual release
人工解锁表示	manual release indication
人为故障	human failure
容许信号	permissive signal
熔断器断丝	fuse burn-out
熔断器断丝报警	fuse break alarm
三点检查	released by checking three sections
三显示自动闭塞	three-aspect automatic block
失去联锁	loss of interlocking
双断	double break
双面调车信号机	signal for shunting forward and backward
双向自动闭塞	double-direction running automatic block
瞬时分路不良	instantaneous loss of shunting
四显示自动闭塞	four-aspect automatic block
送电端	feed end
速差制信号	speed signaling
锁闭电路	locking circuit
条件电源	conditional power source
跳线	jumper
铁道信号	railway signaling
停车信号	stop signal
通过信号	through signal
通过信号机	block signal
同意按钮盘	agreement button panel
无岔区段	section without a switch
无极继电器	neutral relay
吸起时间	pick-up time
显示距离	range of a signal
相敏轨道电路	phase detecting track circuit
小站电气集中联锁	relay interlocking for small station
信号点	signal location
信号复示器	signal repeater
信号故障	signal fault

信号关闭	signal at stop
信号关闭表示	stop signal indication
信号机点灯电路	signal lighting circuit
信号机点灯电源	signal lighting power source
信号机后方	in rear of a signal
信号机前方	in advance of a signal
信号集中修	signal centralized maintenance
信号开放	signal at clear
信号开放表示	cleared signal indication
信号控制电路	signal control circuit
列车信号机	train signal
选路	route selection
咽喉信号机	signal in throat section
夜间信号	night signal
有极继电器	polarized relay
迂回进路	detour route
预办闭塞	preworking a block
预告信号	approaching signal
预告信号机	distant signal
预排进路	presetting of a route
占线表示	occupancy indication
站场型网路	geographical circuitry
站间联系电路	liaison circuit between stations
站界标	station limit sign
照查锁闭	check locking
直流电源屏	DC power supply panel
直流供电制	DC power supply system
直流轨道电路	DC track circuit
直流继电器	DC relay
中继站	repeater station
中途返回	midway return operation
重力继电器	gravitation type relay
昼间信号	day signal
昼夜通用信号	signal for day and night
主灯丝断丝报警	alarm for burnout of a main filament
主电源	main power source
主体信号机	main signal
转换时间	transfer time
自闭电路	self-stick circuit

自动闭塞联系电路	liaison circuit with automatic blocks
自动点灯	automatic lighting
自动开闭器	switch circuit controller
自复式按钮	nonstick button
综合架	composite rack
总出站信号机	advance starting signal
组合	unit block
组合端子	terminals of a unit block
组合柜	modular block rack
组合继电器	combination relay
组合架	unit block assembly rack
组合式电气集中联锁	unit-block type relay interlocking
组合式信号机构	modular type signal mechanism

模 拟 试 题

一、名词解释（12分）。

1. 进路
2. 分段解锁
3. 三点检查
4. 接近锁闭

二、填空（38分）。

1. 进路锁闭的四个条件是_____、_____、_____、_____，进路锁闭后，将显示_____色光带。

2. 接车进站时，如果接车进路上出现_____故障或_____故障，只能以引导进路方式接车，若接车进路上出现_____故障，则只能以引导总锁闭方式接车。

3. ZD6型四线制道岔控制电路一般采用三级电路，即_____电路、_____电路和_____电路。在道岔控制电路中，继电器_____采用偏极继电器，继电器_____采用极性保持继电器，继电器_____的工作电压为直流110 V。

4. 根据下图中的信号平面布置图进行填空。

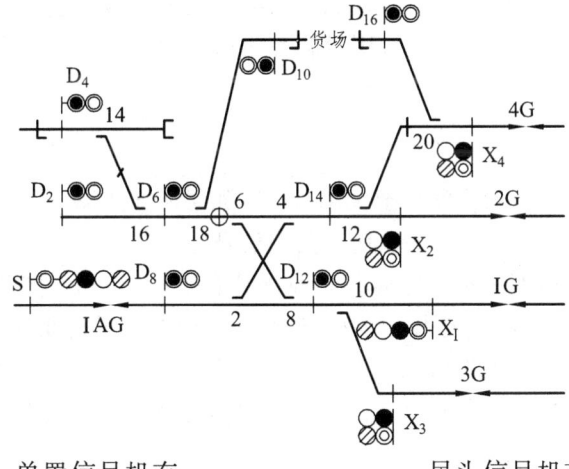

（1）如图站场中，单置信号机有_____，尽头信号机有_____，进站信号机的有_____，出站兼调车信号机有_____，正线股道有_____。

（2）D_4到3G之间有_____条基本进路，建立该长调车进路，只需按压按钮_____和_____，该进路建立好之后，最后点允许灯光的信号机是_____，允许灯光为_____色灯光，通过继电器_____的励磁电路来使各信号机按照该顺序开放。

（3）建立 S 到 3G 的侧线接车进路时：1~6 线选路结束后，S 的继电器_____和_____吸起；进路上各道岔转换到规定位置后继电器_____吸起；进路锁闭条件满足后继电器_____吸起；9 线接通后 X_3 的继电器_____吸起；进路锁闭后 X_3 的继电器_____落下，以锁闭迎面敌对进路；S 的继电器_____吸起后开放_____色的允许灯光；随着列车进入进路，进路将解锁，最后解锁的道岔区段是_____，进路解锁时，最后吸起的继电器是_____。

（4）建立 D6→D10 的调车进路时，需检查超限绝缘条件，即_____或_____。

（5）X_1→S 的发车进路在开放信号时需检查区间半自动闭塞办理情况，只有在半自动闭塞办理好，继电器_____吸起后 X_1 才能开放信号。

三、判断题（10 分）。正确的在后面括号内打√，错误的在括号内打×。

1. 调车进路始端信号开放后，若进路中区段故障占用，则进路始端信号关闭。（ ）
2. 可以同时往同一个无岔区段建立调车进路。（ ）
3. 道岔的锁闭继电器 SJ 落下时，道岔将不能转换。（ ）
4. 正常解锁和取消进路，都要求进路始端信号关闭后进路才能解锁。（ ）
5. 人工解锁过程中，用进路始端信号的 XJJ 反映车列是否冒进进路。（ ）
6. 建立调车变通进路时，至少需要按压 3 个进路按钮。（ ）
7. 计算机联锁系统中，一般由联锁机直接输出 24 V 的 KZ 来带动继电器动作。（ ）
8. 由于调车的 XJJ 电路有 1-2 线圈脱离 8 线的自闭电路，11 线又不检查轨道继电器的前接点，故调车进路内方道岔区段占用不会关闭调车信号。（ ）
9. 对正线接车进路，如果该进路在股道部位的 GJJ 出现局部故障，无法通过 9 线吸起，则该接车进路始端信号将无法开放，且迎面咽喉向该股道的敌对进路也能够建立。（ ）
10. 接车进路始端信号开放后，采用紧急关闭信号手段——区段故障解锁股道区段，则进站信号关闭。（ ）

四、简答题（25 分）。

1. 进路建立好，车列压入进路后要关闭信号。如果所建进路为列车进路，则何时关闭信号？如果所建立进路为调车进路，又该何时关闭信号？
2. 人工解锁进路时一般需进行延时，何种情况下延时 3 min，何种情况下延时 30 s？列车经引导进路完全进入股道后办理人工解锁，需要延时吗？如果需要延时，延时时间为多少？
3. 计算机联锁系统中，上位机的主要作用是什么？
4. 根据下图所示站场，填写建立 X_D→5G 的列车进路时的联锁表。

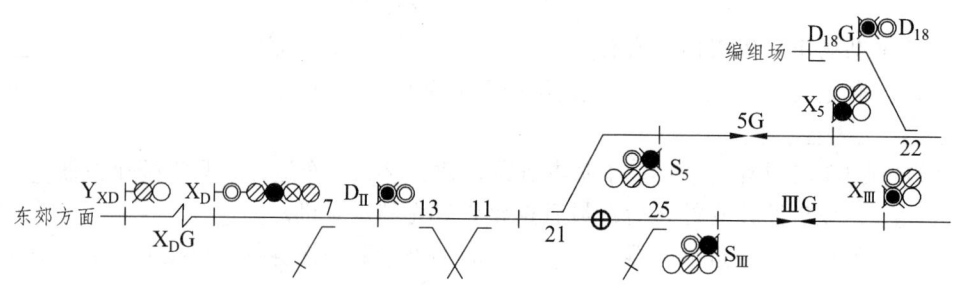

排列进路 按下按钮	信号机		道岔	敌对信号	轨道区段	迎面进路		其他联锁
	名称	显示				列车	调车	
X_D LA，S_5 LA	X_D	UU						无

5. 如下图所示站场中，将ⅢG 上车列调到 IG 上：先建立 S3→D3 的调车进路将车列牵出，然后建立 D13→D17 的折返进路将车列折返到 IG 上。请问 D7 信号何时关闭？在 5DG 和 3DG 两个区段中，哪个区段先解锁？

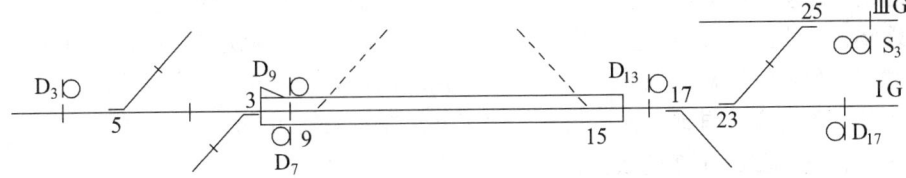

五、分析题（15 分）。

下图是五显示进站信号机的点灯电路图，根据该电路图回答问题：

（1）正线接车、侧线接车和正线通过时，进站信号机分别显示什么颜色的灯光？

（2）在图上用粗线画出侧线接车时的点灯电路。含灯泡的点灯电路。

（3）侧线接车时，如果若 2U 的主、副灯丝均断丝，则信号机应该亮什么灯，结合本电路和 LXJ 电路原理，简要说明亮该色灯的原因？

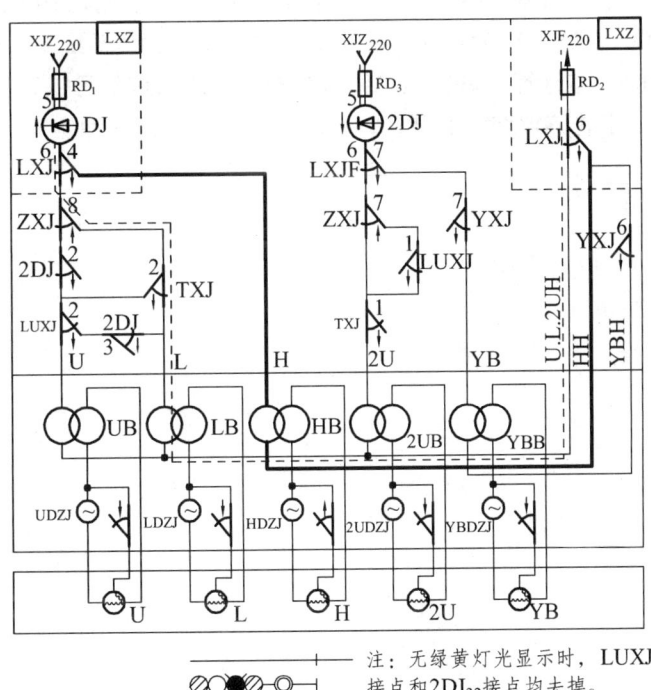

注：无绿黄灯光显示时，LUXJ 接点和 $2DJ_{32}$ 接点均去掉。

参 考 文 献

[1] 何文卿. 6502 电气集中电路. 北京：中国铁道出版社，1997.
[2] 王秉文. 6502 电气集中工程设计. 北京：中国铁道出版社，1997.
[3] 林瑜筠. 提速区段 6502 电气集中图册（上）. 北京：中国铁道出版社，2003.
[4] 林瑜筠. 提速区段 6502 电气集中图册（下）. 北京：中国铁道出版社，2004.
[5] 赵志熙. 车站信号控制系统. 北京：中国铁道出版社，1993.
[6] 王永信. 车站信号自动控制. 北京：中国铁道出版社，2008.
[7] 吕永昌，林瑜筠. 计算机联锁，北京：中国铁道出版社，2007.
[8] 赵志熙. 计算机联锁系统技术. 北京：中国铁道出版社，1999.
[9] 赵志熙. 车站计算机联锁 ABC. 北京：中国铁道出版社，2007.
[10] 徐洪泽，岳强，等. 车站信号计算机联锁控制系统——原理及应用. 北京：中国铁道出版社，2005.
[11] 张福祥. 车站计算机联锁. 北京：中国铁道出版社，2000.
[12] 铁道部科学研究院. TYWJ-Ⅱ型车站微机联锁系统研究报告. 1997.
[13] 铁道部科学研究院. TYWJ-TR9 型车站微机联锁系统研究报告. 1997.
[14] 段武，胡燕来，潘明，开祥宝. TYJL-Ⅱ型车站计算机联锁系统，中国铁路[J]，1998.
[15] 赵晓东. DS6-K5B 型计算机联锁系统结构分析，铁路通信信号工程技术[J]，2003.
[16] 杨扬，邹少文，郭进. SWJTU-Ⅱ型计算机联锁控制系统设计和实现，铁道学报[J]，2005.